教育目标的新分类学视域下小学数学教学评一体化

侯美霞 著

广东高等教育出版社
Guangdong Higher Education Press
·广州·

图书在版编目（CIP）数据

教育目标的新分类学视域下小学数学教学评一体化/侯美霞著. —广州：广东高等教育出版社，2024.5

ISBN 978 - 7 - 5361 - 7636 - 2

Ⅰ. ①教…　Ⅱ. ①侯…　Ⅲ. ①小学数学课 - 教学研究　Ⅳ. ①G623.502

中国国家版本馆 CIP 数据核字（2024）第 028133 号

教育目标的新分类学视域下小学数学教学评一体化

JIAOYU MUBIAO DE XIN FENLEI XUE SHIYU XIA XIAOXUE SHUXUE JIAOXUEPING YITIHUA

出版发行	广东高等教育出版社
	地址：广州市天河区林和西横路
	邮编：510500　营销电话：（020）87554153　87553735
	http://www.gdgjs.com.cn
印　刷	广州市新思程印刷有限公司
开　本	787 毫米×1 092 毫米　1/16
印　张	22
字　数	510 千
版　次	2024 年 5 月第 1 版
印　次	2024 年 5 月第 1 次印刷
定　价	68.00 元

序

初识侯美霞老师，是在广东省2013年小学数学骨干教师省级高端研修班的教学活动中。作为学员，她认真好学、虚心求教，积极参加培训班的所有活动，特别关注教育课题研究，因此侯美霞老师也被评为培训班的优秀学员。培训班结束，侯美霞老师先后主持或者作为主要成员参加10余项省市级教育课题的研究，我也有幸被邀请，参加了这些课题开题、结题及期间的指导活动。进一步获悉，侯美霞老师自2012年开始担任广州市从化区教师发展中心教研员，是省、市教学研究会的理事，是教育研究的先行者、引领者，获得了省级、市级及镇级的多项荣誉称号，作为核心成员获得广州市教育教学成果奖等，承担的精品课课例获得市级优课等。因此侯老师被聘为省、市、区的教育学会理事，广东省第二师范学院数学学院兼职教师，广东省第二师范学院数学学院卓越班的实践导师，省“互联网环境下基础教育教学改革实验区”教研与指导团成员，也是从化区教育科研指导组专家，多次担任部级、省级精品课以及专项课题评委工作。侯老师年轻富有活力，扎实的专业知识、丰富的教学经验、积极的求学态度都给我留下了深刻的印象。

对教育教学目标进行科学分类，是客观科学地考评学生学习成果和引导学生学习的需要，也是当下教育研究的一个重要课题。自从布卢姆（B. S. Bloom）和他的团队首创教育目标分类法以来，教育家们提出了各种各样的分类方法，以期将有关人类思维和知识结构的最新理解纳入其中。其中，马扎诺（R. J. Marzano）及其团队提出了将人的认知活动与心理动力、知识基础联系在一起的二维分类法。马扎诺用知识与认知操作之间的相互作用模型取代布卢姆的从简单到复杂台阶式递进的假设，把人的思维（心智过程）分解为自我系统、元认知系统和认知系统，把所有的心智行为看成是这三个系统与知识储存之间互动的结果，显得更加合理，更加接近人的心理运作规律。《义务教育数学课程标准（2022年版）》在继承《义务教育数学课程标准（2011年版）》“四基”“四能”目标的基础上，提出了核心素养导向的课程目标，丰富了数学课程核心素养目标的内涵；强调发挥评价的育人导向作用，坚持以评促学、以评促教。从多地对国家义务教育监测的数据分析中发现，学生在义务教育素养抽测中的结果不理想。回归到课堂，发现存在这样的问题：年轻教师具有丰富的教学理论基础，但缺乏实践经验，理论落地到课堂较难；一线教师具有丰富的实践经验但缺乏理论的研究与学习。这导致课堂教学缺乏高阶思维的培养，不能较好地发展学生的核心素养。值得高兴的是，侯老师带领她的研究团队扎实开展基于教育目标的新分类学促进教学评一体化的研究，在2013年至2023年主持了与“教育目标的新分类学”相关的市级至省级的三项课题并优秀结题，现侯老师将研究成果总结成这本专著:《教育目标的新分类学视域下小学数学教学评一体化》。

全书共分八个部分，旨在回答以下问题：教育目标新分类学对现代教学的意义？教学评一体化教学范式构建的内涵与路径？如何进行教学评一体化教学范式构建的设计与实施？如何检验和助力教学评一体化教学范式的实施？第一部分介绍教育目标新分类学的理论基础，展示文献研究成果，分析新分类学指向的素养目标，总结教育目标新分类学助力教学评一体化的意义。

第二部分介绍小学数学课堂教学范式构建的内涵和路径。结合相关理论研究，提出基于教育目标新分类学的教学评一体化教学范式的新样态。

第三至五部分是从常见课型、项目式学习以及课后作业三大方面详细阐述了教学评一体化教学范式的实施策略与建议。

第六部分通过建立学生评价体系、课堂评价量规等来检验范式的效能。

第七、八部分是通过构建师生研学共同体、运用智能技术融合保障和助力教学范式的实施。

全书从理论到实践，从课前、课堂到课后，研究覆盖面既有深度又有广度。对学生而言，通过激发学生的自我系统，较好地达到提升学生自主、合作学习能力，发展核心素养的目的；对教师而言，通过新分类学理论指导课堂教学，很好地提升教师的理念水平，为教师教学提供从理论到实践的参考；对区域而言，通过构建教师共同体，促进教师专业发展，突破了区域教学改革的瓶颈。特别是本书中的一体化课堂范式、课后作业设计和素养评价体系，可以为广大师范学院的学生或者一线教师提供一定的参考价值，对教学工作有较强的指导意义，具有理论和实践应用的推广价值。我相信，本书的出版，可以指导广大教师如何通过教学评一体化教学来落实核心素养，来促进教师改进教学、学生改进学习，进而真正落实立德树人根本任务、实施素质教育的功能，实现教学评一体化的良性循环。

教授，博士，博士生导师

广东第二师范学院数学学院院长

前　言

教师课堂教学效能的高低，是我们观课最关键的观看点，教师的教学目标意识不强，定位不精准，往往难以实现深度、高效的课堂。根据《义务教育数学课程标准（2022 年版）》的要求，以教育目标的新分类学为理论指导开展教学实践，通过优化教学设计、实施“支架式”教学策略、构建师生研学共同体，开展“全景式”教学评价，提升学生自主学习、合作学习能力，发展学生的核心素养，突破了区域教学改革的瓶颈，深化教育教学全方位的改革，形成一套可操作的教学评一体化综合策略，提升学与教的质量，促进教师发展，实现教育优质均衡，为广大小学数学教师提供教学参考。

对于教育目标分类的研究历程，笔者一共经历了四个阶段，历时 12 年。在这个过程中，从单纯对教材的研读，到理论支撑的模型建构，再到智能技术的融合，历经两轮新课标的实践，不断深化对教材以及课堂落实的研究，最后，通过“互联网 +”平台，打通了教育差距的最后一公里，实现了乡村教育的优质均衡。主要经历的阶段梳理如表 1 所示。

表 1　关于教育目标的新分类学的研究历程

研究时间	研究主题	研究背景	主要解决问题	取得效果
2012—2013 年	小学数学知识点分解的研究	针对我区数学教师队伍资源不平衡、对知识点把握不准、教学效果差等问题，为了帮扶我区教师更新教学理念，明晰教学目标和重难点，改进教学方法，为此，随着《义务教育数学课程标准（2011 年版）》的颁布，笔者开展了知识点分解研究。	依据《义务教育数学课程标准（2011 年版）》、教材、教学参考书，针对单元教学的内容，对每节课的知识点进行分解，通过灵活分解，细化教学目标，制成含有知识点分解的备课表格“半成品”供区域教师使用。执教教师则根据分解的各知识点，按难度设计合理的教学流程以及层次性练习。	经过两年多的实践，教师能根据提供的模板和目标，结合本校的实际进行教学设计的流程，避免了知识点跨度过大、过难等特点，该目标分类的模板受到教师的一致好评。在这一轮的研究中，有效提高了一线教师研读教材、整体把握教材及其教学要求的能力，能使一线教师弄清整个小学数学的知识架构，了解了各知识点之间的联系，教师能根据教学内容找重难点，优化了教学设计，更好地把握各年级的教学要求，巩固学科的本体性知识，提升他们的学科素养。

（续上表）

研究时间	研究主题	研究背景	主要解决问题	取得效果
2014—2016 年	运用教育目标分类学优化小学数学教学设计的研究	因教师学科素养不同，教学能力差异性较大，对教材把握能力有限，有些教师只单纯地关注了教学点的落实本身。教师大多停留在以自己讲授为主的教学方式，学生学习处于被动学习的状态，学习的动力不足。	从 2013 年年底开始，通过运用教育目标的新分类学，开展了优化教学设计的研究。马扎诺认为，除学习内容本身之外，思维系统也是一个很重要和关键的维度，依次设计适配思维系统的教学目标，选择合适的教学策略和教学形式，发展学生的思维系统。	笔者运用教育目标分类学指导课堂教学设计，在该理论下完成了一套根据目标分类的小学数学人教版十二册教材的教学设计，利用了人的行为模式图，激发并保持学生的学习动机，优化学习的策略，实现了基于教育目标的新分类学视域下教学设计的优化，形成了小学数学各种课型教学的基本模式，在 2016 年获得了市教学成果奖，教师对教材的把握也得到了一定的提高。
2017—2020 年	教育目标分类学视角下信息技术与小学数学课堂融合创新的研究	随着“爱种子”课改的到来，笔者在调研中发现，即使提供了完整的教学设计，并且根据教学目标提出了具体教学的策略，但由于教师信息技术水平有限或者是学校管理层面意识薄弱，课堂教学中教师没有重视和合理运用学校的多媒体信息平台或课件等，导致许多先进的平台没能充分发挥其作为广大教师参考的教学资源的作用。	在原有研究成果的基础上，结合小学数学人教版十二册教材的知识点，从教学内容、教学形式、教学方法、教学评价四个方面，开展教育目标的新分类学视域下信息技术与小学数学课堂教学深度融合的研究，进一步引领我区教师合理利用信息技术资源，设计信息技术与学科融合的课程，优化了原有的十二册教材的教学资源包，含教学设计和微课、学习单，形成了十二册各册单元细目表以及学期综合练习细目表。	笔者通过研究和实践，指导教师分析和设计教学目标，细化了每节课的教学“支架”，针对知识点设计的“支架”，恰当地运用不同的教学情境，为学生提供了有效的导学和协作建构的脚手架，核心知识的教学环节更加注重了微课技术的处理以及微课脚本的开发，同时把教学设计资源和微课脚本进行数字化，通过“互联网＋”平台实现了资源的互通互用，实现了信息技术与课堂教学融合创新。在课堂教学中，教师更加关注核心知识点的导学，充分运用学习单和区本化的课件资源，实现了教学方式转变，同时，学生学习的自信、兴趣和习惯有了很大的改变。

依托“互联网＋”平台，区本资源包推广至全区使用，从调研中发现，教师的教学理念、教学方式、学生的学习兴趣得到改善。但是，随着“双减”政策的到来，教师在课堂实施中，又出现了课堂探究时间与练习时间相矛盾、突破核心知识的“支架”中自主学习能力不强或者小组合作组织不到位等原因造成课堂实施走形式系列的问题，如何让教师深耕课堂，让学生深度参与，有效落实过程，进行高效反馈，实现教学评的一致性？笔者于2021年申报了广东省专项课题“教育目标分类学视角下信息技术与小学数学课堂融合创新的研究”并且在2023年8月结题。在此轮研究中，整理了研究的总体框架，如图1所示。

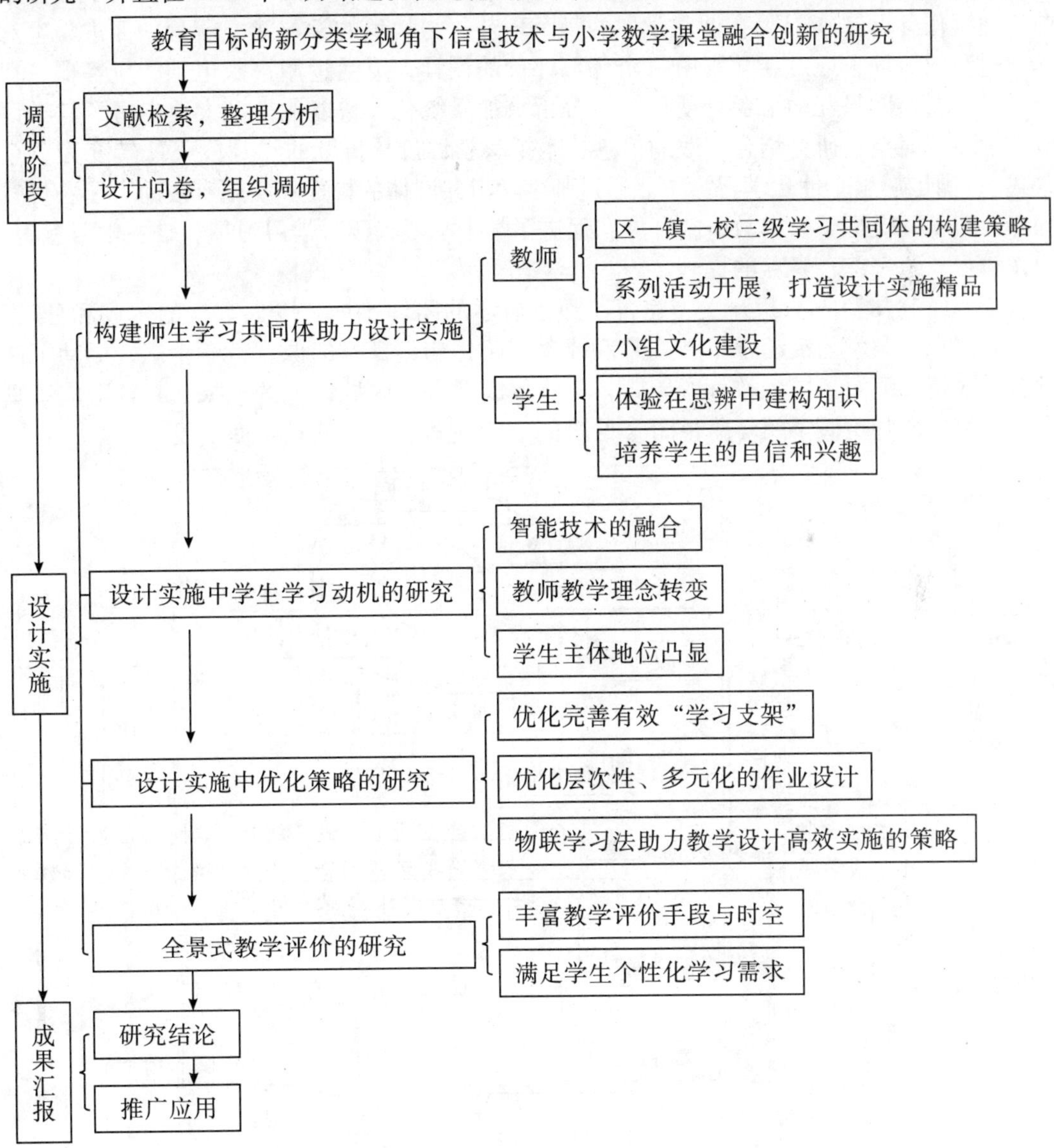

图1　总体框架

此轮的研究，根据史宁中教授解读的《义务教育数学课程标准（2022年版）》指出的核心素养，发现与教育目标的新分类学的匹配度较高。本研究对教育目标的新分类学做较为深入的理论探讨，以马扎诺的教育目标分类学为理论指导，把信息技术与小学数学课堂融合进行教学设计的实施，实践修正，优化教师教学方式以及学生的学习方式，培养学生的思维能力，提升学生的核心素养。整个研究过程，从教师研读教材、教参，优化教学设计，再到农村课堂深度融合信息技术系列的研究，实现了区域资源优质均衡，以共同体引领的方式，突破了区域教师教学的瓶颈。通过范式课例的打造，构建了一系列教学评一体化的课堂教学案例，为我区教师基于教育目标的新分类学背景下融合信息技术的教学方式和方法提供了借鉴；通过优化上一轮的“学习支架”和学生的学习任务单，使得任务单“指引”在课堂学习的每个环节，为学生的学习建立流程，促进学生对学习过程的监控；通过导学案中每个环节评价的设计，灵活运用平板电脑、应答器、智能终端设备、网络互动平台等使得学习分析更加系统化、智能化，极大地丰富了教学评价的手段与时空，研究结合有效的信息技术把教学评价从传统的“片段式”转变为“全景式”，满足学生个性化学习需求。通过师生学习共同体的构建和实施有效助力了农村教师专业成长，促进了校本教研的开展，促进了学生学习兴趣、学习习惯、自主学习意识、合作学习意识等综合素养的提升。

资源经过几轮的不断开发、完善，师生研学的闭环验证，以大数据的生成和分析，师生共同在教与学的活动中不断调整和改善策略，构建良好的课堂教学生态，撬动了课堂教学改革，缩短了城乡教育的差距，逐步形成了具有区域特色的成果，并且形成了具有区域特色的师生研学闭环路径图（见图2），实现教育的高质量全面发展。

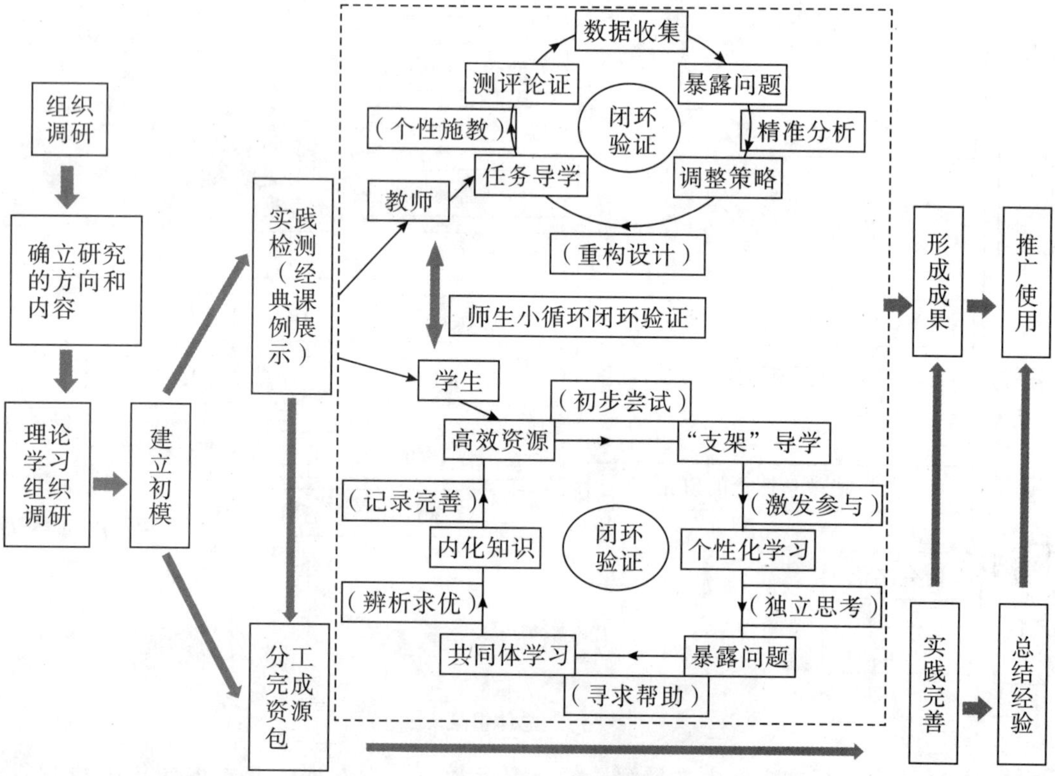

图2　师生研学闭环路径图

目　录

第一章　教育目标的新分类学支撑教学范式构建的基本学理

第 1 节　教育目标的新分类学的介绍

针对布卢姆分类中有关认知活动，按照认知过程难度分层次的缺陷，马扎诺提出，由于智力活动不能以难度进行排序，所以，在马扎诺分类中，人的认知活动是按照人的学习行为的控制情况来排序的——一些活动控制其他一些活动，基于这种认识，马扎诺提出了人的学习行为模式和新教育目标分类的二维框架图。①

华南师范大学高凌飚教授对教育目标的新分类学给予高度评价：既不是对布卢姆分类法的简单修正，也不完全是基于某种理论的重新架构。作为一种后来的、新近的分类法，它综合了心理学的最新研究成果并提出了自己的假设，有着鲜明的特点。

1. 人的学习行为模式

马扎诺提出，面向 21 世纪培养学生解决问题的高级思维能力的新教育目标分类学，其基础是有关人的学习行为模式的认识。马扎诺将其多年的研究汇集在《设计一个新的教育目标分类学》（2001 年版）一书中，并在 2007 年《新教育目标分类学（第二版）》一书中正式确定。图 1－1 是马扎诺用来设计分类学所依据的学习行为模式图。②

图 1－1 的模型不仅描述了人是怎样决定是否在某个时段投入一项新任务的，而且解释了一旦做出这样的决定，信息是怎样被加工的。该模型呈现了三个心理系统，即自我系统、元认知系统和认知系统。该模型的第四个组成要素是知识。在该模型中，新任务被定义个体在某个特定时段改变正做着的事情或所从事的活动的机会。当出现一个新任务时，学习者通过自我系统来判断任务的意义决定是否参与新任务，在决定从事新任务之后，就会启动元认知系统。元认知系统最初的一项工作就是为新任务建立相关的目标。一旦目标建立，这个元认知系统就会负责设计策略以达成所确定的目标。元认知系统一旦启动，就会与认知系统进行持续的互动。③ 这三个系统都需要运用到学习者的知识储

① MARZANO R J，KENDALL J S. The New Taxonomy of Educational Objectives：Second Edition［M］. Thousand Oaks：Corwin Press，2007.

② 黎加厚. 新教育目标分类学概论［M］. 上海：上海教育出版社，2010：3.

③ 马扎诺，肯德尔. 教育目标的新分类学［M］. 高凌飚，吴有昌，苏峻，译. 2 版. 北京：教育科学出版社，2020：12－14.

备，对于能否完成新任务，很大程度上取决于学习者对这项新任务所拥有的储备知识。

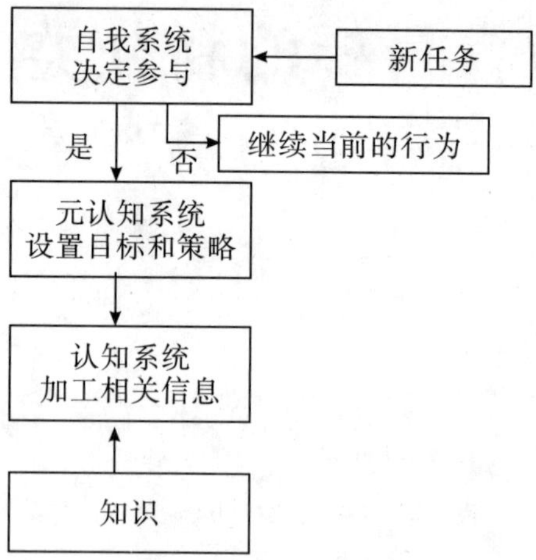

图 1－1　行为的模型①

2．马扎诺的二维框架结构

马扎诺在人的学习行为模式的基础上，建立了教育目标的新分类学的二维框架，一个维度是思维（心智过程）的六个层级，将自我系统、元认知系统和认知系统分为六个层次，另一个维度是知识的三个领域。教学目标的新分类学的二维框架结构如图 1－2 所示。

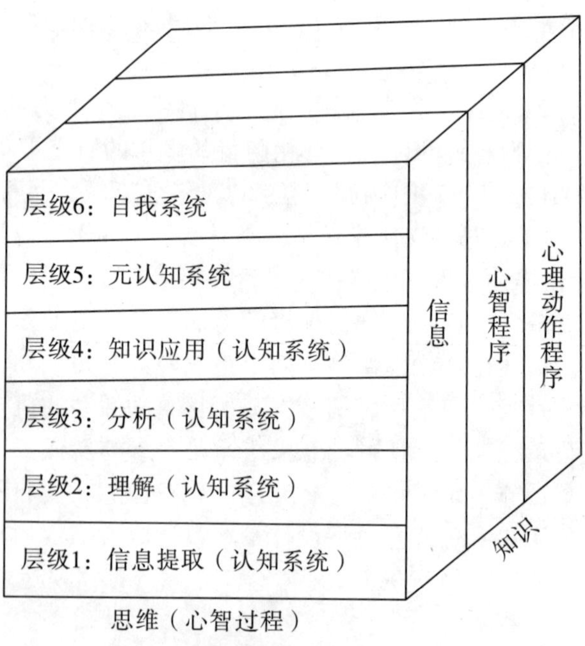

图 1－2　新分类法①

① 马扎诺，肯德尔．教育目标的新分类学［M］．高凌飚，吴有昌，苏峻，译．2 版．北京：教育科学出版社，2020：12．

马扎诺将知识领域划分为三种类型，分别包括信息、心智程序、心理动作程序。信息领域知识，有时也被称为陈述性知识；心智过程领域知识，有时被称为程序性知识；[①]心理动作程序是心理与行为的组合，是更加复杂的知识内容。这三类知识领域是人的学习活动过程中所接受的不同类型的知识，任何学科领域都可以根据它所包含的这三类知识的多少来进行描述，[①]可以将任何学科的知识融合进来，只是不同学科知识在这三个层次占的比例不同。思维系统作为教育目标的新分类学模型的另一个维度，将自我系统、元认知系统和认知系统划分为六个层次，其中认知系统细化为四个层次，分别是信息提取、理解、分析、知识应用，元认知系统处于第五层，自我系统处于第六层，思维系统与知识领域是相互作用。这六个层级可以应用到任何类型的知识中。较高层级的心智过程比较低层级的心智过程需要更多的有意识加工（见表1－1）。[②]

表1－1 新分类法中的心智过程

层级6：自我系统	
重要性检查	学生判别知识的重要性及其依据。
效能感检查	学生判别提高对知识的理解或应用能力的信念及其依据。
情绪反应检查	学生判别对知识的情绪反应及其原因。
动机检查	学生判别加深知识理解和提高知识应用能力的总体动机水平及其原因。
层级5：元认知系统	
目标设定	学生确立一个与知识有关的目标和完成目标的计划。
过程监控	学生监控与知识相关的具体目标的执行状况。
清晰度监控	学生确定他们了解知识的清晰度。
准确度监控	学生确定他们把握知识的准确度。
层级4：知识应用	
决策	学生运用知识来做决定，或做出关于知识的决定。
问题解决	学生利用所学知识去解决问题，或解决关于知识的问题。
试验	学生利用知识来提出和检验假设，或提出和检验关于知识的假设。
调查	学生利用所学知识进行调查，或对知识进行调查。

① 黎加厚．新教育目标分类学概论［M］．上海：上海教育出版社，2010：10－15．

② 马扎诺，肯德尔．教育目标的新分类学［M］．高凌飚，吴有昌，苏峻，译．2版．北京：教育科学出版社，2020：59－60．

（续上表）

层级 3：分析	
识别 分类 差错分析 拓展 导出	学生识别知识各个部分之间重要的相似点和差异处。 学生识别知识的上位类别和下位类别。 学生识别知识呈现或使用中的错误。 学生在知识的基础上建构新的延拓或规则。 学生识别知识的具体应用或逻辑结果。
层级 2：理解	
整合 符号化	学生识别知识的基本结构，区分关键特征和非关键特征。 学生建构知识的准确符号表征，区分关键的与非关键的成分。
层级 1：信息提取	
再认 回忆 执行	学生能认出信息的特征，但不一定能理解知识的结构或区分关键与非关键成分。 学生能指出信息的特征，但不一定能理解知识的结构或区分关键与非关键成分。 学生执行程序没有重大差错，但并不一定理解该程序是如何运作的和为什么可以这样运作。

第 2 节　教育目标的新分类学的变革与发展

教学和考评需要有确定的目标，那么就需要构建一个能将教学和评价目标进行整理的分类框架。布卢姆率先建构了教育目标分类体系，将原本繁杂的教学目标有序化，成为一个逐步递进的台阶式的目标体系。布卢姆教育目标分类法将认知过程分为六个水平，即知识、理解、应用、分析、综合、评价。布卢姆教育目标分类法从心理学和认知理论的高度，提出学生学习成果的水平的假设，并且具体地拟定了六个阶梯形递进的水平，这就为确认学生的学习水平标准建立了一个具有初步理论依据和层次差异的、可操作的框架，为大规模的考试和评价提供了指引参照，推动了教学和评价的发展，具有相当大的理论和实践的价值。但是，布卢姆教育目标分类法存在着相关明显的问题，有的还是一些根本性的问题。第一，布卢姆教育目标分类法在目标描述方面存在问题。第二，布卢姆以思维的复杂程度的线性积累作为分类的线索，这与真实的情况不符。第三，在布卢姆的教育目标分类法中，知识是一个没有深度变化的平台，只是思维操作的不断复杂化才构成了教育目标层次的不断提升。①

① 马扎诺，肯德尔. 教育目标的新分类学［M］. 高凌飚，吴有昌，苏峻，译. 2 版. 北京：教育科学出版社，2020：2－3.

许多研究者针对布卢姆教育目标分类法中存在的问题寻找弥补的方法，影响较大和在实践中发挥了一定作用的是SOLO分类法。SOLO分类法即“可观察的学习成果的分类法”。[①]SOLO分类学的理论基础是皮亚杰的发展阶段论，将学习结果作为教育目标分类的对象。把人的学习结果作为分类的对象，与人的行为表现相比更加明确，对于教学的解释也更具有说服力，教育目标有层级结构，强调学习结果的层次性，呈现从较低层次向较高层次的发展，关注高阶思维能力。SOLO分类学的分类标准是针对某一具体问题所呈现出来的思维结果的复杂性，不同水平之间的思维结构有明显界限，分类对象集中在认知领域，对于元认知领域和情感态度领域基本没有涉及，分类对象涉及的领域较少，广泛应用于试题命制和评分。[①] 由于SOLO分类学仍然是基于知识认知建立评价的标准和某种理论假设从上而下地演绎出来的，没有突破情感态度领域方面的评价，[②] 在实际过程中遇到了比较多的问题。

美国认知心理学家安德森等人也对布卢姆教育目标分类法进行了修正。安德森基于知识分类的教育目标分类学，在教学设计中起着指导教学目标陈述，指导教学过程安排与教学方法选择、指导教学评价以及使教学目标、教学评价与教学活动相互一致等重要作用，为所有教学人员提供了一个对教学目标准确定位的平台，使得教学活动的设计可操作性更强，对知识点的要求表述更清晰。安德森不再把知识当成一个没有深度的平台，而是展开为一个维度。包括：A. 事实性知识，指学生通晓一门学科或解决其中问题所必须了解的基本要素。进一步可分为术语知识以及具体细节和要素的知识。B. 概念性知识，指在一个更大的体系内共同产生作用的要素之间的关系。包括分类和类别的知识，原理和通则的知识，以及理论、模型和结构的知识。C. 程序性知识，指做某事的方法、探究的方法，以及使用技能、算法、技术和方法的准则。包括具体学科的技能和算法的知识，具体学科的技术和方法的知识，确定何时使用适当程序的准则知识。D. 元认知知识，指关于认知的知识以及关于自我认知的意识和知识。包括策略性知识和关于认知任务的知识，适当的情境性和条件性知识，以及关于自我的知识。安德森将知识展开为一个维度，构建了一个知识领域和认知过程领域的二维的目标分类框架。知识领域包括事实性知识、概念性知识、程序性知识、元认知知识。认知过程领域包括：记忆、理解、应用、分析、评价、创造。修订后的二维框架避免了布卢姆教育目标分类法在结构和表述上的一些缺陷。但安德森的框架赖以成立的前提依然是布卢姆认知水平随认知复杂性增加而台阶式发展的假定，知识内容与思维操作仍然是分离的，因而布卢姆教育目标分类法所存在的问题依然没有得到解决。[①]

综上所述，布卢姆教育目标分类框架是一维的，认知目标分层次递进，将教育行为按照从简单到复杂的次序排列，学习者的思维活动从低级认知活动到高级认知活动排列，具有较强的系列性和积累性，并默认学习者首先要掌握低级和简单的类别知识，然后才

---

① 吴有昌．马扎诺教育目标分类学与SOLO分类学的比较研究［J］．华南师范大学学报（社会科学版），2018（4）：85－88．

② 马扎诺，肯德尔．教育目标的新分类学［M］．高凌飚，吴有昌，苏峻，译．2版．北京：教育科学出版社，2020：6．

能够掌握复杂和高级的类别知识,[①] 人为地将知识内容与思维操作过程分离开来，过于简化地处理了思维的本质及思维与学习的关系，目标描述上不够清晰，难以操作，在实践应用中产生了不少的问题。SOLO 分类法不再采用简单的线性发展模型，而是把个体认知发展的功能反应方式分为五种。每一种功能反应方式下的学习结果都可分为五个水平，构成了螺旋式上升的水平层次。这种螺旋上升的层级结构更符合人类的认知规律，更好地解释了人在学习不同任务时的不同表现。[②] 然而在实践应用过程中出现了理论和实践上的问题，这些问题需要进一步研究解决，而且 SOLO 分类法的语言过于理论化，需要进行大量的工作，让很多的一线工作者感到困难。安德森等人修订的布卢姆教育目标分类法是一个二维的框架，虽在一定程度上解决了布卢姆教育目标分类法在结构和表述上的问题，但知识内容和思维操作依然是分离开来的，仍没有解决布卢姆教育目标分类法存在的问题。而马扎诺基于人的学习行为模式，提出了一个二维的框架，第一个维度是知识，第二个维度是思维，知识领域和思维相互作用。马扎诺教育目标分类法将元认知系统和自我系统单独作为思维的一部分，分类对象不仅涉及了认知领域，还涉及了知识领域、元认知领域和情感态度领域。这样的一个框架体系基本上囊括了学校教学所要达成的方方面面的目标，任何一个具体的目标，都可以在这一框架中找到合适的位置。马扎诺建立的分类法不再是一个单向的线性体系，其中也没有台阶式上升的关系，更符合学习的实际，更好地区分了学习的目标类型和目标间的相关联系，更好地反映了教学的实际情况，对教学和评价可以有很好的导向作用。[①]而且，马扎诺教育目标分类法具有很好的实践可行性，相对于其他的分类法显得简单明了，给实际工作者带来了很大的方便，在教学中具有很好的理论和实践价值，更符合当前的教育。

第 3 节　教育目标的新分类学在国内已有的研究现状

布卢姆教育目标分类学对于我国的教育产生了一定的影响，国内对于布卢姆教育目标分类学的研究较多，但也发现布卢姆教育目标分类学存在着一些问题，而后美国学者马扎诺基于人的学习模式，提出了教育目标的新分类学，我国学者发现了马扎诺教育目标分类学与布卢姆教育目标分类学相比的优越性，开始对马扎诺教育目标分类学进行研究。笔者以“马扎诺”为主题在中国知网（CNKI）检索，截至 2023 年检索出与马扎诺教育目标分类学相关的文献共有 65 篇，其中 2014 年之前的有 11 篇，主要是对马扎诺认知目标分类学的解读、基于马扎诺教育目标分类学的自主学习策略和自主教学模式的研

① 黎加厚. 新教育目标分类学概论［M］. 上海：上海教育出版社，2010：123.

② 马扎诺，肯德尔. 教育目标的新分类学［M］. 高凌飚，吴有昌，苏峻，译. 2 版. 北京：教育科学出版社，2020：6.

究和将马扎诺教育目标分类学应用在中学数学和初中化学教学的研究，还没有出现将马扎诺教育目标分类学应用于小学数学教学上的研究，截至2023年与教学相关的文献有59篇。通过对搜索到65篇相关文献的搜索、分析和整理，发现国内对于马扎诺教育目标分类学的研究主要集中在理论解读和实践应用两个方面。

一方面，将马扎诺教育目标分类学作为一种新的理论展开介绍和研究。最早的是2008年浙江大学盛群力教授的《旨在培养解决问题的高层次能力——马扎诺认知目标分类学详解》，阐述了马扎诺教育目标分类学中人的学习行为模式，知识系统、认知系统的要点，以及马扎诺认知目标分类学的特色，肯定了该理论在培养高级思维能力的重要价值。[①] 2017年陈敏的《新教育目标分类学概论》简介，介绍了马扎诺教育目标分类学作为一种新的教育目标分类学，"新"在提出了全新的学习过程，"新"在关注高级思维的培养，"新"在实践可行性极强，认可了马扎诺教育目标分类学的价值，并且介绍了《新教育目标分类学概论》这本书的目录内容。2018年，吴有昌的《马扎诺教育目标分类学与SOLO分类学的比较研究》一文讲述了马扎诺教育目标分类学的主要内容和特点，马扎诺教育目标分类学与SOLO分类学的共同点和不同点，以及马扎诺教育目标分类学在教学方面实现的超越，突出了马扎诺教育目标分类学的优越性。

另一方面，将马扎诺教育目标分类学与教学相结合的应用研究，包含有关于教师培训、学校学科教学等不同的板块内容。相兴丽的《马扎诺分类学理论在中学数学教学中的应用：理论与实践》，应用马扎诺教育目标分类学对中学数学进行教学设计，[②] 首次将马扎诺教育目标分类学应用在数学学科。查扬波的《必修3概率教学中利用马扎诺教育目标分类学进行学生学业评价的研究案例》，尝试用马扎诺教育目标分类学进行学生学业评价，在提升学生的元认知能力方面取得了一些效果。[③] 彭康泰的《基于马扎诺教育目标分类学的习题设计探究——以中学数学新授课课后习题设计为例》一文，基于马扎诺教育目标分类学对如何设计习题的目标、习题的类型和数量、习题的难度和顺序进行阐述。根据特定要求挑选或命制习题，应用在数学学科的有8篇。应用在物理学科的有7篇，如刘娜娜的《基于马扎诺教育目标的初中物理小组合作学习的研究》，依据马扎诺教育目标分类学指导小组合作学习，并且借鉴徐州市三十三中一线教师三十几年的小组合作教学方法，创设了新型的小组合作学习的教学模式。[④] 应用在化学学科的有4篇，如刘会敏的《马扎诺目标分类学在初中化学教学中的应用研究》，以马扎诺新教育目标分类学为指导，选取福州市教育学院附属中学九年级化学部分课程进行教学设计和教学实践。[⑤] 应用在历史学科的有4篇，如钟黎的《基于马扎诺教育目标分类学的历史教科书习题分析》，对习题进行分类研究。应用在英语学科的有4篇，如许琳琳的《马扎诺教育

---

① 黄雨薇. 基于马扎诺教学理论的初中英语单元设计研究［D］. 上海：上海师范大学，2018.

② 相兴丽. 马扎诺分类学理论在中学数学教学中的应用：理论与实践［D］. 上海：上海师范大学，2012.

③ 查扬波. 必修3概率教学中利用马扎诺教育目标分类学进行学生学业评价的研究案例［J］. 中学数学研究（华南师范大学版），2014（13）：11－13.

④ 刘娜娜. 基于马扎诺教育目标的初中物理小组合作学习的研究［D］. 南京：江苏师范大学，2018.

⑤ 刘会敏. 马扎诺目标分类学在初中化学教学中的应用研究［D］. 福州：福建师范大学，2013.

目标分类学视角下小学英语课堂提问研究》，基于马扎诺教育目标分类学，探讨小学英语课堂提问存在的问题和原因。除此之外，还有一些其他学科教学的研究，但大多是一到两篇。

笔者再以“马扎诺”并含“小学数学”为主题在中国知网（CNKI）进行高级检索，截至2023年，有3条结果，分别是2015年刘梦泸的《人教版小学数学高年级教科书习题研究——基于马扎诺教育目标新分类学理论》和2019年刘林琳发表的《马扎诺教育目标分类学在小学数学教学设计中的应用研究》和胡梦琪的《面向高阶思维培养的小学数学课堂教学行为研究——基于马扎诺目标分类理论的专家型教师教学视频分析》。刘梦泸选择了人教版小学数学五、六年级四册教科书的“数与代数”“空间与图形”和“统计和概率”三大板块内容的习题，运用马扎诺教育目标分类学从知识领域和思维这两个维度进行统计分析，并提出了小学数学教科书习题编制的建议。刘林琳论述了马扎诺教育目标分类学的教学设计思想的教育目标理论、教学策略理论和教学评价理论，从知识领域维度和认知过程领域维度与布卢姆教育目标分类学比较，以及马扎诺教育目标分类学与小学数学核心素养的匹配性，将马扎诺教育目标分类学引入小学数学教学设计中，从教学目标、教学策略、教学活动过程以及教学评价几个方面来构建新的教学设计模式，以人教版小学数学五年级下册“分数的意义”为例，依据新模式设计出具体的教学设计案例。[①] 胡梦琪基于马扎诺教育目标分类学构建了面向高阶思维培养的课堂教学行为观察量表，挖掘并总结小学数学专家型教师高阶思维课堂教学行为的特征，[②] 提出提高课堂教学的策略与建议。

综上所述，教育目标的新分类学可以适用于很多学科教学，该理论对学校教学是有价值的，国内对教育目标的新分类学的研究比较少，部分将教育目标的新分类学应用到初、高中的学科研究，运用到小学数学学科的研究是少之又少。因此，新教育目标的新分类学应用到小学数学教学具有一定研究价值和意义。本书基于教育目标的新分类学进行小学数学教学评一体化的研究，可以为一线教师在小学数学教学提供一定的思考，具有理论和实践应用的推广价值。

第4节　教育目标的新分类学助力教学评一体化

分类使一个单元陈述的目标、目标的教授方式和方法以及如何评估三者之间的一致

---

① 刘林琳．马扎诺教育目标分类学在小学数学教学设计中的应用研究［D］．济宁：曲阜师范大学，2019．

② 胡梦琪．面向高阶思维培养的小学数学课堂教学行为研究：基于马扎诺目标分类理论的专家型教师教学视频分析［D］．天津：天津师范大学，2019．

性变得较为明显。① 艾瑞森（Airasian，1994）解释说，布卢姆分类法是教学、课程和考评的有用工具。然而，从20世纪50年代后期开始，人们越来越强调把教育目标用作设计考评的工具。因此，毫不奇怪，布卢姆分类法的第一次大规模使用就是作为考评设计的模板。当然，新分类法也可以用来设计考评。当用于这一目的时，划分出如表1－2所示的层级是有用的。表1－2列出了每个层级的一般问题和探究性问题。②

表1－2　新分类法各个层级的一般问题和探究性问题①

新分类法的层级	操作	考评设计中的一般问题和探究性问题
层级6：自我系统	重要性检查	信息、心智程序或心理动作程序对你有多重要？有什么根据？你推理的过程合乎逻辑吗？
	效能感检查	你学习信息、心智程序以及心理动作程序的能力如何？有什么根据？你推理的过程合乎逻辑吗？
	情绪反应检查	你对信息、心智程序或心理动作程序有什么情绪反应？你根据什么做出反应？你推理的过程合乎逻辑吗？
	动机检查	你学习信息、心智程序或心理动作程序的总体动机水平有多高？有什么根据？你推理的过程合乎逻辑吗？
层级5：元认知系统	目标设定	你学习信息、心智程序或心理动作程序的目标是什么？你完成目标的计划是什么？
	过程监控	依据学习信息、心智程序或心理动作程序的计划，你哪些方面做得好，哪些方面做得不好？
	清晰度监控	关于信息、心智程序或心理动作程序，你明白了什么？哪些不明白？
	准确度监控	关于信息、心智程序或心理动作程序，你准确了解了什么？哪些了解得不准确？
层级4：知识应用	决策	信息、心智程序或心理动作程序是怎样用于协助做出决定的？能够针对信息、心智程序或心理动作程序做出什么决定？
	问题解决	如何应用信息、心智程序或心理动作程序来解决问题？能解决关于信息、心智程序或心理动作程序的什么问题？
	试验	如何应用信息、心智程序或心理动作程序来生成和检验假设？能生成和检验关于信息、心智程序或心理动作程序的什么假设？
	调查	如何用信息、心智程序或心理动作程序来做调查？能做关于信息、心智程序或心理动作程序的什么调查？

① 安德森，等．学习、教学和评估的分类学：布卢姆教育目标分类学［M］．皮连生，译．上海：华东师范大学出版社，2008：32.

② 马扎诺，肯德尔．教育目标的新分类学［M］．高凌飚，吴有昌，苏峻，译．2版．北京：教育科学出版社，2020：118－119.

（续上表）

新分类法的层级	操作	考评设计中的一般问题和探究性问题
层级 3：分析	识别	不同的信息、心智程序或心理动作程序有什么相似和不同之处？
	分类	对于特定的信息、心智程序或心理动作程序来说，它属于什么大类别？又有什么子类别？
	差错分析	在阐述和应用信息、心智程序或心理动作程序的过程中可能会有什么差错？
	拓展	从某项信息、心智程序或心理动作程序中可以推断出什么命题？
	导出	对某项信息、心智程序或心理动作程序能做出什么样的预测？如何证明？
层级 2：理解	整合	信息、心智程序或心理动作程序的基本结构是什么？关键与非关键要素是什么？
	符号化	如何用符号或图形来表征信息、心智程序或心理动作程序的基本结构？
层级 1：信息提取	再认	以下关于某个信息、心智程序或心理动作程序的陈述，哪个是准确的？
	回忆	某个信息、心智程序或心理动作程序的细节是什么？
	执行	履行心智程序或心理动作程序。

马扎诺将二维框架纳入评价后发现，在教学评一体化的统筹下，基本能囊括学校教学所要达成的目标，任何一个具体的学习目标，都可以在这一框架中找到合适的位置。根据《义务教育数学课程标准（2022 年版）》的要求，参考教育目标的新分类法，结合小学数学阶段的知识点从教学内容、教学形式、教学策略、教学评价四个方面创建新模式，开发教学评一致性的单元整体教学设计、微课、课件、课后作业设计等教学资源，形成人教版小学数学十二册教学资源库。以“互联网 +”优质共享手段为抓手，融合有效的中介工具（AI、微课、协作工具等），凝聚优秀力量，构建小学数学知识资源体系，研磨过程与知识、思维与方法、技能与素养，探索情景化、场景可视化、形象化和互动化的实施策略，通过多维度、多层面、多视角，开展全方位的教育实践，并且在实践中不断修正，构建良好的教学生态，形成师生研学的闭环，深化教育教学改革，发展学生的核心素养，提升学与教的质量，实现教学评的一体化（见图 1－3）。

教学评一致性强调的是教学目标、学习目标和评价目标的一致，它为教学评一体化提供了实践的目标与方向。课程标准针对“内容要求”提出“学业要求”“教学提示”，细化了评价与考试命题建议，注重实现教学评一致性，增加了教学、评价案例，不仅明确了“为什么教”“教什么”“教到什么程度”，而且强化了“怎么教”的具体指导，做到好用、管用。① 一致性指目标、教学、测评之间相符合的程度。② 崔允漷最先提出“教

① 中华人民共和国教育部. 义务教育数学课程标准（2022 年版）［S］. 北京：北京师范大学出版社，2022：4.

② 安德森，等. 布卢姆教育目标分类学：分类学视野下的学与教及其测评［M］. 蒋小平，张琴美，罗晶晶，译. 北京：外语教学与研究出版社，2009：8.

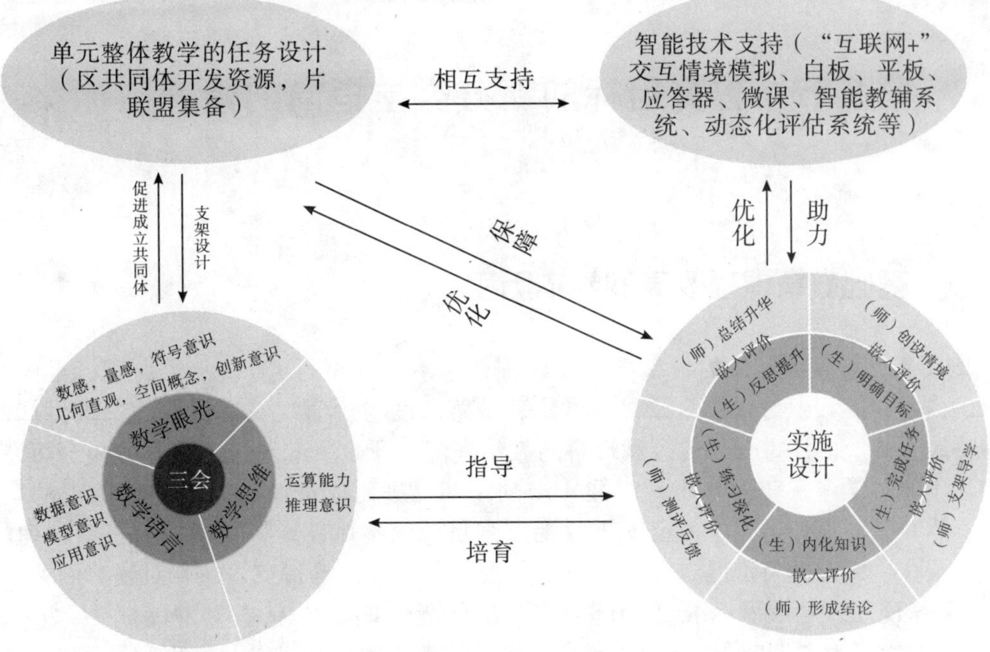

图 1－3　教育目标的新分类学视域下小学数学教学评的一体化

学评一致性”这一概念，将其定义为“在特定的课堂活动中，以清晰的目标为前提，教师的教、学生的学以及对学习的评价应具有目标的一致性”。[①] 教是以目标为导向，指向学科核心素养的培养，学是以发展核心素养为目的，与教的内容保持一致，评则是为了促教和促学。因此，教、学、评三者本质一致，共同指向发展学生的学科核心素养。目标分类有助于教育工作者处理“一致性问题”。[②] 在实践中“教学评一体化”与“教学评一致性”是相辅相成、相互促进的，前者为后者提供了具体实施的路径。在这样的背景下，依据教育目标的新分类学设计知识构建思维发展活动，构建适合学生心理特征的教学范式，依托情境创设有现实意义的任务，打开学生的自我系统。以目标为导向，把评价嵌入到每一个教学环节，开展探究实践学习活动，促进深度学习交流。以课后作业设计与实施框架的构建，师生评价量规的构建，学生学业质量水平评价框架的构建和师生研学共同体的构建为助力点，把教学、学习与评价紧密结合，并且评价监控贯穿始终，教师可以及时了解学习者的学习进度和效果，为教学提供实时反馈和指导，从而调整教学策略，选择合适的教学方法，帮助学生建立新的知识联系和认知结构，逐步完善元认知系统，形成在课程目标引领下的教学评一体化的教学格局。[③] 实现评价有深度、有梯度和有效度，深化教学评一体化，促进学生素养发展。

---

① 崔允漷，夏雪梅．“教—学—评一致性”：意义与含义［J］．中小学管理，2013（01）：4－6.

② 安德森，等．学习教学和评估的分类学：布卢姆教育目标分类学［M］．皮连生，译．上海：华东师范大学出版社，2008：32.

③ 中华人民共和国教育部．关于加强和改进新时代基础教育教研工作的意见［EB/OL］．(2019－11－28)．http://www.moe.gov.cn/srcsite/A06/S3321/201911/t20191128－409950.html.

第 5 节　教育目标的新分类学指向的素养目标

一、基础教育课程改革的基本历程

2001 年，教育部印发的《基础教育课程改革纲要（试行）》统一了课程标准中教学目标的内容，即知识与技能、过程与方法、情感态度与价值观三维目标。三维目标的提出，突破了传统的注重知识传授和理解的教学规范，开始注重人的情感态度和全面发展，期望学生通过学习来获取知识，掌握一定的技能，进而促进情感态度与价值观的培养，但在实际教学与设计过程中，出现了忽视三维目标的整体性，将其割裂为三项并列的目标，以及在情感态度与价值观方面的制定存在“贴标签”等特点，缺少对素养的关注。

《义务教育数学课程标准（2011 年版）》创造性地将“双基”发展成为“四基”，“两能”发展成为“四能”，增加了基本思想和基本活动经验，以及发现问题和提出问题的能力，并提出“数感、符号意识、空间观念、几何直观、数据分析观念、运算能力、推理能力、模型思想、应用意识、创新意识”等 10 个核心关键词，使得数学课程目标的表述更加完备，在吸收中国传统数学教育优点的基础上体现了 21 世纪人才培养的需要。这一轮的课标强调以单元为单位设计教学，但目标确定缺少质量标准。

2012 年党的十八大提出“把立德树人作为教育的根本任务”。2014 年在《关于全面深化课程改革落实立德树人根本任务的意见》中，将核心素养的概念界定为“学生应具备的适应终身发展和社会发展需要的必备品格和关键能力”。核心素养的提出落实了“立德树人”的根本要求，符合教育改革的时代发展方向，从学科本位转向以人为本，从注重教书转向既注重教书更注重育人。①

《义务教育数学课程标准（2022 年版）》的课程目标以学生发展为本，以核心素养为导向，进一步强调学生获得数学基础知识、基本技能、基本思想和基本活动经验，发展运用数学知识与方法发现、提出、分析和解决问题的能力，形成正确的情感态度与价值观。提出小学阶段的核心素养主要表现为数感、量感、符号意识、运算能力、几何直观、空间观念、推理意识、数据意识、模型意识、应用意识和创新意识。② 核心素养时代，以学业质量为标准，以大概念、大观念、大任务统领下的大单元为结构单位，设计中的教学目标、教学内容与教学测评作为整体，三者具有一致性、匹配性。在课堂实施中，教师的教、学生的学以及学习评价三者之间相互统一，指向学生深度学习、高阶思维与核心素养达成。

数学核心素养是需要实实在在落地的，包括教材呈现、教学设计、课堂教学、考试

---

① 师贵静. 指向学科核心素养的高中数学教学目标设计研究［D］. 石家庄：河北师范大学，2023.

② 中华人民共和国教育部. 义务教育数学课程标准（2022 年版）［S］. 北京：北京师范大学出版社，2022：2－3.

评价等一系列环节的实施。[①] 学业质量标准要求教学评迭代升级，从三维目标时代强调全面知识理解到“四基”“四能”走向进一步强调指向核心素养的“四基”“四能”，促进学业质量背景下的教学评一体化。

二、教育目标的新分类学指向的小学数学教学目标分析

新分类法的一个主要用途是提供教育目标设计的框架。[②]

(一) 目标水平概要

总的目标域可以极为形象地表示为一个从相当概括到非常具体的连续体。沿着该连续体，克拉思沃尔和佩恩（Krathwohl and Payne，1971）确定了三个具体性层次，并把这三个层次的目标分别称为总体（global）目标、教育（educational）目标和教学（instructional）指导目标，其中第三个目标现在被更加普遍地称为教学目标。在讨论目标的这三个层次时，我们应当记住它们代表了目标连续体上具体程度不同的三个位置，所以，将任何一个目标分类都涉及判断把该目标放在哪个层次上最合适的问题。在表 1 – 3 中，我们从范围、时间、功能和用途等方面对目标的三个层次做了比较。总体目标的涉及范围较为“广泛”，而教学目标则较为“狭窄”；也就是说，总体目标不涉及细节，而教学目标只处理细节。总体目标的实现也许要求一年或多年的学习努力，而教学目标可以在几天之内达成。总体目标提供愿景，它们通常会成为支撑教育目标的基础，而教学目标位于目标连续体的另一端，它们在计划日常课堂教学中发挥作用。教育目标位于目标连续体的中间部位，它们的涉及范围为“中等”，用于计划要求几个星期或几个月的时间学习的单元。本分类框架的设计使其有助于教育目标的使用。[③]（参见表 1 – 3）教育目标为较具体的教学目标提供了一条通道。[④]

表 1 – 3　总体目标、教育目标和教学目标之间的关系

	目标层次		
	总体目标	教育目标	教学目标
范围	广泛	中等	狭窄
学习所需时间	一年或多年（通常多年）	几周或几个月	几个小时或几天
目的或功能	提供愿景	设计课程	准备教学计划
用途实例	计划一个年度的课程（如初级阅读）	计划教学单元	计划每天的教学活动、经历和练习

① 王永春. 小学数学与数学思想方法［M］. 上海：华东师范大学出版社，2022.

② 马扎诺，肯德尔. 教育目标的新分类学［M］. 高凌飚，吴有昌，苏峻，译. 2 版. 北京：教育科学出版社，2004：110.

③ 安德森，等. 布卢姆教育目标分类学：分类学视野下的学与教及其测评［M］. 蒋小平，张琴美，罗晶晶，译. 北京：外语教学与研究出版社，2009：12 – 14.

④ 安德森，等. 学习教学和评估的分类学：布卢姆教育目标分类学［M］. 皮连生，译. 上海：华东师范大学出版社，2008：18.

（二）指向素养的目标分析

哈佛大学心理学家惠特（R. White）率先倡导“核心素养”（competence）的概念。在惠特看来，“核心素养”的术语包括两层含义：其一，先天具备的、能动地作用于环境中的人、事、物的动机作用（能源要因）。其二，由此产生的有效作用于环境中的人、事、物的关系性的认知能力（关系性）。① 这里的“认知”不是指单纯地记住名称而已，而是指“能够”因应客体的特质而做出适当的“关联”，进而通过“认知”（联结作用）具体的客体，体验并凝练具有通用性的“联结作用”。就是说，从驱动“认知”的能源要因出发，获得“认知”活动的机制，并通过这种机制最终获得了“作用方式”，亦即“通用能力”，这就诞生了今日使用于问题解决能力的概念——“核心素养”。②

2014 年，教育部印发的《关于全面深化课程改革落实立德树人根本任务的意见》中，首次提出“核心素养体系”概念。2016 年，中国教育学会发布的《中国学生发展核心素养（征求意见稿）》中指出：学生发展核心素养是指学生应具备的、能够适应终身发展和社会发展需要的必备品格和能力。所谓核心素养，就是指学生在接受相应学段的教育过程中，逐步形成的适应个人终身发展和社会发展需要的必备品格和关键能力。它是关于学生知识、技能、情感、态度、价值观等多方面要求的结合体，是每一名学生获得成功生活、适应个人终身发展和社会发展都需要的、不可或缺的共同素养。中国学生发展核心素养，以培养全面发展的人为核心，分为文化基础、自主发展、社会参与三个方面，综合表现为人文底蕴、科学精神、学会学习、健康生活、责任担当、实践创新六大素养以及 18 个基本要点，具体见图 1－4。

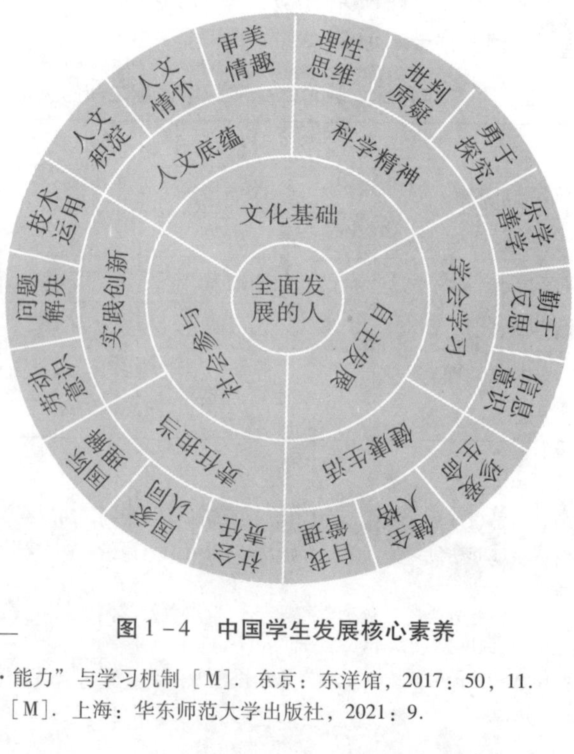

图 1－4　中国学生发展核心素养

① 奈须正裕．“素质·能力”与学习机制［M］．东京：东洋馆，2017：50，11.

② 钟启泉．深度学习［M］．上海：华东师范大学出版社，2021：9.

根据中国学生发展核心素养，《义务教育数学课程标准（2022年版）》的课程目标，立足学生核心素养发展，集中体现数学课程育人价值，① 提出数学课程要培养的学生核心素养。所谓数学核心素养，是指具有数学基本特征的，适应个人终身发展和社会发展需要的人的思维品质与关键能力。综上，从以下三方面对小学阶段的数学核心素养进行概念界定：第一，会用数学的眼光观察世界，体现了数学的一般性、抽象性，其对应的小学阶段数学核心素养是与抽象能力有关的数感、量感、符号意识，几何直观、空间观念和创新意识。第二，会用数学的思维思考世界，体现了数学的严谨性，其对应的小学阶段数学核心素养主要表现为：运算能力和推理意识。第三，会用数学的语言描述世界，其对应的小学阶段数学核心素养是数据意识、模型意识和应用意识。具体如图1－5所示。

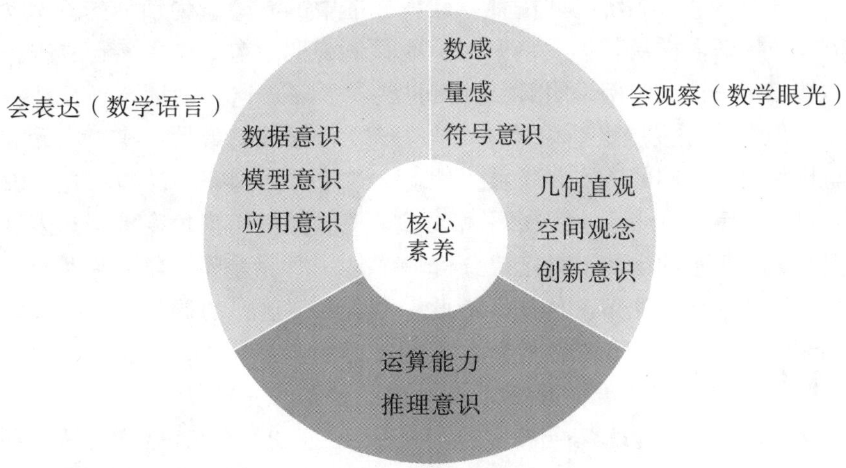

图1－5　小学数学核心素养

数学认知是指个体不断建构数学认知结构的心理活动。学生个体的数学认知结构主要包括：个体的数学知识结构、数学思想方法、元认知、非智力因素等。数学认知结构是数学核心素养的内在表现，因而数学认知结构的完善程度决定了核心素养水平的高低。② 教育目标的新分类学的模型指向于素养，而素养是建立在我们对世界的认识、对自我的认识和对他人的认识之上的，所以教育目标新分类学的模型既有情感维（包括对世界、自我和他人的情感态度与价值观），也有认知维（包括对世界、自我和他人的认识）和技能维（在现实世界中的行动），并且从行为的角度将三个维度有效地加以整合，③ 教育目标分类学的模型对于培养学生的核心素养具有指导性。

《义务教育数学课程标准（2022年版）》在课程目标当中的总目标的基础上确定学段

① 中华人民共和国教育部．义务教育数学课程标准（2022年版）［S］．北京：北京师范大学出版社，2022：5．

② 王永春．小学数学核心素养测评指南［M］．北京：首都师范大学出版社，2023：2．

③ 刘徽．大概念教学：素养导向的单元整体设计［M］．北京：教育科学出版社，2022：130．

目标，学段目标是根据不同学段学生学习的水平将总目标进行分解而成，同时将核心素养的具体表现体现在学段目标中。每个学段都从“四基”、“四能”、情感态度与价值观三个维度描述学段目标，并将核心素养的相关标准融入其中。① 依据马扎诺教育目标分类学的框架，解读《数学课程标准》第一学段目标（1～2年级）、第二学段目标（3～4年级）和第三学段目标（5～6年级）与马扎诺教育目标分类学的关系，分析的标准是先考虑目标涉及的知识内容与马扎诺教育目标新分类学的知识领域相对应，再考虑马扎诺目标中知识领域分别与思维发展层次相对应。②

《义务教育数学课程标准（2022年版）》有两类行为动词：一类是描述结果目标的行为动词，包括“了解”“理解”“掌握”“运用”等；另一类是描述过程目标的行为动词，包括“经历”“体验”“感悟”“探索”等，③ 对比分析课标的有关行为动词与马扎诺教育目标分类学的思维系统的匹配性。课程标准中的有关行为动词的基本含义是这样的：“了解”这一动词指从具体实例中知道或举例说明对象的有关特征；根据对象的特征，从具体情境中辨认或举例说明对象。②因此，“了解”这一动词与马扎诺教育目标分类学中的“提取”思维发展水平相对应。“理解”指描述对象的由来、内涵和特征，阐述此对象与相关对象之间的区别和联系。②因此，“理解”这一动词与马扎诺教育目标分类学中的“理解”和“分析”发展水平相对应。“掌握”指多角度理解和表征数学对象的本质，把对象用于新的情境，对应“分析”。“运用”指基于数学对象和对象之间的关系，选择或创造适当的方法解决问题，因此，“运用”这一动词与马扎诺教育目标分类学中的“知识应用”相对应。“体验”指有目的地参与特定的教学活动，验证对象的特征，获得一些具体经验，“感悟”指在数学活动中，通过独立思考或合作交流，获得初步的理性认识。“经历”指有意识地参与特定的数学活动，感受数学知识的发生发展过程，获得一些感性认识，“探索”指在特定的问题情境下，独立或合作参与数学活动，理解或提出数学问题，寻求解决问题的思路，获得确定结论。因此，“体验”“感悟”“经历”“探索”这一行为动词与马扎诺教育目标分类学的元认知系统和自我系统相对应。将以上课标有关行为动词与教育目标的新分类学的思维系统分析匹配，归纳整理为表1－4。

表1－4　课标有关行为动词与教育目标的新分类学的思维系统的匹配情况

有关行为动词的分类	思维系统
了解（知道、初步认识）	信息提取
理解（认识、会），掌握（能）	理解、分析
运用（证明、应用）	知识应用
体验（体会）、感悟、经历（感受、尝试）、探索	元认知系统、自我系统

① 史宁中，曹一鸣．义务教育数学课程标准（2022年版）解读［M］．北京：北京师范大学出版社，2022：93－94.

② 刘林琳．马扎诺教育目标分类学在小学数学教学设计中的应用研究［D］．济宁：曲阜师范大学，2019.

③ 中华人民共和国教育部．义务教育数学课程标准（2022年版）［S］．北京：北京师范大学出版社，2022：181.

当然，在具体运用过程中，有些行为动词涉及思维系统会存在交迭现象。例如“探索”这一行为动词，学生主要启动了元认知系统，但是“理解或提出数学问题，寻求解决问题的思路”这个过程，“寻求解决问题的思路”这个过程也体现了“理解”“分析”和“知识运用”的思维水平。有些行为动词需要在具体情境中分析所涉及的思维层级。

1. 第一学段目标分析

第一学段主要是依托数的概念和整数四则运算的学习，“形成初步的数感、符号意识和运算能力”；依托简单的图形学习及测量，“形成初步的量感和空间观念”；依托分类活动“形成初步的数据意识”；在简单数学问题的解决中“形成初步的几何直观和应用意识”，强调好的学习习惯的形成，如“倾听他人的意见，尝试对他人的想法提出建议”。[①] 具体分析如下：

例 1：经历简单的数的抽象过程，认识万以内的数，能进行简单的整数四则运算，形成初步的数感、符号意识和运算能力。[②]

分析：“万以内的数”属于知识领域中的信息知识，结合“认识”这一行为动词，该目标可以解读为信息知识的“理解”。“进行简单的整数的四则运算”属于心智程序知识，结合“能”这一行为动词，能进行简单的整数四则运算这一目标可以解读为心智程序知识的“理解”，发展学生的数感、符号意识和运算能力。

例 2：能辨认简单的立体图形和平面图形，认识长方形和正方形的特征。[③]

分析：“立体图形和平面图形”“长方形和正方形的特征”属于信息知识，该目标可以解读为信息知识类型的“信息提取和理解”水平。

例 3：经历简单的分类过程，能根据给定的标准进行分类，形成初步的数据意识。[①]

分析：经历简单的分类过程，该目标启动了学生的元认知系统和自我系统。“根据给定标准分类”属于心智程序知识，该目标可以解读为心智程序知识的“理解”和“分析”水平，培养学生初步的数感。

例 4：在主题活动中认识货币单位、时间单位和基本方向，尝试用数学方法解决问题，积累数学活动经验，形成初步的量感和应用意识。[①]

分析：“货币单位、时间单位和基本方向”属于信息知识类型，结合“认识”这一行为动词，该目标可以解读为信息知识的“理解”水平。“尝试用数学方法解决问题”，结合“尝试”这一行为动词，该目标启动了学生的元认知系统和自我系统，而“用数学方法解决问题”的目标，对应“知识应用”水平，形成初步的量感和应用意识。

---

① 曹一鸣. 新版课程标准解析与教学指导 2022 年版小学数学［M］. 北京：北京师范大学出版社，2022：33－34.

②③ 中华人民共和国教育部. 义务教育数学课程标准（2022 年版）［S］. 北京：北京师范大学出版社，2022：12.

例 5：对身边与数学有关的事物有好奇心，能参与数学学习活动。在他人的帮助下，尝试克服困难，感受数学活动中的成功。了解数学可以描述生活中的一些现象，感受数学与生活有密切联系，感受数学美。能倾听他人的意见，尝试对他人的想法提出建议。[①]

分析：这个目标没有明显的知识领域，是情感态度与价值观目标，让学生对数学学习产生好奇心，驱使学生主动参与数学学习活动，感受数学美，养成倾听他人意见，尝试对他人的想法提出建议的好习惯的形成，在思维层级上可以归为“自我系统”，对身边与数学有关的事物产生兴趣，参与数学学习活动。

第一学段学业要求与核心素养表现见表 1－5。

表 1－5　第一学段学业要求与核心素养表现

内容板块	学业要求	素养表现
数与代数	1．数与运算 能用数表示物体的个数或事物的顺序，能认、读、写万以内的数；能说出不同数位上的数表示的数值；能用符号表示数的大小关系，形成初步的数感和符号意识。 能描述四则运算的含义，知道减法是加法的逆运算、乘法是加法的简便运算、除法是乘法的逆运算；能熟练口算 20 以内数的加减法和表内乘除法；能口算简单的百以内数的加减法；能计算两位数和三位数的加减法，形成初步的运算能力。 2．数量关系 能在熟悉的生活情境中运用数和数的运算，合理表达简单的数量关系，解决简单的问题。 能在解决问题的过程中，体会解决问题的道理，解释计算结果的实际意义，感悟数学与现实世界的关联，形成初步的模型意识、几何直观和应用意识。	形成初步的数感、运算能力、符号意识、模型意识、几何直观和应用意识、推理意识。
图形与几何	1．图形的认识与测量 能辨认长方体、正方体、圆柱和球等立体图形，能直观描述这些立体图形的特征；能辨认长方形、正方形、平行四边形、三角形、圆等平面图形，能直观描述这些平面图形的特征。能根据描述的特征对图形进行简单分类。 会用简单的图形拼图，能在组合图形中说出各组成部分图形的名称；能说出立体图形中某一个面对应的平面图形，形成初步的空间观念。 感悟统一单位的重要性，能恰当地选择长度单位米、厘米描述生活中常见物体的长度，能进行单位之间的换算；能估测一些身边常见物体的长度，并能借助工具测量生活中物体的长度，初步形成量感。	形成初步的空间观念和量感。

（续上表）

内容板块	学业要求	素养表现
统计与概率	能依据事物特征，按照一定的标准进行分类；能发现事物的特征并制定分类标准，依据标准对事物分类；能用语言简单描述分类的过程；感知事物的共性和差异，形成初步的数据意识。	形成初步的数据意识
综合与实践	能够积极参与活动，在活动中能主动表达，并与他人交流，加深对数学知识的理解，感悟数学知识与现实生活的联系，发展对数学的好奇心，提升学习数学的兴趣，初步获得一些数学活动经验。 数学游戏分享。能比较清晰地描述幼儿园和学前生活中的数学活动内容，比较准确地表达自己对数、数量、图形、方位等数学知识的理解；能说明或演示自己玩过的数学游戏内容和规则，在教师的协助下能带领同伴一起玩这些数学游戏。 欢乐购物街。积极投入模拟购物活动，能清晰表达和交流信息，认识元、角、分，知道元、角、分之间的关系；会在真实或模拟的情境中合理使用人民币；在教师的指导下能够反思并述说购物的过程，积累使用货币的经验；形成对货币多少的量感和初步的金融素养。 时间在哪里。认识时、分、秒，能说出钟表上的时间；了解时、分、秒之间的关系，能结合生活经验体会时间的长短；能将生活中的事件与时间建立联系，感悟时间与过程之间的关系；形成对时间长短的量感，懂得遵守时间的重要性。 我的教室。会用上、下、左、右、前、后描述现实生活中物体的相对位置；会用东、南、西、北描述物体所在的方向；给定东、南、西、北四个方向中的一个方向，能辨别其余三个方向；了解物体间位置、方向的相对性，形成初步的空间观念。 身体上的尺子。能运用测量长度的知识，了解身体上的一些“长度”；能用身体上这些“长度”测量教室以及身边某些物体的长度；能记录测量的结果，能与他人交流、分享测量的经验，发展量感。 数学连环画。能简单整理学过的数学知识，思考如何运用数学知识记录自己的经历；能结合生活经验或者通过查阅资料，编写含有数学知识的小故事；能用自己的语言表达数学连环画中数学知识的意义及蕴含的数量关系，能理解他人数学连环画中的数学信息及关系，学会数学化的表达与交流。	形成初步的量感，发展量感，初步的空间观念。

2. 第二学段目标分析

第二学段基于复杂的数、运算及运算律的学习，“形成数感、运算能力和初步的推理意识”；基于更具体的图形知识、图形测量、图形运动的学习“形成量感、空间观念和初步的几何直观”；基于数据收集整理和呈现，以及平均数的学习，“形成初步的数据意识”；基于日常生活中的数学问题和解决问题的过程，“形成初步的模型意识、几何直观和应用意识”，强调学习的主动性和端正数学学习态度，如“体验克服困难、解决问题的成就，体会数学的作用”。[①] 具体分析如下：

例 1：认识自然数，经历小数与分数的形成过程，初步认识小数和分数；能进行较复杂的整数四则运算和简单的小数、分数的加减运算，理解运算律；形成数感、运算能力和初步的推理意识。[②]

分析：“自然数、小数、分数”属于信息知识，结合“认识”这一行为动词，该目标可以解读为信息知识的“理解”。“整数四则运算和简单的小数、分数的加减运算”属于心智程序知识，结合“能”这一行为动词，该目标可以解读为心智程序知识的“理解”，“运算律”属于心智程序知识，结合“理解”这一行为动词，该目标可以解读为心智程序知识的分析。发展学生的数感、运算能力和初步的推理意识。

例 2：认识常见的平面图形，经历平面图形的周长和面积的测量过程，探索长方形周长和面积的计算方法。了解图形的平移、旋转和轴对称。[①]

分析：“常见的平面图形”属于信息知识，结合“认识”这一行为动词，该目标可以解读为信息知识的“理解”，“长方形周长和面积的计算方法”属于信息知识，该目标可以解读为心智程序领域，结合“探索”这一行为动词，该目标可以解读为心智程序的“理解”和“分析”。“图形的平移、旋转和轴对称”属于信息知识，根据行为动词“了解”，说明该目标可以解读为信息知识的“信息提取”。

例 3：经历简单的数据收集过程，了解数据收集、整理和呈现的简单方法；理解平均数的意义，会用平均数解决问题；形成初步的数据意识。[①]

分析：“数据收集、整理和呈现”属于心智程序知识，结合“了解”这一行为动词，该目标可以解读为心智程序知识的“提取”；“平均数的意义”属于信息知识，“理解”这一行为动词，说明该目标属于“理解”层级；“会用平均数解决问题”，结合“会用”这一行为动词，在理解的基础上应用，该目标属于“知识应用”的层级，形成初步的数据意识。

例 4：在主题活动中进一步认识时间单位和方向，认识质量单位，尝试应用数学和其他学科知识与方法解决问题，积累数学活动经验，形成量感、推理意识和应用意识。[①]

分析：“时间单位、方向和质量单位”属于信息知识，结合“认识”这一行为动词，该目标属于“理解”，应用数学和其他学科知识与方法解决问题，因此该目标可以解读为信息知识的“知识应用”，形成量感、推理意识和应用意识。

---

① 曹一鸣．新版课程标准解析与教学指导 2022 年版小学数学［M］．北京：北京师范大学出版社，2022：34.

② 中华人民共和国教育部．义务教育数学课程标准（2022 年版）［S］．北京：北京师范大学出版社，2022：13.

例 5：尝试从日常生活中发现并提出数学问题，探索分析和解决问题的方法，经历独立思考并与他人合作交流解决问题的过程，会用常见的数量关系和其他学科的知识与方法解决问题，能初步判断结果的合理性；形成初步的模型意识、几何直观和应用意识。①

分析：这是关于“四能”的目标，要求学生能运用所学的数学知识和方法，发现、提出、分析和解决问题，在解决问题的过程中能独立思考与他人合作交流，运用数学和其他学科的知识与方法解决问题，在思维层级上可以归为“知识应用”。

例 6：愿意了解日常生活中与数学相关的信息，愿意参与数学学习活动。在他人的鼓励和引导下，体验克服困难、解决问题的成就，体会数学的作用，体验数学美。在学习活动中能提出自己的想法，在与他人交流的过程中，敢于质疑和反思。②

分析：这个目标强调学生数学学习的主动性，愿意了解日常生活中与数学相关的信息和参与数学学习活动，体验数学的作用和美，在数学学习活动中能提出想法，敢于质疑和反思，对数学学习的过程进行监控和反思，在思维层级上可以归为“自我系统”和“元认知系统”。

第二学段学业要求与核心素养表现见表 1－6。

表 1－6　第二学段学业要求与核心素养表现

内容板块	学业要求	素养表现
数与代数	1. 数与运算 能结合具体实例解释万以上数的含义，能认、读、写万以上的数，会用万亿为单位表示大数。能计算两位数乘除三位数。 能直观描述小数和分数，能比较简单的小数的大小和分数的大小；会进行同分母分数的加减运算和一位小数的加减运算。形成数感、符号意识和运算能力。 能描述减法与加法的关系、除法与乘法的关系；能进行整数四则混合运算（以两步为主，不超过三步），正确运用小括号和中括号。能说出运算律的含义，并能用字母表示；能运用运算律进行简便运算，解决相关的简单实际问题，形成运算能力。 2. 数量关系 能在简单的实际情境中，运用四则混合运算解决问题，能选择合适的单位通过估算解决实际问题，形成初步的应用意识。 能在真实情境中，发现常见数量关系，感悟利用常见数量关系解决问题；能借助计算器进行计算，并解释计算结果的实际意义；形成初步的模型意识、几何直观和应用意识。 能在真实情境中，合理利用等量的等量相等进行推理，形成初步的推理意识。	形成数感、符号意识和运算能力，形成初步的应用意识、模型意识、几何直观和推理意识。

①② 中华人民共和国教育部. 义务教育数学课程标准（2022 年版）［S］. 北京：北京师范大学出版社，2022：13.

（续上表）

内容板块	学业要求	素养表现
图形与几何	1. 图形的认识与测量 能说出线段、射线和直线的共性与区别；知道两点间所有连线中线段最短，能在具体情境中运用“两点之间线段最短”解决简单问题；能辨认同一平面内两条直线是否平行或垂直；能辨认从不同角度观察简单物体所对应的照片或直观图。形成空间观念和初步的几何直观。 会比较角的大小；能说出直角、锐角、钝角的特征，能辨认平角和周角；会用量角器测量角的大小，能用直尺和量角器画出指定度数的角；会用三角板画 30°，45°，60°，90°的角。 会根据角的特征对三角形分类，认识直角三角形、锐角三角形和钝角三角形；能根据边的相等关系，认识等腰三角形和等边三角形。能说出长方形、正方形、平行四边形、梯形的特征；能说出图形之间的共性与区别。形成空间观念和初步的几何直观。 能描述长度单位千米、分米、毫米，能进行长度单位之间的换算；能在真实情境中选择合适的长度单位。能通过具体事例描述面积单位厘米^2、分米^2、米^2，能进行面积单位之间的换算。 经历用直尺和圆规将三角形的三条边画到一条直线上的过程，直观感受三角形的周长，知道什么是图形的周长；会测量三角形、长方形和正方形的周长；会计算长方形、正方形的周长和面积。 在解决图形周长、面积的实际问题过程中，逐步积累操作的经验，形成量感和初步的几何直观。 2. 图形的位置与运动 能在实际情境中，辨认出生活中的平移、旋转和轴对称现象，直观感知平移、旋转和轴对称的特征，能利用平移或旋转解释现实生活中的现象，形成空间观念。	形成空间观念、量感和初步的几何直观和推理意识。
统计与概率	能收集、整理具体实例中的数据，并用合适的方式描述数据，分析与表达数据中蕴含的信息。能用条形统计图合理表示数据，说明数据的现实意义。 知道用平均数可以刻画一组数据的集中趋势，知道平均数的统计意义；知道平均数是介于最大数与最小数之间的数，能描述平均数的含义；能用平均数解决有关的简单实际问题，形成初步的数据意识和应用意识。	形成初步的数据意识和应用意识。

（续上表）

内容板块	学业要求	素养表现
综合与实践	能够积极参与活动，在活动中能独立思考问题，主动与他人交流，加深对数学知识以及数学与其他学科关联的理解；经历解决简单实际问题的过程，增强应用意识，积累数学活动经验，感悟数学的价值。 年、月、日的秘密。知道24时计时法与钟表上刻度的关系，能用24时计时法表示时间；知道年、月、日之间的关系，以及相关的简单历法知识；知道一年四季的重要性，了解中国古代是如何通过土圭之法确定一年四季的，培养家国情怀。 “曹冲称象”的故事。知道“曹冲称象”的故事，形成问题意识。能结合现实素材，感受并认识克、千克、吨，能进行简单的单位换算；理解“曹冲称象”的基本原理是等量的等量相等，能针对具体问题与他人合作制订称重的实践方案，并能在执行方案的过程中不断反思，丰富度量的活动经验。 寻找“宝藏”。在认识东、南、西、北的基础上，能在平面图上认识东北、西北、东南、西南四个方向；能描绘图上物体所在的方向，判断不同物体所在的方向，以及这些方向之间的关联；能把这样的认识拓展到现实场景中，在简单的实际情境中正确判断方位；进一步理解物体的空间方位及物体之间的位置关系，发展空间观念。 了解用“几点钟方向”描述方向的方法及其主要用途，能在现实场景中尝试以站立点为正中心（圆心），以钟表盘12个小时的点位来说明方向。 能尝试设计符合要求的藏宝图，能从他人的藏宝图中发现、提取信息并解决问题，增强推理意识。 度量衡的故事。会查找资料，理解度量衡的意义，提升学习的意识与能力；了解最初的度量方法都是借助日常用品，理解度量的本质就是表达量的多少，知道计量单位是人为规定的；了解计量单位的发展历史，知道科学发展与度量精确的关系；在教师的指导下，能对不同的量进行分类、整理、比较，丰富并发展量感。	增强应用意识和推理意识，发展空间观念和量感、创新意识。

3．第三学段目标分析

第三学段侧重“形成符号意识、运算能力、推理意识”“形成量感、空间观念和几何直观”“形成数据意识和初步的应用意识”，同时注重在“真实的情境中发现和提出问题，探索运用基本的数量关系，以及几何直观、逻辑推理和其他学科知识、方法分析与解决问题，形成模型意识和初步的应用意识、创新意识”，强调数学学习信心的形成和良好学习品质的养成，如“相信自己能够学好数学，感受数学的价值。初步养成认真勤奋、独立思考、合作交流、反思质疑的习惯”。① 具体分析如下：

① 曹一鸣．新版课程标准解析与教学指导2022年版小学数学［M］．北京：北京师范大学出版社，2022：34.

例1：经历用字母表述数的过程，认识自然数的一些特征，理解小数和分数的意义；能进行小数和分数的四则运算，探索数运算的一致性；形成符号意识、运算能力、推理意识。①

分析："自然数的一些特征、小数、分数的意义"属于信息知识，"认识"这一行为动词，说明该目标属于"理解"的层级。"小数和分数的四则运算"属于心智程序知识，结合"能"这一行为动词，说明该目标要达到"理解"的水平，培养学生的符号意识、运算能力和推理意识。

例2：探索几何图形面积和体积的计算方法，会计算常见平面图形的周长和面积，会计算常见立体图形的体积和表面积。①

分析："几何图形面积和体积的计算方法""计算常见平面图形的周长和面积""计算常见立体图形的体积和表面"属于心智程序知识，该目标要达到心智程序知识的"理解和知识应用"水平。

例3：经历收集、整理和表达数据的过程，会用条形统计图、折线统计图表达数据，并能做出简单的判断；理解百分数的意义，了解随机现象发生的可能性；形成数据意识和初步的应用意识。①

分析："收集、整理和表达数据""条形统计图、折线统计图表达数据"属于心智程序知识，该目标可以解决为心智程序知识的"理解"。"百分数的意义"属于知识领域中的信息知识，行为动词"理解"属于"理解"层级，因此，该目标可以解读为信息知识的"理解"和"分析"，形成数据意识和初步的应用意识。

例4：在主题活动中项目学习中了解负数，应用数学和其他学科知识与方法解决问题，积累数学活动经验，形成数感、量感、模型意识、应用意识和创新意识。②

分析："负数"属于信息知识类型，应用数学和其他学科知识与方法解决问题，强调知识的应用，因此，该目标可以解读为信息知识的"知识应用"。

例5：对数学具有好奇心和求知欲，主动参与数学学习活动。在解决问题的过程中，体验成功的乐趣，相信自己能够学好数学，感受数学的价值，体验并欣赏数学美。初步养成认真勤奋、独立思考、合作交流、反思质疑的习惯。①

分析：这个目标没有明显的知识领域信息，重点在于主动参与数学学习，在解决问题的过程中，相信自己能够学好数学，对数学学习有信心，体验数学学习带来的乐趣，在数学学习过程能养成反思质疑的习惯，对数学学习能进行思考和监控，因此该目标在

① 中华人民共和国教育部．义务教育数学课程标准（2022 年版）[S]．北京：北京师范大学出版社，2022：13.
② 中华人民共和国教育部．义务教育数学课程标准（2022 年版）[S]．北京：北京师范大学出版社，2022：14.

思维层级上属于“自我系统”和“元认知系统”。

第三学段学业要求与核心素养表现见表 1－7。

表 1－7　第三学段学业要求与核心素养表现

内容板块	学业要求	素养表现
数与代数	1. 数与运算 能找出 2，3，5 的倍数。在 1～100 的自然数中，能找出 10 以内自然数的所有倍数，10 以内两个自然数的公倍数和最小公倍数；能找出一个自然数的所有因数，两个自然数的公因数和最大公因数；能判断一个自然数是否是质数或合数。 能用直观的方式表示分数和小数，能比较两个分数的大小和两个小数的大小；会进行小数和分数的转化（不包括将循环小数转化成分数）。能在实际情境中运用小数和分数解决问题，进一步发展符号意识和数感。 能进行简单小数和分数的四则运算和混合运算（不超过三步），并说明运算过程。能在较复杂的真实情境中，选择恰当的运算方法解决问题，形成运算能力和推理意识。 2. 数量关系 能在具体问题中感受等式的基本性质。 能在解决实际问题中运用恰当的方法进行估算，并能描述估算的过程。 能在具体情境中，用字母或含有字母的式子表示数量之间的关系、性质和规律，感悟用字母表示具有一般性。 能在具体情境中判断两个量的比，会计算比值，理解比值相同的量，能解决按比例分配的简单问题。 能在具体情境中描述成正比的量，能找出生活中成正比的量的实例；能根据给出的成正比关系的数据在方格纸上画图，了解 $y=kx$（$k\neq0$）的形式，能根据其中一个量的值计算另一个量的值。 能解决较复杂的真实问题，形成几何直观和初步的应用意识，提高解决问题的能力。	进一步发展符号意识和数感，形成运算能力和推理意识，形成几何直观和初步的应用意识。
图形与几何	1. 图形的认识与测量 探索并说明三角形任意两边之和大于第三边的道理；通过对图形的操作，感知三角形内角和是 180°，能根据已知两个角的度数求出第三个角的度数。 会计算平行四边形、三角形、梯形的面积，能用相应公式解决实际问题。 会用圆规画圆，能描述圆和扇形的特征；知道圆的周长、半径和直径，了解圆的周长与其直径之比是一个定值，认识圆周率；会计算圆的周长和面积，能用相应公式解决简单的实际问题。	

（续上表）

内容板块	学业要求	素养表现
图形与几何	认识长方体、正方体和圆柱，能说出这些图形的特征，能辨认这些图形的展开图，会计算这些图形的体积和表面积；认识圆锥，能说出圆锥的特征，会计算圆锥的体积；能用相应公式解决简单的实际问题，形成空间观念和初步的应用意识。 能说出面积单位千米、公顷和体积单位米^3、分米^3、厘米^3，以及容积单位升、毫升，能进行单位换算，能选择合适单位描述实际问题。 对简单物体，能辨认不同方向（前面、侧面、上面）的形状图，能把观察的方向与相应形状图对应起来，形成空间观念。 2. 图形的位置与运动 能根据参照点的具体方向和距离描述物体所处位置；能在熟悉的情境中描述简单的路线图，形成几何直观。 能在方格纸上用有序数对（限于自然数）确定点的位置，理解有序数对与对应点的关系，形成空间观念。 认识比例尺，能说出比例尺的意义；在实际情境中，会按给定比例进行图上距离与实际距离的换算；能在方格纸上，按给定比例画出简单图形放大或缩小后的图形，形成空间观念和推理意识。 能在方格纸上描述图形的位置，能辨别和想象简单图形平移、旋转后的图形，画出简单图形沿水平或垂直方向平移后的图形，以及旋转90°后的图形；能借助方格纸，了解图形平移、旋转的变化特征。 知道轴对称图形的对称轴，能在方格纸上补全轴对称图形，形成推理意识。 对给定的简单图形，能用平移、旋转和轴对称的方法，在方格纸上设计图案，并能说出设计图案与简单图形的关系。	形成空间观念、几何直观、推理意识和初步的应用意识。
统计与概率	1. 数据的收集、整理与表达 能根据问题的需要，从报纸、杂志、电视、互联网等媒体上获取数据，或者通过其他合适的方式获取数据，能把数据整理成条形统计图、折线统计图，知道条形统计图、折线统计图和扇形统计图的功能，会解释统计图表达的意义，能根据结果作出简单的判断和预测。能在真实情境中理解百分数的统计意义，解决与百分数有关的简单问题。能在认识及应用统计图表和百分数的过程中，形成数据意识，发展应用意识。 2. 随机现象发生的可能性 能列举生活中的随机现象，列出简单随机现象中所有可能发生的结果，判断简单随机现象发生可能性的大小。对于现实生活中的一些简单问题，能根据数据提供的信息，判断随机现象发生的可能性。	形成数据意识，发展应用意识。

（续上表）

内容板块	学业要求	素养表现
综合与实践	能够积极参与活动，在活动中能独立思考问题，主动与他人交流，经历实地测量、收集素材、调查研究、解决问题的过程，提升思考问题的能力，积累根据解决问题的需要合理选择策略和方法的经验，形成模型意识与初步的应用意识和创新意识。 如何表达具有相反意义的量。在真实情境中，通过具体事例体会相反意义的量，如温度、海拔等，能表达具体情境中负数的实际意义，能通过对多个事例的归纳、比较，感悟负数可以表达与正数相反意义的量。 校园平面图。结合本校校园的实际情况，能制订比较合理的测量方案和绘图比例；能理解所需要的数学和其他学科的知识，在教师的指导下，积极有序展开测量；能按校园的方位和场所的位置，依据绘图比例绘制简单的校园平面图；能解释绘图的原则，在交流中评价与反思；提升规划能力，积累实践经验。 体育中的数学。能结合自己的兴趣，确定所要研究的关于体育的内容与范围；会查找相关资料，提出有价值的数学问题；在教师的指导下，能与他人交流合作，运用数学或其他学科的知识解决问题；能积极参与小组间的交流，说明自己小组的问题解决过程，理解其他小组所解决的问题和问题解决的思路；感悟数学在体育中的作用，提高学习数学的兴趣。 营养午餐。在对人体营养需求和食物营养物质的调查研究中，进一步理解百分数的意义；会用扇形统计图整理调查结果，分析如何实现营养均衡；经历一周营养午餐食谱的设计过程，感悟在实际情境中方案的形成过程；形成重视调查研究、合理设计规划的科学态度。 水是生命之源。能合作设计生活中用水情况的调查方案，并展开调查，在调查中进一步优化方案；会查找与淡水资源相关的资料，从资料和实地走访中筛选需要的信息，提出问题，确定解决问题的思路，增强应用意识；根据问题解决中的发现和收获，制订节水方案，尝试设计节水工具或方法，培养创新意识；在问题解决中加深对水资源保护等社会问题的关注与理解。	形成模型意识与初步的应用意识和创新意识。

从以上例子分析，以及针对表1－5、表1－6、表1－7三个学段的学业要求与核心素养表现的整理结果，不难发现，从第一学段到第三学段，相同的知识点会再次出现，但更深入、更复杂，所涉及的思维层级有可能是相同的，因为新分类法某个思维层级的难度不仅随任务的复杂性而变化，也会随着学生对该任务所涉及的内容或技能的熟悉程度而变化。例如有关分数知识的学习，在第二学段和第三学段都有出现，但涉及的思维层级主要是“理解”。分数知识的学习在第二学段中的学业要求是：能直观描述分数，

能比较简单的分数的大小；会进行同分母分数的加减运算。在第三学段中的学业要求是：能用直观的方式表示分数，能比较两个分数的大小，会进行分数的转化（不包括将循环小数转化成分数），能在实际情境中运用分数解决问题；能进行简单分数的四则运算和混合运算（不超过三步），并说明运算过程。可以看出，不同学段对分数知识的学习在内容深度上是不同的，第三学段更高，而且不同学段学生的年龄特征不同，以及不同学段学生对分数的知识内容的熟悉程度不同，所以第二学段和第三学段涉及的思维层级主要是“理解”。

从总体目标到学段目标的分析是很有作用的，为以后章节范式构建里设计具体化的教学目标做好充分的铺垫。

第二章　小学数学课堂教学范式构建的内涵和路径

第 1 节　小学数学教学范式的内涵及策略

一、教育目标的新分类学指向核心素养的教学设计范式的内涵

《义务教育课程方案（2022 年版）》指出："各课程标准基于义务教育培养目标，将党的教育方针具体化细化为本课程应着力培养的核心素养，体现正确价值观、必备品格和关键能力的培养要求。"① 小学数学核心素养是在面对真实情境中的问题和数学活动中，通过教师启发、学生体验、感悟和反思，抽象出数学概念、命题结构，建立数学模型，并运用逻辑推理和运算解决问题的一种综合性特征。这种综合性特征，是以数学认知为基础，以数学基本思想和关键能力为核心，通过教师启发、学生独立思考和自主学习、合作交流、教师概括等一系列活动，让学生经历数学核心素养的形成过程，是根据小学生的年龄和认知特点、教师对数学核心素养的可理解性及教学的可行性而界定的，是小学数学核心素养的综合体系。② 核心素养的发展是在数学学习过程中逐步形成和发展的，在教学过程中，学生将要获得什么，要学到什么程度，通过什么路径去获得，需要老师通过教学实践来实现。教学范式是教学实践的底层逻辑，教学范式变革是教学改革的底层逻辑，触及教学范式层面变革的教学改革才能真正实现教学形态的跃变。在实践中，基于教育目标的新分类学的思维系统为指导，构建指向核心素养的教学设计范式，分为自主学习课、互动学习课、实践拓展课等几个常见课型。教师在设计教学目标、选择教学方法和提供评价反馈时，应充分考虑核心素养培养的需求。将学生思维研究和课堂实践结合起来，从而确定教师可以遵循的核心实践。③

① 中华人民共和国教育部．义务教育课程方案（2022 年版）［S］．北京：北京师范大学出版社，2022：3.

② 王永春．小学数学核心素养测评指南［M］．北京：首都师范大学出版社，2023：1.

③ 蔡金法．数学教育研究手册　第三册　学生、教师和学习环境［M］．北京：人民教育出版社，2020：4，334.

二、教育目标的新分类学指向核心素养的教学策略

在促进实现理解目标的常用教学策略的目标里面可以看出（见表2－1）教学策略与教学目标是一一对应的。对于选择与认知系统目标相匹配的教学策略时，可以根据具体的认知加工层次和加工过程选择对应的教学策略。比如，对知识进行理解表征，可以采取提问法、情境教学法、案例教学法以及体验教学法。而如果是对于知识的错误分析，则可以采用直观操作提问法、情境教学法、启发探究法和观察探究法。在针对小学数学的教学设计时，对于选择促进认知系统目标实现的教学策略，教师可以灵活地根据表2－1进行有针对性的选择。

表2－1　教育目标与常用教学策略对照表①

目标 \ 常用教学策略			提问法	情景教学法	练习教学法	案例教学法	体验教学法	启发探究法	观察研究法	引导发现法	自我提问法	展示证据法	任务驱动法	支架教学法	指导发现法	概念图法	游戏教学法	问题教学法	归因法	情感教学法
认知系统目标	提取		√	√	√															
	理解	综合	√	√		√	√													
		表征	√	√		√	√													
	分析	比较	√				√													
		分类	√																	
		错误分析	√	√				√	√											
		概括	√				√													
		具体	√				√													
	运用	决策	√			√	√													
		问题解决		√																
		实验探究	√				√													
		调查研究	√																	
元认知系统目标	目标设定									√										
	过程监控										√									
	监视清晰度															√				
	监视精确度											√								

① 黎加厚. 新教育目标分类学概论［M］. 上海：上海教育出版社，2010：78.

（续上表）

目标 \ 常用教学策略		提问法	情境教学法	练习教学法	案例教学法	体验教学法	启发探究法	观察研究法	引导发现法	自我提问法	展示证据法	任务驱动法	支架教学法	指导发现法	概念图法	游戏教学法	问题教学法	归因法	情感教学法
自我系统	检验重要性		√									√							
	检验效能性	√											√	√					
	检验情感反应															√			√
	检验动机	√	√						√	√	√	√	√	√	√	√		√	√

第 2 节　指向核心素养的教学目标设计

构建教学评一体化的首要步骤是明确并细化教学目标。指向核心素养的教学目标的设计不仅需要了解核心素养的含义和内涵，而且需要研读相关文件和学科标准，分析教学对象，理解目标设计的步骤，基于标准确定指向核心素养的单元目标分解路径闭环图（见图 2－1）。指向核心素养的教学目标从课程总目标、学段目标逐层分解为学期目标、单元目标、课时目标和环节目标，把抽象的目标分解为可观察、可检测和实施的目标，实现从课程标准总目标到课堂环节目标保持高度一致性。

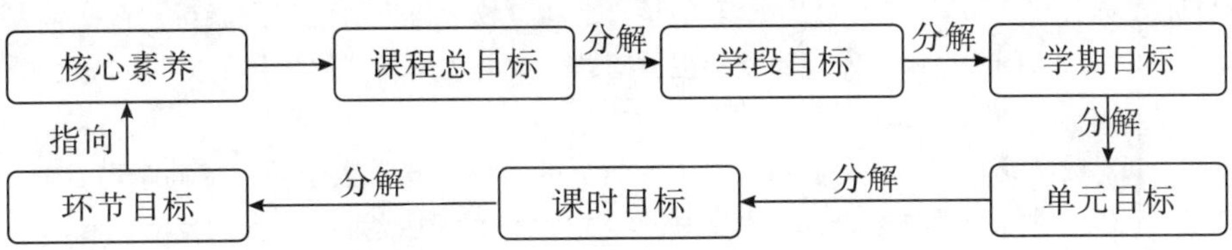

图 2－1　指向核心素养的单元目标分解路径

一、教学目标设计的依据

（一）课程标准

1．确立核心素养导向的课程目标

课程目标以学生发展为本，以核心素养为导向，进一步强调使学生获得数学基础知识、基本技能、基本思想和基本活动经验（简称“四基”）的获得与发展，发展运用数学知识与方法发现、提出、分析和解决问题的能力（简称“四能”），形成正确的情感、态度和价值观。

2．制定指向核心素养的教学目标

（1）教学目标要体现核心素养的主要表现。

教学目标的确定要充分考虑核心素养在数学教学中的达成。每一个特定的学习内容都具有培养相关核心素养的作用，要注重建立具体内容与核心素养主要表现的关联，在制定教学目标时将核心素养的主要表现体现在教学要求中。

（2）处理好核心素养与“四基”“四能”的关系。

核心素养导向的教学目标是对“四基”“四能”教学目标的继承和发展。“四基”“四能”是发展学生核心素养的有效载体，核心素养对“四基”“四能”教学目标提出了更高要求。

（3）教学目标的设定要体现整体性和阶段性。

核心素养是在长期的教学过程中逐渐形成和发展的，核心素养在不同学段的主要表现体现了核心素养的阶段性和各阶段之间的一致性。充分发挥核心素养导向的教学目标对教学过程的指导作用，在实现知识进阶的同时，体现核心素养的进阶。① 因此，需要关注核心素养课程目标、学段目标、单元目标、课时目标和环节目标的分解，从而合理分解课时目标。例如，在“倍的认识”中，单元目标分解如表 2－2 所示。

表 2－2　单元目标分解

课程总目标	《义务教育数学课程标准（2022 年版）》第 11 页学段目标： 通过义务教育阶段的数学学习，学生逐步会用数学的眼光观察现实世界，会用数学的思维思考现实世界，会用数学的语言表达现实世界。学生能： 获得适应未来生活和进一步发展所必需的数学基础知识、基本技能、基本思想、基本活动经验。 体会数学知识之间、数学与其他学科之间、数学与生活之间的联系，在探索真实情境所蕴含的关系中，发现问题和提出问题，运用数学和其他学科的知识与方法分析问题和解决问题。 对数学具有好奇心和求知欲，了解数学的价值，欣赏数学美，提高学习数学的兴趣，建立学好数学的信心，养成良好的学习习惯，形成质疑问难、自我反思和勇于探索的科学精神。
学段目标	《义务教育数学课程标准（2022 年版）》第 13 页学段目标： 形成数感、运算能力和初步的推理意识；尝试从日常生活中发现和提出数学问题，探索分析和解决问题的方法，经历独立思考并与他人合作交流解决问题的过程，会用常见的数量关系和其他学科的知识与方法解决问题，能初步判断结果的合理性；形成初步的模型意识、几何直观和应用意识。
学期目标	《义务教育教科书教师教学用书》第 2 页教学目标： 初步建立倍的概念，理解倍的含义，并能应用其含义解决问题。

① 中华人民共和国教育部. 义务教育数学课程标准（2022 年版）［S］. 北京：北京师范大学出版社，2022：2－85.

（续上表）

单元学习目标	《义务教育教科书教师教学用书》第 110 页教学目标： 1. 在操作活动中，获得“倍”概念的直观体验，结合具体情境理解“几倍”与“几个几”的联系，建立倍的概念。 2. 能解决“求一个数是另一个数的几倍”和“求一个数的几倍是多少”的实际问题，在解决问题的过程中培养几何直观，渗透模型思想。 3. 培养学生分析问题和语言表达等能力，感受数学与实际生活的联系。①
课时划分 总课时： （4 课时）	倍的认识 — 倍的认识（自主学习）例1 —— 第1课时 — 求一个数是另一个数的几倍（自主学习）例2 —— 第2课时 — 求一个数的几倍是多少（自主学习）例3 —— 第3课时 — 倍的认识练习课（互动学习） —— 第4课时

（二）教学对象

1．学习者的一般特征

（1）学习者的年龄特征。

不同年龄阶段的学习者具有不同的特征，设计课程教学目标时要视学习者的年龄区别对待。

（2）学习者的学习风格。

在教学活动中，每一个学习者都必须由自己来感知信息，对信息做出处理、储存和提取等反应。而学习者之间存在着生理和心理上的个体差异，不同的学习者获取信息的速度不同，对刺激的感知及反应也不同。因此了解学习者的学习风格会使教师根据学习者的特点制定教学目标，这样可以大大提高教学目标的准确性和教学效率。

2．分析学习者的初始能力

（1）入门技能。

入门技能是指学习者在进入学习之前，已经掌握的一些与学习目标有关的技能。

（2）对该领域已有的知识。

---

① 人民教育出版社课程教材研究所小学数学课程教材研究开发中心．义务教育教科书教学用书　数学　三年级上册［M］．北京：人民教育出版社，2016：2－110.

在教学的时候，学习者一般都是用过去所学的知识来解释现在所学的知识，他们在先前理解的基础上建立新的知识。所以，对于设计教学目标来说，确定学习者先前知识的范围和质量是很重要的。

（3）对教学内容和教学方式的态度。

学习者对于要学的内容可能已经有印象或者持有某种态度，如喜欢、讨厌，甚至对于如何教也有自己的看法。

（4）学习动机。

学习者的学习动机水平是成功教学的要素。当学习者对要学习的内容没有兴趣或者缺乏动机时，学习基本是没有办法进行的。我们可以问学习者这样的问题："教学目标中最吸引你的是哪部分?""你有多大把握能实现成功的目标?"这样的问题将有助于确定教学设计中的潜在问题。我们通常会假定学习者对所学内容很感兴趣，或者假定学习者觉得所学内容与他们的兴趣或工作有关，或者假定他们很自信可以学得会，或者假定他们学会后会很满足，我们的这些假定很有可能是错的，关键是不要在教学过程中才发现这些错误，最好可以在设计教学时就已经发现。

（5）学习能力水平。

教学应着眼于学习者的最近发展区，为学习者提供带有难度的内容，调动学习者的积极性，发挥其潜能，超越其最近发展区而达到较高的发展水平，然后在此基础上进行下一个发展区的发展。确定学习者的受教育程度和基本能力水平，这样就可以预测学习者的最近发展区，有利于系统化教学。

（三）教学内容

教学内容是为了实现教学目标，要求学习者系统学习的知识、技能等。分析教学内容，就是要确定所教内容，从而决定用什么样的方式和策略来教授。无论是依据布卢姆的教育目标分类学、加涅对学习结果的分类，还是马扎诺教育目标的新分类学，都是采用将所教授内容细化的方法，从而有利于根据不同类别确定教学目标。

进行教学内容分析有两个主要步骤：第一，将教学目的按学习类型分类；第二，进行目的分析，确定完成目的的主要步骤。

（四）环境分析

1. 应用环境分析

在设计教学时，必须考虑所教授知识和技能将要应用的环境以及该环境所具有的特点。教学是为了满足所确定的某个需求，为学习者提供应具备的技能和态度。这些技能和态度将会被学习者运用在教室以外的某个场合，比如工作环境。学会某样东西并不只是为了在教学后的考试中表明已经掌握了，重要的是要知道我们的学习者会在什么样的环境下运用他们的新知识、技能和态度。

从建构主义的观点来看，详细的情景分析很重要，可以帮助学习者进行适当的建构。

2. 学习环境分析

在设计教学目标时，还要对学习环境进行分析。对学习环境的分析包含两部分内容：

现状和应具有的条件。现状是对教学将发生环境的描述，可以是对一个教学点，如教室，也可以是对多个教学点中的一个进行描述。应具有的条件则是支持教学所需要的所有设施、设备和资源。①

二、教学目标设计的步骤

新分类法的一个主要途径是提供教育目标设计框架。安德森等人解释说，“我们的框架是一个工具，有助于教育者弄清楚并交流通过教学最终想让学生学到什么。我们把这些意图称为‘目标’”（Anderson et al.，2001，p. 23）。具体来说，在进行目标的陈述时我们使用“学生能够……”作为主干，再加上一个动词短语和它的宾语。动词短语陈述该目标涉及的心智过程（如信息提取、理解、分析、知识应用、元认知系统、自我系统），宾语陈述心智过程所聚焦的知识类型（如信息、心智程序、心理动作程序）。例如，以下的描述被认定为教育目标：“学生能够识别减数分裂和有丝分裂的异同。”该目标指向的是信息类型的知识“减数分裂和有丝分裂”在层级 3（分析之识别）上的心智过程。表 2－3 对新分类法中各个水平的教育目标进行了一般性的描述。

表 2－3　新分类法中各个水平的教育目标的一般形式②

新分类法的层级	操作	目标的一般形式
层级 6：自我系统	重要性检查	学生能够明了信息、心智程序或心理动作程序的重要程序及其原因
	效能感检查	学生能够明了自己提高信息、心智程序或心理动作程序方面能力及理解水平的信念及其原因
	情绪反应检查	学生能够明了自己对信息、心智程序或心理动作程序的情绪反应及其原因
	动机检查	学生能够明了自己提高信息、心智程序或心理动作程序方面能力及理解水平的总体动机及其原因
层级 5：元认知系统	目标设定	学生能够制定信息、心智程序或心理动作程序方面的目标以及实现这一目标的计划
	过程监控	学生能够对实现信息、心智程序或心理动作程序方面目标的进程实施监控
	清晰度监控	学生能够明了自己对信息、心智程序或心理动作程序理解的清晰程度
	准确度监控	学生能够明了自己对信息、心智程序或心理动作程序理解的准确程度

① 黎加厚. 新教育目标分类学概论［M］. 上海：上海教育出版社，2010：40－42.

② 马扎诺，肯德尔. 教育目标的新分类学［M］. 高凌飚，吴有昌，苏峻，译. 2 版. 北京：教育科学出版社，2020：110－113.

（续上表）

新分类法的层级	操作	目标的一般形式
层级 4：知识应用	决策	学生能够利用信息、心智程序或心理动作程序进行决策，或做出关于信息、心智程序或心理动作程序的决策
	问题解决	学生能够利用信息、心智程序或心理动作程序来解决问题，或解决关于信息、心智程序或心理动作程序的问题
	试验	学生能够利用信息、心智程序或心理动作程序来提出和检验假设，或提出和检验关于信息、心智程序或心理动作程序的假设
	调查	学生能够利用信息、心智程序或心理动作程序来进行调查，或对信息、心智程序或心理动作程序进行调查
层级 3：分析	识别	学生能够识别不同信息、心智程序或心理动作程序的重要异同点
	分类	学生能够发现信息、心智程序或心理动作程序的上位和下位类别
	差错分析	学生能够发现在表述或使用信息、心智程序或心理动作程序中的差错
	拓展	学生能够基于已掌握的信息、心智程序或心理动作程序建构新的延拓或规则
	导出	学生能够发现信息、心智程序或心理动作程序合乎逻辑的结果
层级 2：理解	整合	学生能够辨别信息、心智程序或心理动作程序的基本结构，区分其中关键和非关键的特征
	符号化	学生能够借助准确的符号表征来区分信息、心智程序或心理动作程序中的关键和非关键因素
层级 1：信息提取	再认	学生能够确认有关信息特点的正确说法（但不一定能够理解知识的结构或区分关键与非关键因素）
	回忆	学生能够列出信息的特点（但不一定能够理解知识的结构或区分关键与非关键因素）
	执行	学生能够执行一个程序且没有重大差错（但不一定明白该程序是如何运作的和为什么要这样运作）

运用此表展示的一般原则设计教育目标是一个相当简单的过程。①

（一）确定目标所指向的知识类型

知识类型根据知识的分类可以分为信息（陈述性知识）、心智程序（程序性知识）、心理动作程序。例如，假设一位教师正在就数学课中讲授“倍的认识”，这位教师会先确定所涉及的知识类型。根据《义务教育数学课程标准（2022 年版）》的指导，本节课

① 马扎诺，肯德尔．教育目标的新分类学［M］．高凌飚，吴有昌，苏峻，译．2 版．北京：教育科学出版社，2020：114.

是一节概念课。该教师可以确定这节课的重点是“倍的概念的认识”。根据三个知识领域的组成部分可以确定“倍的认识”这节课所涉及的知识类型，包括信息中的子类别“概括”，以及心智程序中的“技能”。详见表2－4。

表2－4　三个知识领域的组成部分①

信息	1. 系统化概念	原理 概括
	2. 细节	情节 因果顺序 时间顺序 事实 词汇术语
心智过程	1. 过程	宏过程
	2. 技能	策略 运算法则 简单的规则
心理动作过程	1. 过程	复杂的组合过程
	2. 技能	简单的组合过程 基本能力

(二) 确定教学目标所涉及的思维层级

根据《义务教育数学课程标准（2022年版）》等确定教学目标所涉及思维层次。例如“倍的认识”这一课时我们可以结合学生的学情确定教学重点是“理解一个量是另一个量的几倍的含义，初步建立倍的概念”。所涉及的思维层次是倍的概念的“信息提取”“理解”“分析”和“应用”五个方面。这些目标位于新分类法的层级1到层级6。例如，根据表2－3新分类法中各个水平教育目标的一般形式及本节课的知识，结合学生学情，教师可以将“倍的认识”这一课的教学目标所涉及的层级确定为倍的概念的信息提取（回忆、再认和执行）、理解（整合、符号化）、分析（识别、拓展）和应用（问题解决）四个层级及其对应子层级。根据核心素养在小学阶段的主要表现可确定该知识领域体现的核心素养主要是几何直观，同时还有数感、运算能力、推理意识、初步应用意识、符号意识和模型意识。在以往的教学设计中，大部分这些目标位于新分类法的层级1到层级4的认知活动。马扎诺及其团队提出将人的认知活动与心理动力、知识基础联系在一起的二维分法，符合学生的认知活动实际。自我系统由态度、信念和情感构成。决定

① 黎加厚．新教育目标分类学概论［M］．上海：上海教育出版社，2010：18．

人的动机和注意力的正是态度、信念和情感的互动。自我系统决定一个人是否会从事或放弃某项给定的任务，也决定个人投入精力的多少。一旦自我系统决定了关注什么，也就在一定程度上限定了其他元素的运作（如元认知系统、认知系统和知识领域）。而元认知系统的主要任务之一是确立明确目标。自我系统决定人是否投入一项活动，而元认知系统确定该活动的目标。例如“倍的认识”一课，根据表2－5数学元认知策略的设计可将元认知系统目标的思维层级确定为：目标设定、过程监控、清晰度监控、准确度监控。根据表2－6数学动机水平评估的设计可将自我系统目标的思维层级确定为：重要性检查、效能感检查、情绪反应检查、动机检查。如表2－6所示。

表2－5　数学元认知策略的设计

思维层次	操作类型	信息	心智过程	心理动作过程
元认知系统	目标设定	√	√	
	过程监控	√	√	
	清晰度监控	√	√	
	准确度监控	√	√	

表2－6　数学动机水平评估的设计

思维层次	操作类型	信息	心智过程	心理动作过程
自我系统	重要性检查	√	√	
	效能感检查	√	√	
	情绪反应检查	√	√	
	动机检查	√	√	

（三）撰写教学设计目标

根据新分类法中各个水平的教育目标的一般形式，结合数学学科知识领域进行目标描述。进行目标的陈述时我们使用“学生能够……”作为主干，再加上一个动词短语和它的宾语。动词短语陈述该目标涉及的心智过程（如信息提取、理解、分析、知识应用、元认知系统、自我系统），宾语陈述心智过程所聚焦的知识类型（如信息、心智程序、心理动作程序）。① 例如，以下的描述被认定为教育目标：“学生能够根据倍的含义，辨别（判断）不同图形数量之间的倍数关系（异同）。”该目标指向的是信息类型的知识“倍的概念”在层级3（分析之识别）上的心智过程。因此教师可以设计以下目标。

① 马扎诺，肯德尔．教育目标的新分类学［M］．高凌飚，吴有昌，苏峻，译．2版．北京：教育科学出版社，2020：113．

层级 1：信息提取
再认：学生能够确认关于“倍的概念”的正确说法。
回忆：学生能够列出“一个量是另一个量的几倍”的正确说法。
执行：学生能够说出“一个量是另一个量的几倍”。
层级 2：理解
整合：学生在比较中自主生成“几个几”与“几倍”的关系，理解倍的意义，初步建立倍的概念。
符号化：学生通过摆一摆、圈一圈、画一画、说一说等活动，利用多种表征方式深化倍的概念。
层级 3：分析
识别：会用倍描述两个数量之间的关系，理解倍的本质。
层级 4：知识应用
问题解决：学生能够解决涉及“倍的概念”的理解问题。
层级 5：元认知系统目标
1. 学生能明确倍的认识的学习任务和目标。
2. 学生能明确自己在倍的认识学习过程中遇到的困难，并了解困难产生的原因，及时调整学习策略。
3. 学生能够通过自我反思，评估自己的学习成果。明确自己在倍的认识相关问题解答过程中出错的原因。
层级 6：自我系统目标
1. 学生能确定倍的概念在今后的学习中会有非常重要的作用，对理解倍的含义产生动力和兴趣。
2. 学生能确定自己有能力通过本节课的学习，习得“倍的概念”，理解“一个量是另一个量的几倍”的含义。
3. 学生能确定自己能够通过动手操作，师生、生生交流探讨的形式，用数形结合的思想方法构建了解决“求一个数的几倍是多少”的问题的思维模式，加深对倍含义的理解。

根据学生学习的程度，选取目标位于新分类法的层级 1 到层级 6。教师根据学生的学情，目标设定在层级 2 到层级 6 的话，教学设计就会截然不同。当然，不要层级 1 的目标意味着教师假设所有学生都能再认、回忆和执行相关的基本知识。综合以上的分析，设计了以下的路径图如图 2－2 所示。

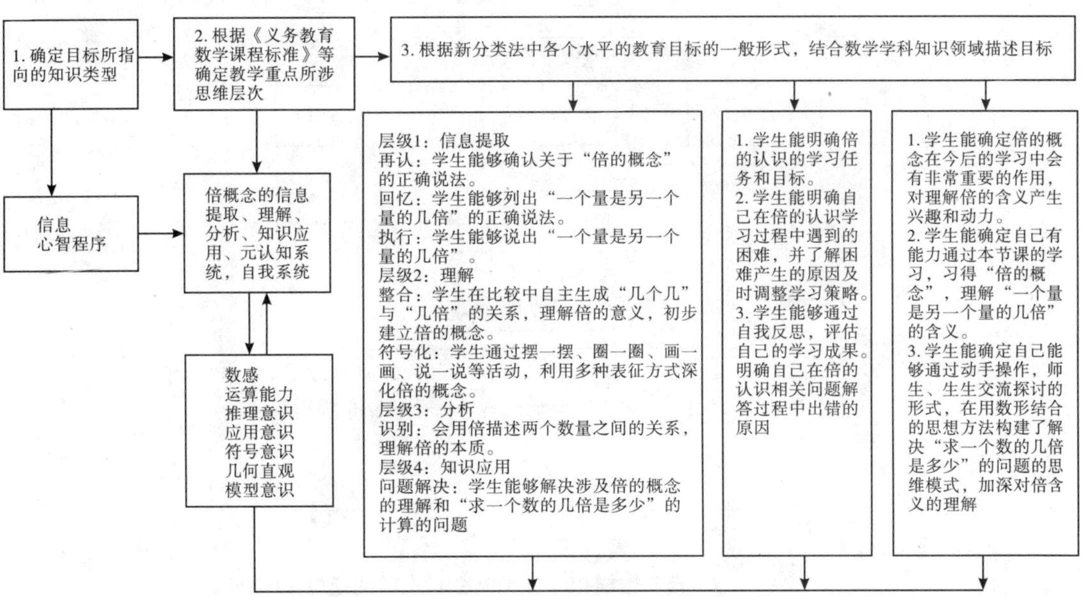

图 2－2 “倍的认识”教学目标设计路径图

从“倍”的认识教学目标设计路径图可见，运用新分类学中各个水平的教育目标的一般形式，展示的一般原则设计教育目标是一个相当简单的过程。包括三个步骤：1. 确定目标所指向的知识类型；2. 根据《义务教育数学课程标准（2022 年版）》等确定教学目标所涉及思维层次；3. 根据新分类法中各个水平的教育目标的一般形式，结合数学学科知识领域描述目标。当然，从微观的思维过程看，不同的思维运作是混杂在一起进行的，很难区分哪一种复杂程度更低或更高一些。根据倍的认识的课型特点，心理动作程序在本节课没有涉及。

在此路径图中，无论是知识所指向的知识类型、教学重点和思维层次或是目标的确定都是围绕着发展学生核心素养开展的设计活动，教育目标的新分类学是核心素养的重要内核。

三、指向核心素养的教学设计活动

认知结构理论认为：学习的过程就是新事物能够与学生已有的观念或结构相当或相联系，使原来的结构不断地分化和重组以至于形成新的结构的过程。在核心素养背景下的教学评一体化教学设计，需要从碎片化课时设计走向大概念统整的教学设计，从针对知识的设计走向自我系统、元认知系统、认知系统的学习系统整体设计，依据所选择的具体内容和评价目标设计系列的教学活动，以真实情境为背景，以问题为导向，通过任务驱动学生经历深度学习，采用多元的评价方式贯穿教学活动、任务始终。因此，在教学活动的设计中，需要关注学情分析、内容的分析创设利于核心素养发展的环境，从而结合学生已有的认知基础，寻求合理策略支持完成新知识的学习过程。基于以上的认识，确定基于核心素养的课堂教学设计的模型（见图 2－3），从而开展教学设计活动（见表 2－7）。

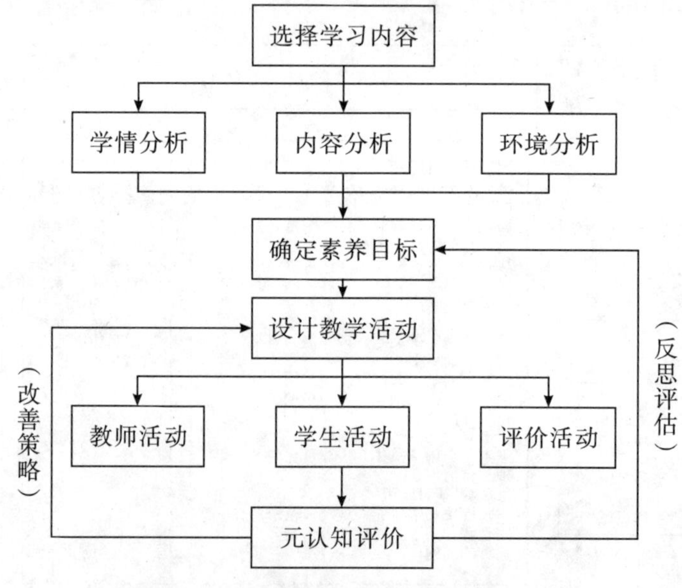

图 2－3　指向数学核心素养的教学设计的模型

表 2-7 “倍的认识”教学设计活动

课题	倍的认识（人教版数学三年级上册第五单元第 50 页例 1 及相关练习）		
学情分析	一般特征	年龄特征	三年级学生已经具备一定的学习能力，其生理和心理已经发展到一定阶段，有一定的观察与动手操作能力并且初步掌握了有效的学习方法，能够做到与同伴合作交流。但是此阶段的学生元认知能力还不够成熟，大多数学生仅仅能够意识到在学习过程中遇到的困难，但对困难的原因往往没有清晰的认识，并且无法主动地去寻求帮助以解决困难。
		学习风格（学困生、优生、留守、寄宿）	掌握型（感官—思考型）、理解型（直觉—思考型）； 人际型（感官—感受型）、自我表达型（直觉—感受型）。
	初始能力	入门技能（已经掌握的与学习目标有关的技能）	1. 会从“相差多少”的角度对两个数量展开比较。 2. 学生能利用乘法口诀进行计算。 3. 学生在二年级下册已认知“色条图”的基础上认识“线段图”。
		对该领域已有的知识（确定先前知识的范围和质量）	1. 学生已有“份”的概念。 2. 知道求一个数里面有“几个几”用除法计算。 3. 学生已经初步理解了乘法与除法的意义。
		对教学内容和教学方式的态度（已有经验的范围、知识水平和态度以及希望教学是如何来进行的）	1. 对要学的内容是否已经有印象或了解。 2. 对要学的内容是喜欢、讨厌或其他态度。 3. 希望教学是如何进行的。
		学习动机（成功教学的要素）	教学目标中最吸引你的是哪部分？ 你有多大的把握能实现成功的目标？
		学习能力水平（最近发展区，提供较有难度的内容，调动学习者的学习积极性，发挥潜能）	通过学习，学生将建立倍的概念，进一步理解乘法和除法的含义，提高应用乘、除法运算解决实际问题的能力。

（续上表）

（知识点的结构）

（例题学习的起点）

一个数里面包含几个另一个数（几个几）

⇒ 理解“一个量是另一个量的几倍”的含义，初步建立倍的概念，学生能在变化中正确表达两个数量间的倍数关系（重点） ⇒ 一个数里面包含几个另一个数，这个数就是另一个数的几倍

⇒ 在具体情境中准确找到两个数量之间的倍数关系，初步建立倍的直观模型（难点） ⇒ 结合具体情境理解“几倍”与“几个几”的联系

策略分析 （1）物理环境（教学硬件）：教具、学具、媒体准备。（2）心理环境（教与学的策略）：设计大问题提问、操作演示、故事贯穿等增强学生参与意识的教与学的策略，提高学生学习的主动性。	（1）物理环境：多媒体课件（AI 智能体）、微课视频、应答器、卡纸图形 6 个，正方形 12 个。 （2）心理环境： A. 创设“小兔吃萝卜”的童话情境，激发学生的学习兴趣，提高课堂学习效率。 B. 精心组织学生的学习活动，通过旧知迁移类推学习新知识，从加法结构到乘法结构过渡。通过看一看、摆一摆、圈一圈、说一说、画一画等活动，让学生经历建立倍的概念的过程。 C. 建构倍的直观模型，理解倍的本质。当学生在理解倍的含义有困难时，利用好动手操作活动。
教学目标	1. 结合具体情境，利用旧知的迁移，在比较中自主生成“几个几”与“几倍”的关系，理解倍的意义，初步建立倍的概念。 2. 通过改变其中的标准量、比较量和倍数，学生能够在变化中准确找到数量间的倍数关系，从而加深对“标准量”的了解，深化倍的概念。 3. 通过摆一摆、圈一圈、画一画、说一说等活动，利用多种表征方式，经历建构倍的直观模型学习过程，理解倍的本质，提高观察、操作、分析及语言表达的能力。 4. 进一步体会数学与现实生活的联系，增强学习数学的兴趣和自信，发展基本数学素养，养成良好的学习习惯。

（续上表）

教学过程

教学设计	教学活动	评价活动
复习铺垫	一、游戏激趣，联结旧知 出示 AI 人物、讲述 同学们，动物王国今天可热闹了！大家想不想跟我一起去神奇的动物王国？在神奇动物王国门前的草地上，老师和孩子们正在玩“拍手游戏”。我们也一起来玩一玩吧！ （一）第一次老师拍 2 下，你们拍 3 个 2 下。 预设：有些学生拍乱了。 问：怎么才能让老师听清楚是 3 个 2 下？ 提问后学生演示，找到对的方法：拍完 2 下后要停顿。 （二）第二次游戏，老师拍 3 下，你们拍 4 个 3 下。 师：就是分了（4）次，都拍（3）下。 （三）第三次，你们拍 6 下，老师拍 2 个 6 下。（老师故意拍成 6 个 2 下，第一次相隔时间长一点） 预设：学生发现老师你拍了 6 个 2 下后指出错误。 问：那 2 个 6 下应该怎么拍呢？（让学生明白 2 个 6 下和 6 个 2 下是不同的） （四）引出“标准量”。 引导学生思考：怎样能准确按照老师的要求拍掌？引出“标准量”。	1. 用一句话描述“几个几”。 2. 为建立“倍”与“几个几”的联系做铺垫。

【设计意图】通过创设有趣的童话情境，教师有目的地引入拍掌游戏，引起学生的学习兴趣，从而帮助学生复习理解“几个几”的知识，活跃学生思维，学生的心理机能得到发展，核心在于激发学生的情感。增强其课堂参与的积极性与兴趣，加强自我系统的完善。

生活现象	二、主题驱动，初步感知  （一）引导学生发现萝卜的种类，并数各种萝卜的数量。 师：同学们请观察，有几种萝卜呢？哦！有胡萝卜、白萝卜、红萝卜、青萝卜。这些萝卜各有几根呢？ 引导学生数萝卜的数量（课件中设置不同的按钮，提问时逐步显示各种萝卜的根数）。 生：胡萝卜有 2 根；白萝卜有 12 根；红萝卜有 6 根；青萝卜有 3 根。 （二）根据情境图，提出数学问题。 1. 根据我们刚刚数出的各种萝卜的数量，你能提出什么数学问题呢？	1. 学生会用数学的语言描述图中的信息。

（续上表）

教学设计	教学活动	评价要求
生活现象	学情预设（学生提出加、减法解决的问题） 引导学生提问：红萝卜的根数比胡萝卜多多少？红萝卜的根数比白萝卜少多少？全部萝卜共多少根？ 2．老师提出关于倍的数学问题。 师：同学们真善于提问题，老师也想提一个问题："红萝卜的根数是胡萝卜的几倍呢？"你们会吗？ （三）引出新课，揭示课题。 师：这个"倍"，可以用来表示两个数量之间的关系，也就是我们今天学习的内容认识"倍"。（引出课题）	2．学生能产生积极的态度确定"倍的概念"在以后学习中有重要的作用。

【设计意图】以神奇动物王国情境为学习背景，把学生带到创设"小兔吃萝卜"的童话情境，引导学生用数学的语言描述图中的信息，激发学生的学习兴趣，通过提出数学问题，采用任务驱动的教学策略，启动学生的自我系统让学生感受到"倍"这个概念的重要性，让学生产生积极态度，从而激发学生数学学习的强烈动机，提高课堂学习效率。

个别探究	三、观察探究，尝试理解概念 （一）圈一圈，看一看，说一说，初步感知概念。 1．学生自己动手圈一圈。屏幕呈现胡萝卜 2 根、红萝卜 6 根的主题图，引导学生把红萝卜 2 根为一组圈起来。 2．看一看，微课加深理解概念。 师：都圈好了吗？我们来看微课。[微课内容：胡萝卜 2 根，红萝卜 6 根。我们把胡萝卜的 2 根看作 1 份，红萝卜 2 根 2 根地圈起来，可以圈 3 份，也就是说红萝卜有 3 个 2 根。（微课停止，问：跟你们圈的一样吗？预设：一样）。所以我们就说，（点击播放）红萝卜的根数是胡萝卜的 3 倍。] 3．说一说，学生表达概念。引导学生用完整的话示范说：把胡萝卜 2 根看成 1 份，红萝卜有这样的 3 份，也就是 3 个 2 根，所以红萝卜的根数是胡萝卜的 3 倍。 （二）摆一摆，画一画，尝试理解概念。 1．胡萝卜、红萝卜、青萝卜、白萝卜的根数之间还有没有倍数关系呢？ 2．学生用学具摆一摆，用符号表征画一画，完成个性化学习单。 组员 1 学习单如下： 红萝卜：________（用符号○表示） 白萝卜：________（用符号□表示，并圈一圈） 以红萝卜的（　）根为 1 份，白萝卜有这样的（　）份，也就是说，白萝卜有（　）个（　）根，白萝卜的根数是红萝卜的（　）倍。	1．圈一圈后积累感性经验，根据红萝卜有 3 个 2 根的关系，再借助微课，引出"一个数的几倍"的含义。 2．黑板上讲解过程中教师将胡萝卜用圆形表示，将红萝卜用正方形表示。目的是帮助学生从具体的事物萝卜抽象到符号，为后面学习"求一个量是另一个量的几倍"打下基础。

（续上表）

<table>
<tr><th>教学设计</th><th>教学活动</th><th>评价要求</th></tr>
<tr><td>个别探究</td><td>组员2学习单如下：
青萝卜：________（用符号○表示）
红萝卜：________（用符号□表示，并圈一圈）
以青萝卜的（ ）根为1份，红萝卜有这样的（ ）份，也就是说，红萝卜有（ ）个（ ）根，红萝卜的根数是青萝卜的（ ）倍。
组员3学习单如下：
青萝卜：________（用符号○表示）
白萝卜：________（用符号□表示，并圈一圈）
以青萝卜的（ ）根为1份，白萝卜有这样的（ ）份，也就是说，白萝卜有（ ）个（ ）根，白萝卜的根数是青萝卜的（ ）倍。
组员4学习单如下：
胡萝卜：________（用符号○表示）
白萝卜：________（用符号□表示，并圈一圈）
以胡萝卜的（ ）根为1份，白萝卜有这样的（ ）份，也就是说，白萝卜有（ ）个（ ）根，白萝卜的根数是胡萝卜的（ ）倍。
3. 讨论思考，启发建模。
通过刚才的操作，你们对倍的概念有怎样的认识？请同学们跟你的学习伙伴商量一下。</td><td>3. 由旧知识“几个几”转化为新知识“倍”的含义，尝试理解倍的概念。</td></tr>
<tr><td colspan="3">【设计意图】本节课的概念比较抽象，此时学生的抽象思维仍依赖于直观形象。首先通过圈一圈，学生借助以往经验初步认识倍，然后借助微课，初步感知倍的概念。接着再现真实情境，学生在实物图上圈一圈，进一步丰富学生的感性认识。在此基础上，通过摆一摆（学具）、画一画（符号）、圈一圈（符号）、填一填等多种形式，将学生从感性认识上升到理性认识，从实物表征到符号表征，深化理解概念，在心智技能领域学生的信息提取能力中的再认、执行能力得到体现，学生的理解能力得到提升尤其是整合和符号化能力。进而发展学生的心理机能，加深学生对新知识的理解和运用，学生的认知系统不断丰富和完善。</td></tr>
<tr><td>协作建构</td><td>四、协作建模，归纳理解
组织学生在小组合作中通过对话、交流、辩证等形式，主动建构倍的模型。
<table><tr><td>组员1</td><td>○有6个，□的个数有（ ）个6
□的个数是○的（ ）倍</td></tr><tr><td>组员2</td><td>○有3个，□的个数有（ ）个3
□的个数是○的（ ）倍</td></tr><tr><td>组员3</td><td>○有3个，□的个数有（ ）个3
□的个数是○的（ ）倍</td></tr></table></td><td></td></tr>
</table>

（续上表）

<table>
<tr><th>教学设计</th><th>教学活动</th><th>评价要求</th></tr>
<tr><td>协作建构</td><td>
<table>
<tr><td>组员 4</td><td>○有 2 个，□的个数有（　）个 2
□的个数是○的（　）倍</td></tr>
<tr><td>归纳</td><td>根据□的个数中有几个○的个数，就可以说□的个数是○的（　）倍。</td></tr>
<tr><td>迁移</td><td>8 里面有（　）个 2，8 是 2 的（　）倍。</td></tr>
<tr><td>总结</td><td>一个数里面包含几个另一个数，这个数就是另一个数的（　）倍。</td></tr>
</table>
1. 学生小组汇报，生生互评。
2. 人机对话，归纳概念。
小结：像这样求一个数是另一个数的几倍的问题，我们可以先确定 1 份，再看另一个量里面有几个这样的 1 份，有几份就是几倍。这是我们书本第 50 页例 1 的内容，你们看看都会了吗？
3. 学生用应答器评价自己的学习情况。</td><td>1. 学生根据倍的含义，判断三种图形数量之间的倍数关系。
2. 数据收集，当学生在理解倍的含义有困难时，利用动手操作活动，加强理解。</td></tr>
</table>

【设计意图】通过小组合作活动，学生通过对话、交流、辩证等形式，主动建构倍的模型，归纳形成概念。借助学习单这个“支架”在对话、交流、辩证以及汇报中提高学生的分析能力尤其是识别、拓展（概括）能力得以发展，进一步完善学生的认知系统。通过具体的讨论支架，学生不仅能够发现自己已经掌握的和没掌握的知识点，同时通过同学之间交流、辩证和汇报、互评等，及时总结，学生对倍的概念以及相关数学问题的解题步骤有了更深入的认识。在一定程度上发挥了学生元认知系统的监控能力。

<table>
<tr><td>练习检测</td><td>五、分层练习，拓展思维
AI 智能体：同学们不但会摆、会圈，还会把自己理解到的表达出来，真了不起！下面请同学们来到动物王国的智力园，运用倍的知识解决数学问题。
（一）基础类练习
1. 选择题（用应答器）
（1）请同学们完成以下的练习。</td><td></td></tr>
</table>

（续上表）

教学设计	教学活动	评价要求
练习检测	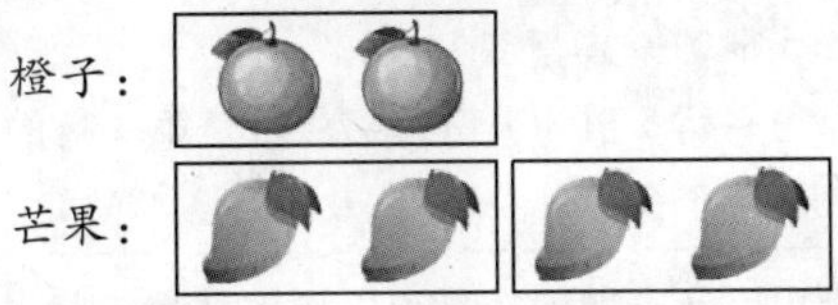 芒果的数量是橙子的（　　）倍。 A.2　　B.4 师：芒果的数量是橙子的几倍？ 生：以少的数量为 1 份，以橙子 2 个为 1 份，芒果有这样的 2 份，所以芒果的数量是橙子的 2 倍。	1. 给出标准结构的直观模型，巩固两个量的比。

【设计意图】启用信息领域的再认和回忆思维工具，用标准结构的直观模型（有圈），巩固两个量相比，以少的量为 1 份，另一个量包含这样的几份，就是几倍这一知识点。题中以橙子的量 2 个为 1 份，芒果有这样的 2 份。

练习检测	（2）  红花的数量是黄花（　　）倍。 A.3　　B.4 师：红花的数量是黄花的几倍？ 生：以少的数量为 1 份，以黄花 3 朵为 1 份，红花能圈这样的 4 份，所以红花的数量是黄花的 4 倍。 师：你回答得真准确，真会学以致用。接下来我们继续挑战。	2. 变式给出标准结构的直观模型，检验学生是否掌握倍的意义。

【设计意图】启用信息领域的再认和回忆思维工具，给一个标准结构的直观模型（无圈），是第一道题的变式，检验学生是否真的懂得倍的含义。

练习检测	（3） 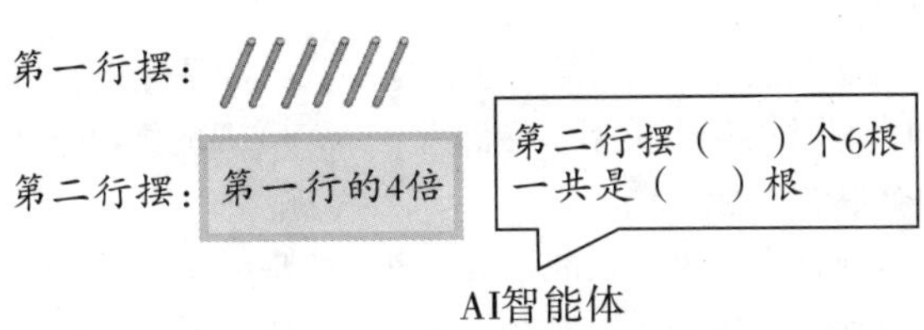 A.4；24　　B.3；18　　C.5；30	3. 学生用动手摆一摆的方式建构了解决“求一个数的几倍是多少”的问题的思维模式，加深对倍的含义的理解。

（续上表）

教学设计	教学活动	评价要求
练习检测	AI 智能体：请同学们认真思考，第一行是 5 根，第二行是第一行的 4 倍，那第二行应该摆几个 5 根，一共有多少根呢？ 生：我是这么理解的，以第一行 5 根为 1 份，第二行是第一行的 4 倍，也就是这样的 4 份，应该摆 4 个 5 根，一共有 20 根。	

【设计意图】启用心智技能的知识运用以及心理动作过程的操作技能工具，通过摆一摆，让学生用倍的含义解决“求一个数的几倍是多少”的问题思维模式，同时活动重点是加深学生对倍的含义的理解

教学设计	教学活动	评价要求
练习检测	小结：我们不仅认识了倍，还学会了用画图的方法解决求一个数的几倍是多少的问题。你们真了不起，接着请同学们继续挑战更难的题目。请将应答器切换到判断题模式。 （二）提升类练习 师：观察下图，桃子的个数是苹果的 2 倍。正确吗？ （1）判断：桃子的个数是苹果的 2 倍。（　　） 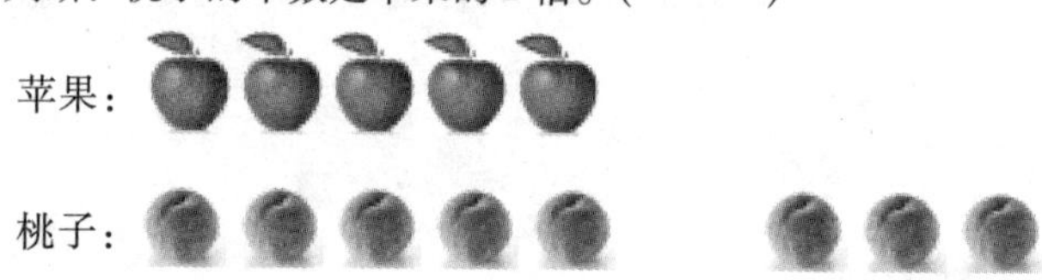 生：如果桃子的数量是苹果的 2 倍，苹果 5 个为 1 份，桃子应该有这样的 2 份，但这里不够 5 个，不是这样的 1 份，所以这个说法是错的。 师：说得真棒，那我们继续来看看下一道题目。	4. 会用倍的含义判断数量之间的倍数关系。

【设计意图】检验学生是否真的懂得倍的含义，并对容易出错的地方有明确的认识，加深学生对倍的含义的理解，促进元认知系统的形成。

教学设计	教学活动	评价要求
	（2）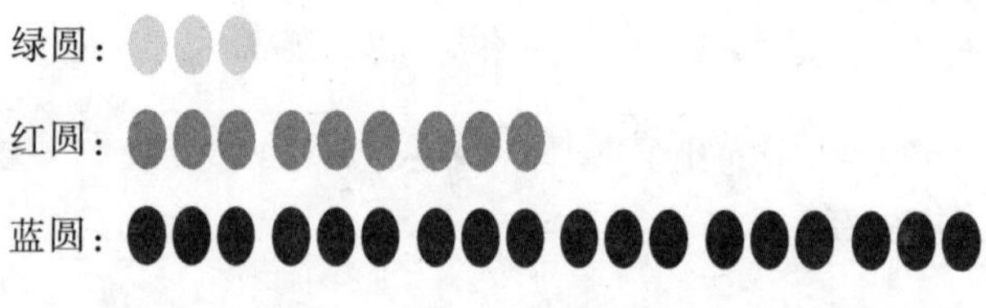 ●的个数是●的（　）倍，●的个数是●的（　）倍 生：这里有两个问题，我们可以先看第一个，红圆的个数是绿圆的几倍？研究的是红圆和绿圆的倍数关系，绿圆有 3 个，红圆的个数是 3 个 3，所以红圆的个数是绿圆的 3 倍。 生：第二个问题，蓝圆的个数是红圆的几倍？研究的是蓝圆和红圆的倍数关系，红圆有 9 个，蓝圆的个数是 2 个 9，所以蓝圆的个数是红圆的 2 倍。	5. 会用倍的含义深化数量之间的倍数关系。

（续上表）

教学设计	教学活动	评价要求
	AI 智能体：你思考问题可真有条理！还想继续挑战吗？请同学们在学习单上完成我来创造。	

【设计意图】基于已有的符号化的三种图形数量之间的倍数关系判断的心智技能和过程，创设新的数学问题的解决步骤。让学生根据倍的含义判断三种颜色的圆片数量之间的倍数关系。

练习检测	（三）拓展练习 （1）我来创造倍。 第一行画△，第二行画○。○的个数是△的 3 倍。 生：第一行我画 2 个三角形，因为圆的个数是三角形的 3 倍，所以圆有 3 个 2，是 6 个。 生：第一行我画 3 个三角形，因为圆的个数是三角形的 3 倍，所以圆有 3 个 3，是 9 个。 生：第一行我画 4 个三角形，因为圆的个数是三角形的 3 倍，所以圆有 3 个 4，是 12 个。 师：同学们有好多画法呀，谁能来概括一下呢？我们来听听小红是怎么说的。 生：我发现三角形有几个，圆就是几个几。 小结：我们在解决有关倍的问题时，一定要看清楚，1 份是多少，另一个数是不是有这样的几份。 师：同学们学会创造倍了，你能用今天学到的倍的知识继续玩拍掌游戏吗？我们一起玩吧！ （2）用倍的知识继续玩拍掌游戏。 对话拍掌游戏（画外音）AI 智能体： 生：我拍 3 下，请你拍我的 2 倍！（老师边拍 2 个 3 下边说，2 个 3 下是 6 下） AI 智能体：我拍 4 下，请你拍我的 3 倍！（学生边拍 3 个 4 下边说，3 个 4 下是 12 下） 生：学生拍 5 下，老师拍 5 的两倍。（老师边拍 2 个 5 下边说，5 个 2 下是 10 下） AI 智能体：同学们不但掌握了倍的知识，还能把他变成有趣的游戏，学以致用，非常好。	6. 会动手画，在“变化”中进一步深化倍的认识。 7. 能正确拍掌，并且语言表达完整。

【设计意图】学生经历心智过程的知识运用和心理动作过程的动手画、拍手活动，第一组题，学生在“变化”中进一步认识倍，倍数不变，标准和被比较量变化，第二组题联合课的开始的拍掌游戏，再次启动学生的自我系统。

（续上表）

<table>
<tr><td colspan="2">【设计意图】通过基础练习、提升练习、拓展练习等具体的练习，学生由易到难，迁移应用、利用答题器进行数据收集，学生不仅能够发现自己已经掌握的和没掌握的知识点，同时通过同学之间的互相批改，找到自己做错的原因，学生对易错的知识点有了更深入的认识，从而达到精准学和针对学，在这个过程中，学生的认知系统中尤其是信息提取能力、分析问题和解决问题的能力得到提升，自我系统进一步完善，元认知系统在自评互评中进一步被调动和丰富。</td></tr>
<tr><td>元认知评价</td><td>1. 你能明确倍的概念吗？你能通过摆一摆、圈一圈、画一画等活动过程中，准确找到数量间的倍数关系并且用自己的话分享给同学吗？你能把练习过程中的错误的地方有明确的认识吗？
2. 你能明确自己在倍的认识学习过程中遇到的困难，了解困难产生的原因，并及时请教小组的同学或者老师，及时调整自己学习的策略吗？</td></tr>
<tr><td colspan="2">【设计意图】通过元认知评价活动，让学生对自己的学习策略、学习目标、学习困难以及学习成果进行反思和评估，帮助学生更好地理解、掌握和应用知识，从而提高学习效率。</td></tr>
<tr><td>作业布置</td><td>见第五章故事化讲题作业设计。</td></tr>
<tr><td>板书设计</td><td>倍的认识（自主学习）
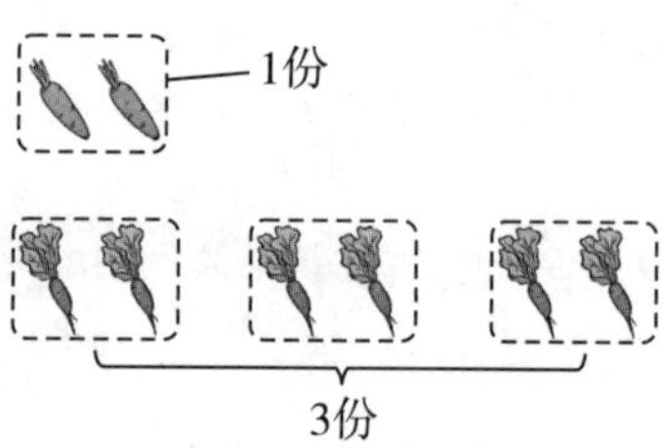

红萝卜的根数是胡萝卜的（3）倍
（6）是（2）的（3）倍</td></tr>
</table>

第三章　常见课型范式构建的设计与分析

第1节　自主学习课范式构建

小学数学教学评一体化自主学习课堂教学范式包含“创设情境、探究交流（引出问题、自主探究、协作建构）、归纳总结、练习测评、评价发展”五个流程，在具体实施过程中，可以根据年段目标、具体教学内容和学生的实际情况进行相应的调整。

（一）教学评一体化自主学习课的特点

教学评一体化自主学习课型是以学生自主学习空间为主，学生在教师组织和指导下用学习单、同步微课、知识重构、内容重塑、示范案例和效果测评等建构自主学习的过程。

（二）教学评一体化自主学习课的策略

通过智能技术，创设适合的学习情境，让学生找出数学信息，发现与学习主题相关的问题，启动学生的自我系统，让学生在愉悦的心境中认知，通过自主学习、小组合作交流等环节，把自己的认知内容通过对话交流、辩证、学具操作验证等方式进行主动建构知识模型。最后，在练习应用中加深对知识的理解，有所感悟和思考，获得习得的能力。

设计的流程思路图如图 3－1 所示。

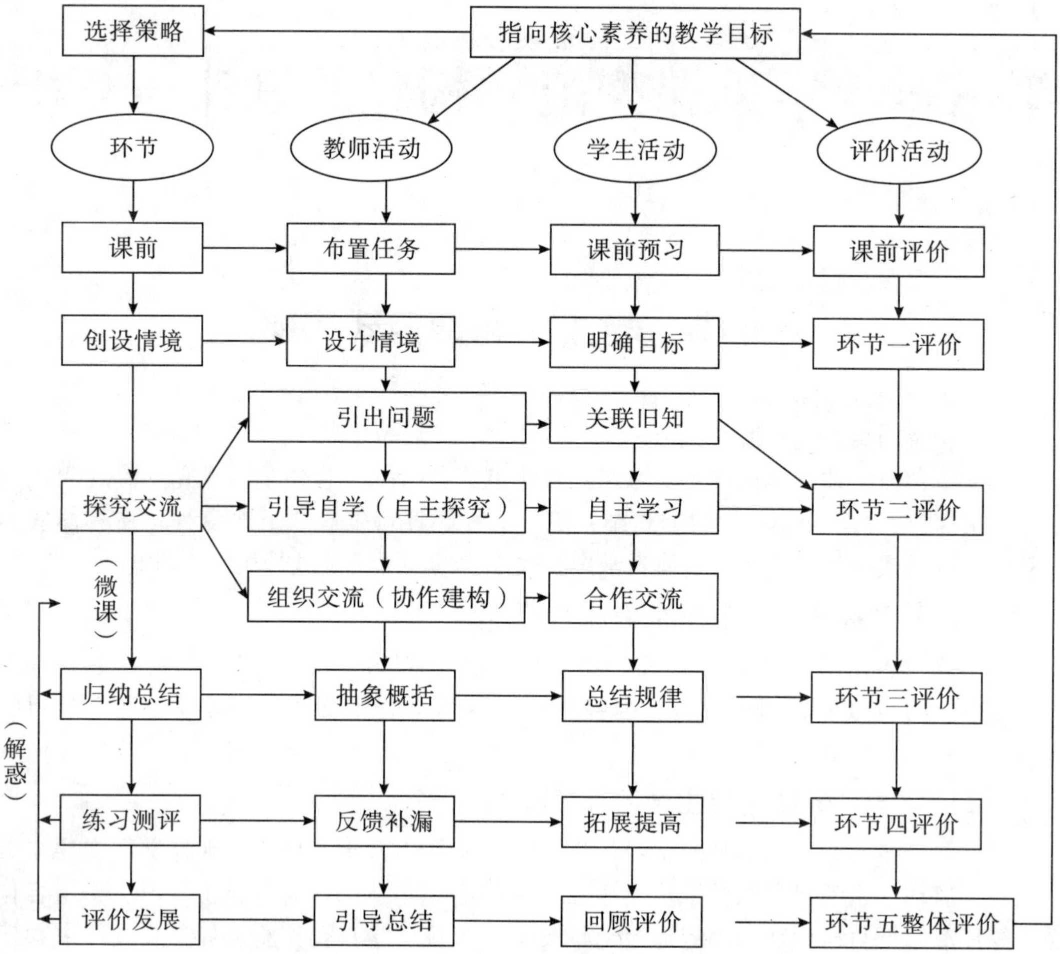

图 3－1　教学评一体化自主学习课型教学流程思路

（三）范式关键环节的内涵

范式关键环节的内涵如表 3－1 所示。表 3－1 的学生活动中的学习任务单连接了教学、学习和评价三个环节，有助于促进教学评一体化。学习单不仅将教学目标转化为具体的学习任务，而且引导学生自主、协同地完成学习任务，做好评估、监控、反思，实现结果输出。为后续的教学调整提供重要依据。评价活动是教学评一体化的核心环节。在教学过程中，采用形成性评价关注学生学习过程，采用表现性评价（包含达成评价、嵌入评价、结果评价等多种方式）了解学生学习成果和应用能力，及时获取学生学习信息，调整教学策略。

表 3－1 范式关键环节的内涵

环节	设计目的	呈现方式	教师活动	学生活动	评价活动
创设情境	创设较为开放的问题情境，学生的答案不唯一，为独立学习和协作学习提供铺垫。对创设情境中的数学问题进行观察、分析，将注意力集中在新知识点上。	把生活中常见的现象以图片、AI 生成角色扮演等多种方式呈现。	1. 用教材主题情境图创设情境。 2. 根据需要重新设计生活情境。	认真观察情境图，发现和提出数学问题。	师生根据环节的表现，对照评价指标与每项达标指标解释说明进行评价。
自主探究	学生独立完成“学习任务单”，以问题导学进行尝试性学习，教师从中观察和适当个别辅导，关注学生学习过程的思维多样化。	1. 学生每人一份独立“学习任务单”。 2. 遇到困难寻求微课帮助。	1. 精心设计独立“学习任务单”。 2. 引导思考。 3. 巡视指导。	1. 自主尝试。(以独立“学习任务单”为主线) 2. 初步反馈学习成果。 3. 尝试自我修正。	师生根据环节的表现，对照评价指标与每项达标指标解释说明进行评价。
协作建构	1. 先小组内轮流发言，组长汇总答案。然后小组出来汇报，观察发现，构建数学概念、方法。 2. 学生知识建模过程。学生提出想法，小组成员通过分析、比较、验证，对各种信息进行转换和组合、检验和修正，最后得到正确的结论。	1. 准备“协作建构”任务单。 2. 小组讨论、展示汇报。 3. 遇到困难寻求微课帮助。	1. 根据知识的重点、难点、疑点的核心任务设计“协作建构任务单”。 2. 引导学生合作交流。 3. 教师追问点拨，形成正确的结论，凸显本质，正确建模。	1. 小组分工。 2. 小组合作讨论，得出结论。 3. 小组汇报展示。	师生根据环节的表现，对照评价指标与每项达标指标解释说明进行评价。

（续上表）

环节	设计目的	呈现方式	教师活动	学生活动	评价活动
练习测评	1. 根据教学目标，呈现方式多样的练习。 2. 设计分层练习，关注基础练习，通过应用将知识内化，能力提升。	1. 用智能设备及时收集数据。 2. 师生互动直接反馈。	1. 引导学生思考、汇报和纠错。 2. 再一次总结规律	1. 学生先尝试独立完成练习。 2. 展示汇报答案。	师生根据环节的表现，对照评价指标与每项达标指标解释说明进行评价。
评价发展	既有对本节课学习小结，又有师生表现评价，还能对后续学习提出希望。	1. 根据本节课的学习内容进行小结和评价，同时学生提出质疑，师生共同解疑惑。 2. 课后遇到困难可以寻求微课帮助。	引导学生小结和自我评价。	1. 提出疑惑。 2. 共同解疑惑。 3. 根据本节课学习情况进行评价。	师生根据整节课的表现进行评价。

（四）自主学习课型范式课例

《义务教育数学课程标准（2022 年版）》指出：义务教育阶段数学课程内容由数与代数、图形与几何、统计与概率、综合与实践四个学习领域组成。① 因此，在自主学习范式课例中，笔者从四个学习领域中选择部分经过实践并且推广过的课型范例进行分析。

1. 概念课

数学概念是学生数学知识学习的基础，是判断和推理的起点，同时也是培养学生数学能力、发展学生思维的基础。所以，重视概念教学，优化概念教学，是我们每一位数学教师都必须认真深入思考的问题。

概念的获得意味着要求学生掌握一类事物的共同本质属性，并能辨别本质属性和非本质属性，能列举出概念的例证和反例。儿童获得概念的三种基本形式是概念的形成、概念的同化和概念的顺应。由于获得概念的主要方式是概念的形成和概念的同化，因此，数学概念的教学主要采取前两种模式。

（1）概念形成。

概念的形成是指从大量的具体例证出发，在实际经历过的概念的肯定例证中，通过归纳的方法抽取一类事物的共同属性，从而获得初级概念的过程。学生以概念的形成方

① 中华人民共和国教育部. 义务教育数学课程标准（2022 年版）[S]. 北京：北京师范大学出版社，2022：16.

式获得精确概念的心理过程可以用图 3－2 来表示。①

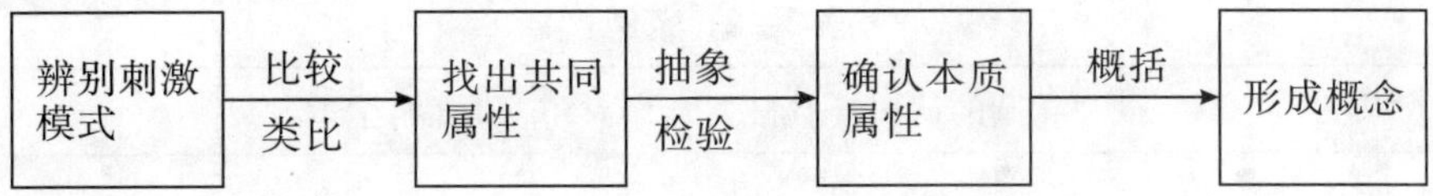

图 3－2　概念形成的心理过程

概念的形成是由特殊到一般，由具体到抽象的过程，因此，对于那些初次接触或较难理解的概念，可以采用概念的形成方式进行学习。其教学过程如图 3－3 所示。②

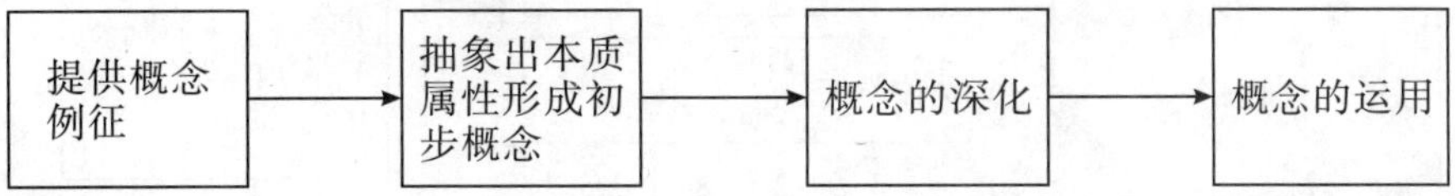

图 3－3　概念形成的教学过程

具体到教学评一体化的自主学习概念形成可采用如图 3－4 所示的教学流程思路。

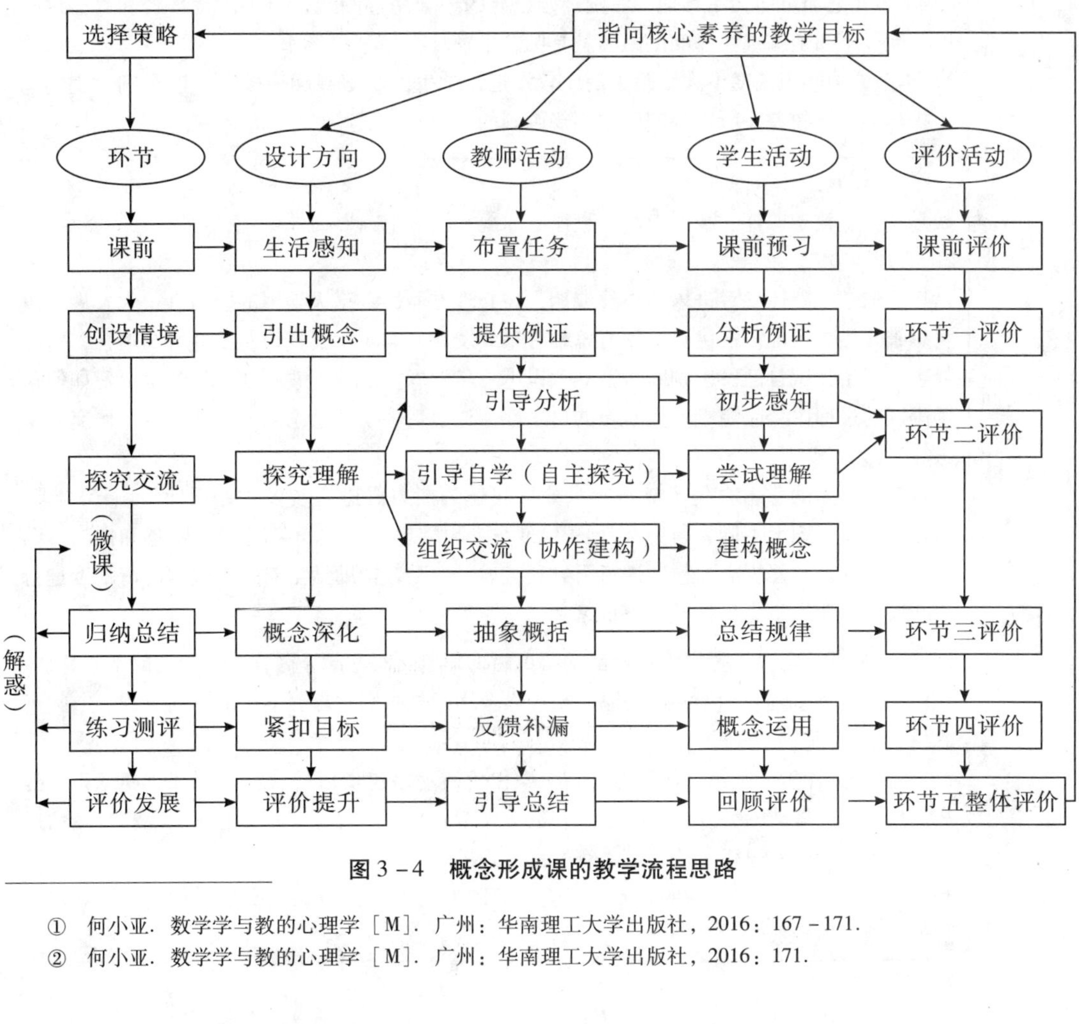

图 3－4　概念形成课的教学流程思路

① 何小亚．数学学与教的心理学［M］．广州：华南理工大学出版社，2016：167－171.

② 何小亚．数学学与教的心理学［M］．广州：华南理工大学出版社，2016：171.

下面以人教版数学六年级上册第五单元第1课时“圆的认识”为例，如表3－2所示。

表3－2　范例

课题	圆的认识（教科书第55～56页）（自主学习）
教学内容分析	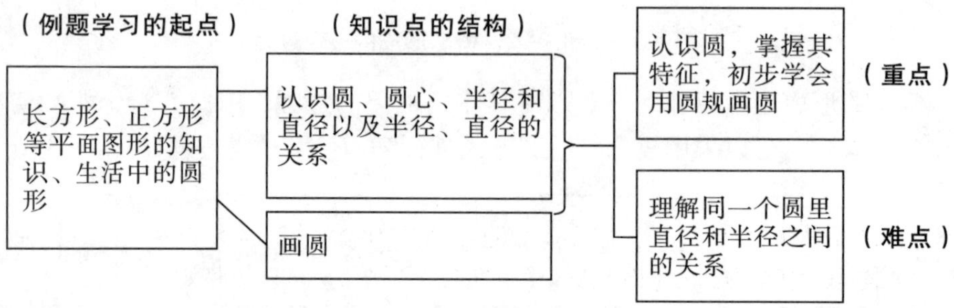
学情分析	1. 学生已经学习过长方形、正方形等平面图形，以及它们的周长、面积计算，也直观地认识过圆。 2. 学生在之前可能会用其他方法画过圆，有的还会用过圆规，但不清楚半径和直径之间的关系，不知道圆规两脚间的距离就是圆的半径。 3. 本节课的知识难度不大，跟生活比较接近，学生的学习兴趣比较高，但个别学生的动手操作能力比较差，所以要明确用圆规画圆的步骤和方法。
策略分析	1. 物理环境： 教学平台、教学课件、圆形卡片、直尺、圆规、生活中圆形物件等。 2. 心理环境： 六年级的学生身体发育进入第二发展期，在心理方面，六年级学生的智力有很大发展，逻辑思维开始在思维中占优势，创造思维有很大发展，同时自我意识萌发并逐渐增强，对外界事物开始尝试自己做出判断，独立意识进一步发展。因此，教师在引导学生学习如何正确画圆的过程中，应注重学生学习的自主性，让学生分享自己画圆的方法，在合作交流中进行学习。 但六年级学生的意志力仍不够坚定，分析问题的能力需进一步发展，而曲线图形“圆”与以往的直线图形不同，研究曲线图形的方法和思想对学生而言是一种跨越和挑战。因此，遇到困难和挫折需要教师进行引导和疏通、鼓励，帮助学生对学习过程的清晰度进行自我监控，激发学生良好的学习情绪。
教学目标	1. 通过观察、实验、猜想等数学活动认识圆，知道圆的各部分名称；掌握圆的基本特征，理解同一个圆里直径和半径的关系，初步学会用圆规画圆，培养学生的几何直观、空间观念核心素养。 2. 通过自主探索、小组合作学习、动手操作等活动，初步形成合作意识和创新意识，提高抽象、概括等能力，发展空间观念和数学思考；经历用符号表示圆心、半径和直径的过程，感受符号化的思想方法，培养符号意识。 3. 进一步体验图形与生活的联系，感受平面图形的学习价值，提高学生对数学的好奇心与求知欲，体验数学活动的意义与作用，欣赏数学美。

（续上表）

教学过程		
教学环节	教学活动	评价活动
复习铺垫	1. 同学们，你们以前学过什么平面图形呢？ 学生回答：正方形、长方形、平行四边形、梯形、圆。 2. 你们能说出这些图形的特点吗？ 学生回答：（举例）正方形的四个角都是直角，四条边都相等。	1. 学生回忆出正方形、长方形、平行四边形、梯形、圆等学习过的平面图形。 2. 学生简要回忆已学过的平面图形的特点。

【设计意图】回顾旧知，引出新课。在教学过程中注重内容主线与核心素养发展之间的关联，回顾在第一、二学段中所学习到的平面图形，学生发现对于圆的认识只是直观层面上的，并未学习过圆的特点，激发出对圆进一步认识的求知欲。

创设情境	 一、观察主题图，找出生活场景中圆形的面 在生活中，我们经常可以看到这些场景。你们能从这些场景中找出圆形的面吗？ 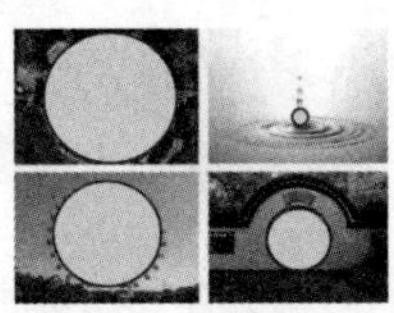 这是我们中国古代出土的文物，请你们看一看这些图片，有什么感想？  东汉连弧铭文镜 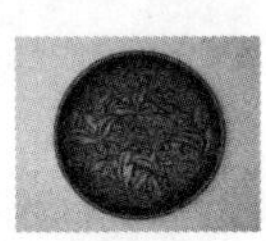 红牡丹纹圆盘 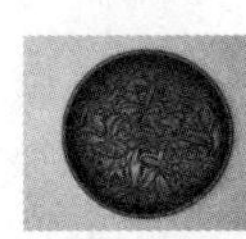 省博物馆战国谷纹玉璧 这些文物都有圆形的面，体现了中国古代能工巧匠的智慧和创意；生活中的圆很美、很多，我们的生活离不开圆。 圆在日常生活中应用非常广泛，它把我们的世界点缀得如此美丽，究竟圆里有什么奥秘呢？今天我们就来学习圆这种平面图形。 （板书课题：圆的认识） 二、出示：学习目标 1. 认识圆的各部分名称，学会用圆规画圆。 2. 掌握圆的基本特征，理解和掌握同一个圆或等圆内半径和直径的关系。	1. 观察主题图，学生能准确指出圆面。 2. 进一步体验图形与生活的联系，感受平面图形的学习价值。

（续上表）

<table>
<tr><th>教学环节</th><th>教学活动</th><th>评价活动</th></tr>
<tr><td colspan="3">【设计意图】呈现自然界和社会生活中形形色色的“圆”，其中包括许多同心圆。丰富的圆形图案，使学生感受到圆很美；同时，学生通过观赏中国古代文物，感受圆之美，产生学习圆的强烈欲望。圆在生活中是依附于具体物体而存在的，许多物体上有圆形的面，因此，教师从生活实例引入圆形时，应引导学生区分物体和物体的面，教学应围绕圆的本质展开。</td></tr>
<tr><td>自主探究</td><td>摸一摸：请同学们拿出准备好的圆形卡纸，摸一下它的边，闭上眼睛想象一下圆是由什么围成的呢？
画一画：同学们，让我们也来试试画一个圆，和小组同学交流方法：
我用（　　　）画圆。（不限工具和圆的大小）
讨论：几种方法中，你认为哪种方法画圆比较方便呢？为什么？（借助圆形物体画出的圆是固定的，用圆规来画圆最方便，可以根据日常生活中遇到的要求画出各种大小不一的圆）
1. 学生动手画图并标注名称，全体学生规范画出一个半径为 2 cm 的圆。
选择一位能使用圆规画出规范的圆的学生进行操作展示，教师根据学生的画圆步骤板书：（1）定圆心；（2）定半径；（3）旋转一周。
2. 自主阅读课本第 56 页圆各部分的名称，并在所画之圆上标出圆心、半径和直径，展示学生的学习状况，并板书。
3. 出示不规范的圆，讨论：画圆过程中要注意什么？你认为之前没有画成功的原因是什么？
4. 如有学习困难，可以观看微课。</td><td>1. 按照教师的要求学生动手操作感受。
2. 使用不同工具画出一个圆。（不限大小，不要求画出圆心）
3. 学生发现用实物画圆存在局限，用圆规画圆灵活（能大能小）、方便的特点。
4. 学生积极进行使用圆规画圆方法的分享，并能进行思考，发表看法，尝试使用按要求画圆。
5. 能使用圆规画出圆，并标注圆心、直径和半径。
6. 学生进行个别汇报，并能提出与圆的本质相关的疑惑与思考，反思自己没有画成功的原因。</td></tr>
<tr><td colspan="3">【设计意图】利用圆规画圆，认识圆各部分名称。一方面，与前面的活动自然衔接；另一方面，画圆的过程非常切合“圆是到定点的距离等于定长的所有点的集合”这一几何学的定义。引出圆心、半径、直径等概念，将动手操作、观察思考、概念引出融为一体，自然流畅。
在小组讨论过程中，初步认识到可以用多种工具画圆，但是用圆规可以根据生活中的实际要求画出大小不同且规范的圆，从而对圆规的使用产生兴趣。在学生的讨论过程中，提炼出画圆的三个关键要素：1. 定位置，即定下圆心的位置，学生初步感受到圆心决定圆的位置；2. 根据圆的半径定大小，即定下圆规两脚之间的距离大小，学生初步感受到半径决定圆的大小；3. 旋转一周。通过这个环节，让学生明白圆的本质与圆规画圆之间的相互联系。结合画圆的经验，理解圆心可决定圆的位置，半径可决定圆的大小。</td></tr>
</table>

（续上表）

<table>
<tr><th>教学环节</th><th>教学活动</th><th>评价活动</th></tr>
<tr><td>协作建构</td><td>1. 拿出剪好的圆，小组操作并讨论完成学习单：
<table>
<tr><th>操作</th><th>折一折</th><th>画一画</th><th>量一量、比一比</th></tr>
<tr><td>要求</td><td>把准备好的圆形纸片对折，打开，换个方向再对折，打开……反复多次。</td><td>1. 在同一个圆里面分别画出直径和半径，你还能画出几条？
2. 在同一个圆内画线段，线段的两端都在圆上。</td><td>同一个圆里，直径是（ ）厘米，半径是（ ）厘米。</td></tr>
<tr><td>我的发现</td><td>在圆里出现了许多折痕，它们都相交于一点，这一点就是（ ），这些折痕就是圆的（ ）。对折后圆的两边可以（ ），所以圆是一个（ ）图形。</td><td>1. 同一个圆里，半径有（ ）条，直径有（ ）条。
2. 直径是一个圆内最（ ）线段。</td><td>同一个圆里，所有的半径都（ ），所有的直径都（ ），直径的长度是半径的（ ），半径的长度是直径的（ ）。</td></tr>
</table>
2. 小组交流总结。
3. 小组评价。</td><td>1. 通过小组内操作和交流讨论合作完成学习单。
2. 小组进行汇报交流；未进行汇报的学生能安静倾听并评价。</td></tr>
</table>

【设计意图】学生通过将画好的圆折一折、画一画、量一量，发现：
沿着任意一条直径对折，两边可以完全重合，圆是轴对称图形；通过对折痕的观察和想象，学生理解半径和直径都有无数条；通过测量与比较，学生认识到同一圆内或等圆所有的半径、直径都相等，直径的长度是半径的 2 倍，半径的长度是直径的$\frac{1}{2}$。

（续上表）

<table>
<tr><th>教学环节</th><th>教学活动</th><th>评价活动</th></tr>
<tr>
<td>练习测评</td>
<td>
基础题：选一选.
1. ①、②、③分别表示（　　）。
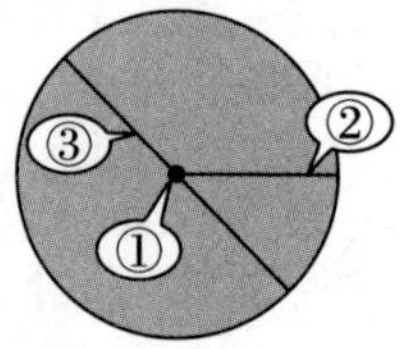

A. 圆心、直径、半径
B. 圆心、半径、直径
C. 半径、直径、圆心
2. 所有的半径都等于直径的一半，这句话是（　　）的。
A. 正确　　　B. 错误
提升题：
1. 填一填。
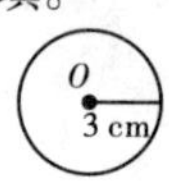

$d=$ ______
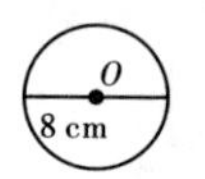

$r=$ ______
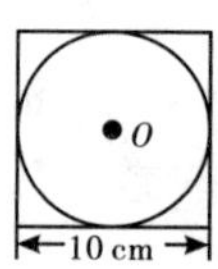

$d=$ ______
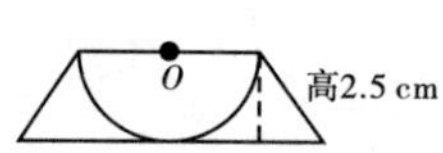

$r=$ ______
2. 圆的直径是（　　），圆的半径是（　　）。
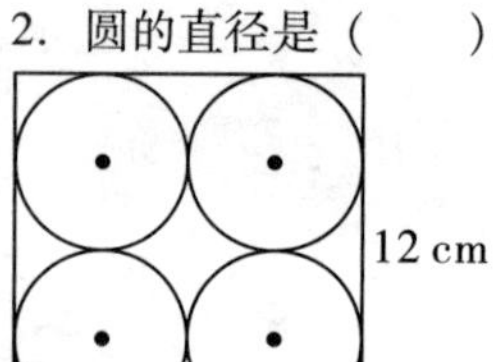

3.
<table>
<tr><td>直径/cm</td><td></td><td>8</td><td></td><td>1</td><td></td><td></td></tr>
<tr><td>半径/cm</td><td>5</td><td></td><td>$\frac{1}{8}$</td><td></td><td>$\frac{1}{4}$</td><td>0.34</td></tr>
</table>
拓展题：动手画一画下列图形的对称轴。
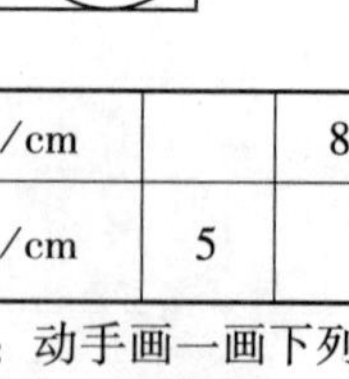
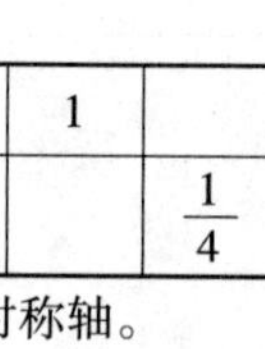
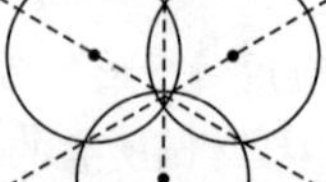
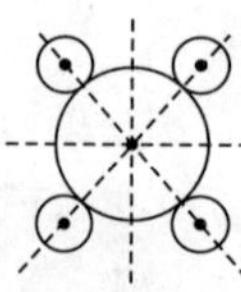
</td>
<td>
1. 独立完成，巩固圆的各部分名称。
2. 理解同一个圆里直径与半径之间的关系，会求圆的直径与半径。
3. 学生能独立完成，有疑惑或争议同桌交流讨论，集体讲评。
</td>
</tr>
</table>

（续上表）

教学环节	教学活动	评价活动
【设计意图】 基础题目的是明确认识圆的各部分名称以及同一个圆里半径、直径两者的关系； 提升题目的是实际运用直径和半径之间的关系，利用直径或半径的数据找出半径或直径； 拓展题目的是通过圆的特征画出组合图形的对称轴，具有较强的综合性。		
评价发展	这节课你学到了哪些知识？你能得到几颗星？ 1．我能认出圆的各部分名称，并会使用圆规按照要求画圆。（☆☆） 2．我知道圆的基本特征，能说出同一个圆内半径和直径的关系。（☆☆） 3．我能与同伴进行交流。（☆）	
作业布置	基础题： 1．我会填。 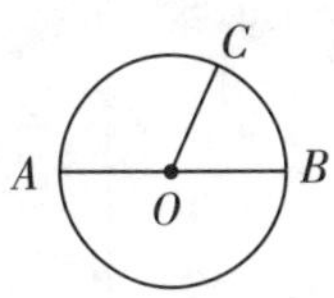 右图圆内固定的一个点 O 是这个圆的（　　），它可以确定圆的（　　）；线段 AB 叫作这个圆的（　　），常用字母（　　）表示；线段 OC 叫作圆的（　　），常用字母（　　），它可以确定圆的（　　）。 2．我会选。 （1）画圆时，圆规两脚间的距离是（　　）的长度。 A．半径　　B．直径　　C．圆心 （2）通过圆心并且两端都在圆上的（　　）叫直径。 A．直线　　B．线段　　C．射线 （3）一个圆的直径是12cm，这个圆的半径是（　　）cm。 A．24　　B．12　　C．6 操作题： 1．按下面的要求，用圆规画圆。 （1）$r=3\text{cm}$　　（2）$d=5\text{cm}$　　（3）$r=3.5\text{cm}$ 实践题： 下面的方法是否可以测量出没有标出圆心的圆的直径？你有什么发现？试着与同学说一说。 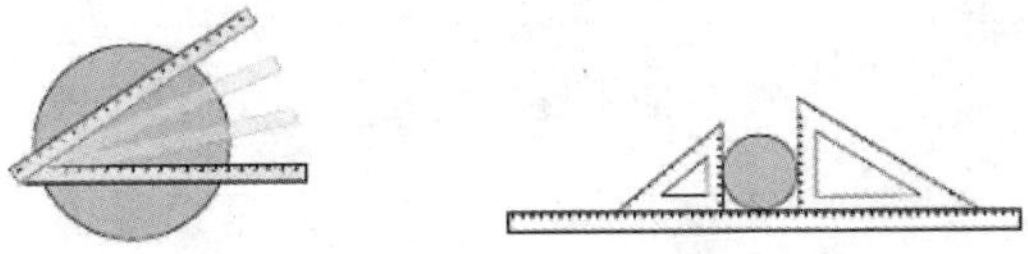 提升题（选做）： 如果只提供给你一个钉子、一条绳子和一支笔，你能再画出一个圆吗？你认为在这个过程中用到了圆的什么性质？ 参考答案：绳子一端绑在钉子上，另一端绑在笔上，固定住钉子，拉直绳子就可以使用笔画出一个圆，用到了“圆的每条半径都相等”的性质。	

（续上表）

<table>
<tr><th>教学环节</th><th>教学活动</th><th>评价活动</th></tr>
<tr><td colspan="3">【设计意图】设计了基础题、操作题和实践题，学生在完成作业的过程中除了巩固学习到的新知，还提升了动手操作能力，在完成实践作业的过程中发现“圆内所有线段，直径最长”；提升题的目的在于让学生对圆的概念进行一次再建构，体悟用固定点、固定长来画圆的方法。</td></tr>
<tr><td>板书设计</td><td colspan="2">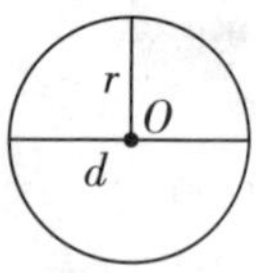
圆的认识
（由曲线围成的平面图形）
画圆　　特征　（在同圆或等圆中）
定圆心　圆心（O）
定半径　半径（r）　有无数条　都相等
旋转一周　直径（d）　有无数条　都相等
$d=2r$ 或者 $r=\frac{d}{2}$</td></tr>
</table>

（2）概念同化。

学生学习某一学科中的概念，完全不同于人们在日常生活中形成概念或者在人工条件下形成概念，也不同于科学家提出概念。他们要接受系统、高效地学习。因此，他们在学校获得概念的主要形式不是概念的形成而是概念的同化。同化是指学习者的认知结构吸收新的信息，从而使原有的认知结构发生变化的过程。概念的同化是指学习者利用原有认知结构中的观念来理解接纳新概念的过程。概念的同化过程不仅使新概念获得了意义，而且扩大和深化了原有的认知结构。其心理过程如图 3 – 5 所示。①

阅读意义 → 以旧观念来明确定义的内涵和外延 → 区分和联系新旧概念

图 3 – 5　概念同化的心理过程

概念的同化实质上是学习者利用已掌握的概念去理解新概念，或者对原有的概念重新进行加工和整理的过程。其教学过程如图 3 – 6 所示。①

① 何小亚. 数学学与教的心理学［M］. 广州：华南理工大学出版社，2016：170 – 173.

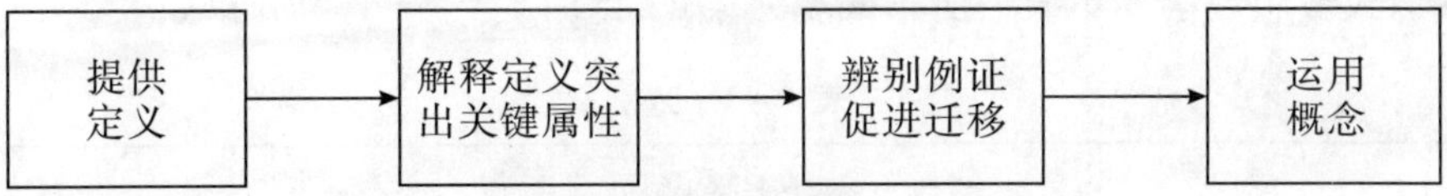

图 3 - 6　概念同化教学过程

用概念同化的教学模式来学习概念比较省时，但要求学习者具备适当的科学概念，并且还具备一定的认知水平。① 具体到教学评一体化的自主学习概念同化课，我们采用以下的教学流程思路：

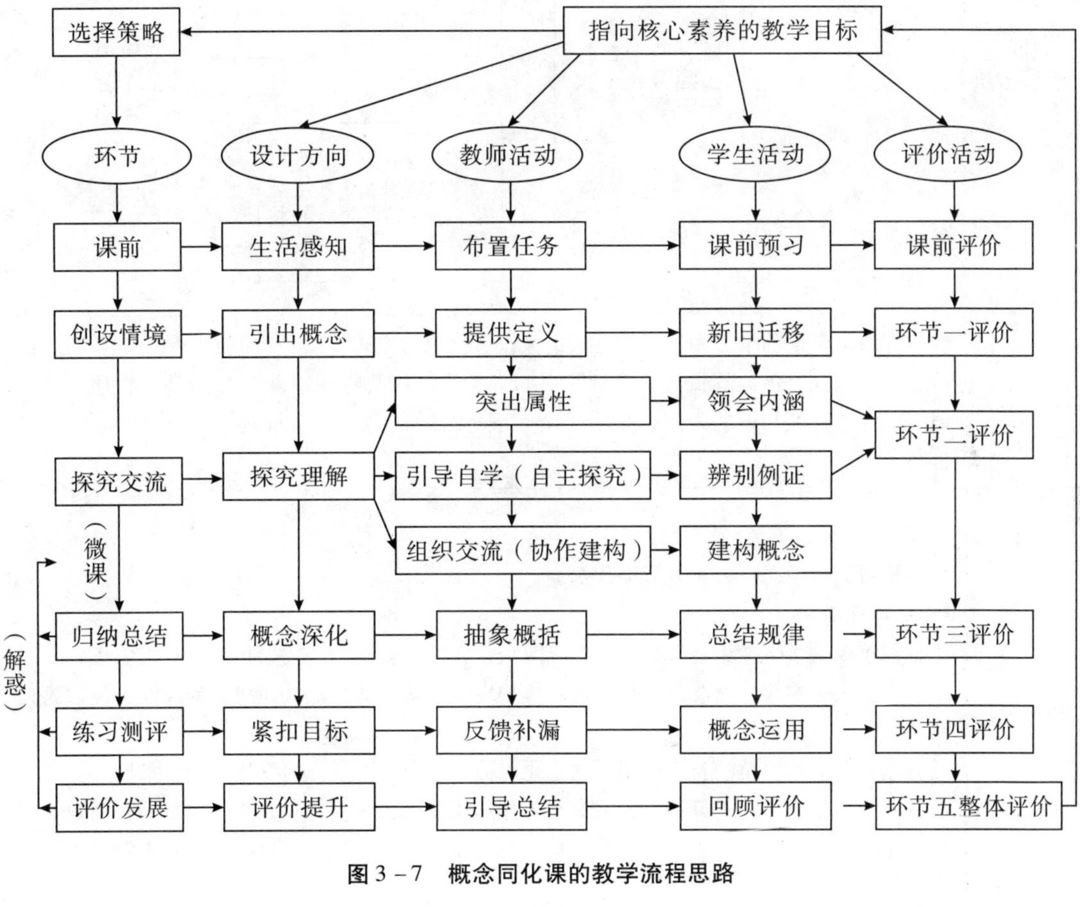

图 3 - 7　概念同化课的教学流程思路

① 何小亚. 数学学与教的心理学［M］. 广州：华南理工大学出版社，2016：174.

下面以人教版数学五年级下册第四单元第 11 课时“约分”为例，如表 3 – 3 所示。

表 3 – 3　范例

课题	约分（教科书第 65 页例 4）（自主学习）
教学 内容分析	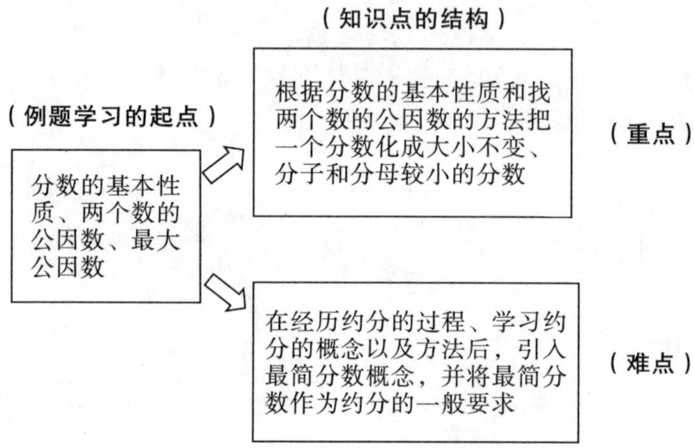
学情分析	在三年级上学期的学习中，学生已借助操作、直观的方式，初步认识了分数。学生在之前也学习了因数、倍数等概念，掌握了 2、3、5 的倍数的特征以及分数的基本性质。教学时，应注意相关知识的复习，为学生全面理解分数的意义，掌握约分、通分的方法做好准备。
策略分析	1. 物理环境： 教学平台、教学课件、正方形纸片等。 2. 心理环境： 小学五年级的学生抽象逻辑思维还有点欠缺，在一定程度上还需要借助直观形象思维。因此，在引入新的数学概念时，要通过具体的现实情境，适当加大思维的形象性，化抽象为具体、直观。 约分是分数基本性质的直接应用，它是化简分数常用的方法。对学生来说，掌握约分的方法并不难，但要熟练进行约分，关键在于能够快速看出分子分母是否含有某个公因数。因此，在教学时，要给学生提供充分的自学和交流时间，让他们自己去探索、去发现约分的方法。
教学目标	1. 经历观察、分析、交流等学习活动，理解约分和最简分数的概念，能正确运用分数的基本性质约分，掌握约分的一般方法，学会约分的数学形式，进一步发展符号意识和数感，形成运算能力。 2. 在应用公因数和最大公因数约分的过程中，体验数学的价值，渗透恒等变换思想，形成运算能力和推理意识。 3. 在约分过程中感受数学的简洁美，进一步培养学习数学的兴趣和学好数学的自信心。

（续上表）

<table>
<tr><th colspan="3">教学过程</th></tr>
<tr><th>教学环节</th><th>教学活动</th><th>评价活动</th></tr>
<tr><td>复习铺垫</td><td>1. 找出下面各组数的公因数和最大公因数。
（1）8 和 12 的公因数有（　　　），最大公因数是（　　）。
（2）9 和 45 的公因数有（　　　），最大公因数是（　　）。
2. 填一填。
$\frac{24}{48}=\frac{24\div(\quad)}{48\div(\quad)}=\frac{(\quad)}{(\quad)}$</td><td>1. 学生会求两个数的公因数的方法以及求两个数的最大公因数的方法。
2. 学生进一步掌握分数的基本性质。</td></tr>
<tr><td colspan="3">【设计意图】回顾旧知，引出新课。通过复习公因数与最大公因数和分数的基本性质，为学生掌握约分的方法做好准备。</td></tr>
<tr><td>创设情境</td><td>1. 让学生拿出正方形纸片，比比看，谁能用手中的正方形纸片，快速表示出它的$\frac{5}{10}$。
2. 活动要求：折一折、画一画，同桌交流。
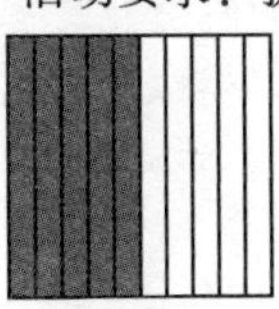
作品①
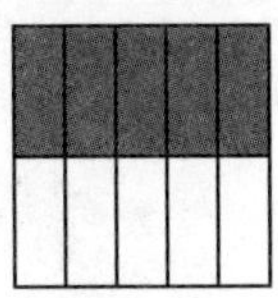
作品②
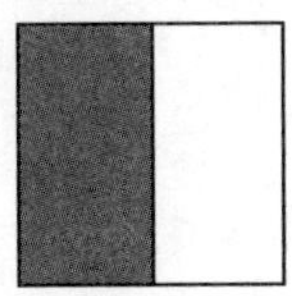
作品③
3. 集体思考，提出疑惑。呈现学生作品，并提问：这些作品都符合“表示出正方形的$\frac{5}{10}$”这个要求吗？为什么？
4. 思考：$\frac{5}{10}$与$\frac{1}{2}$的分子和分母不相同，它们表示的大小相同吗？为什么？
5. 引出课题：在前面的学习中，我们了解了分数的基本性质，把$\frac{5}{10}$化成了分子分母比较小而分数大小不变的分数，这叫约分。今天，我们共同研究约分的有关知识。（板书课题）</td><td>1. 学生按照要求动手操作。
2. 学生会使用正方形纸片进行折一折、画一画。
3. 通过观看展示作品能直观判断这些作品都符合要求。
4. 根据学生所展示作品，能发现同一个正方形的$\frac{5}{10}$和$\frac{1}{2}$所表示大小是相同的，因为涂色部分面积一样。</td></tr>
<tr><td colspan="3">【设计意图】让学生进行简单的动手操作，并讨论学生作品，进一步理解分数的基本性质，激发学生的学习兴趣及探究热情，为本节课学习约分做准备。</td></tr>
<tr><td>自主探究</td><td>1. 提出问题，探索约分的方法。
课件呈现教材第 65 页例 4：把$\frac{24}{30}$化成分子和分母比较小且分数大小不变的分数。
$\frac{24}{30}=\frac{24\div(\quad)}{30\div(\quad)}=\frac{(\quad)}{(\quad)}$
学生进行自主尝试约分。</td><td>1. 学生根据分数的基本性质和找两个数的公因数的方法尝试约分。</td></tr>
</table>

（续上表）

<table>
<tr><th>教学环节</th><th>教学活动</th><th>评价活动</th></tr>
<tr><td>自主探究</td><td>2. 思考：有没有更简便的方法？用一步就把一个分数化成分子和分母比较小的分数？
$$\frac{24}{30}=\frac{24\div(\quad)}{30\div(\quad)}=\frac{(\quad)}{(\quad)}$$
3. 观察：这些约分的方法，它们有什么共同的地方和不同的地方？
4. 汇报交流：原分数和新分数，它们之间有什么联系和区别？
通过分数的基本性质，对分数进行化简，我发现：
$$\frac{24}{30}\bigcirc\frac{4}{5}$$
5. 小结：像这样把一个分数化成和它相等，但分子和分母都比较小的分数，叫作约分。
$\frac{4}{5}$的分子和分母只有公因数 1，像这样的分数叫作最简分数。约分时，通常要约成最简分数。
6. 介绍约分的书写格式。
$$\frac{\overset{4}{\overset{\cancel{12}}{\cancel{24}}}}{\underset{5}{\underset{\cancel{15}}{\cancel{30}}}}=\frac{4}{5}\quad 或者\quad \frac{\overset{4}{\cancel{24}}}{\underset{5}{\cancel{30}}}=\frac{4}{5}$$</td><td>2. 学生思考约分的简便方法，也就是直接用最大公因数去除，这样能一次约到最简分数。
3. 学生经历约分的过程，会呈现不同的约分方法。
4. 理解约分后，证明分数的大小没有改变。
5. 理解约分和最简分数的概念。
6. 理解一般的逐次约分和一次约分的简便书写形式。</td></tr>
<tr><td colspan="3">【设计意图】教师引导学生基于已有分数的基本性质的知识经验，在自主尝试、分享交流中，掌握约分的一般方法。帮助学生通过对话文本，从教材中自主了解、学会约分的数学形式，理解最简分数的概念，明确约分的要求，感受数学的简洁，并在对比分析中体会恒等变换思想，体悟约分中的变与不变。</td></tr>
<tr><td>协作建构</td><td>1. 出示要求：小组合作，每人选择 2 个分数约分，并说一说你的方法。
<table><tr><td rowspan="2">1</td><td>$\frac{12}{16}$</td><td></td></tr><tr><td>$\frac{48}{60}$</td><td></td></tr><tr><td rowspan="2">2</td><td>$\frac{20}{40}$</td><td></td></tr><tr><td>$\frac{24}{32}$</td><td></td></tr><tr><td rowspan="2">3</td><td>$\frac{12}{48}$</td><td></td></tr><tr><td>$\frac{6}{15}$</td><td></td></tr><tr><td rowspan="2">4</td><td>$\frac{25}{30}$</td><td></td></tr><tr><td>$\frac{18}{20}$</td><td></td></tr></table>我发现：</td><td>1. 通过小组活动再次尝试约分过程；并在小组交流中深化认识。</td></tr>
</table>

(续上表)

<table>
<tr><th>教学环节</th><th>教学活动</th><th>评价活动</th></tr>
<tr><td>协作建构</td><td>2. 你还能举出像这样约分的例子吗?
(教师通过引导学生举出多个例子，找出约分的一般方法)
小结：约分就是对一个分数进行化简，使其大小不变。
3. 播放视频：《九章算术》中的“约分术”。</td><td>2. 学生举出不同的例子，丰富概念的例证。
3. 体会中国古代人民的智慧，增加民族自豪感、认同感。</td></tr>
<tr><td colspan="3">【设计意图】通过小组合作，鼓励学生运用新知，巩固方法，在观察、分析、评价的过程中，进一步明确概念的关键属性，总结经验，感受约分的简洁之处，体会数学学习的价值。</td></tr>
<tr><td>练习测评</td><td>基础题：
1. 把上下两行相等的两个分数用线连起来。
$\frac{4}{6}$ $\frac{3}{7}$ $\frac{2}{5}$ $\frac{6}{8}$ $\frac{3}{9}$

$\frac{9}{21}$ $\frac{3}{4}$ $\frac{1}{3}$ $\frac{2}{3}$ $\frac{10}{25}$
提升题：
1. 下面哪些分数没有化成最简分数？请把它们化成最简分数。
$\frac{16}{24}=\frac{4}{6}$ $\frac{15}{36}=\frac{5}{12}$ $\frac{28}{42}=\frac{14}{21}$
$\frac{15}{45}=\frac{3}{9}$ $\frac{78}{87}=\frac{26}{29}$
2. 五（1）班女生有25人，男生有30人。女生人数是男生人数的几分之几？男生人数占全班人数的几分之几？(结果用最简分数表示)
拓展题：
一个分数，分子和分母的和是37，如果分母减去3，这个分数就等于1。原来的分数是多少?</td><td>1. 学生能独立完成，巩固约分的方法，熟练约分的技能。
2. 能进一步巩固最简分数的概念和判断方法。
3. 有疑惑或争议能在同桌交流中进行讨论，并在集体讲评中得到解释。</td></tr>
<tr><td colspan="3">【设计意图】通过不同形式、不同层次的练习，引导学生在练习过程中进一步积累约分的经验，熟练技能，体会约分到最简分数的简洁性。</td></tr>
<tr><td>评价发展</td><td>这节课你学到了哪些知识？你能得到几颗星？
1. 我能正确运用分数的基本性质约分。(☆☆)
2. 我能理解约分和最简分数的概念。(☆☆)
3. 我能积极与同伴进行交流。(☆)</td><td></td></tr>
</table>

（续上表）

<table>
<tr><td>作业布置</td><td>
基础题：
（1）分子和分母（　　　　　）的分数叫作最简分数。
（2）$\frac{4}{16}=\frac{4\div(\quad)}{16\div(\quad)}=\frac{2\div(\quad)}{8\div(\quad)}=\frac{(\quad)}{(\quad)}$
$\frac{8}{20}=\frac{8\div(\quad)}{20\div(\quad)}=\frac{4\div(\quad)}{10\div(\quad)}=\frac{(\quad)}{(\quad)}$
提升题：
1. 选一选。
（1）下面哪个分数是最简分数？（　　）
A. $\frac{6}{21}$　　B. $\frac{6}{12}$　　C. $\frac{6}{7}$
（2）下面哪个分数不是最简分数？（　　）
A. $\frac{15}{16}$　　B. $\frac{17}{30}$　　C. $\frac{20}{45}$
（3）图 A 和图 B 谁的阴影部分较大？（　　）
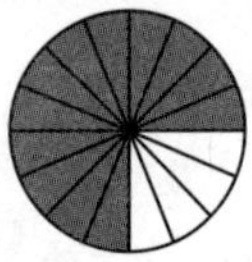
图A
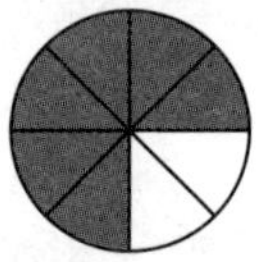
图B
A. 图 A　　B. 图 B　　C. 一样大
2. 把下面分数约成最简分数。
$\frac{12}{30}=$　　$\frac{16}{36}=$　　$\frac{25}{75}=$　　$\frac{48}{96}=$　　$\frac{34}{51}=$
拓展题：
化简一个分数时，用 2 约分了一次，用 5 约分了两次，得$\frac{3}{4}$，原来的分数是多少？
</td></tr>
<tr><td colspan="2">【设计意图】设计了不同层次的题目，让学生在完成作业的过程中巩固约分的方法，熟练约分的技能。</td></tr>
<tr><td>板书设计</td><td>
约　分
$\frac{\overset{\overset{4}{\cancel{12}}}{\cancel{24}}}{\underset{\underset{5}{\cancel{15}}}{\cancel{30}}}=\frac{4}{5}$　或者　$\frac{\overset{4}{\cancel{24}}}{\underset{5}{\cancel{30}}}=\frac{4}{5}$　约分
最简分数（简洁）
约分：把一个分数化成和它相等，但分子和分母都比较小的分数。
最简分数：分数的分子和分母只有公因数 1。
</td></tr>
</table>

下面再以人教版数学三年级上册第七单元第1课时“四边形、正方形和长方形的特点”为例，如表3-4所示。

表3-4 范例

<table>
<tr><td>课题</td><td>四边形、正方形和长方形的特点（教科书第79~80页例1、例2相关内容）</td></tr>
<tr><td>教学内容分析</td><td>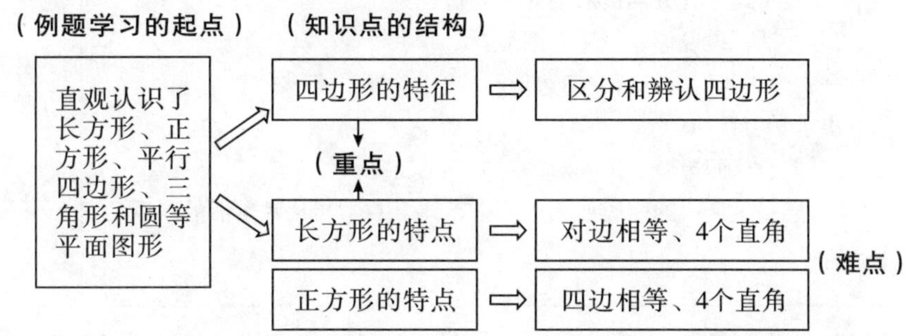
</td></tr>
<tr><td>学情分析</td><td>在一年级时，学生已经直观认识了长方形、正方形、平行四边形、三角形和圆等平面图形。长方形和正方形是最基本的平面几何图形。它们的形状比较简单，特征比较明显，应用也十分广泛。正方形是表示面积单位的形状，而长方形面积的计算方法则是其他平面几何图形计算方法的基础，所以这部分内容的教学十分重要。小学生的年龄特征，决定了他们对图形的识别活动，处于以依据表象为主的直观辨认水平，逐步向以依据特征为主的初级概念判断水平发展。</td></tr>
<tr><td>策略分析</td><td>1. 物理环境：
多媒体课件、微课视频、展示台、卡纸。
2. 心理环境：
三年级学生的思维正处于由具体形象思维向抽象逻辑思维过渡的阶段，他们的认知是直观和感性的，对于图形的认识往往凭借直觉与经验。学生对四边形的认识是片面的，存在一些认知经验上的偏差，导致他们无法找到所有的四边形。同时，学生画出来的四边形种类单一，多数是规则图形。另外，经过两年多的数学学习，多数学生能进行独立思考，较清楚地表达自己的想法，能对同学的发言提出疑问和做补充，初步完成小组合作交流。但语言表达还不够完整、没有条理，文字、图示表达相对较弱。
能区分和辨认四边形，进一步认识长方形和正方形的特征；感受生活中的四边形无处不在，体会数学与日常生活的联系，进一步激发学生的学习兴趣。</td></tr>
<tr><td>教学目标</td><td>1. 直观感知四边形，能区分和辨认四边形，进一步认识长方形和正方形的特征，形成空间观念和初步的几何直观。
2. 通过画一画、折一折、量一量、数一数等活动，培养学生的观察比较和概括抽象的能力。
3. 感受生活中的四边形无处不在，体会数学与日常生活的联系，进一步激发学生的学习兴趣。</td></tr>
</table>

（续上表）

<table>
<tr><th colspan="3">教学过程</th></tr>
<tr><th>教学设计</th><th>教学活动</th><th>评价活动</th></tr>
<tr><td>创设情境</td><td>1. 出示几个有关四边形小知识的短视频。
2. 谈话：说说你认识哪些图形？
师：今天我们继续研究四边形。（出示课题）
出示学习目标：
1. 能辨认四边形、长方形和正方形的特征。
2. 感受生活中的四边形无处不在，体会数学与日常生活的联系。</td><td>1. 直观感知四边形，学生能区分和辨认四边形。
2. 初步感受四边形的特点。</td></tr>
<tr><td colspan="3">【设计意图】利用视频播放有关四边形小知识的短视频，让学生感悟四边形和我们的生活有密切联系，并激发学生进一步探索四边形的好奇心，增强学生的空间观念，同时为学习下面的知识作好铺垫。通过回忆对四边形的初步认识，根据学生具体的回忆情况，把握学生的认识起点。通过直观展示和直接提问的方式，将学生的注意力高度集中起来，提高学生参与课堂学习的积极性和主动性，激发学生的学习兴趣和自信心，以加深学生的自我系统体验。</td></tr>
<tr><td>自主探究</td><td>活动一：圈一圈、分一分
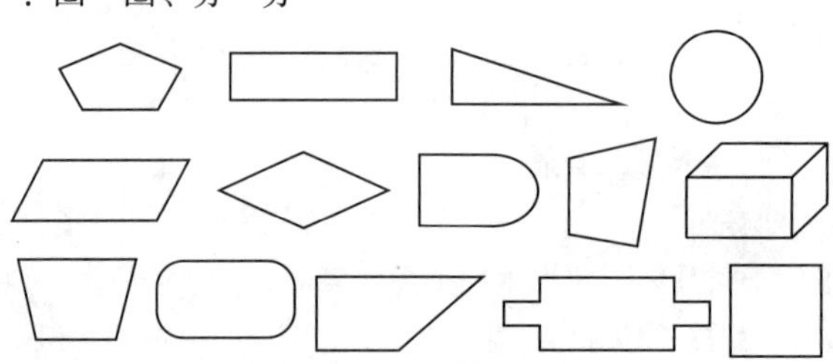
1. 初次分类：请观察，你能发现有哪个图形比较特别，与其他图形不一样呢？把这些图形分成两类，应该怎样分呢？
这个图形是一个长方体，它是一个立体图形，其余是平面图形，这些图形可以分成立体图形和平面图形。
2. 再次分类：请同学们观察，你们还能把这些图形再次分类吗？如果根据这些特征再分成两类，又应该怎样分呢？
请看，这些图形都是有四条直的边，它们都是四边形。因而这些图形可以分成四边形和其他图形。
3. 出示分类结果：同学们把这些封闭图形分成了四边形和其他图形，为什么认为左边的图形是四边形，而其余的图形不是四边形呢？四边形到底有什么共同的特点呢？
活动二：看一看、数一数
观察这些四边形，你能发现它们有哪些共同的特点吗？</td><td>1. 主动大胆尝试，学生自主学习。</td></tr>
</table>

（续上表）

教学设计	教学活动	评价活动
自主探究	1. 数一数四边形有几条边。（它们都有 4 条边） 2. 数一数四边形有几个角。（它们都有 4 个角） 归纳总结：四边形都有 4 条直的边和 4 个角。 活动三：辨一辨、说一说 师：请同学们判断以下的图形是不是四边形，并说说理由。 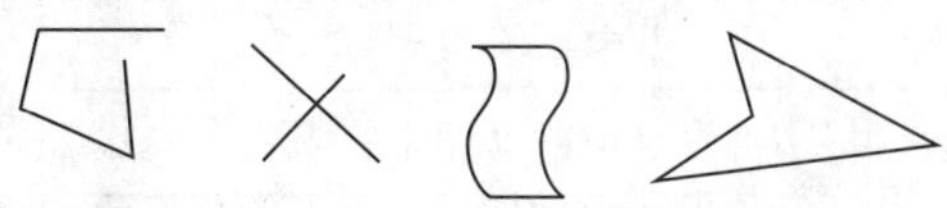 （ ） （ ） （ ） （ ） 生 1：第 1 个图形不是，因为它有 3 个角。 渗透：四边形是一个封闭图形，该图形 4 条线段没有首尾连接，也是判断四边形的一个依据。 生 2：第 2 个图形不是，因为四边形是 4 条线段首尾连接。 生 3：第 3 个图形不是，因为四边形的 4 条边都是直的。 师：有同学遇到困难了，第 4 个图形是不是一个四边形？ 我们可以根据四边形边和角的特征来辨认图形是不是四边形。 ①有 4 条直的边吗？ ②有 4 个角吗？ 探讨：这个是不是角？（特殊角）	2. 通过对图形的分类，学生初步感知四边形的特点。

【设计意图】首先通过圈一圈和两次分一分，让学生借助以往经验初步认识四边形，然后借助微课，知道这些图形可以分成立体图形和平面图形，再根据特征分一分，让学生知道这些图形可以分成四边形和其他图形。接着通过看一看、数一数的活动，学生能够辨别（判断）不同四边形的特征的异同，丰富感性认识。然后让学生能够用一些图形符号或以抽象的方式表征四边形的重要特征（例如用直角符号表示长方形和正方形的角都是相等的）。最后让学生对所观察到的特征进行整合（四边形都有 4 条直的边和 4 个角）。在设计辨一辨和说一说环节让学生从已知的或观察到的四边形的特征关系中进行归纳、迁移、总结并知道凹四边形也是四边形的一种，建立四边形的模型。将学生的认识从感性认识上升到理性认识，从实物表征到符号表征，深化理解四边形的特征，在心智技能领域学生的信息提取能力中的再认、执行能力得到体现，学生的分析能力尤其是识别能力得到提升。从观察到思考，再到总结归纳，从具体到抽象，是学生抽象概念形成的关键，进而发展学生的心理机能，加深学生对新知识的理解和运用，使学生的认知系统不断丰富和完善。

（续上表）

<table>
<tr><th>教学设计</th><th>教学活动</th><th>评价活动</th></tr>
<tr><td>协作建构</td><td>活动四：折一折、量一量
合作探究、动手操作探讨长方形和正方形的特征。
1. 提出猜想：猜想长方形的对边相等，正方形的 4 条边都相等，它们的角都是直角。
2. 小组动手操作：请同学们动手折一折、量一量，验证猜想，合作并完成表格。
<table>
<tr><th>图形</th><th>折一折、量一量（验证）</th></tr>
<tr><td></td><td>边的特点：
角的特点：</td></tr>
<tr><td></td><td>边的特点：
角的特点：</td></tr>
</table>
依据任务单的任务指向，学生通过动手操作，合作完成探究，发现长方形和正方形的边、角的特点。
3. 师生共同归纳。
师：长方形和正方形有什么相同点和不同点？
<table>
<tr><th>图形</th><th>共同点</th><th>不同点</th></tr>
<tr><td>长方形</td><td rowspan="2">都有 4 条直的边，
都有 4 个直角</td><td>对边相等</td></tr>
<tr><td>正方形</td><td>4 条边相等</td></tr>
</table>
小结：长方形和正方形的相同点及不同点。</td><td>1. 小组合作探索和总结方法。
2. 小组合作交流分享收获。
3. 学生进一步认识四边形的特点：由 4 条线段围成的封闭图形，并且都有 4 个角。判断四边形的方法：有 4 条直的边和 4 个角的封闭图形。
4. 通过动手操作，比较发现长方形和正方形的共性和各自的特点。</td></tr>
</table>

【设计意图】首先通过让学生根据前面的初步感知猜测长方形和正方形的异同点，接着通过动手操作折一折、量一量、比一比等活动进行验证猜想，给予学生足够的探索空间，在探索、交流的活动中发现长方形和正方形的特征，加深对长方形和正方形特征的理解和认识。学生思维经历了动手操作、观察思考、归纳概括的过程，遵循了学生的认知规律，发展学生的心理机能，加深学生对新知识的理解和运用，使学生的认知系统不断丰富和完善。在培养学生操作、思考能力的同时注重培养学生归纳总结能力，发展学生多种思维能力。

（续上表）

教学设计	教学活动	评价活动
练习测评	基础题： 1. 填一填。 四边形有（　　）条直的边，有（　　）个角。 2. 分一分。 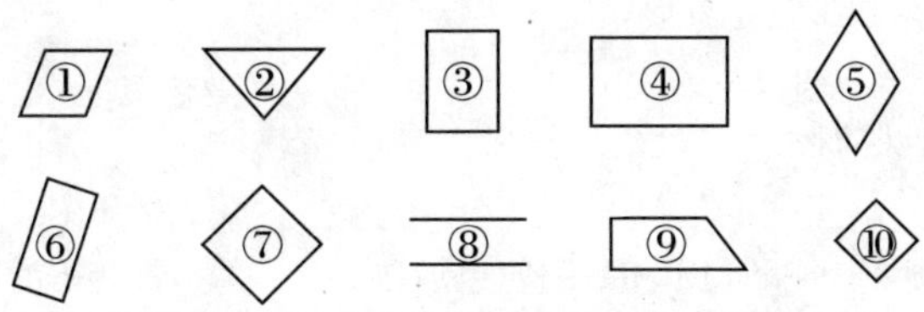 长方形　　四边形　　正方形 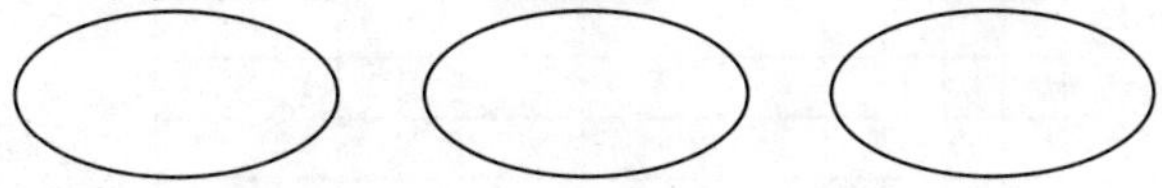 提升题： 在下面的各图形中增加一条线段，把图形分成两个四边形。 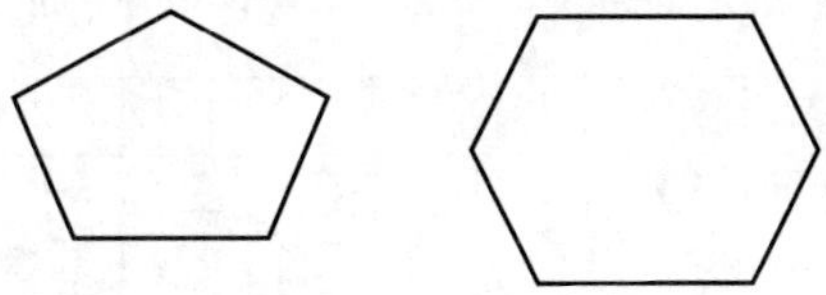 拓展题： 数一数，图中一共有（　　）个四边形。 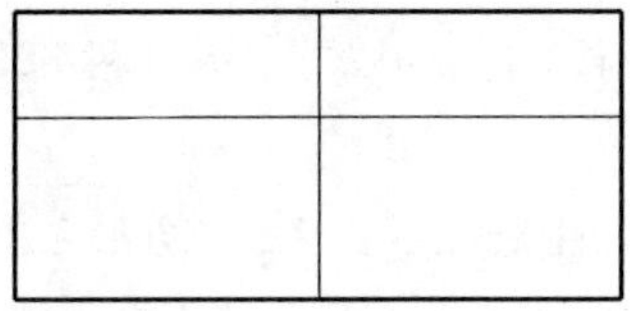	1. 学生能区分和辨认四边形。 2. 学生能进一步认识长方形和正方形的特征。

【设计意图】通过基础练习、提升练习、拓展练习等具体的练习，让学生由易到难，迁移应用、利用答题器进行数据收集，不仅能反映学生的学习情况，还能分析错因，使得学生对易错点有更深入的认识，从而达到精准学和针对学，在这个过程中，学生的认知系统尤其是信息提取能力、分析问题和解决问题的能力得到提升，自我系统进一步完善、元认知系统在自评与互评中进一步被调动和丰富。

评价发展	这节课你学到了哪些知识？你能得到几颗星？ 1. 我能明确四边形的特征。（☆☆） 2. 我能明确长方形、正方形的特征。（☆☆） 3. 我能明确自己在学习过程中遇到的困难，并能及时调整。（☆）

（续上表）

<table>
<tr><td colspan="2">【设计意图】学生通过整节课的自评、互评的过程性评价，突破本节课重难点，并学会自我反思和学会赞赏别人，养成良好学习习惯，形成良好的品质。</td></tr>
<tr><td>作业布置</td><td>基础题：
1．判断题。
（1）四边形有 4 个直角。（　　）
（2）4 条边都相等的四边形是正方形。（　　）
（3）长方形是一种特殊的四边形。（　　）
（4）正方形是一种特殊的长方形。（　　）
提升题：
1．在下面方格纸上画一个 4 条边不相等的四边形和一个 4 条边都相等的四边形。
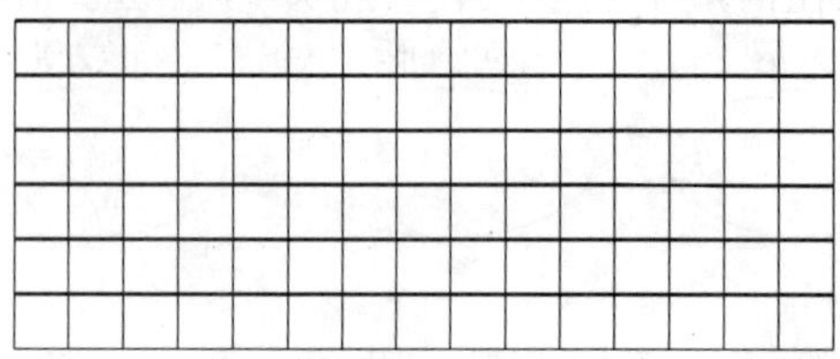
2．小猫要沿着由四边形串联起来的路线走才能吃到鱼，请你帮助小猫画出路线。
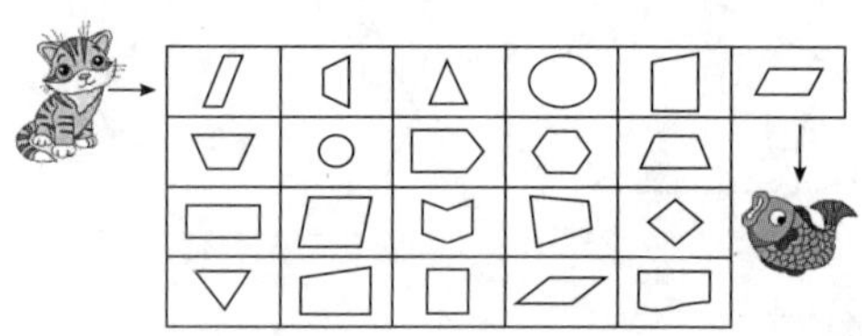
实践题：
请你找一找在日常生活中哪里有长方形和正方形，并且利用长方形和正方形设计一幅美丽的图画。</td></tr>
<tr><td colspan="2">【设计意图】通过不同层次的练习，进一步巩固理解四边形、长方形和正方形的特征，在练习过程中培养学生分析问题、解决问题的能力。在画一画的练习中，学生充分感受学习数学的乐趣，形成热爱数学的情感。</td></tr>
<tr><td>板书设计</td><td>四边形、正方形和长方形的特点
四边形的特点 ⇒ 有4条直的边，4个角
长方形的特点 ⇒ 对边相等、4个直角
正方形的特点 ⇒ 四边相等、4个直角
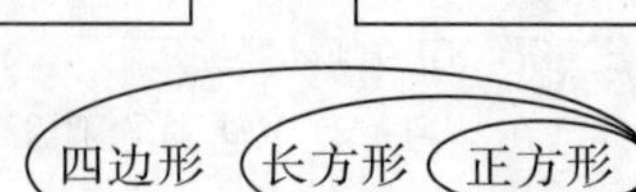
</td></tr>
</table>

2. 运算课

计算是小学数学教学的重要内容，无论是数学概念的形成、数学结论的获得，还是数学问题的解决，都依赖于计算活动的参与，计算教学的优劣会直接影射到其他内容的学习，抓好了计算教学，学生的思维能力、心理品质和学习习惯都将得到良好的发展。

瑞士心理学家皮亚杰把儿童的发展分为四个阶段：感知运动阶段（0～2岁），前运算阶段（2～7岁），具体运算阶段（7～11岁），形式运算阶段（11～16岁）。小学生主要处于前运算以及具体运算阶段。处于具体运算阶段的儿童能够凭借具体事物或者从具体事物中获得表象进行逻辑思维，他们可以形成概念、发现关系、解决问题，但是仍需要具体事物的支撑。① 指向核心素养的计算教学的课堂，重视学习策略多元分层设计，因此计算教学关注知识在情境中的意义化，将知识放还到情境中，运用新旧知识的转换中初步感知算理，通过动手操作、直观模型与算式紧密结合理解算理，将情境中的知识抽象为学科中心的关键概念和能力，在新情境中去检验从而巩固强化算理。具体到教学评一体化的自主学习运算课我们采用以下的教学流程思路，如图3－8所示。

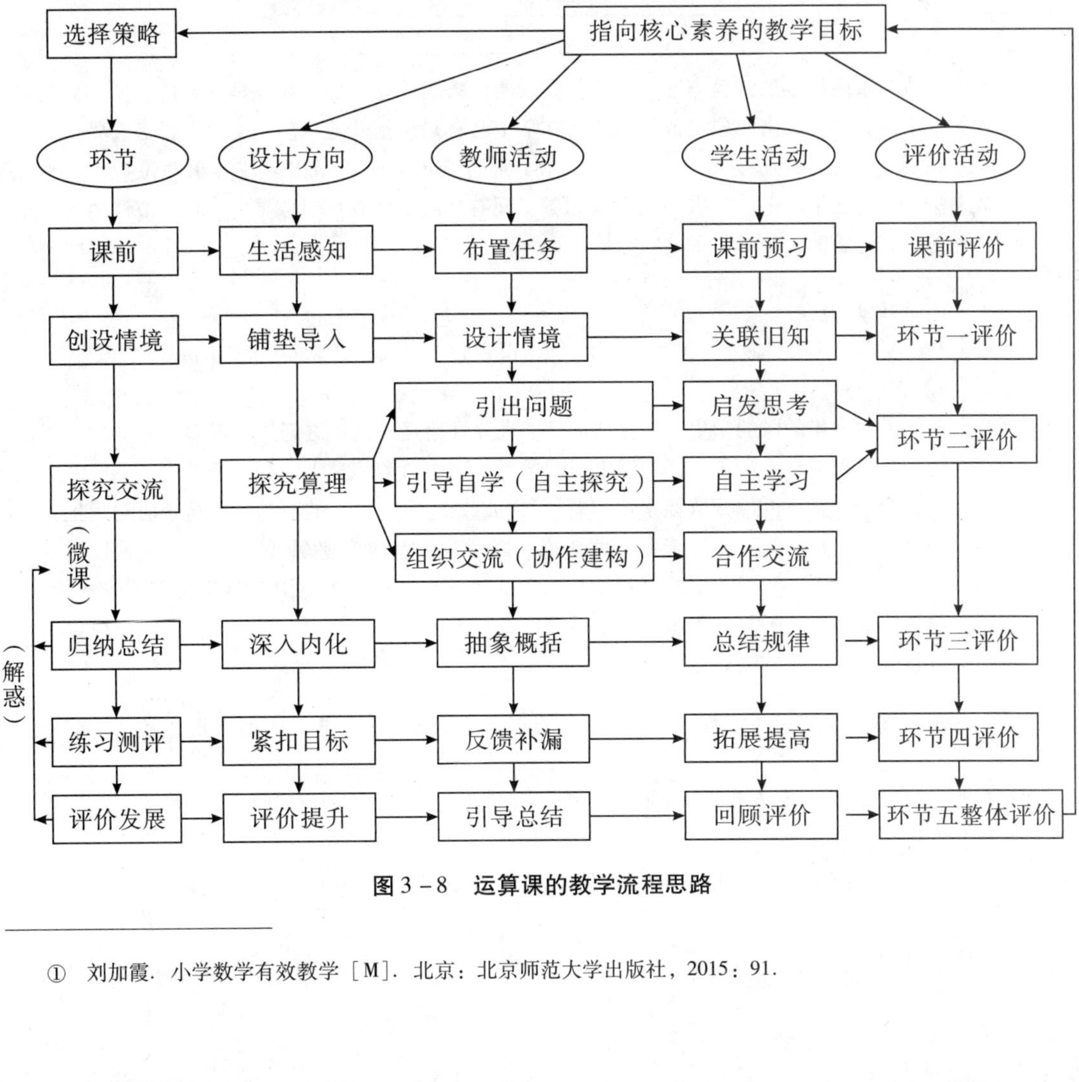

图3－8 运算课的教学流程思路

---

① 刘加霞. 小学数学有效教学［M］. 北京：北京师范大学出版社，2015：91.

下面以人教版数学四年级上册第四单元第1课时“三位数乘两位数的笔算乘法”为例，如表3－5所示。

表3－5　范例

课题	三位数乘两位数的笔算乘法（教科书第47页例1、第48页例2）
教学内容分析	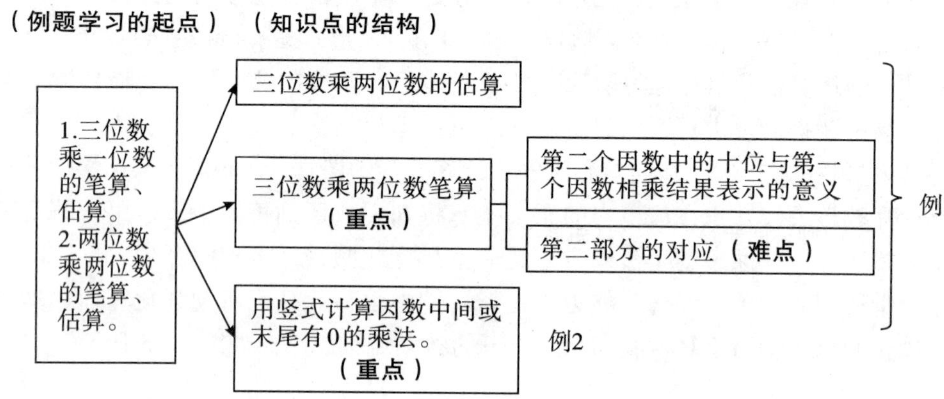
学情分析	三位数乘两位数的计算方法，与两位数乘两位数的计算方法，算理是一致的，所不同的是一个因数的位数由两位变成了三位。在学生已有知识基础上，让学生独立思考，将两位数乘两位数的方法迁移到三位数乘两位数，通过交流讨论总结出多位数乘两位数的一般方法。学生已学过多位数乘一位数（因数中间有0或末尾有0）的乘法，对本节课内容的学习是有经验的。
策略分析	1. 物理环境： 教学平台、多媒体课件（AI智能体）、微课视频、直尺、计算器、学习单。 2. 心理环境： 四年级这个年龄段的学生一般接触面广、独立性增强、同学之间来往增多，到同学家里做客，一个人独自上街买东西、看电影戏剧等，这些活动使学生接触的面扩大了，同时独立性也增强了，不再过分依赖家长和老师，可以处理一些简单的事情。但这个时期学生良好的学习习惯和行为习惯还未很好地形成。因此，在教学中要引导学生关注经验，引导迁移，经历过程。利用学生的学习经验，尝试笔算出结果，重点引导学生说明：先算什么？再算什么？积的书写位置怎样？最后算什么？由学生自主梳理计算步骤，归纳三位数乘两位数笔算的一般方法。
教学目标	1. 探索三位数乘两位数的笔算方法，能正确地笔算三位数乘两位数，形成数感、符号意识和运算能力。 2. 经历自主探索笔算乘法的过程，感受数学知识和方法的内在联系，培养类推迁移的能力和运算能力。 3. 能运用三位数乘两位数的笔算方法，解决简单的实际问题，形成初步的应用意识。

（续上表）

<table>
<tr><th colspan="3">教学过程</th></tr>
<tr><th>教学设计</th><th>教学活动</th><th>评价活动</th></tr>
<tr><td>复习铺垫</td><td>AI 智能体：同学们为了迎接校运会，学校准备购买一些运动器材和奖品。学校购买了 12 根跳绳，每根 45 元，你能算出一共用了多少钱吗？
先算一算，然后在点子图中表示出每一步乘积表示的意义。
$$\begin{array}{r} 45 \\ \times 12 \\ \hline \end{array}$$
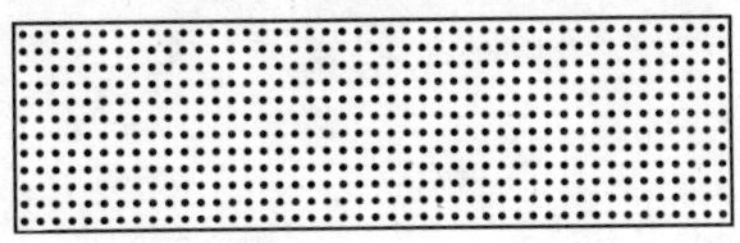
师：谁来展示一下？（生展示）
师：同学们真棒，利用点子图清晰地表示出两位数乘两位数计算的算理，这个过程其实就是利用了“先分后合”的方法解决计算问题，那你能用这种方法来计算三位数乘两位数吗？这节课我们一起来研究吧。（揭题）
“三位数乘两位数的笔算乘法”（板书课题）</td><td>1. 学生回忆两位数乘两位数的算法和算理。
2. 用点子图清晰地表示出两位数乘两位数计算的算理。</td></tr>
<tr><td>复习铺垫</td><td>出示：学习目标
1. 理解三位数乘两位数的笔算算理。
2. 会计算三位数乘两位数。
3. 运用三位数乘两位数的笔算方法，解决简单的实际问题。</td><td></td></tr>
<tr><td colspan="3">【设计意图】教师借助 AI 智能体有目的地引入校运会的校园生活情境，通过与学生生活息息相关的校运会的情境，并以问题的形式集中学生的注意力，增强其课堂参与的积极性。学生已经学习了“两位数乘两位数”，结合其回忆情况，掌握认知起点。加强自我系统的完善使学生的心理机能得到发展，核心在于激发学生的情感。</td></tr>
<tr><td>创设情境</td><td>（出示主题图）
<table><tr><th>种类</th><th>排球</th><th>篮球</th><th>足球</th></tr><tr><td>单价/元</td><td>145</td><td>160</td><td>106</td></tr><tr><td>数量/个</td><td>12</td><td>30</td><td>30</td></tr></table>AI 智能体：除了跳绳，学校还购买了球类，这是我收集的数据，从表格中你知道了哪些数学信息？
师：你能提出用乘法解决的数学问题吗？
生：购买 12 个排球一共要多少钱？
师：怎样列式解决这个问题？
师：你会估一估吗？</td><td>学生在熟悉的生活情境中发现、提出、分析和解决问题。</td></tr>
<tr><td colspan="3">【设计意图】教师有目的地创设有趣、熟悉的生活情境，让学生快速地进入学习状态。引导学生用数学的语言描述图中的信息，激发学生的再认能力，学生能根据具体的数学信息之间的数量关系，提出相关的数学问题，使学生的心理机能得到发展，核心在于激发学生的情感。</td></tr>
</table>

（续上表）

<table>
<tr><th>教学设计</th><th>教学活动</th><th>评价活动</th></tr>
<tr><td>自主探究</td><td>1. 独立完成个别探究单。
<table><tr><td>列竖立计算：
145
× 12</td><td>分一分、画一画，用图表表示你是怎样算的。</td></tr></table>
2. 组内交流算法，归纳计算方法。
协作建构单
<table><tr><td>三位数乘两位数的笔算方法：
①先用第二个因数的（　　）位与三位数相乘，所得的积的末位与（　　）位对齐。
②再用第二个因数的（　　）位与三位数相乘，所得的积的末位与（　　）位对齐。
③最后把两次乘得的积（　　）。</td></tr></table>
师：哪个小组愿意出来汇报。（师适时板书）
师：算出的结果跟我们刚才估的结果接近吗？算对了吗？我们用计算器验算一下。</td><td>1. 学生会正确描述并计算三位数乘两位数的计算过程。
2. 学生能运用一些图形符号或抽象的方式表征三位数乘两位数计算过程。
3. 学生能归纳总结出三位数乘两位数的算法。</td></tr>
<tr><td colspan="3">【设计意图】首先通过分一分、画一画，让学生借助以往经验独立完成三位数乘两位数的竖式计算。然后借助微课，学生能够结合图示细节，初步确认关于三位数乘两位数的计算过程的正确写法。接着通过组内讨论的方式描述出三位数乘两位数的笔算方法。并能够用一些图形符号或以抽象的方式表征三位数乘两位数计算过程的重要特征。在心智技能领域学生的信息提取能力中的再认、执行能力得到体现，学生的理解能力尤其是整合和符号化能力得到提升。进而发展学生的心理机能，加深学生对新知识的理解和运用，使学生的认知系统不断丰富和完善。</td></tr>
<tr><td>协作建构</td><td>合作要求：
1. 独立算算。
2. 轮流说计算过程。
3. 说说因数中间或末尾有0时计算要注意什么。
<table>
<tr><th>组员</th><th colspan="3">任务</th></tr>
<tr><td>1和2</td><td>160×30＝</td><td>106×30＝</td><td>说说你是怎样算的？（口述）</td></tr>
<tr><td>3</td><td>160×30＝</td><td>106×30＝</td><td>当因数末尾有0时，可以先把0前面的数相乘，然后看两个因数的末尾共有（　　）个0，就在乘得的积的末尾添（　　）个0。</td></tr>
<tr><td>4</td><td>160×30＝</td><td>106×30＝</td><td>当三位数中间有0时，用第二个因数的个位、十位上的数依次去乘第一个因数的每一位，包括0都要（　　）。</td></tr>
</table></td><td>1. 小组内交流讨论合作完成学习单。
2. 运用三位数乘两位数算法的含义，辨别因数中间或末尾有0时计算要注意什么。</td></tr>
</table>

（续上表）

<table>
<tr><th>教学设计</th><th>教学活动</th><th>评价活动</th></tr>
<tr><td colspan="3">【设计意图】通过小组合作活动，学生通过对话、交流、辩证等形式，进行算理与算法的关联与迁移，并将算法和算理深度融合引发学生思考，使学生既知“法”又明“理”，同时感悟“计算是计数单位的累加”的思想，建立多位数笔算乘法模型，为后续学习乘法分配律做好准备。借助学习单这个支架在对话、交流、辩证以及汇报中提高学生的分析能力尤其是识别、拓展（概括）能力得以发展，进一步完善学生的认知系统。通过具体的讨论支架，学生不仅能够发现自己掌握了的和没掌握的知识点，同时通过同学之间交流、辩证和汇报、互评等，再加上老师总结，使得学生对三位数乘两位数以及相关数学问题的解题步骤有了更深入的认识，在一定程度上发挥了学生元认知系统的监控能力。</td></tr>
<tr><td>练习测评</td><td>基础题：
1. 计算下面各题。
$\begin{array}{r} 134 \\ \times\ \ 12 \\ \hline \end{array}$ $\begin{array}{r} 220 \\ \times\ \ 40 \\ \hline \end{array}$ $\begin{array}{r} 305 \\ \times\ \ 40 \\ \hline \end{array}$

2. 我会选。
（1）在计算 $\begin{array}{r} 234 \\ \times\ \ {}_{1}3_{2}5 \\ \hline 1170 \\ 702\ \ \\ \hline 8190 \end{array}$ 时，竖式中 2×5 表示（　　）。
A. 2×5　B. 20×5　C. 200×5　D. 200×50
（2）下面的算式中，2×5 表示的意思是 200×50 的是（　　）。
A. 209×15　B. 209×52　C. 325×52　D. 152×5
（3）为了鼓励在校运会中表现优秀的班集体，学校准备了 13 份奖品，每份奖品 205 元，一共用了多少钱？
$\begin{array}{r} 205 \\ \times\ \ 1_{1}3 \\ \hline 615 \\ 205\ \ \\ \hline 2665 \end{array}$ 205 → 表示（　　　）。
A. 1 份奖品的价钱　B. 10 份奖品的价钱
C. 3 份奖品的价钱　D. 13 份奖品的价钱
（4）不计算，选择答案。
①425×19 =（　　）
A. 3825　B. 8020　C. 8075　D. 46325
②425×219 =（　　）
A. 93075　B. 68000　C. 46325　D. 80000</td><td>1. 学生通过多形式、分层次的练习进一步加强对整数乘法算理算法的掌握。
2. 学生独立完成，有疑惑或争议能在同桌交流中进行讨论，并在集体讲评中得到解释。</td></tr>
</table>

（续上表）

<table>
<tr><th>教学设计</th><th>教学活动</th><th>评价活动</th></tr>
<tr><td>练习测评</td><td>提升题：
某市郊外的森林公园有 124 公顷。1 公顷森林一年可滞尘 32 吨，一天可从地下吸出 85 吨水。
（1）这个公园的森林一年可滞尘多少吨？
（2）这个公园的森林一年可从地下吸出多少吨水？
拓展题：
在□里填上合适的数。
□ 4 □
× □ 6
1 □□ 0
□□ 5
3 □□□</td><td>3. 能运用三位数乘两位数的笔算方法，解决简单的实际问题。</td></tr>
<tr><td colspan="3">【设计意图】通过基础题、提升题、拓展题等具体的练习，让学生由易到难，迁移应用、利用答题器进行数据收集，学生不仅能够发现自己掌握了的和没掌握的知识点，同时通过同学之间的互相批改，找到自己做错的原因，再加上老师的统一讲解和总结，使得学生对易错的知识点有了更深入的认识，从而达到精准学和针对学，在这个过程中，学生的认知系统中尤其是信息提取能力、分析问题和解决问题的能力得到提升，自我系统进一步完善，元认知系统在自评互评中进一步被调动和丰富。</td></tr>
<tr><td>评价发展</td><td colspan="2">这节课你学到了哪些知识？你能得到几颗星？
1. 我能明确三位数乘两位数的计算方法。（☆☆）
2. 我能对“因数中间或末尾有 0 时计算要注意什么”的相关数学问题的运算过程中容易出错的地方有明确的认识。（☆☆）
3. 我能积极与小组其他成员交流。（☆）</td></tr>
<tr><td colspan="3">【设计意图】教师引导学生有针对性地对自己的学习表现进行评价，有助于学生养成良好学习习惯，形成良好的品质，促进其全面发展。</td></tr>
<tr><td>作业布置</td><td colspan="2">基础题：
我会竖式计算。
$124 \times 13 =$ $107 \times 60 =$ $360 \times 48 =$
提升题：
1. 一头大象一天要吃 280 千克食物，这头大象两个星期要吃多少千克的食物？
2. 某学校举办书香校园活动，准备购买一批课外书发给 15 个班，每班 144 本，还需要留 40 本作为备用。学校应该买多少本课外书？</td></tr>
</table>

（续上表）

<table>
<tr><td>作业布置</td><td>拓展题：
1. 我会在□里填上合适的数。
　　□ 7 6
×　　□□
――――――
　1 8 □□
□□□□
――――――
31 □□ 0
2. 卡牌能手。（两人对战。）
准备 0 ~ 9 卡牌三副。一人一副，其中一副为公共卡牌（只有 1 ~ 9），先抽公共牌为百位，一人抽出的为十位，另一人抽出的为个位，组成第一个因数。另一个因数由 11 开始，可以按顺序 11、12、13……也可以设置间隔数，如 11、16、21……间隔为 5。谁最快算出积的得 1 分，先得 5 分者胜利，快去找你的小伙伴挑战吧！</td></tr>
<tr><td colspan="2">【设计意图】通过形式多样的练习，学生熟练笔算三位数乘两位数以及灵活解决相关的数学问题，提高学生的运算能力和逻辑思维能力。</td></tr>
<tr><td>板书设计</td><td>三位数乘两位数笔算乘法
145 × 12=1740（千米）
　　1 4 5
×　　1 2
――――――
　　2 9 0 ⟶ 先用个位（2）乘（145），得（290）积的末尾和（个）位对齐
　1 4 5 ⟶ 再用十位的（1）乘（145），得（145）个十，积的末尾和（十）位对齐
――――――
1 7 4 0 ⟶ 最后算（290）+（1450）=（1740）
答：李叔叔乘火车经过了1740千米。
（1）160 × 30=4800
　16¦0
×　3¦0
――――
48¦00
两个因数末尾共有几个0，就在积的末尾添几个0。
（2）106 × 30=3180
　106¦
×　3¦0
――――
318¦0
因数中间有0，要依次计算。</td></tr>
</table>

3. 图形与几何的公式推导课

在小学数学教学中，图形与几何的教学占有重要位置，我们从生活中许多物品身上都能够找到几何图形的身影。但是由于几何图形的抽象性比较强，这就给许多学生的理解带来了困难，以至于在教学过程中出现了各种各样的问题，这就要求教师针对具体情况积极研究解决问题的策略，从而能够帮助学生更快更好地掌握几何图形的学习方法。

具体到教学评一体化的自主学习图形与几何的公式推导课，我们采用以下的教学流程思路，如图 3－9 所示。

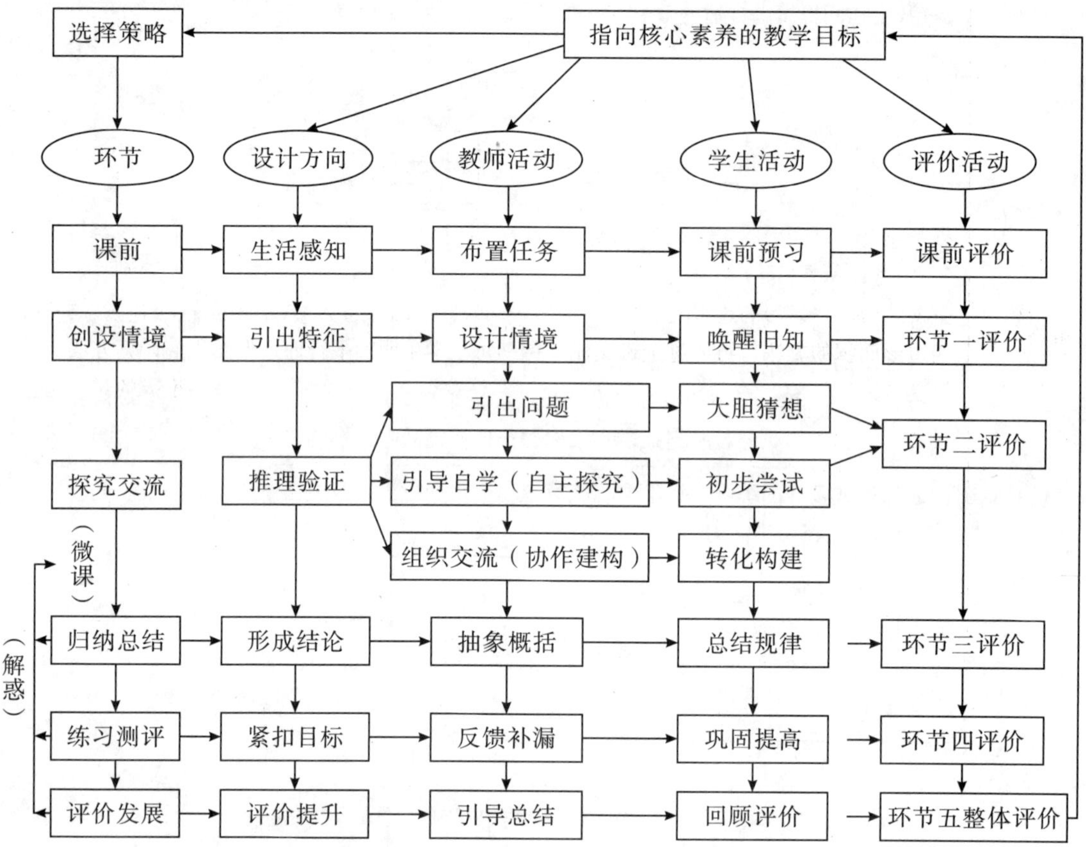

图 3－9　图形与几何公式课的教学流程思路

下面以人教版数学五年级上册第六单元第 1 课时“平行四边形的面积”为例，如表 3－6 所示。

表 3－6　范例

课题	平行四边形的面积（教科书第 85～86 页例 1）
教学内容分析	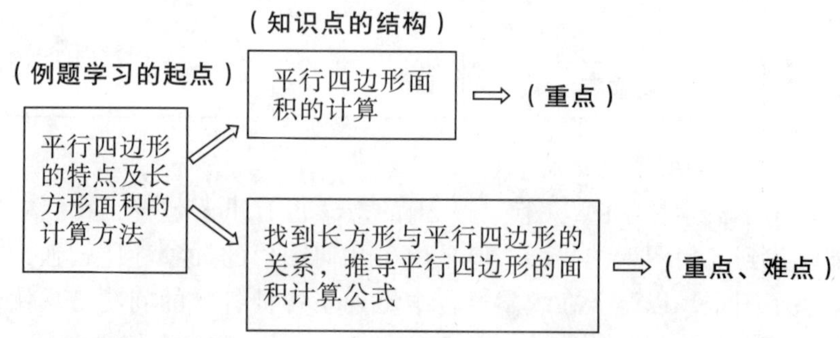

（续上表）

学情分析	学生在学习本节课之前已经学习了平行四边形的特点，能辨认出平行四边形，掌握了平行四边形的特征，能画出平行四边形的高以及指出对应的底；掌握了长方形、正方形面积的计算，能通过数方格的方法推导出长方形、正方形面积的计算公式，并熟练运用。
策略分析	1. 物理环境： 多媒体课件、微课视频、学习单、方格纸、平行四边卡片及安全剪刀。 2. 心理环境： 五年级学生已经形成了一定的空间观念，具备了一定的抽象思维能力。因此，结合本节课的内容，采用以学生为主体的教学模式，根据学生原有的学习经验基础，教师放手让学生主动经历探索学习的过程，学生尝试自己猜测平行四边形的面积，小组合作归纳计算平行四边形面积的方法，再通过全班交流，帮助每个学生明确平行四边形面积的计算方法。但受年龄的限制，他们的空间想象力还不够丰富，在表述从操作到转化、推导的过程中会有些困难，理解长方形与平行四边形之间的联系是一个难点。因此，本节课引导学生充分利用好已有知识和经验，调动他们多种感官全面参与新知的发展和形成过程。在不断地探索活动中，循序渐进、由浅入深地进行操作与观察，才能进一步理解平面图形之间的变换关系，发展空间观念。
教学目标	1. 通过操作、观察、比较等活动，探索和掌握平行四边形面积计算公式，渗透转化的数学思想方法。 2. 能运用公式准确计算平行四边形的面积，解决简单的实际问题。 3. 体会平行四边形面积计算在生活中的作用，形成初步的应用意识。

教学过程

教学设计	教学活动	评价活动
复习铺垫	1. 师：我们之前学过哪些平面图形的面积计算方法？这些计算方法是如何得出的？ 生：长方形的面积 = 长 × 宽，正方形的面积 = 边长 × 边长，通过数格子的方法，计算长方形和正方形的面积。 2. 计算下面长方形和正方形的面积。 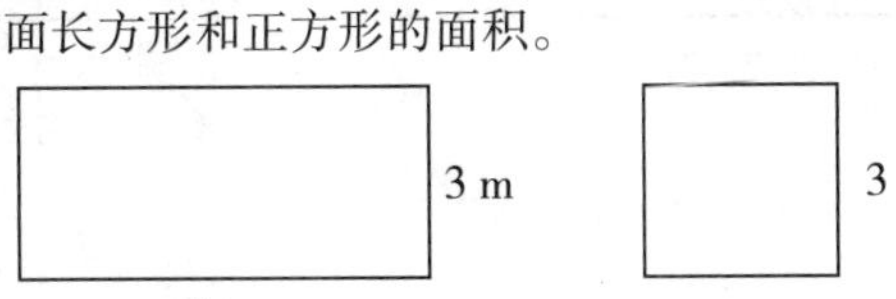 3. 我们还学习了平行四边形，请你指出平行四边形的底和高，并说说底和高的位置关系。 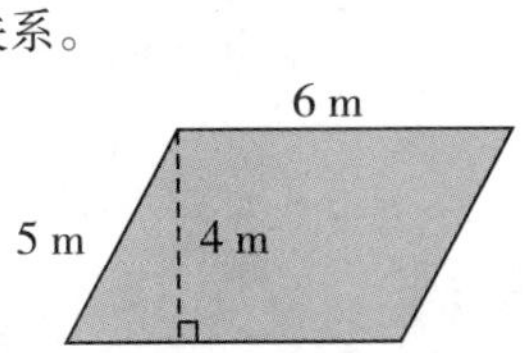	1. 学生能准确说出长方形和正方形的面积计算方法；知道面积计算方法是通过数方格得出的，并能正确计算所给长方形和正方形的面积。 2. 学生理解平行四边形的特点：两组对边分别平行且相等，底和高互相垂直。

（续上表）

<table>
<tr><th>教学设计</th><th>教学活动</th><th>评价活动</th></tr>
<tr><td>复习铺垫</td><td>揭示课题：平行四边形的面积
学习目标：
1. 通过剪、移、拼等操作，推导出平行四边形面积的计算方法。
2. 运用平行四边形的面积计算公式进行计算。</td><td></td></tr>
<tr><td colspan="3">设计意图：唤起学生回忆长方形、正方形的面积计算方法，以及复习平行四边形的特点，把握学生的认知基础，找准教学起点，有效实施教学，并为本节课学习作铺垫。</td></tr>
<tr><td>创设情境</td><td>1. 课件出示长方形花坛和平行四边形花坛图片，提出一个问题：假设你是一名设计师，需要用相同的价格在以下两块花坛中选择购买其中一块，如何选择最为划算？
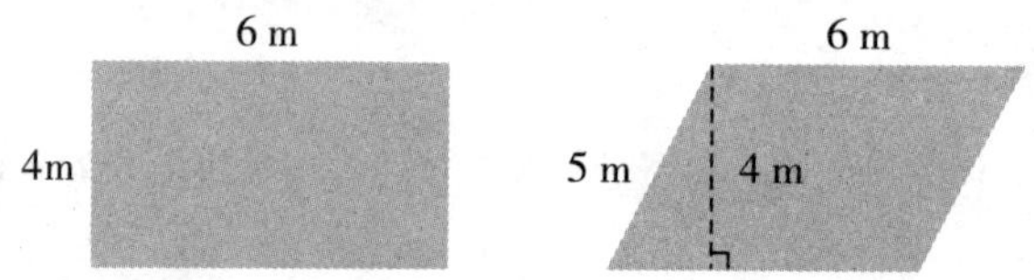

2. 长方形的面积已经计算过，那如何计算平行四边形的面积？请你想一想。
猜想一：用平行四边形相邻的两条边相乘计算出它的面积。
猜想二：在边长为 1 m 的方格纸上画一个高为 4 m、底为 6 m 的平行四边形，数一数平行四边形里面有多少个面积单位，就知道了它的面积。
3. 验证猜想：先想象把平行四边形拉成长方形的样子，并画出来与原先的平行四边形做对比；然后再用计数面积单位的方法，数出平行四边形的面积，并把数的过程在图中标注出来，让其他同学一眼就能看明白，你有什么发现？
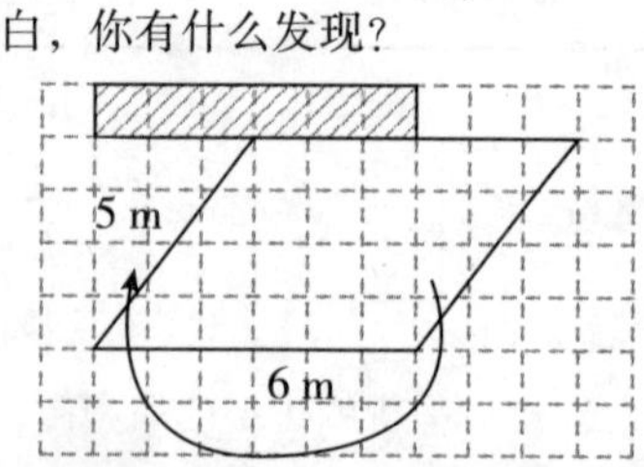

平行四边形的邻边相乘得到的是一个比平行四边形面积大的长方形面积。
结论：猜想一是错误的。</td><td>1. 学生会专注阅读题目文字并进行理解，准确提炼出数学信息以及问题的目的：要判断哪块花坛最划算，需要分别计算长方形和平行四边形的面积。
2. 针对题目要求学生进行猜想和估算。
3. 学生积极验证猜想，并得出结论，理解猜想不一定是正确的，需要进行验证，实践出真知。</td></tr>
</table>

（续上表）

教学设计	教学活动	评价活动

【设计意图】在熟悉的生活情境中引发学生进行观察和分析数学信息，引发学生的思维冲突，激发求知欲。学生能用数学的眼光发现并提出数学问题，经历提出问题—提出猜想—进行验证—得出结论的过程，探索求解方法，培养自主学习的能力。以单位思想为统领，在面积单位凑整的过程中自主生成转化意识，初步感悟底和高的长度和面积单位计数之间的联系，修正邻边相乘可以得到平行四边形面积的认知偏差，同时对平行四边形面积的计算方法有了新的思考。

自主探究

1. 在方格纸（一个方格代表 1m^2，不满一格的按半格计算）上数一数，下面这些平行四边形和长方形的面积分别是多少 m^2，并填在表格内。

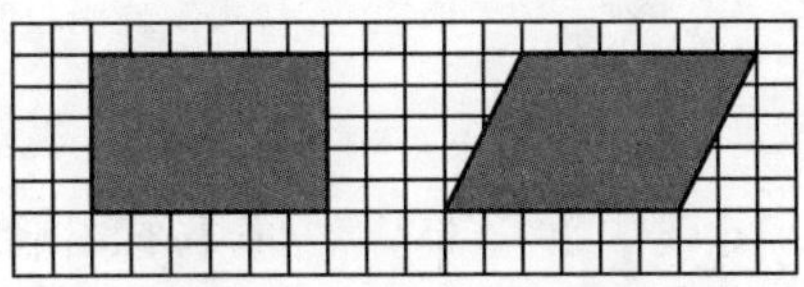

图1

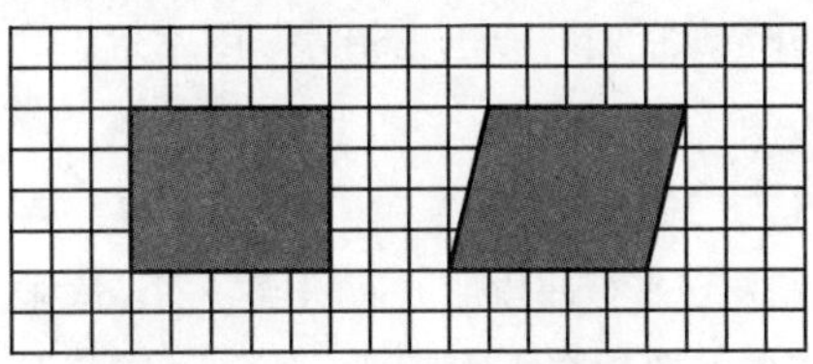

图2

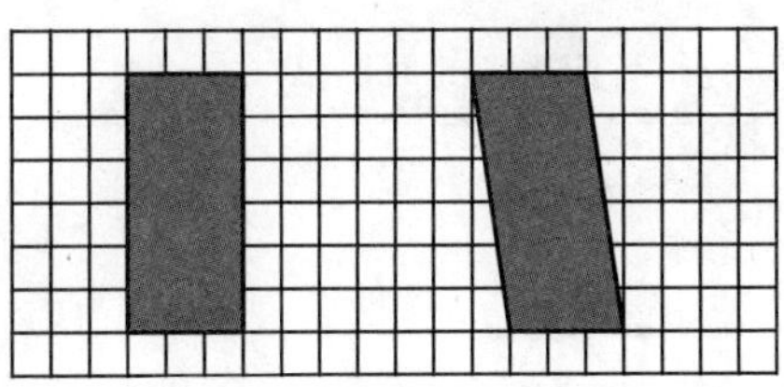

图3

根据上面的图形，填写下表。

图 1	长方形	长	宽	面积
	平行四边形	底	高	面积
图 2	长方形	长	宽	面积
	平行四边形	底	高	面积

评价活动：

1. 学生运用数方格的方法会算出长方形和平行四边形的面积。
2. 根据数出的面积数据猜想平行四边形面积和它的底和高有关。

（续上表）

<table>
<tr><th>教学设计</th><th>教学活动</th><th>评价活动</th></tr>
<tr><td>自主探究</td><td>
<table>
<tr><td rowspan="4">图 3</td><td rowspan="2">长方形</td><td>长</td><td>宽</td><td>面积</td></tr>
<tr><td></td><td></td><td></td></tr>
<tr><td rowspan="2">平行
四边形</td><td>底</td><td>高</td><td>面积</td></tr>
<tr><td></td><td></td><td></td></tr>
</table>
2. 猜一猜：平行四边形的面积和平行四边形的（　　）和（　　）有关。
3. 在数方格的过程中，你有什么发现吗？
（平行四边形的底与长方形的长相等，平行四边形的高与长方形的宽相等，它们的面积也相等。）
</td><td>3. 学生通过填表对比发现：平行四边形的底与长方形的长相等，平行四边形的高与长方形的宽相等，它们的面积也相等。</td></tr>
</table>

【设计意图】通过回忆之前数方格的经验，架构起数方格是解决任意平面图形面积的基本方法，沟通了之前的学习经验与后续内容学习的联系。通过填表对比发现，每组平行四边形的底与长方形的长相等，平行四边形的高与长方形的宽相等，它们的面积也相等。因此猜想平行四边形的面积和它的底和高有关。

<table>
<tr><td>协作建构</td><td>
1. 师：通过上面数方格我们发现平行四边形的面积恰好等于底乘高，那是不是所有平行四边形的面积都等于底乘高呢？下面我们一起来验证一下。
2. 通过剪、移、拼的方法研究平行四边形的面积。
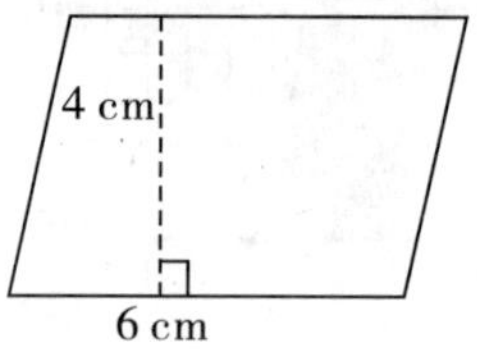

（1）小组活动要求。
现在请用你手上的平行四边形进行研究，先独立思考，再动手操作，交流。
师：请同学们看清楚要求，在研究的时候，分三个步骤：
①转化图形：平行四边形可以转化成（　　）形
②建立联系
第一个联系：转化后，两个图形的面积（　　）
第二个联系：平行四边形的底和长方形的（　　）相等
第三个联系：平行四边形的（　　）和长方形的（　　）相等
③推导公式：平行四边形的面积 =（　　）
</td><td>1. 学生经历平行四边形的面积计算方法推导过程，并能在分享交流的基础上动手操作演示。</td></tr>
</table>

（续上表）

教学设计	教学活动	评价活动
协作建构	（2）小组活动。 （3）学生汇报。 （4）课件演示推导过程。 3. 研究用字母表示平行四边形的面积计算公式： 如果用 S 表示平行四边形的面积，用 a 表示平行四边形的底，用 h 表示平行四边形的高，平行四边形的面积公式就表示为 $S=a$。	2. 小组得出结论：在不数方格的情况下，计算平行四边形的面积等于底乘高。

【设计意图】学生在不数方格的情况下研究一个平行四边形的面积，给学生提供应用本课积累的新经验的机会，深入领悟平行四边形的底和高的长度与面积单位计数之间的关联，体悟面积单位的凑整与图形的“形”改变之间的联系。将感悟平行四边形面积计算方法的“理”和自主抽象平行四边形面积的计数方法融为一体，发展学生推理意识和空间观念。

<table>
<tr>
<td>练习测评</td>
<td>
基础题：
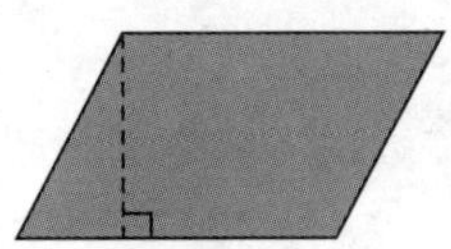
师：请计算这个平行四边形的面积。
师：你们为什么还不算呀？能算吗？
师：计算平行四边形的面积必须知道什么？（底和高）
（出示数据）
师：在计算之前请同学们注意书写格式。
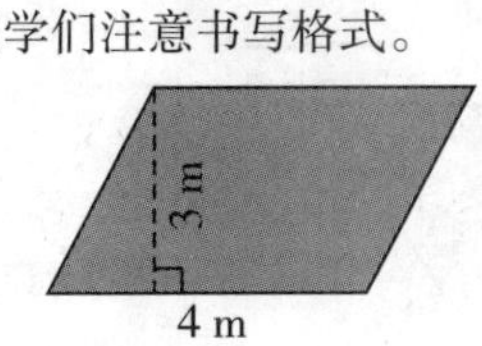

（补充板书）
$S=ah$
$=4\times 3$
$=12\ (m^2)$
师：计算平行四边形面积时要注意什么？（书写格式、要用面积单位、等号要对齐）
提升题：
1. 请计算下面这几个平行四边形的面积。
</td>
<td>
1. 学生掌握求平行四边形的面积必须知道底和高。运用图形计算题，强化基本形式的练习，加强面积计算的常规性训练。
2. 学生正确运用平行四边形的面积计算公式进行计算。
3. 正确观察、计算、对比、分析后发现，面积相等的平行四边形，不一定等底等高，提高分析能力，关注思考过程。
</td>
</tr>
</table>

（续上表）

<table>
<tr><th>教学设计</th><th>教学活动</th><th>评价活动</th></tr>
<tr><td>练习测评</td><td>
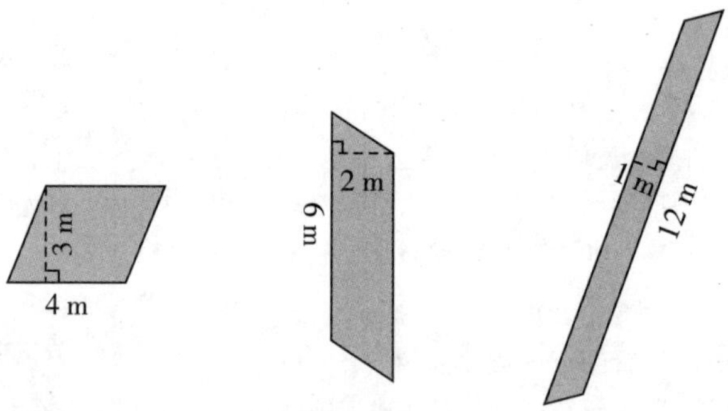

$S=ah$　　　$S=ah$　　　$S=ah$
$=4\times3$　　　$=$　　　$=$
$=12\ (m^2)$　　　$=$　　　$=$
师：做完这道题，你发现了什么？
小结：面积相等的平行四边形，不一定等底等高。
2. 下图求平行四边形面积正确的算式是：（　　　）

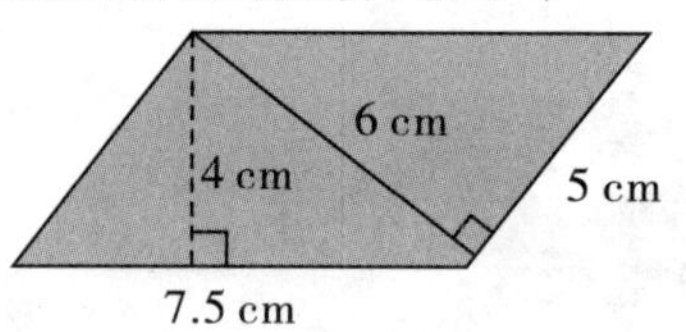

A. 7.5×4　　B. 5×4
C. 7.5×6　　D. 5×6
小结：计算平行四边形的面积必须找准相对应的底和高。
3. 一块草坪（见下图）如果修剪每平方米草坪需要 2 元，修剪完这块草坪一共需要多少钱？

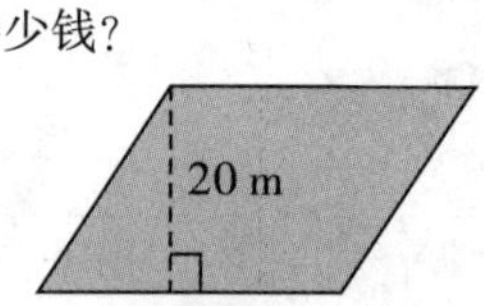

拓展题：
下面三个平行四边形的面积相等吗？

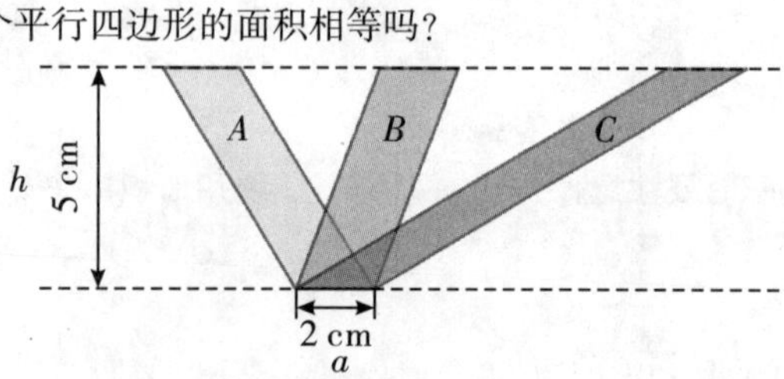

</td><td>4. 学生能正确判断并指出平行四边形的底以及对应的高。能正确运用平行四边形的面积计算公式解决生活中的实际问题。
5. 学生带着问题思考，在交流中提升思维，运用三个平行四边形同底以及平行线间的距离处处相等，它们的高也相等，这三个平行四边形等底等高，因此面积相等，但形状不一定相同。</td></tr>
</table>

（续上表）

教学设计	教学活动	评价活动
练习测评	小结：等底等高的平行四边形，面积相等，形状不一定相同。 回顾总结，深化提高： 师：今天我们是怎样研究平行四边形的面积计算公式的？ 转化图形 转化成学过的图形 建立联系 找到转化前后图形的联系： 面积有什么联系？底和高有什么联系？ 推导公式 师：在研究平行四边形面积的过程中，我们还经历了科学研究的道路，比如先进行猜想，然后通过验证，得出结论，最后应用结论解决生活中的问题。	6. 学生梳理归纳总结知识。

【设计意图】通过不同层次的练习巩固本节课的重点，让学生在辨析中感悟对应的底和高才能得到平行四边形的面积，并进一步突破学生的易错点。同时，在应用转换思想和数学推理解决问题的过程中发散思维，学生不断加深对平行四边形面积公式的理解和运用，提升他们的空间观念、推理意识和运用知识解决实际问题的能力。

评价发展	这节课你学到了哪些知识？你自己得到几颗星？ 1. 我学会了平行四边形的面积计算公式。（☆☆） 2. 我知道平行四边形的面积计算可以由长方形的面积计算转化而来。（☆☆） 3. 我能积极与小组其他成员交流。（☆）

【设计意图】通过自评、互评回顾本节课的学习情况，学会反思并学会赞赏别人，养成良好学习习惯，形成良好的品质。

作业布置	基础题： 1. 根据所给条件，算出平行四边形的面积。 （1）底 7 米，高 3 米。 （2）底 5 分米，高 4 分米。 （3）底 8 厘米，高 6 厘米。 2. 判断题。（对的打“√”，错的打“×”） （1）两个平行四边形的底相等，它们的面积就相等。（　　） （2）平行四边形的高不变，底越长，它的面积就越大。（　　）

（续上表）

作业布置	（3）一个平行四边形的底是 5 厘米，高是 4 分米，它的面积是 20 平方厘米。（　　） 提升题： 你能想办法求出下面平行四边形的面积吗？ 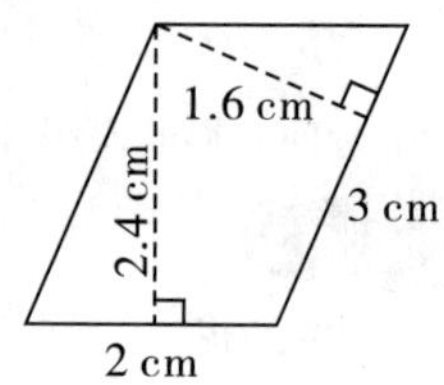 拓展题： 下图中正方形的周长是 32 cm。平行四边形的面积是多少？ 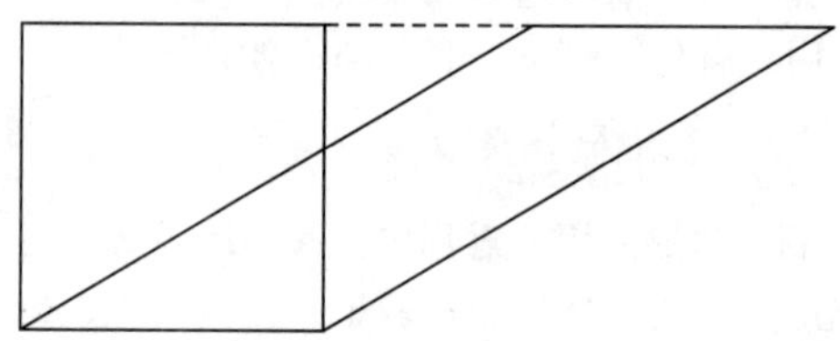 实践性作业： 用细木条钉成一个长方形框架，长 16 厘米，宽 10 厘米。如果把它拉成一个平行四边形，它的周长变化了没有？面积呢？你能说说这是为什么吗？如果把平行四边形拉成长方形，周长和面积又会怎样变化？

【设计意图】通过不同层次的作业练习，引导学生运用公式正确计算平行四边形的面积，并运用所学知识解决生活中的实际问题。

板书设计	平行四边形的面积 猜想　验证　结论　应用 长方形的面积 = 长 × 宽 ↑ 平行四边形的面积 = 底 × 高 $S = ah$ $= 4 \times 3$ $= 12\ (m^2)$ 转化图形 ⟹ 建立联系 ⟹ 推导公式 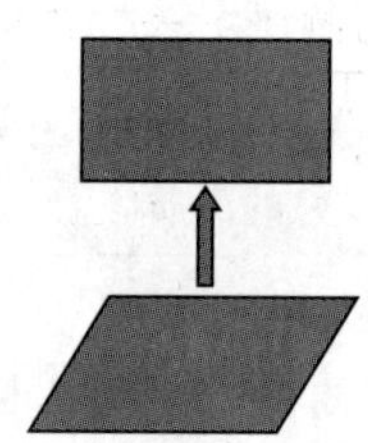

4. 问题解决课

问题解决在小学数学教学中占据十分重要的地位，数学学习不仅是让学生获得数学知识和技能，更重要的是培养学生解决问题的能力。何小亚教授提出问题解决过程包括四个阶段：(1) 意识到问题的存在。(2) 表征问题。(3) 确定问题解决的策略并尝试某种问题的解决的方法。(4) 评价与反思。[①] 教师通过创设情境引出问题，让学生意识到问题的存在，从而确定了学习目标，启动学生表征问题、确定问题解决的策略以及运用元认知策略达到问题解决的目的。具体到教学评一体化的自主学习解决问题课，我们采用以下的教学流程思路，如图 3 – 10 所示。

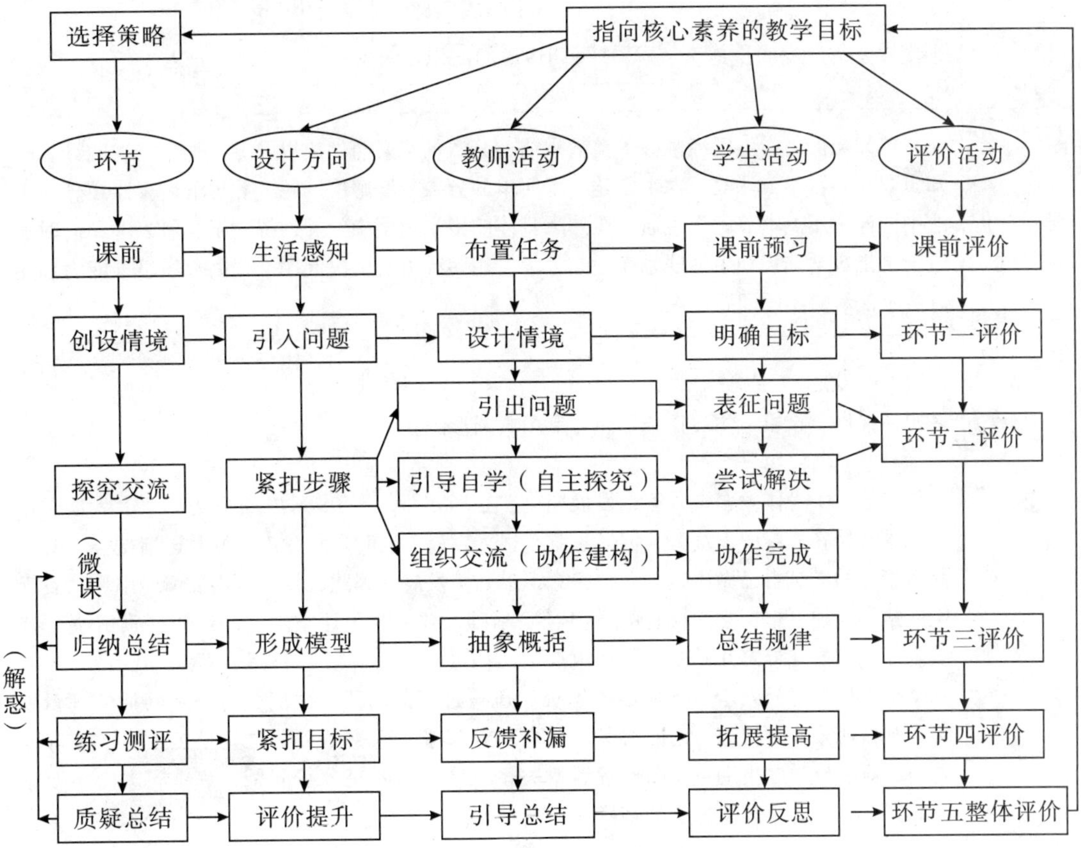

图 3 – 10　问题解决课的教学流程思路

下面以人教版数学六年级上册第一单元第 9 课时“解决问题（一）”为例，如表 3 – 7 所示。

① 何小亚. 数学学与教的心理学［M］. 广州：华南理工大学出版社，2016：206.

表 3－7　范例

课题	解决问题（一）（教科书第 12 页例 8）
教学内容分析	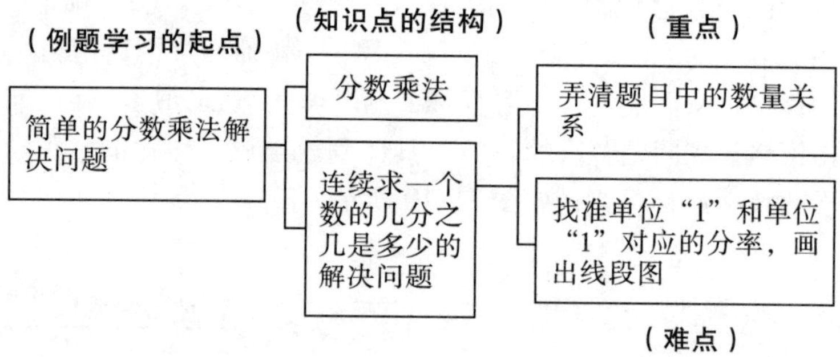
学情分析	在本单元之前，学生已经掌握了整数乘法、分数的意义与性质以及分数加、减法的计算等知识。在学习本节课前，学生已学习了简单的分数乘法解决问题，并理解运算律在分数乘法中同样适用。本节课学生通过在熟悉具体的生活情境中学习，提高了学习兴趣，同时通过情境把数学知识和生活联系在一起，学生用多种方法解决问题，提高数学思维能力和用分数乘法解决实际问题的能力。
策略分析	1．物理环境： 多媒体课件、投影、学习任务单、方形图、圆形图。 2．心理环境： 六年级的学生身体发育进入第二发展期，在心理方面，六年级学生的智力有很大发展，逻辑思维开始在思维中占优势，创造思维有很大发展，同时自我意识萌发并逐渐增强，对外界事物开始尝试自己做出判断，独立意识进一步发展。因此，教师应创设情境串，激发学生的学习兴趣，根据学生原有的学习经验基础，教师放手让学生主动经历探索解决“连续求一个数的几分之几是多少”的解决问题的过程。 六年级学生的思维处于由具体形象思维向逻辑过渡的阶段，他们具有一定的抽象逻辑思维、观察比较、分析综合的能力。在解决“连续求一个数的几分之几是多少”的实际问题时，应引导学生借助直观图理解数量关系，体会画图是分析问题、解决问题的重要策略，同时体会解决问题方法的多样性。
教学目标	1．在理解分数乘法意义的基础上，理解和掌握“连续求一个数的几分之几是多少”此类问题的数量关系，学会应用一个数乘分数的意义解决分数连乘的问题，并掌握方法，进行正确计算，进一步发展数感，形成运算能力。 2．学会借助画图，解决“连续求一个数的几分之几是多少”的实际问题；经历解决问题的过程，体验自主探究、合作交流的学习方法和数形结合的思想，提高分析能力，形成推理意识和初步的应用意识。 3．通过学习体会数学知识间的内在联系，感受数学学习的乐趣，增强学习数学的信心，养成认真审题、仔细计算的好习惯。

（续上表）

教学过程		
教学环节	教学活动	评价活动
复习铺垫	1. 把数量关系式补充完整。 （1）妹妹的年龄是哥哥的$\frac{3}{4}$。 （　　）的年龄 $\times\frac{3}{4}=$（　　）的年龄 （2）一桶油，用去了$\frac{1}{5}$。 （　　）$\times\frac{1}{5}=$（　　） 2. 根据已学过的知识解决以下的问题。 （1）六（1）班有男生 24 人，女生人数是男生的$\frac{7}{8}$，女生有多少人？ （2）一个排球的价格是 60 元，一个足球的价格与排球价格的$\frac{4}{5}$相等，一个足球的价格是多少元？ （总结归纳，揭示课题） 师：这些问题有什么共同点？ 师总结：（1）根据分数的意义，把哪个量平均分，哪个量就是单位“1”。 （2）求一个数的几分之几是多少的解决问题，单位“1”的量已知时，用乘法计算。 师：今天我们继续学习有关分数乘法的解决问题。 出示学习目标： 1. 在理解分数乘法意义的基础上，运用分数乘法的知识解决生活中的实际问题。 2. 学会借助折纸或画图，解决“连续求一个数的几分之几是多少”的实际问题。	1. 学生会找出单位“1”，并能根据文字信息写出数量关系式。 2. 阅读题目，找出数学信息，并先写出数量关系式，再运用数量关系式正确进行计算。 3. 学生能归纳出问题的共同点，并与教师共同完成计算方法的总结。

【设计意图】回顾旧知，通过找单位“1”，让学生明确单位“1”“分率”和具体量的对应关系，并理解通过已知单位“1”的量的对应分率，求一个数的几分之几是多少，加深对分数乘法意义的理解。此环节让学生充分利用已学知识，为学习新知作好铺垫。

创设情境	一个蔬菜大棚的面积是 480m^2，其中一半种各种萝卜，红萝卜地的面积占萝卜地的$\frac{1}{4}$。  师：你找到了什么数学信息？提出什么数学问题？	学生自主阅读题目提取数学信息，会提出数学问题。

（续上表）

<table>
<tr><th>教学环节</th><th>教学活动</th><th>评价活动</th></tr>
<tr><td colspan="3">【设计意图】利用学生熟悉的生活情境，激发学生的好奇心，活跃课堂气氛，同时引导学生能用数学的眼光发现并提出数学问题，激发探索求解方法的欲望，为下一步学习作铺垫。</td></tr>
<tr><td>自主探究</td><td>红萝卜地有多少平方米？
1. 阅读与理解。
整个大棚的面积是（　　）m^2。
萝卜地的面积占整个大棚面积的$\frac{(\quad)}{(\quad)}$。意思是说以（　　）为单位“1”，（　　）是（　　）的$\frac{(\quad)}{(\quad)}$。
红萝卜地的面积占萝卜地面积的$\frac{(\quad)}{(\quad)}$。意思是说以（　　）为单位“1”，（　　）是（　　）的$\frac{(\quad)}{(\quad)}$。
要求的是（　　　　）的面积。
2. 分析与解答。
引导学生画图分析，标出重要信息。
（1）画图分析：

师引导：在这个过程中，应该把哪个量看作单位“1”？为什么？（独立思考后尝试与同桌交流）
（2）数量关系式：（可以分步写，也可以综合写）
____
（3）列式计算解答：
____
____
3. 回顾与反思：
检验：
（1）红萝卜地面积占萝卜地面积的几分之几？
列式：________________
（2）红萝卜地面积占整个大棚面积的几分之几？
列式：________________</td><td>1. 先圈出题目已知条件和问题中的关键词，包括单位“1”、表示事物之间数量关系的字词、要求的问题。
2. 学生用画一画等方式进行分析，并运用数形结合进行分享交流。在面积图上标明题目的条件和问题，明确哪部分是大棚面积，哪部分是要求的红萝卜地的面积。
3. 学生能写出数量关系式，并标注单位“1”。
4. 学生会运用数量关系式正确进行列式计算和解答。
5. 具有检验的意识，根据计算所得结果进行检验。</td></tr>
<tr><td>协作建构</td><td>1. 每个小组成员介绍自己的解题步骤。
2. 师生总结步骤：
提高解决问题的精准度，需要保证的5个小步骤是：
（1）圈出关键词 → 阅读与理解
（2）画图分析
（3）写出数量关系
（4）列式解答
（（2）～（4）→ 分析与解答）
（5）检验 → 回顾与反思</td><td>1. 小组内完整地交流自己的解题步骤，并倾听同伴的方法。
2. 在交流中发现不同的解答方法，以及用分步算式和综合算式来解决问题。</td></tr>
</table>

（续上表）

<table>
<tr><th>教学环节</th><th>教学活动</th><th>评价活动</th></tr>
<tr><td colspan="3">【设计意图】通过循序渐进的问题设计，引导学生经历解决问题的全过程，借助直观图，尝试表征数量关系，理清数量关系，形成良好的解题思路，提高解决问题的能力，并在交流中体会解决问题方法的多样性，提高思维的灵活性和发散性。</td></tr>
<tr><td>练习测评</td><td>基础题：
1. 六（1）班有36名同学，其中有$\frac{1}{3}$长大后想当老师，想成为科学家的人数是想当老师的人数的$\frac{3}{4}$，这个班有多少名同学想成为科学家？
（1）阅读与理解：
全班有______人。
想成为老师的占全班人数的______。
想成为科学家的占想当老师人数的______。
要求的是______的人数。
（2）分析与解答：
画图：
①
②数量关系式：（可以分步写，也可以综合写）____________________
③列式计算解答：____________________
（3）回顾与反思：用你喜欢的方式检验，并说明理由。
提升题：
1. 人体血液在主动脉中的流动速度约为20厘米/秒，在静脉中的流动速度约为主动脉中的$\frac{2}{5}$，在毛细血管中的流动速度大约只有静脉中的$\frac{11}{60}$。血液在毛细血管中每秒约流动多少厘米？
2.（1）有40只白兔。黑兔的只数是白兔的$\frac{2}{5}$，灰兔的只数是黑兔的$\frac{3}{4}$，灰兔有多少只？
（2）有40只白兔。黑兔的只数是白兔的$\frac{2}{5}$，灰兔的只数是白兔的$\frac{3}{4}$，灰兔有多少只？
拓展题：
百汇超市有百香果200千克，第一周卖出$\frac{1}{4}$，第二周卖出$\frac{2}{5}$。
（请你提出问题并解答）
问题：____________________
解答：____________________</td><td>1. 学生能按照5个解题步骤进行练习题的分析与解答。
2. 认真审题，圈画关键词，标出单位“1”，并列式计算。
3. 根据题意画线段图表示数量关系，并解决问题。</td></tr>
</table>

（续上表）

【设计意图】引导进一步掌握解题步骤的方法。经历不同的角度思考并解决问题，培养学生的运算能力和思维能力，巩固本节课所学知识，培养综合运用能力。巩固解题方法，使学生对“连续求一个数的几分之几是多少”这类问题的解题步骤和思路更加明确，提高分析问题、解决问题的能力。

评价发展	这节课你学到了哪些知识？你能得到几颗星？ 1. 我会解决“连续求一个数的几分之几是多少”的实际问题。（☆☆） 2. 我能借助画图的方法解决问题。（☆☆） 3. 我能积极参与合作学习。（☆）

【设计意图】通过综合性的评价，学会分析反思自己的学习表现，并学会赞赏别人，养成良好学习习惯，形成良好的品质，促进学生全面发展。

作业布置	基础题： 海象的寿命大约是40年，海狮的寿命是海象的$\frac{3}{4}$，海豹的寿命是海狮的$\frac{2}{3}$。海豹的寿命大约是多少年？ 提升题： 全世界的公立博物馆共藏有中国古代书画约60万件。北京故宫博物馆收藏的约占$\frac{1}{4}$，其中$\frac{1}{3}$具有较高的价值，收藏在北京故宫博物院且具有较高价值的中国古代书画约有多少万件？ 拓展题： 新鲜水果超市运来鸭梨$\frac{5}{3}$吨，运来橙子的质量相当于鸭梨的$\frac{2}{5}$，运来的柚子比橙子多$\frac{1}{4}$，运来的柚子比橙子多多少吨？

【设计意图】作业设计循序渐进，一步步引导学生分析问题、解决问题，养成良好的解题习惯。分层作业设计使得不同层次的学生都能得到发展。

（续上表）

板书设计

解决问题（一）

1. **阅读与理解**

整个大棚的面积是________。

萝卜地的面积占整个大棚面积的________。

红萝卜地的面积占萝卜地面积的________。

要求的是________的面积。

2. 分析与解答

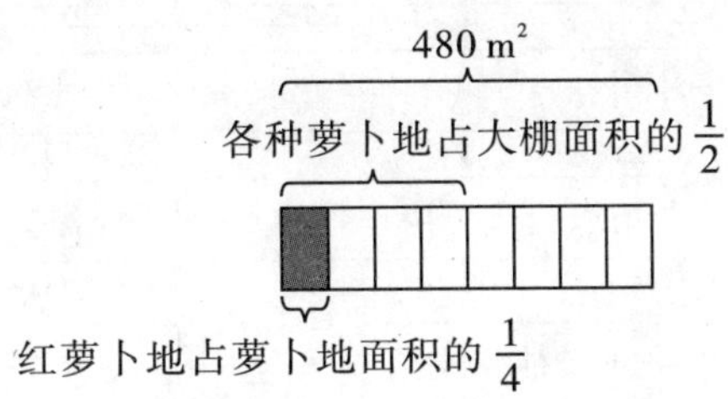

方法一：

萝卜地面积：$480\times\frac{1}{2}=240\ (m^2)$

红萝卜地面积：$240\times\frac{1}{4}=60\ (m^2)$

综合算式：$480\times\frac{1}{2}\times\frac{1}{4}=60\ (m^2)$

方法二：

红萝卜地占大棚面积：$\frac{1}{2}\times\frac{1}{4}=\frac{1}{8}$

红萝卜地面积：$480\times\frac{1}{8}=60\ (m^2)$

小结：先找出单位“1”，然后用乘法计算。

3. 回顾与反思

5. 统计与概率课

统计是数学的一个重要的思想方法，它通过对数据的收集、整理、描述和分析以及对事件发生可能性的刻画，来帮助人们做出合理的推断和预测，进而形成尊重事实、用数据说话的科学态度。

具体到教学评一体化的自主学习统计与概率课我们采用如图 3－11 所示的教学流程思路。

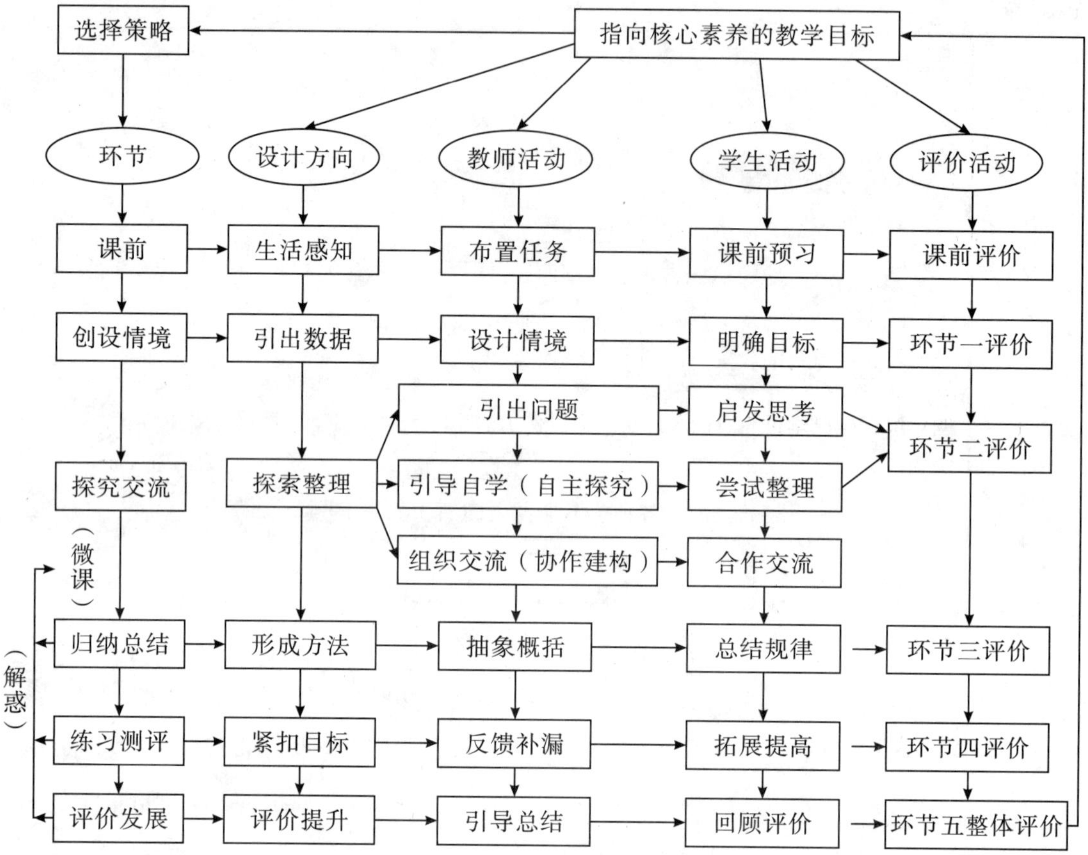

图 3－11　统计与概率课的教学流程思路

下面以人教版数学四年级下册第八单元第 2 课时“平均数的应用”为例，如表 3－8 所示。

表 3－8　范例

课题	平均数的应用（教科书第 88 页例 2）
教学内容分析	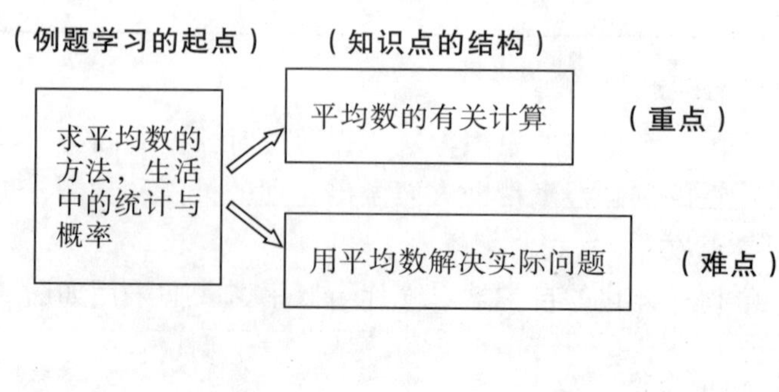

（续上表）

学情分析	学生在之前已积累了对数据进行简单收集与整理的学习经验，具有初步的数据意识。平均数是在第一学段已经理解了平均分及除法运算的含义的基础上教学的。但平均数的概念与过去学过的平均分的意义是不完全一样的，所以本节课应着重让学生理解平均数的意义，并在此基础上掌握计算平均数的方法及其应用。
策略分析	1. 物理环境： 教学平台、多媒体课件（AI 智能体）、学习单。 2. 心理环境： 四年级学生已学过简单的统计表，通过例 1 的学习，学生对于平均数的意义和求法有了一定的基础。但对于平均数的含义，体会平均数在统计学上的作用还是要加强的，因此本课以引导法为主，以直观演示法、设疑激趣法、讨论法为辅，激发学生的学习积极性，使学生主动参与学习的全过程。 本节课是人教版小学数学四年级下册第八单元“平均数与条形统计图”的第 2 课时，通过现实生活的事例：在人数不等的情形，产生比总数不公平的问题，让学生在解决这个公平性的问题过程中，加深对平均数意义的理解，即平均数可以表述一组数据的集中趋势，对一组数据有很好的代表性。把数据分析与解决问题结合在一起，学生更好地理解统计在解决问题中的作用，逐步形成统计观念。
教学目标	1. 知道用平均数可以刻画一组数据的集中趋势，知道平均数的统计意义。 2. 历经发现问题、提出问题、分析问题和解决问题的过程，能进一步用平均数的知识描述、分析与解决问题，进一步体会平均数的特点与作用，形成初步的数据意识和应用意识。 3. 运用已学的统计知识解决实际问题，意识到统计与概率和生活息息相关。

教学过程

<table>
<tr><th>教学设计</th><th>教学活动</th><th>评价活动</th></tr>
<tr><td>复习铺垫</td><td>AI 智能体：今天学校正在举办体育活动，可热闹了！我们一起去看看体育活动里的数学知识。第 1 小组的同学正在进行“一分钟投篮”比赛活动，下面是他们的成绩。
提出问题，引导学生尝试解答，回顾平均数相关内容。
下面是第 1 小组同学每分钟投篮比赛的成绩。
<table>
<tr><td>姓名</td><td>小飞</td><td>小东</td><td>小丽</td><td>小芳</td><td>小军</td></tr>
<tr><td>投中个数</td><td>6</td><td>7</td><td>5</td><td>9</td><td>3</td></tr>
</table>
</td><td>1. 学生知道平均数相关内容。</td></tr>
</table>

（续上表）

<table>
<tr><th>教学设计</th><th>教学活动</th><th>评价活动</th></tr>
<tr><td>复习铺垫</td><td>第 1 组同学平均每人投中几个？
揭示课题：同学们能利用上节课的知识求出平均数，真能干！今天，我们继续探究平均数的意义。（出示课题）
出示学习目标：
1. 进一步理解平均数的意义。
2. 能用平均数解决有关的简单实际问题。
3. 感受平均数在生活中的应用价值。</td><td>2. 学生能根据题目要求解答。
3. 运用“移多补少”或者“先总后分”的方法求出平均数。</td></tr>
<tr><td colspan="3">【设计意图】通过复习，让学生经历数据的收集、整理、描述以及分析的活动过程，进一步提高学生计算平均数的能力。设计学生日常生活情境，激发学生的学习兴趣。</td></tr>
<tr><td>创设情境</td><td>AI 智能体：再来看看第 4 小组的同学正在参加什么比赛活动？（出示情境图）
生：踢毽子。
师：对于这个比赛，你最想知道什么？
生：哪个队能赢？
师：现在老师聘请你来当裁判，希望你能公平公正地裁决。</td><td>1. 通过观察情境图，学生会用数学的语言表达数学信息。
2. 学生能积极参与课堂。</td></tr>
<tr><td colspan="3">【设计意图】创设踢毽子比赛的情境，贴合学生的生活经验，激发学生的学习兴趣，邀请学生当裁判，激发学生的求知欲望。</td></tr>
<tr><td>个别探究</td><td>下面是第 4 小组男生队和女生队踢毽比赛的成绩。
男生队
<table>
<tr><th>姓名</th><th>踢毽个数</th></tr>
<tr><td>王小飞</td><td>19</td></tr>
<tr><td>刘东</td><td>15</td></tr>
<tr><td>李雷</td><td>16</td></tr>
<tr><td>谢明明</td><td>20</td></tr>
<tr><td>孙奇</td><td>15</td></tr>
</table>
女生队
<table>
<tr><th>姓名</th><th>踢毽个数</th></tr>
<tr><td>杨羽</td><td>18</td></tr>
<tr><td>曾诗涵</td><td>20</td></tr>
<tr><td>李玲</td><td>19</td></tr>
<tr><td>张倩</td><td>19</td></tr>
</table>
1. 根据数学信息，完成任务单。
<table>
<tr><th>学生</th><th>男生队</th><th>女生队</th></tr>
<tr><td>人数</td><td></td><td></td></tr>
<tr><td>踢毽子的总个数</td><td></td><td></td></tr>
</table>
2. 你认为哪个队的成绩好？为什么？可以把你的想法简单地写在下面的横线上。
______________________</td><td>1. 学生自主分析题目，找出题目中蕴含的数学信息。
2. 学生发现题目中需要比较的量并解决问题。</td></tr>
</table>

（续上表）

<table>
<tr><th>教学设计</th><th>教学活动</th><th>评价活动</th></tr>
<tr><td colspan="3">【设计意图】通过自主探究，发现思考问题的方式不同，会导致结果的不同。引导学生发现平均数在生活中的应用。</td></tr>
<tr><td>协作建构</td><td>1. 小组交流，完成任务单。
<table><tr><td>轮流说出自己的想法</td><td>你认为哪个队的成绩好，为什么?</td></tr><tr><td>小组讨论</td><td>哪种方法最合理。为什么?</td></tr><tr><td>小结</td><td>所以，我们认为用（　　）的方法判断哪队的成绩好更合理。</td></tr></table>2. 师生小结：平均数的意义和作用。
（1）4 人小组进行协作交流。组员经过讨论、协商，找出最合理的方法。
预设 1：男生队的成绩好，因为男生队踢毽子的总个数是 85 个，女生队踢毽子的总个数是 76 个，男生队的总数多。
预设 2：女生队的成绩好，因为 $85 \div 5 = 17$（个），$76 \div 4 = 19$（个），$19 > 17$，所以女生队的成绩更好。
预设 3：男生队去掉一个人。
预设 4：女生队增加一个人。
（2）引导学生理解人数不相同的情况下，比总数不公平。而平均数反映的是所有数据的平均水平，因此求平均数比较公平。</td><td>1. 小组内大胆交流，能认真倾听。
2. 以小组为单位归纳总结方法。
3. 小组合作解决问题，在解决问题的过程中体会平均数的意义和作用。</td></tr>
<tr><td colspan="3">【设计意图】通过多组数据的比较，环环相扣地提出问题，将学生的思维一步步引向深入。学生在不同方法的比较中感知到用平均数解决此类问题具有合理性和普适性，以及体会解决问题策略具有多样性。</td></tr>
<tr><td>练习测评</td><td>基础题：
1.
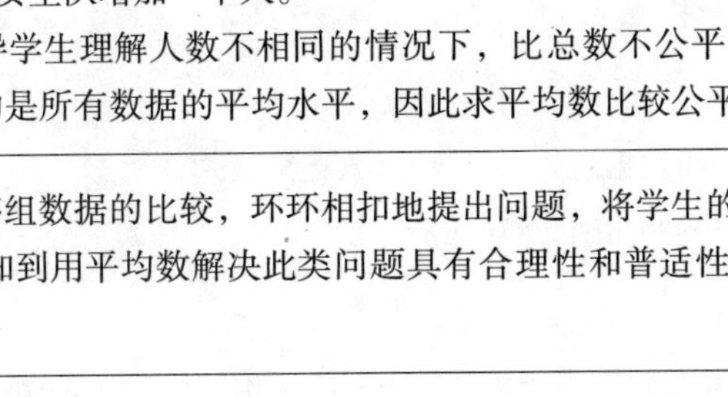

他们两个谁跑得快一点?
2. 下面说法正确吗? 正确的画“√”，错误的画“×”。(应答器作答)
（　　）（1）王悦 5 次跳远的总成绩是 10 m，她每次跳远的成绩肯定都是 2 m。</td><td>1. 学生进一步理解平均数的意义。
2. 从不同情境、不同角度将平均数与个别数据进行比较，进一步理解平均数的含义。</td></tr>
</table>

（续上表）

<table>
<tr><th>教学设计</th><th>教学活动</th><th>评价活动</th></tr>
<tr><td>练习测评</td><td>（　　）（2）某小学排球队队员的平均身高是 160 cm，有的队员身高可能超过 160 cm，有的队员身高可能不到 160 cm。
（　　）（3）小东所在的小组同学的平均体重是 36 kg，小刚所在的小组同学平均体重是 34 kg，小东一定比小刚重。
提升题：
某水果店的草莓最近7天的销售情况见下图。
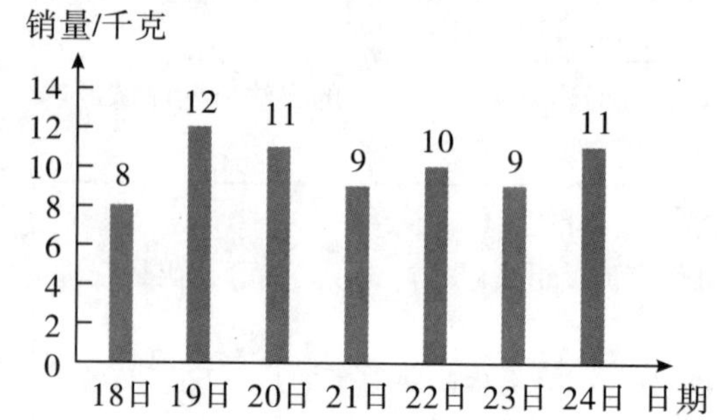

（1）平均每天销售草莓多少千克？
（2）如果你是水果店的进货员，你准备为25日进多少千克草莓？说说你的想法。</td><td>3. 理解平均数是反映一组数据的总体情况的一个统计量。
4. 通过解决实际问题，进一步感受平均数在生活中的应用。
5. 通过合作交流体验学习数学和解决实际问题的乐趣。</td></tr>
<tr><td colspan="3">【设计意图】通过练习，进一步理解平均数的意义和方法，获得数学活动经验，提升用平均数描述与分析解决问题的能力。</td></tr>
<tr><td>评价发展</td><td>这节课你学到了哪些知识？我自己得几颗星？
1. 我知道平均数表示一组数据的集中趋势。（☆☆）
2. 我能用平均数解决有关的实际问题。（☆☆）
3. 我能与同伴进行交流。（☆）</td><td></td></tr>
<tr><td colspan="3">【设计意图】学生在自我评价和生生评价中强化本节课的知识，并学会反馈自己的学习情况，培养学生的总结、反思能力，从评价中发展各方面能力。</td></tr>
<tr><td>作业布置</td><td colspan="2">基础题：
1. 两个小组做仰卧起坐。
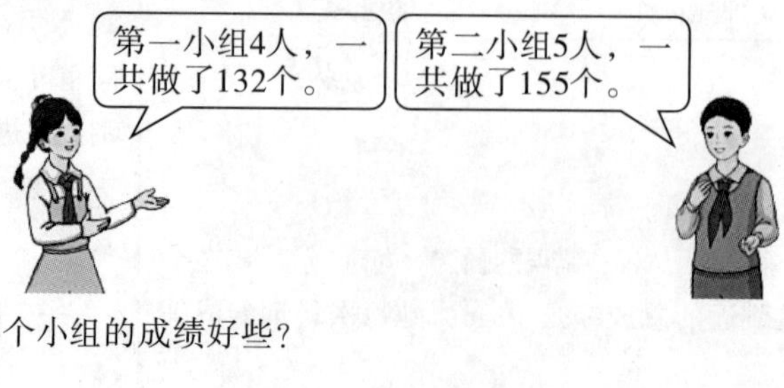

哪个小组的成绩好些？</td></tr>
</table>

（续上表）

<table>
<tr><td>作业布置</td><td>2. 填空。
（1）6、7、8、9、10 这五个数的平均数是（　　）。
（2）四（2）班同学分成三个小组进行投篮比赛，第 1 小组投中 18 个，第 2 小组投中 29 个，第 3 小组投中 22 个，平均每个小组投中（　　）个。
提升题：
我会选。
（1）工人叔叔修机器，第一天修了 3 台，第二天修了 4 台，第三天上午修了 3 台，下午了 2 台。平均每天修（　　）台。
A. 3　　B. 4　　C. 12
（2）胡昊每分钟做仰卧起坐的次数为：23、17、20、22、21、23。你认为用（　　）代表胡昊每分钟做仰卧起坐的次数比较合适。
A. 20　　B. 17　　C. 21
（3）四年级有 3 个班，平均每班有图书 40 本。其中一班有 38 本，二班有 36 本，那么三班有（　　）本。
A. 48　　B. 46　　C. 47
（4）一辆客车前 3 小时行驶 105 千米，后 2 小时行驶 80 千米，这辆客车平均每小时行驶（　　）千米。
A. 35　　B. 40　　C. 37</td></tr>
<tr><td colspan="2">【设计意图】通过不同的练习，进一步体会平均数的意义，巩固求平均数的方法；进一步巩固应用平均数知识描述、分析、解决现实问题的方法，感受平均数的作用，提升解决问题的能力。</td></tr>
<tr><td>板书设计</td><td>平均数的应用
男生队：
（19 + 15 + 16 + 20 + 15）÷5
= 85 ÷ 5
= 17（个）
女生队：
（18 + 20 + 19 + 19）÷4
= 76 ÷ 4
= 19（个）
女生队的成绩更好。</td></tr>
</table>

第 2 节　互动学习课范式构建

“互动学习课”是突出能力和思维提升的课型，强调学生在问题情境中，开展生生、师生的互动辨析。通过学生思辨的过程，进一步完善学生知识的构建，发展学生的思维能力，提高学生的抽象能力、逻辑推理能力和辩证思维能力。

“互动学习课”不仅是对应单个“自主学习”之后的互动探究，也可以是与上一节课例题知识点紧密关联的迁移互动课，或者是上完几节“自主学习”后的专项互动课，甚至是“整个单元学习”的整理与复习互动课。

（一）教学评一体化“互动学习课”的特点

互动探究课突出大概念深度理解的逆向设计，先确定学习目标，再确定检测目标，通过辨析，创设认知冲突，暴露学生思维上的困惑与难点，回忆规律，应用知识，实现知识的迁移。整个过程，通过元认知监控目标的达成程度，随时调整教学的策略，实现高阶思维的培育。

（二）教学评一体化“互动学习课”的策略

由于学习并非一种机械的、高度统一的过程，因此，从建构主义的立场出发，对于学生在学习过程中所发生的错误（特别是所谓的“规律性错误”）也就应当采取更为理解的态度，也即不应简单地予以否定，而应努力发现其中的合理成分和积极因素。另外，我们又不能期望单纯依靠正面的示范和反复练习就能纠正学生的错误，而是需要一个“自我否定”的过程，并以内在的“观念冲突”为必要前提。①

互动探究课突出能力和思维提升的课型，强调学生在问题情境中以独立思考以及共同体学习的方式，侧重问题解决的策略优化，注重元认知评价。

因此，以教材和教学参考书为蓝本，通过课后作业的布置与批改或者通过互联网、数字媒体、大数据等技术搜集学生的学习和作业情况，对学生学习知识掌握的情况进行充分的分析，获取真实、系统的数据，并且进行加工、分析、处理，从而比较全面、客观地得出学生学习认知的起点、思维路径以及思维难点等，设计合理的互动学习设计，从而构建学生的知识体系。这个过程需要引导学生正确而合理地归因，正确对待学习过程中的挫折与失败，进而激发兴趣、开阔视野、拓宽知识面。

① 郑毓信. 国际视角下的小学数学教育［M］. 北京：人民教育出版社，2004：49.

设计的思路图如图 3 – 12 所示。

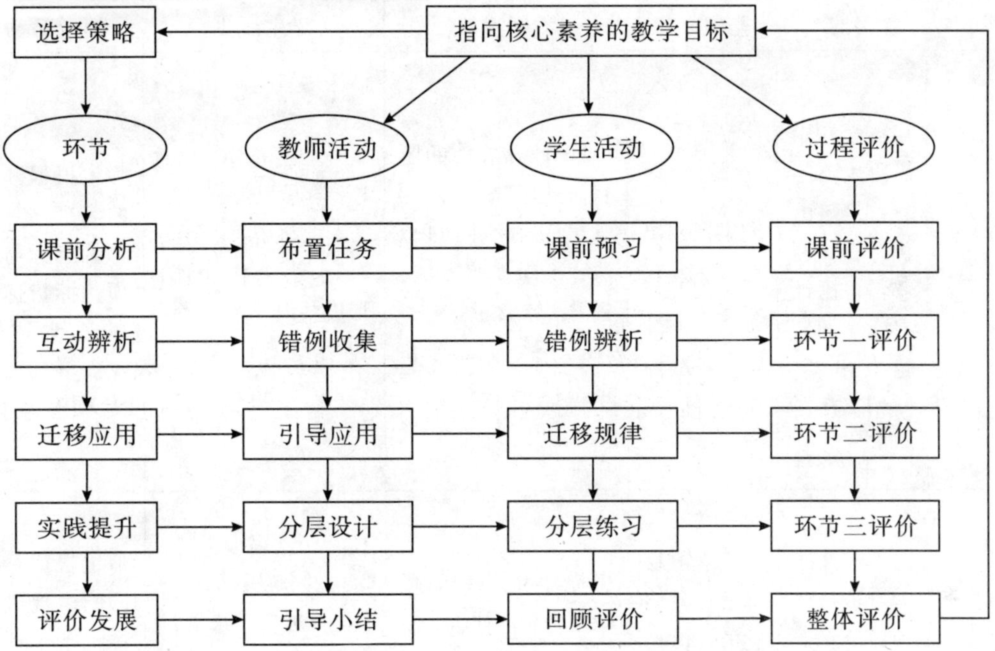

图 3 – 12 教学评一体化互动学习课型教学流程思路图

（三）各环节的内涵（见表 3 – 9）

表 3 – 9 各环节内涵

环节	目的	呈现方式	教师活动	学生活动	评价活动
互动辨析	对所学的知识进行检测。对学生多种答案进行归因、辩论。	错题收集、错因分析，通常以判断题、选择题的形式呈现。	设计问题情境，激发学生兴趣，引导学生辨析、归因。	利用错例分析，在认知冲突中找到知识点中容易出现的易错点。	师生根据环节的表现，对照评价指标与每项达标指标解释说明进行评价。
迁移应用	将数学与生活紧密联系。问题的多元开放。解决生活问题。	解决实际问题。	通过迁移应用，激发学生深度思考，促进知识的深层建构和思维能力的提升。提高学生灵活运用所学知识解决生活问题，培养学生综合解决问题能力。	1. 独立思考完成任务。 2. 汇报展示。	师生根据环节的表现，对照评价指标与每项达标指标解释说明进行评价。

（续上表）

环节	目的	呈现方式	教师活动	学生活动	评价活动
实践提升	用数学知识解决生活问题。策略的优化。调整：自己针对已学的易错点出题，互相解题。	同桌互相出题，考核对方。	1. 设计开放性的题目，迁移知识，让学生表达不同的想法，不断强化方法，提升思维含量。 2. 引导学生思考和交流。	1. 学生先独立思考，尝试解答。 2. 小组合作交流，形成共识。 3. 小组展示汇报。	师生根据环节的表现，对照评价指标与每项达标指标解释说明进行评价。
评价发展	对本节课的学习进行详细评价。	根据学习目标设计具体化的评价。	引导学生小结、解疑惑和全课评价。	1. 提出疑惑。 2. 共同解疑惑。 3. 根据本节课学习情况进行多元评价。	师生根据整节课的表现进行多元评价。

（四）各类型范式课例

1. *迁移互动课型*

认知灵活性理论是认知科学领域的重要理论之一。认知灵活性理论认为，学习应该具备在不同情境中灵活运用知识的能力。教学评一体化强调知识的迁移和应用，这种迁移和应用的教学方式有助于培养学生的认知灵活性。在教学评一体化互动学习范式构建中，迁移互动课分为两种类型，主要是知识迁移环节的设计方向有两个分支：（1）对应比较抽象的知识点，基于迁移应用环节，学生深化应用之后，针对原来知识点再度深化的巩固性练习课。（2）对于上一道例题与下一节课的例题存在紧密联系并且是上一道例题知识点的运用，例题难度跳跃性不大，通过让学生独立完成的方式，进行思维的训练实现新一道例题的知识点的迁移学习的新授课。

教学评一体化互动学习课型教学流程思路如图 3－13 所示。

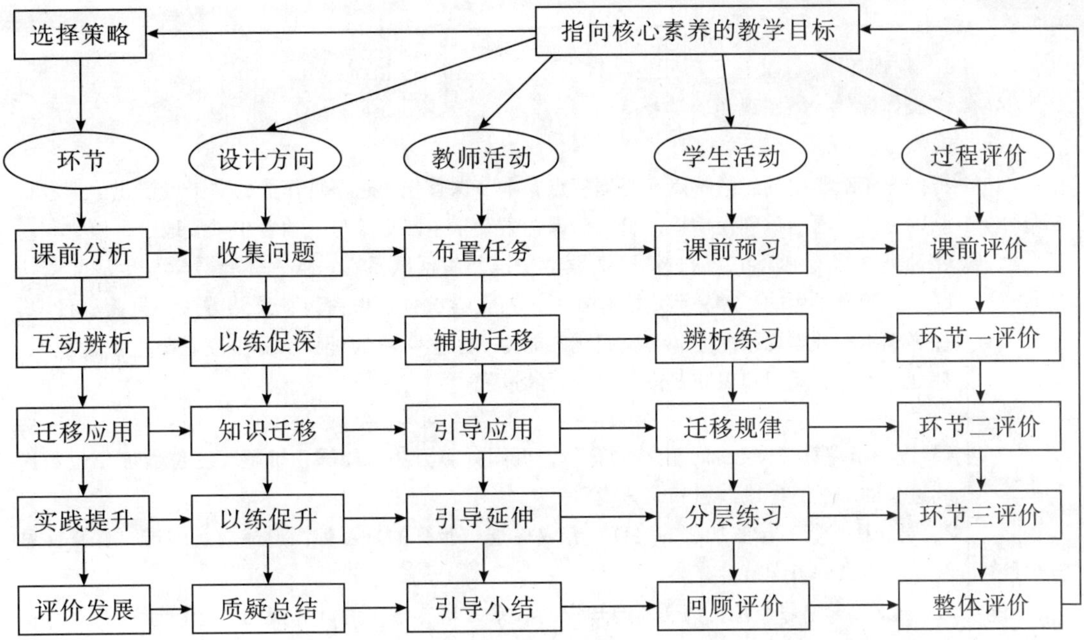

图 3－13　教学评一体化互动学习课型教学流程思路（迁移互动课型）

下面以人教版数学三年级上册第四单元第 2 课时“三位数加三位数（连续进位）”为例，见表 3－10。

表 3－10　范例

课题	三位数加三位数（连续进位）（迁移互动课）（教科书第 38 页例 3 及相关练习）
教学 内容分析	（例题学习的起点）　（知识点的结构） 两位数加两位数的连续进位加法、三位数加三位数的不进位、不连续进位 → 熟练、正确地计算三位数加三位数连续进位的笔算（重点） → 在计算中，纠正学生在遇到连续进位时遗漏加进位“1”的问题（难点）
学情分析	三位数加三位数（连续进位）是在学生学习了两位数加两位数的连续进位加法和例 1 的三位数加三位数的不连续进位、例 2 的一次进位之后才安排学习的内容，此知识点在算理、算法上与本册的第二单元一致，是学习整数加法的最后一阶段。连续进位加法是学生的学习难点，虽然算理不难理解，但计算时还是很容易出错。为了保证计算的正确率，一方面要提醒学生计算时要细心，引导在已有知识基础上推出计算的方法；另一方面要引导学生养成验算的好习惯。

（续上表）

策略分析	1．物理环境： 多媒体课件、微课视频、学习单。 2．心理环境： 根据三年级学生的年龄特点和心理特点，本节课首先通过呈现作业的易错点，让学生进行归因分析，再通过创设情境，引入新课，激发学生课堂参与。学生在“湿地野生植物和动物种类”情境中学习，通过情境把数学知识和生活联系在一起，体验数学与生活的密切联系，激发学生的兴趣，运用已有知识，独立尝试，合作探讨，总结方法，再验算证明，提高学生的数学思维能力和解决问题的能力。学生学习的过程实际上就是学生主动获取、整理、贮存、运用知识和获得学习能力的过程。
教学目标	1．进一步理解三位数加三位数的算理，巩固计算方法，能够正确笔算三位数加三位数连续进位的加法，形成数感和运算能力。 2．会正确进行三位数加法的验算，养成检查与验算的好习惯，形成质疑问难、自我反思和勇于探索的科学精神。 3．积累数学学习经验，沟通新旧知识的联系，培养学生的计算能力、知识迁移能力与初步的应用意识。 4．经历用万以内数的加法解决问题的过程，体验学习数学的成就感。

教学过程

教学设计	教学活动	评价活动
互动辨析	一、引出课题：这节课我们继续学习三位数加三位数 二、出示学习目标 1．能正确笔算三位数加三位数的连续进位加法，掌握计算方法。 2．会正确进行三位数加法的验算，养成检查与验算的习惯。 三、呈现典型错误，学生归因分析 师：它们错在哪里？如何改正？ 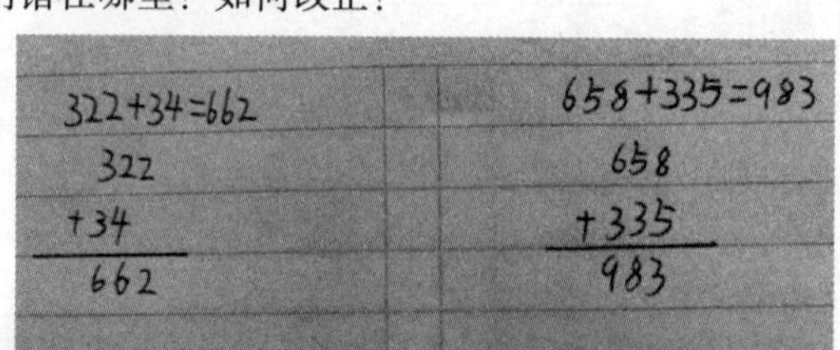 生：独立完成，先找出错误的原因，再进行正确的计算。 教师引导小结：计算时应该注意什么？	1．认真倾听并自行订正。 2．回忆三位数加三位数（不连续进位）的计算方法。

（续上表）

<table>
<tr><th>教学设计</th><th>教学活动</th><th>评价活动</th></tr>
<tr><td colspan="3">【设计意图】利用学生的易错题，让学生在判断（辨析）与改错中进一步掌握三位数加三位数的算理算法。以改错的形式进行练习，既可以复习旧知识，又可以调动学生学习的积极性，营造良好的课堂氛围。</td></tr>
<tr><td>迁移应用</td><td>

某湿地有野生植物 445 种，野生动物 298 种。该湿地的野生植物和野生动物共有多少种？
1. 阅读理解，尝试估算。
师：认真读题，你收集到哪些信息？
师：根据问题，应该怎样列式？
师：我们已经学过估算，现在请你们估算一下 445 + 298 大约是多少？
（1）独立思考。
（2）个别汇报，说一说是怎样估算的。
师：如果精确计算，你认为结果会比 700 多还是比 700 少呢？为什么？（明确估算的意义）
归纳小结：在进行三位数的加法估算时，一般把加数看作与它接近的整百数或几百几十数，再用口算的方法估计和的范围。
2. 知识迁移，尝试计算。
师：我们知道了 445 + 298 的大致范围，你能计算出这道题的结果吗？请试一试。
<table>
<tr><td>列式：</td><td></td></tr>
<tr><td>我会列竖式计算：

说一说你是怎样计算的？有什么要提醒小伙伴注意的？</td><td>请交换加数的位置验算一下：</td></tr>
</table>
</td><td>1. 阅读题目，找出数学信息和数学问题，正确列出算式。
2. 列出竖式、对齐其相同的数位，并进行计算。

3. 对计算结果进行汇报，能口述说出计算过程。</td></tr>
</table>

（续上表）

教学设计	教学活动	评价活动
迁移应用	学生独立尝试计算。 3．交流算法，理解算理。 全班交流方法。带领学生回顾计算过程，并重点提问。 师：你是从哪一位开始算起的？ 师：十位上4＋9＝13，怎么会在十位上写4呢？ 师：百位上的7是怎么来的？ 师：进位上的2个“1”表示的意义一样吗？ 学生汇报计算结果，说出计算过程，引导学生清楚计算过程，相同数位对齐，从个位算起：个位，5＋8＝13，写3，向十位进1。十位，4＋9＋1＝14，写4，向百位进1。百位，4＋2＋1＝7，写7。 4．探究验算方法。 （1）学生自主探究验算方法。 师：你怎样知道自己是否算对？我们可以用什么方法来进行验证呢？ （2）归纳验算方法。 检验加法计算是否正确可以交换两个加数的位置再算一遍。 5．对比分析，总结算法。 师：这节课的学习内容与上一节课比较有什么不同？ 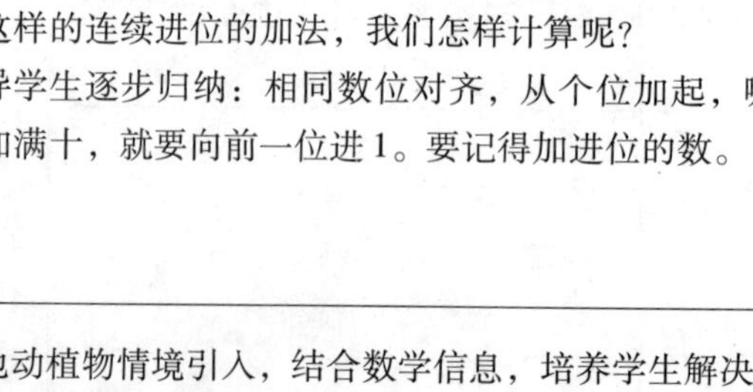 师：像这样的连续进位的加法，我们怎样计算呢？ 教师引导学生逐步归纳：相同数位对齐，从个位加起，哪一位上的数相加满十，就要向前一位进1。要记得加进位的数。	4．根据已有的验算知识经验，说出交换两个加数的位置进行验算，并能理解第一种预设的局限性：可能在相同的地方犯错误。 5．知道计算方法，但不一定能清晰、简洁地表达，经过教师的引导，能理解计算的思路，逐步归纳算法，提炼易错点。

【设计意图】由湿地动植物情境引入，结合数学信息，培养学生解决问题的能力。在本环节教学中让学生尝试自主探究，因为有了前面的知识基础，学生可以通过知识迁移自主掌握三位数连续进位加法的计算方法。同时通过抓住关键点，帮助学生进一步熟练加法的计算方法，养成认真计算、及时验算的好习惯。

（续上表）

<table>
<tr><th>教学设计</th><th>教学活动</th><th>评价活动</th></tr>
<tr><td>实践提升</td><td>

1. 在□里填数。

$\begin{array}{r} 3\ \square\ 6 \\ +\ \square\ 8\ 7 \\ \hline 8\ 1\ 3 \end{array}$ $\begin{array}{r} 2\ 5\ 7 \\ +\ \square\ 5\ 8 \\ \hline 4\ \square\ 5 \end{array}$ $\begin{array}{r} 5\ 6\ \square \\ +\ \square\ 4\ \square \\ \hline 7\ 1\ 4 \end{array}$

小结方法：

计算万以内数的加法笔算时要注意：相同数位对齐，从个位加起，哪一位上的数相加满十就要向前一位进 1。要记得加上进位的数字，算完后要及时检查验算。

2. 填一填。

（1）比 234 多 177 的数是（　　）。

（2）一个书包 124 元，一个水壶 68 元，妈妈带了 200 元，（　　）（填“够”或“不够”）买这两样物品。

3. 王阿姨在商场中看中以下几种商品。

电饭煲

240 元

自行车

265 元

洗衣机

720 元

电风扇

175 元

（1）王阿姨只带了 900 元，请你估一估，最多能买哪几种商品？

（2）请你再提出一道用加法计算的数学问题，并解答。

</td><td>

1. 经过小组讨论和教师的引导，完成第一个和第二个竖式；发现第三个竖式有不同的答案，并能进行交流讨论。

2. 在积累计算经验的基础上，进一步明确算理，归纳总结计算方法。

3. 在题目数据较多时，能看懂题意，根据问题选择有效的信息进行判断，提高分析问题和解决问题的能力。

</td></tr>
</table>

【设计意图】通过本环节，巩固所学知识，引导学生进一步理解加法的计算法则，利用所学知识灵活地解决实际问题，同时培养学生的观察能力、表达能力和探究意识，体验成功的喜悦。

<table>
<tr><td>评价发展</td><td>

这节课你学会了哪些知识？你能得几颗星？

1. 能熟练地计算三位数加三位数的连续进位加法。（☆☆）

2. 能运用三位数加三位数的知识解决相关的数学问题。（☆☆）

3. 能积极与小组其他成员交流。（☆）

</td></tr>
</table>

【设计意图】在自我评价和生生评价中强化重点、难点、易错点。培养学生的总结、反思能力，从评价中提高各方面能力。

（续上表）

作业布置

基础题：

1. 比比谁的眼力好。（下面的计算对吗？请把错误改正过来。）

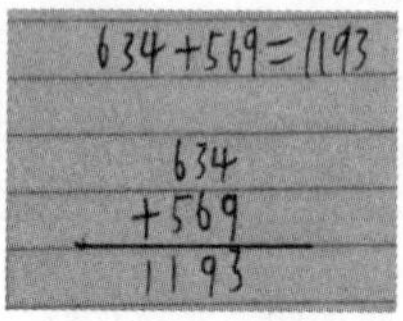

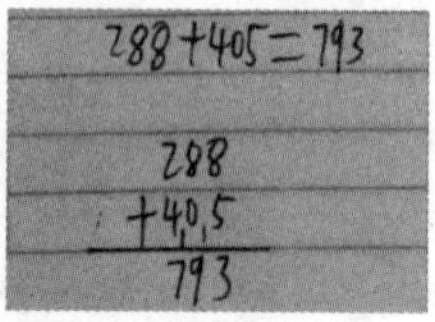

2. 先想一想是否有进位，再进行计算并验算。

364 + 296 =　　　　　　　　746 + 268 =

验算：　　　　　　　　验算：

提升题：

1. 把和是 1 000 的两个数连起来。

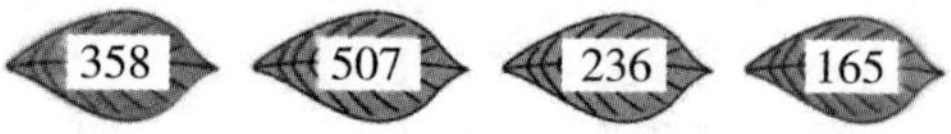

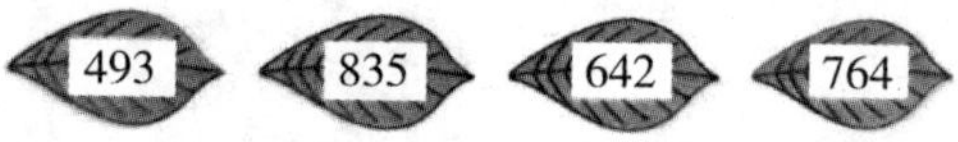

2. 比一比谁的能力强。

（1）

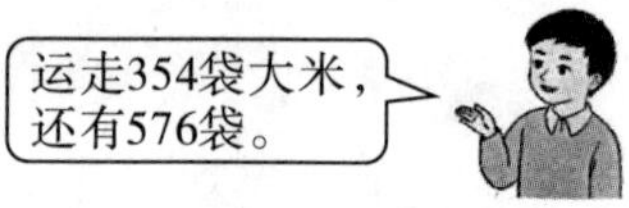

原来一共有多少袋大米？

（2）广珠城际列车从广州南站开往珠海站，途经顺德、容桂、中山、珠海北等。在顺德站有乘客 358 人，到达中山站下车 234 人，上车 186 人，到达珠海北站下车 183 人，上车 34 人。这列城际列车在中山站和珠海北站共上车多少人？

拓展题：

王阿姨的网店上午接了 497 个订单，下午比上午多接了 128 个订单。

（1）王阿姨的网店今天实际接了多少个订单？

（2）实际比预计多接了多少个订单？

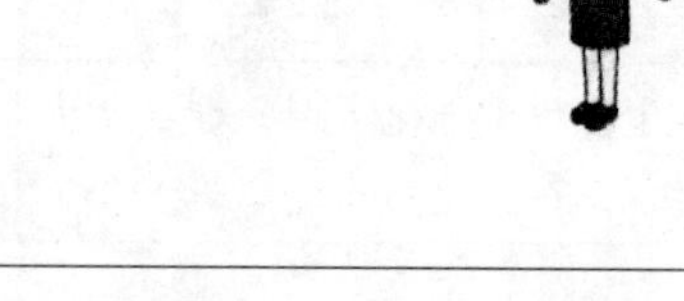

（续上表）

<table>
<tr><td colspan="2">【设计意图】通过不同层次的练习，进一步熟练计算三位数加三位数，形成数感和运算能力。并能在练习过程中培养学生审题能力和分析问题、解决问题的能力。学生在多样的练习中充分感受学习数学的乐趣，形成热爱数学的情感。</td></tr>
<tr><td>板书设计</td><td>三位数加三位数（连续进位）
该湿地的野生植物和野生动物一共有多少种？
445+298=743（种）
$\begin{array}{r} 4\ 4\ 5 \\ +\ 2_1\ 9_1\ 8 \\ \hline 7\ 4\ 3 \end{array}$　验算：　$\begin{array}{r} 2\ 9\ 8 \\ +\ 4_1\ 4_1\ 5 \\ \hline 7\ 4\ 3 \end{array}$
答：该湿地的野生植物和野生动物一共有743种。
计算方法：
（1）相同数位对齐，从个位加起；
（2）哪一位上的数相加满十，就向前一位进1；
（3）要记得加进位的数。</td></tr>
</table>

2. 专题互动课型

这是针对几个例题都属于同一知识板块学习之后的综合性练习课。首先收集学生作业里面的问题，通过训练，辨析错因，展开辩论，通过层次性练习，回忆知识并形成知识串，最后运用知识解决综合性较强的问题，从而培养学生高阶思维能力。如图 3－14 所示。

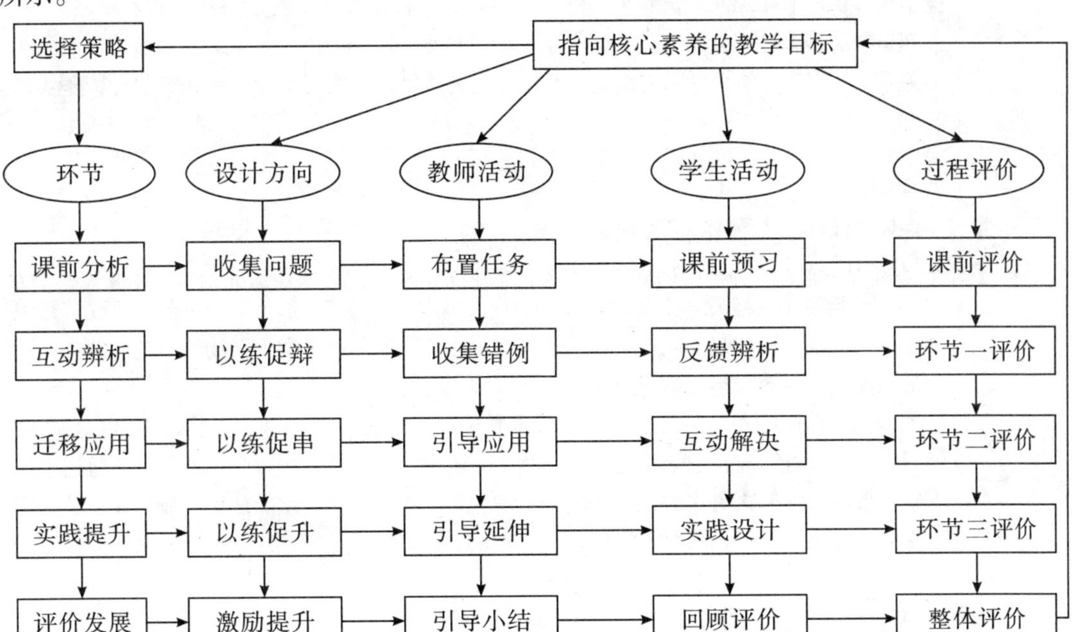

图 3－14　教学评一体化互动学习课型教学流程思路（专题互动课型）

下面以人教版数学二年级上册第四单元第 3 课时“乘法的初步认识（专项互动）”为例，见表 3－11。

表 3－11　范例

课题	森林生日会——乘法的初步认识（专项互动）
教学内容分析	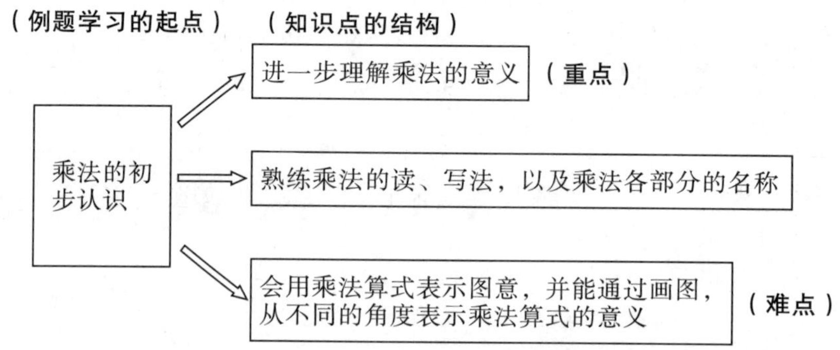
学情分析	《义务教育数学课程标准（2022 年版）》指出：数学教学要充分考虑到学生的身心发展特点，结合他们的生活经验和已有知识，设计富有情趣和意义的活动，使他们有更多机会从周围熟悉的事物中学习和理解数学，使他们体会到数学就在身边，感受到数学的趣味和作用，对数学产生亲切感。 学生在例 1 经历了把求几个相同加数和的情境与算式用“几个几”的形式表征出来，能概括地认识同数相加问题的特征，然后在学习例 2 时直接看图列出加法算式和乘法算式，并知道乘法算式各部分的名称。鉴于学生已经具备一定能力进一步沟通相同数相加与乘法的关系，所以通过本课学习，加深对乘法意义的理解，也为后续学习乘法口诀打下坚实的基础。
策略分析	1. 物理环境： 多媒体课件（AI 智能体）、微课视频。 2. 心理环境： （1）创设情境串，激发学生课堂参与。设计“森林生日会”情境导入课堂，把数学知识和学生生活联系在一起，激发学生学习兴趣；在练习中创设各类生活场景，贴近学生日常生活，提高学生的数学思维能力和解决问题的能力。 （2）采用以学生为主体的教学模式。根据学生原有的学习经验基础，设计丰富、有趣的练习，通过辨析算式，强化学生对乘法意义的认识，培养学生的数学思维能力。通过提供丰富的数学信息解决更多的数学问题，丰富学生对乘法现实模型的认识。最后鼓励学生用数学的眼光观察生活，用数学思维思考问题。
教学目标	1. 进一步理解乘法的意义，体会乘法与加法的内在联系。 2. 体验乘法在日常生活中的作用，解决类似的生活问题，培养应用意识。 3. 培养学生认真观察、独立思考和合作交流等良好的学习习惯。

（续上表）

<table>
<tr><th colspan="3">教学过程</th></tr>
<tr><th>教学设计</th><th>教学活动</th><th>评价活动</th></tr>
<tr><td>课前口算</td><td>2 + 2 + 2 + 2 =　　6 + 6 =　　5 + 5 + 5 =
2 × 4 =　　6 × 2 =　　5 × 3 =
小结：像这样求几个相同加数和的简便运算可以用乘法表示。
这就是我们今天这节课要学习的内容“乘法的初步认识（专项互动）”。</td><td>准确地计算出结果。回忆求几个相同加数的和，可以用乘法表示。</td></tr>
<tr><td colspan="3">【设计意图】提高学生的计算能力并且在计算中回忆求几个相同加数的和，可以用乘法表示。</td></tr>
<tr><td>故事导入，激发兴趣</td><td>AI 智能体：
今天森林里可热闹了，原来是小熊要举办一场生日会。它邀请了很多好朋友来参加。汪，汪，汪，小花狗来了……喵，喵，喵，小花猫也来了……哼，哼，哼，小胖猪也来了……啾啾啾、咩咩咩、嘎嘎嘎……动物们都来了。沙沙沙、沙沙沙，起风了，吹来一个五彩口袋。
这个五彩袋到底有什么用呢？
</td><td>学生能认真聆听故事和积极参与。</td></tr>
<tr><td colspan="3">【设计意图】通过创编《森林生日会》的故事，激发学生学习的兴趣，把故事融入练习中，学生在数学学习中找到乐趣，提高课堂参与率。</td></tr>
<tr><td>以练促辩，深化意义</td><td>魔法变变变：
小兔说：“哈哈，刚好可以装我的饼干”，她把饼干放了进去，神奇的事情发生了……
袋子一下子变得鼓鼓囊囊的，小兔高兴地叫起来：哇哦！这是魔法口袋吗？动物们个个都喊着要来玩魔法口袋！
当你听到老师说魔法口袋，你就边做动作边说变变变……
我会选
（1）小熊把蜂蜜放了进去……
</td><td></td></tr>
</table>

（续上表）

教学设计	教学活动	评价活动
以练促辩，深化意义	小熊说："我得到了 3 + 3 + 3 + 3 + 3 + 3" 这么多罐蜂蜜，请你改写成乘法算式是（　　）。 A. 3 × 6　　B. 3 + 6　　C. 3 × 5 师：老师已经采集到了同学们的答题情况，分别是 80%、70%、50%。现在我们来看第一题。第（1）题我们全班答对率有 80%，老师想问问你们是怎么解答的。第（1）题老师看到很多同学都做对了，谁能说一说你是怎样想的呢？我们观察这道算式，这里相同的加数是几呢，有几个3？同学在观察的时候要看清楚相同的加数是谁，数清楚有几个几。（板书：6 个 3 相加），可以用乘法算式 6 乘 3 或者 3 乘 6。所以选 A 选项。乘法算式 3 乘 6 还可以表示几个几相加？（板书：3 个 6 相加） （2）小猪又把棒棒糖放了进去…… 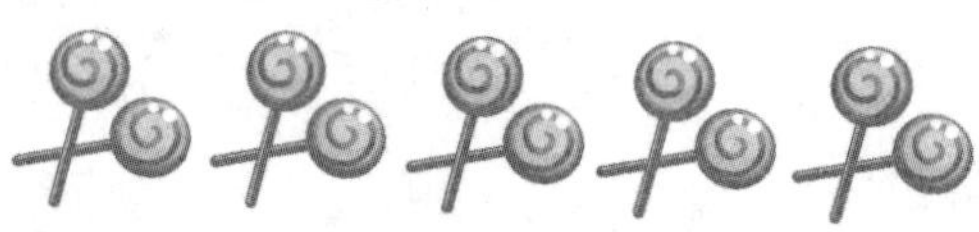 小猪说："我得到了这么多棒棒糖"，写成乘法算式是 2 × 5，改写成加法算式可以是（　　）。 A. 2 + 5　　B. 2 + 2 + 2 + 2 + 2　　C. 2 + 8 看第（2）题，谁能说一说你是怎么思考的呢？观察算式 2 乘 5，可以表示几个几相加？（板书：2 + 2 + 2 + 2 + 2），所以选 B 选项。还可以表示几个几相加？（板书：5 + 5） 小结：像这样加数相同的加法可以用乘法表示。 （3）小象也把西瓜放了进去…… 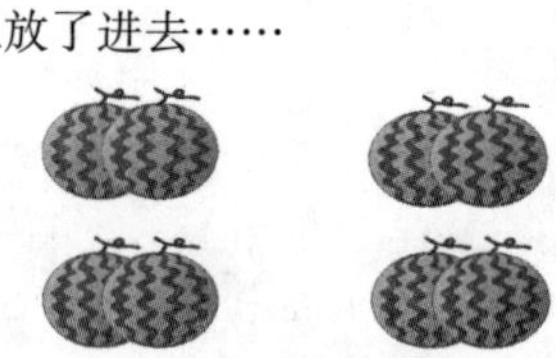 小象说："好多西瓜呀！"，可以写成乘法算式 4 × 2，用画图的方法不可以表示为（　　）。 A. ○○○○　○○○○ B. ○○　○○　○○　○○ C. ○○○○　○○	1. 进行加法算式与乘法算式的改写。会根据实物图转换成"几个几"，再写出乘法算式。 2. 进行乘法意义的图形表征、语言表征、符号表征的转化练习，达到巩固乘法意义的目的。

（续上表）

教学设计	教学活动	评价活动
以练促辩，深化意义	师：第（3）题，做错的同学特别多，你是怎么想这道题的呢？ 师：乘法算式4乘2，可以表示几个几？2个4相加或者4个2相加。所以不能表示的是C选项。我们也可以从算式得数上去分析。4乘2等于8，A选项2个4相加等于8，B选项4个2相加等于8，C选项4和2相加等于6，我们从计算结果也可以判断，C选项不可以表示4乘2，同学们听明白了吗？ 小猴变魔术： 在同学们的帮助下，小动物们算出了它们各自得到的实物。魔法口袋真是太神奇了，变出了这么多宝贝。淘气的小猴也想来玩，它把一串香蕉放了进去……你能算一算一共有多少根香蕉吗？请你算一算。  每串有（ ）根，有（ ）串，一共有（ ）根。 □ × □ = □ 1. 出示情境图。 2. 学生独立完成，指名汇报。 3. 分析问题，尝试列式。 师：观察图片，每串有5根，有这样的5串，一共有25根。要求5个5的和，可以用乘法算式5乘5表示。 4. 辨析算式，深化理解。 师：同学们，你们注意到了吗？在这个算式中，两个乘数都是5，这两个5在这里所表示的意义相同吗？ 预设：这两个5的意义不相同，如果其中一个5表示每串5根，另一个5就是有5串。 师点拨：在“5×5”这个算式中，两个乘数所表示的意义不相同。我们可以通过看图了解乘法算式的意义。 5. 感受不同场景中的5×5。 师：你也想玩一下这个神奇的魔法口袋吗？ 师：你想放什么？第三组的同学得星最多，老师请他们组的一个同学来玩。	3. 体会乘法是解决一类问题的模型。

（续上表）

教学设计	教学活动	评价活动
以练促辩，深化意义	现在我们一起来喊，魔法口袋（生：做动作并说变变变） 仔细观察，你有什么发现吗？魔法口袋都帮同学们变出了 5 个 5，都可以用乘法算式 5 乘 5 表示。生活中在不同的场景里要表示 5 个 5 相加都可以用乘法 5 乘 5 来表示。 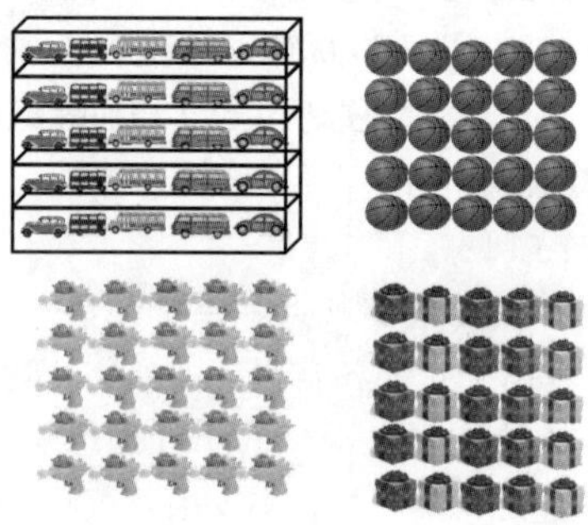 师：仔细观察，你发现了什么？ 小结：生活中在不同的场景里要表示 5 个 5 相加都可以用乘法 5 乘 5 来表示。	4. 理解只要是表示 5 个 5 的情境，都可以用 5 × 5 表示。

【设计意图】“魔法变变变”通过乘法算式转化成加法算式、加法算式直接写成乘法算式，以及乘法意义的图形表征、语言表征、符号表征的转化练习，达到巩固乘法意义的目的；“小猴变魔术”以图文并茂的形式呈现，为乘法算式赋予了生动的现实情境，在练习后进一步提出问题，引导学生思考生活中能用“5 ×5”表示的事情，体会到只要是表示了 5 个 5 的情境，都可用 5 × 5 表示，为今后用乘法解决问题作好铺垫。

以练促串，迁移应用	篮球比赛： 魔法口袋帮动物们变出了这么多好吃又好玩的东西，爱运动的小兔子提议来一场篮球比赛。 同桌比赛投篮，看谁投得又对又快。 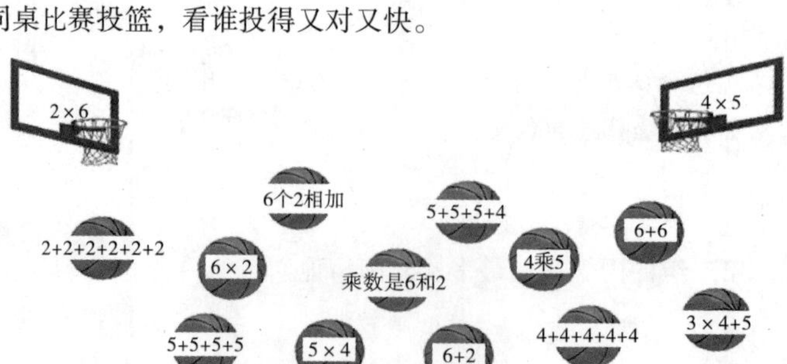	1. 进一步加深对加法和乘法之间联系的理解。

（续上表）

<table>
<tr><th>教学设计</th><th>教学活动</th><th>评价活动</th></tr>
<tr><td>以练促串，迁移应用</td><td>1. 指导读题，清晰要求：找到与篮球架上有关的算式并且连一连。
2. 同桌比赛投篮，看谁投得又对又快。
3. 利用游戏把算式进行分类，辨析 12 个算式的意义，巩固对乘法意义的认识。
4. 沟通乘法与加法之间的联系，明确：相同数相加的加法算式可以改写成乘法算式。</td><td>2. 根据乘法的意义选择有联系的算式。</td></tr>
<tr><td colspan="3">【设计意图】本环节为学生提供较为丰富的数学信息，也是对前两节课所学内容的综合性练习。其中，有些算式不能与其他算式连线，通过对算式意义的辨识，强化学生对乘法意义的认识。</td></tr>
<tr><td>以练促升，实践设计</td><td>小松鼠讲故事：
AI 智能体：篮球比赛真开心，现在小动物们要听白兔老师讲故事。
1. 请你来讲故事，用喜欢的乘法算式编一个数学故事并表示出来。
□ × □
1. 指导读题，清晰要求。
2. 引导学生从不同的角度理解乘法的意义。
3. 指导画图。
小结：画图时先确定相同加数是几，再根据乘法的意义画图。
4. 乘法算式真是太神奇了，还可以编成很多有趣的数学故事。</td><td>1. 会说算式所表示的含义。
2. 用画图的方式表示乘法算式的含义。
3. 从不同的角度观察其所表示的意义。</td></tr>
<tr><td colspan="3">【设计意图】旨在让学生用画图的方式表示乘法算式的含义，启发学生从不同的角度表示乘法算式的意义，丰富对乘法现实模型的认识。通过开放式题目，学生写出自己喜欢的竖式并画图，激起学生的兴趣，发展学生的思维能力。</td></tr>
</table>

（续上表）

<table>
<tr><td>归纳小结，评价发展</td><td>1. 森林生日会结束了，你在生日会里面有什么收获？
2. 请自己评一评，能得几颗☆。<table><tr><th>评价内容和标准</th><th>自评</th></tr><tr><td>进一步理解乘法的意义并会用画图来表示。（☆☆）</td><td></td></tr><tr><td>会用乘法解决生活中的问题。（☆☆）</td><td></td></tr><tr><td>我能积极参与，认真聆听同学的发言。（☆）</td><td></td></tr></table></td></tr>
<tr><td>作业布置</td><td>请你找一找生活中的乘法问题，并把你找到的乘法问题和你的家人说一说。</td></tr>
<tr><td colspan="2">【设计意图】通过让学生寻找生活中的乘法问题，培养学生会用数学的眼光观察现实世界，会用数学思维思考现实世界，会用数学语言表达现实世界。</td></tr>
<tr><td>板书设计</td><td>森林生日会
乘法的初步认识（专项互动）

3×6　　6个3相加
　　　　3个6相加
2×5　　5+5
　　　　2+2+2+2+2</td></tr>
</table>

下面再以人教版数学三年级上册第七单元第2课时“四边形、长方形和正方形的特点（专项互动）”为例，见表3－12。

表3－12　范例

<table>
<tr><td>课题</td><td>四边形、长方形和正方形的特点（专项互动）（教科书第81～82页相关练习）</td></tr>
<tr><td>教学内容分析</td><td>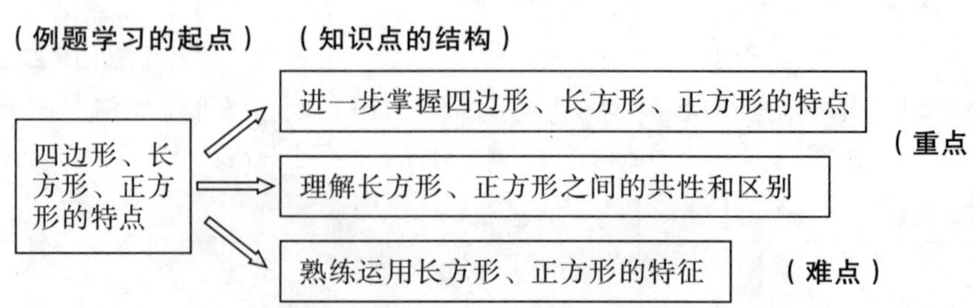
</td></tr>
</table>

（续上表）

学情分析	学生直观认识了长方形、正方形、平行四边形、三角形和圆等平面图形。本节课的学习，为进一步探索其他平面图形的特征奠定基础。熟练掌握四边形、长方形和正方形的特征对今后的学习非常重要。
策略分析	1. 物理环境： 教学平台、多媒体课件（AI 智能体）、微课视频、展示台、卡纸。 2. 心理环境： 三年级学生对图形的认识已经由直观辨认水平发展为依据特征的初级概念判断水平，而“用语言概括、描述形体特征”正是这种发展的中介。因此，要为学生创造动手、动口的机会，重视让学生自己归纳长方形、正方形的特征，并通过互相交流不断提高认识。 当学生对概念有了初步理解，需要进一步深化时，需要提供变式图形，帮助学生排除非本质属性的干扰，抓住图形的本质属性进行判断，更好地掌握图形的概念。例如，提供不是水平放置的长方形、正方形等。
教学目标	1. 进一步掌握四边形、长方形和正方形的特征。 2. 理解长方形、正方形之间的共性与区别，形成空间观念和初步的几何直观。 3. 综合运用长方形和正方形的特征解决问题，培养应用意识。 4. 通过观察、操作、探索、交流等多种形式的活动，获得对空间与图形知识的直观经验，形成初步的空间观念，充分感受数学的乐趣，激发热爱数学的情感。

教学过程

教学环节	教学活动	评价活动
互动辨析，以练促辩	1. 故事导入（AI 智能体）：今天我带来了一群小伙伴和同学们一起学数学，他们来自《绿野仙踪》童话故事。这是一个怎样的故事呢？（观看视频：一个名叫多萝茜的小女孩，被龙卷风刮到了一个神奇的国度，从此开启了她的冒险之旅。途中她相继遇到了想要一颗聪明脑袋的稻草人、想要一颗心的铁皮樵夫和想要获得勇气的胆小狮。他们结伴而行，经历了许多稀奇古怪、惊险刺激的困难，最终实现了各自的梦想。）同学们想不想和他们来一场数学的冒险之旅。来看看我们的冒险计划吧！ 2. 故事情境串： 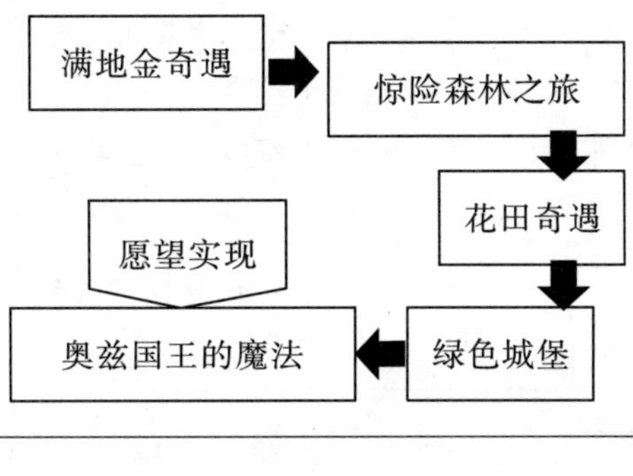	1. 能认真观看和思考。

（续上表）

<table>
<tr><th>教学环节</th><th>教学活动</th><th>评价活动</th></tr>
<tr><td>互动辨析，以练促辩</td><td>AI 智能体：满地金奇遇、惊险森林之旅、花田奇遇、绿色城堡、奥兹国王的魔法，最后愿望实现，有没有信心帮助他们通过五关，实现梦想？事不宜迟，我们出发第一关满地金国奇遇吧！
（观看视频：这天，一条宽宽的河挡住了去路。怎么办呢？做一条四边形的小船吧，但是四边形是个怎样的图形呢？）
3. 师：四边形是个怎样的图形呢？我们用学过的知识去帮助他们吧！请同学们拿出应答器，调到选择题状态。准备好了吗？我们开始了。
4. 选择题。
（1）下面哪个图形是四边形？（　　）
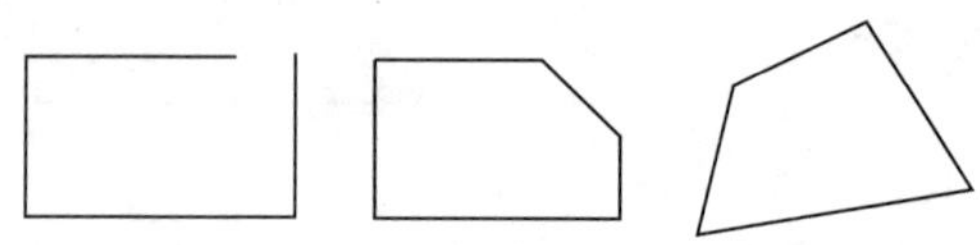
A　　　B　　　C
小结：四边形的特点：4 条直的边、4 个角。
（2）长方形的对边相等。（　　）
A. 对　　B. 错
小结：长方形的特点：对边相等，4 个直角。
（3）下面哪个图形是正方形？（　　）
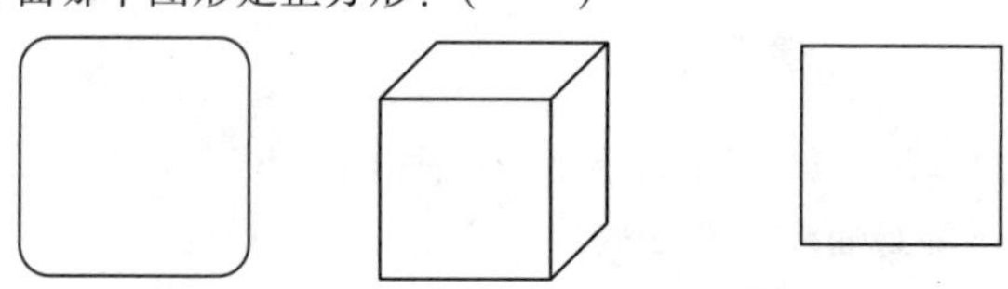
A　　　B　　　C
小结：正方形的特点：4 条边相等，4 个直角。
正方形的对边也相等，也有 4 个直角。所以正方形是特殊的长方形。
5. 教师课件出示四边形、长方形和正方形，学生说出它们的特征。（板书课题）
<table>
<tr><th>名称</th><th>图形</th><th>特征</th></tr>
<tr><td>四边形</td><td>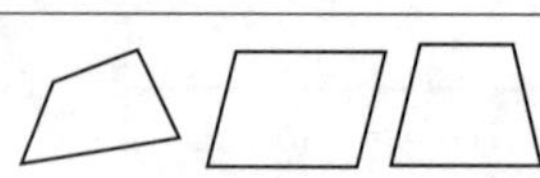</td><td>4 条直的边，4 个角</td></tr>
<tr><td>长方形</td><td>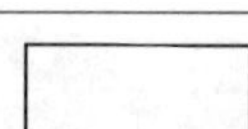</td><td>对边相等，4 个直角</td></tr>
<tr><td>正方形</td><td>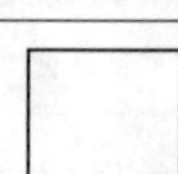</td><td>4 条边相等，4 个直角</td></tr>
</table>
</td><td>2. 熟练区分和辨认四边形、长方形、正方形。</td></tr>
</table>

（续上表）

教学环节	教学活动	评价活动
互动辨析，以练促辩	6. 出示学习目标： （1）进一步掌握四边形、长方形和正方形的特征。 （2）理解长方形、正方形之间的共性与区别。 （3）综合运用长方形和正方形的特征解决问题。	3. 掌握四边形、长方形和正方形的特点。

【设计意图】创设有趣、熟悉的《绿野仙踪》童话故事情境，引起学生的学习兴趣，从而帮助学生熟练区分和掌握四边形、长方形和正方形的特点。学生的心理机能得到发展，核心在于激发学生的情感。在教学中，增强其课堂参与的积极性，加强自我系统的完善。复习相关知识点，结合板书，通过“互动辨析”的选择题找到知识点中容易出现的“雷点”。在一定程度上发挥了学生元认知系统的监控能力。

教学环节	教学活动	评价活动
迁移应用，以练促串	AI智能体：我们准确地区分和辨认出了四边形、长方形和正方形的特点，多萝茜和她的小伙伴们在大家的帮助下也认识了四边形，并且把小船做好了。现在小船带着大家来到了下一站惊险的森林之旅。 （观看视频：表面是长方形的小船制作成功了，现在我们顺利过河。过了河来到了茂密的森林。好深好陡的壕沟哦！这可怎么办呢？胆小狮想到了一个办法，我们来搭一座用长方形、正方形和平行四边形组成的桥，我可以背大家跳过去。） 师：同学们，要搭一座长方形、正方形和平行四边形组成的桥，我们要给这些图形分分类。有信心帮助他们跳过壕沟吗？请同学们翻开书本，开始吧！ 1. 把下面的四边形分类。 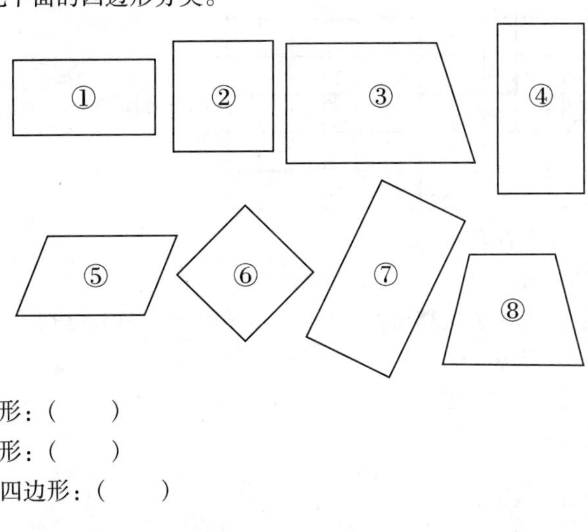 长方形：（　　） 正方形：（　　） 平行四边形：（　　）	1. 进一步认识四边形的特征。 2. 能区分和辨认出四边形、长方形和正方形。

（续上表）

教学环节	教学活动	评价活动
迁移应用，以练促串	小结：①号、④号和⑦号图形都是长方形，它们都是对边相等，都有 4 个直角。②号和⑥号图形是正方形，它们都是 4 条边相等，都有 4 个直角。⑤号图形是平行四边形，它的对边相等，但是 4 个角不是直角，③号和⑧号图形是梯形。 我们抓住了四边形各自的特点，帮忙分好类了。现在我们把桥搭好了。帮助胆小狮获得勇气，背大家跳过壕沟到达了下一站花田奇遇。 （观看视频：多萝茜他们终于走出了恐怖的森林，又踏上了久违的黄砖大道。顿时被道路旁绚烂的花海迷住了，大家很快忘记了森林中的不愉快，陶醉于花香花海之中。但是没想到的是这片花海是罂粟花，吸得过多会中毒。不一会儿多萝茜和胆小狮已经昏昏睡去，铁皮樵夫和稻草人匆忙找到田鼠女王帮忙。田鼠女王要求大家圈出多萝茜和胆小狮的位置。） 师：他们又遇到麻烦了，按要求圈出多萝茜和胆小狮的位置，田鼠女王才能用最快的速度进行救援！我们一起帮助多萝茜和胆小狮脱离险境吧！ 2. 在下面的方格花海上按要求画出图形。 （1）多萝茜的位置：边长 3 米的正方形。 （2）胆小狮的位置：长 4 米，宽比长短 1 米的长方形。 （1格代表1平方米） 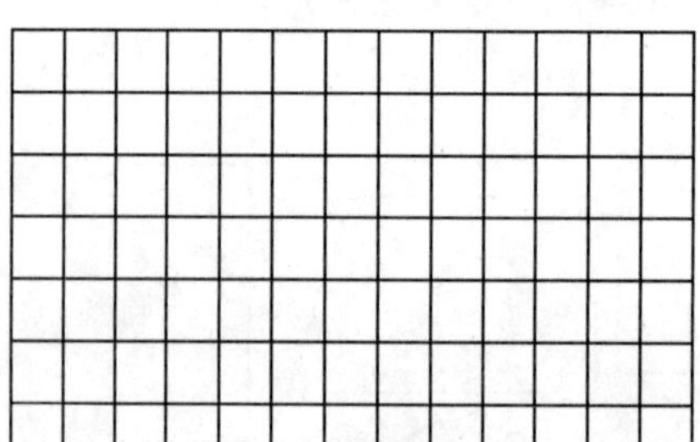 师：请同学们使用铅笔和直尺进行画图。 **分析：** 根据正方形四边相等、4 个直角的特点，我们可以沿着小方格的边来画。画长方形时要先算出宽是几米，再画一画。宽比长短 1 米，那么宽是几米呢？宽 = 4 - 1 = 3（米）。我们要画的长方形长 4 米，宽 3 米。根据长方形对边相等和 4 个直角的特点，我们也可以沿着小方格的边来画。	3. 能根据长方形、正方形的特征，正确画出长方形和正方形。

（续上表）

<table>
<tr><th>教学环节</th><th>教学活动</th><th>评价活动</th></tr>
<tr><td>迁移应用，以练促串</td><td>小结：注意在画长方形的时候，我们要注意认真审题，先求出宽是多少，再下笔画。
我们准确地标出了多萝茜和胆小狮的位置，铁皮樵夫和稻草人终于成功救出了多萝茜和胆小狮，接下来他们还会遇到什么麻烦呢？
（观看视频：多萝茜一伙人离开了罂粟花田，继续踏上了通往翡翠城的道路。没过多久他们终于到达了翡翠城。他们非常开心，但是事情并没有他们想的那么简单。一个守城门的人拦住了他们，递给他们一个宝盒。宝盒里装的是个四边形，猜一猜可能是什么形状。猜对了才可以进入城堡。）
师：宝盒里装的是个四边形，猜一猜可能是什么形状。
3. 宝盒里装的是个四边形，猜一猜可能是什么形状。
师：我们可以用“可能”“不可能”“一定”来说明。

可能是：
小结：同学们通过猜图形，我们知道了判定一个四边形是什么形状要同时考虑它的边和角的情况，缺一不可。</td><td>4. 准确辨认和区分长方形、正方形、平行四边形。
5. 运用正方形和长方形的特点解决一些简单的问题。</td></tr>
<tr><td colspan="3">【设计意图】继续创设搭桥、分类、画图等有趣的故事情境，使学生准确辨认和区分长方形、正方形、平行四边形。运用正方形和长方形的特点解决一些简单的问题。通过迁移应用，激发学生深度思考，学生的再认、分析和解决问题能力得到进一步的锻炼，从而促进知识的深层建构和思维能力的提升。提高学生灵活运用所学知识解决生活问题，培养学生综合解决问题的能力。</td></tr>
<tr><td>实践提升，以练促升</td><td>师：我们猜出了宝盒里的图形，终于可以进入城堡了。同学们猜一猜奥兹国王会不会马上施展魔法帮助大家实现愿望呢？
（观看视频：他们终于进入了城堡，见到了奥兹国王。多萝茜、稻草人、铁皮樵夫和胆小狮想着他们的愿望马上就能实现了，显得既紧张又开心。只见奥兹国王缓缓地说：“让我帮你们实现愿望可以，但必须为我做一件事，现在按照下面要求去变魔法，我就能马上帮你们实现愿望。”）
师：奥兹国王要求变魔法，看看要求是什么？
1. 下页图是一个长方形草地，国王希望在里边画出一个最大的正方形用来养小动物。</td><td></td></tr>
</table>

（续上表）

<table>
<tr><th>教学环节</th><th>教学活动</th><th>评价活动</th></tr>
<tr><td>实践提升，以练促升</td><td>

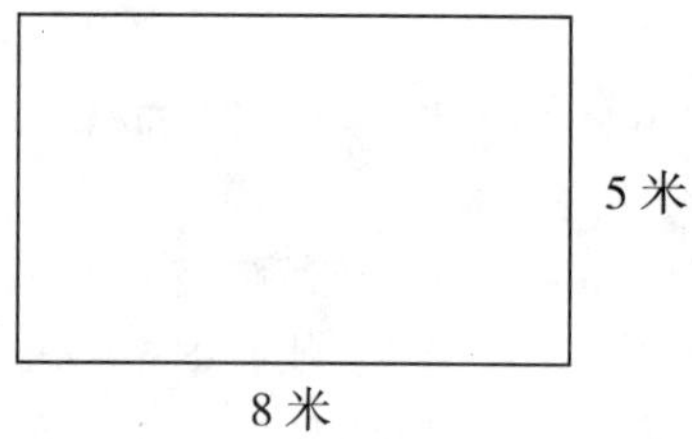

2．小组合作完成。

<table>
<tr><td>1</td><td>在图中画出一个最大的正方形。</td></tr>
<tr><td>2</td><td>这个正方形的边长是（　　）米。</td></tr>
<tr><td>3</td><td>剩下的图形是一个长方形，长是（　　）米，宽是（　　）米。</td></tr>
<tr><td>4</td><td>我发现：在画正方形的时候我们可以通过量一量、折一折的方法确定四边相等。</td></tr>
</table>

小结：要在一个长方形中画出最大的正方形，取这个长方形的宽作为正方形的边长即可。
（观看视频：在大家的帮助下，稻草人得到了一颗聪明的脑子，铁皮樵夫得到了一颗心，胆小狮获得了勇气成了百兽之王，多萝茜终于回到了她的家乡。）
师小结：同学们，不知不觉这节课就接近尾声了，在一年级的时候我们就认识了长方形和正方形，这节课我们再次走近长方形和正方形，通过学习我们已经可以从边和角的数学角度来介绍它们的特点了，而这些知识还可以帮助我们去认识更多的图形。</td><td>1．合作探索和总结方法。
2．合作交流分享收获。
3．熟悉长方形和正方形的特点，运用长方形和正方形的特点解决简单的问题。</td></tr>
<tr><td colspan="3">【设计意图】通过小组合作活动，学生通过对话、交流、辩证等形式，设计开放性的题目，迁移知识，学生表达不同的想法，不断强化方法，提升思维含量。借助学习单这个支架在对话、交流、辩证以及汇报中提高学生的分析能力，尤其是识别、知识应用、拓展（概括）能力得以发展，进一步完善学生的认知系统。通过具体的讨论支架，用数学知识解决生活问题，进行策略的优化调整，在一定程度上发挥了学生元认知系统的监控能力。</td></tr>
<tr><td>评价发展</td><td colspan="2">这节课你学会了哪些知识？你能得几颗星？
1．我知道四边形、长方形和正方形的特征。（☆☆）
2．我理解长方形、正方形之间的共性与区别。（☆☆）
3．我运用长方形和正方形的特点解决简单的问题。（☆）</td></tr>
</table>

（续上表）

【设计意图】引导学生回顾本节课学习内容，有针对性地对自己的学习表现进行评价，有助于学生养成良好学习习惯，形成良好的品质，促进其全面发展。

作业布置

基础题：

选择题。

(1) 下面图形是四边形的是（　　）。

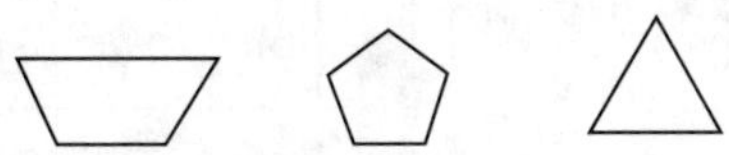

A　　B　　C

(2) 见下图，四边形有（　　）个。

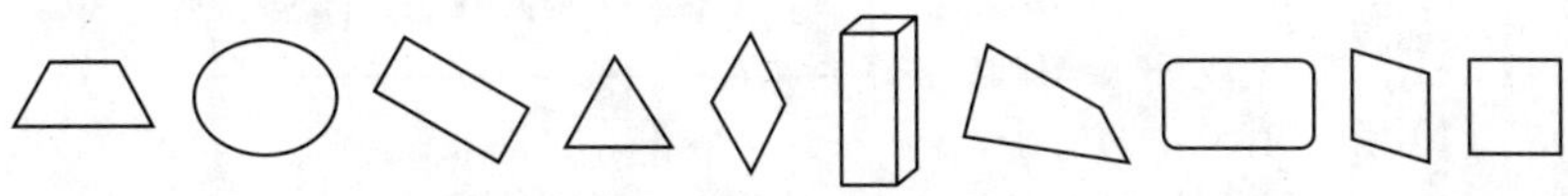

A. 5　　B. 6　　C. 7

(3) 下面哪一组的 4 根小棒能刚好拼成一个长方形？（　　）

A　　B　　C

提升题：

1. 下面图形中，（　　　）是长方形，（　　　）是正方形。（填序号）

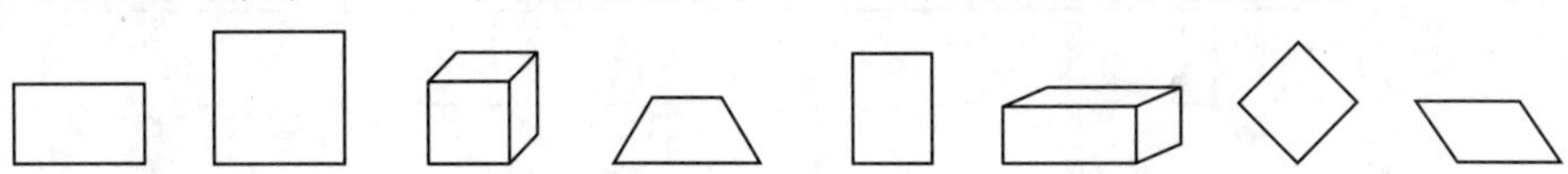

①　②　③　④　⑤　⑥　⑦　⑧

2. 数一数。

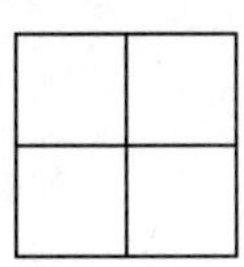

（　　）个正方形

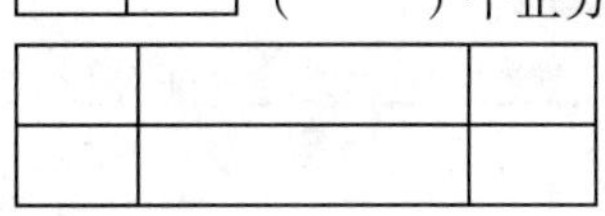

（　　）个长方形

3. 下图分别有几个正方形？用了多少根火柴？

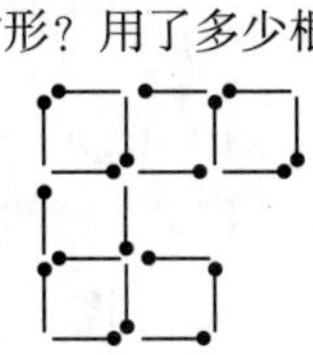

________个正方形，________根火柴。

（续上表）

<table>
<tr><td>作业布置</td><td>拓展题：
数一数，画一画。
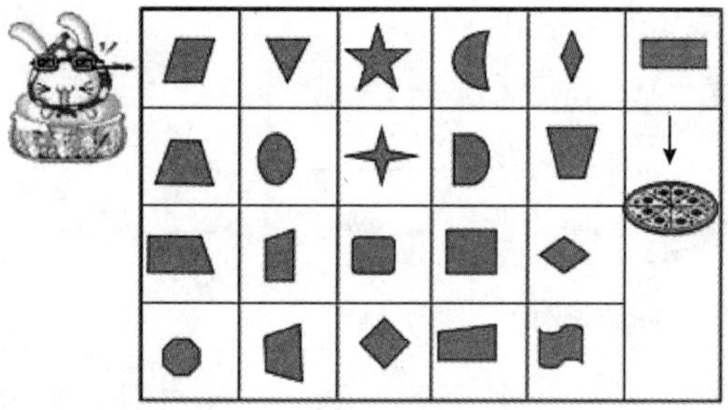
（1）图中有（　　）个四边形。
（2）连一条都是四边形的线路，让小白兔吃到披萨。</td></tr>
<tr><td colspan="2">【设计意图】通过不同层次的练习，进一步熟练和掌握四边形和长方形、正方形的特征，在练习过程中培养学生分析问题、解决问题的能力。在数一数和画一画的练习中，学生充分感受学习数学的乐趣，形成热爱数学的情感。</td></tr>
<tr><td>板书设计</td><td>四边形、长方形和正方形的特点（专项互动）
<table>
<tr><th>名称</th><th>图形</th><th>特征</th></tr>
<tr><td>四边形</td><td>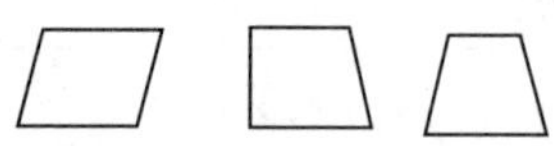</td><td>4 条直的边，4 个角</td></tr>
<tr><td>长方形</td><td>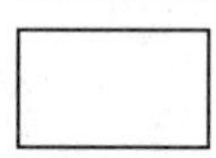</td><td>对边相等，4 个直角</td></tr>
<tr><td>正方形</td><td>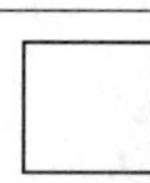</td><td>4 条边相等，4 个直角</td></tr>
</table></td></tr>
</table>

3．整理与复习互动课

本类课型是学习完整个单元或者整个大的知识模块之后，学生通过梳理，形成知识的网络，并且通过归类的训练、拓展性的训练，达到对整个知识模块的巩固和应用的目的的整理与复习课。引导学生通过整理归类厘清本单元知识点的关系，建立章节或学科知识的网络体系，联点串线，使数学知识纵横贯通，形成知识体系，这不仅有利于知识的储存和检索，而且有助于理解和吸收新的知识。如图 3－15 所示。

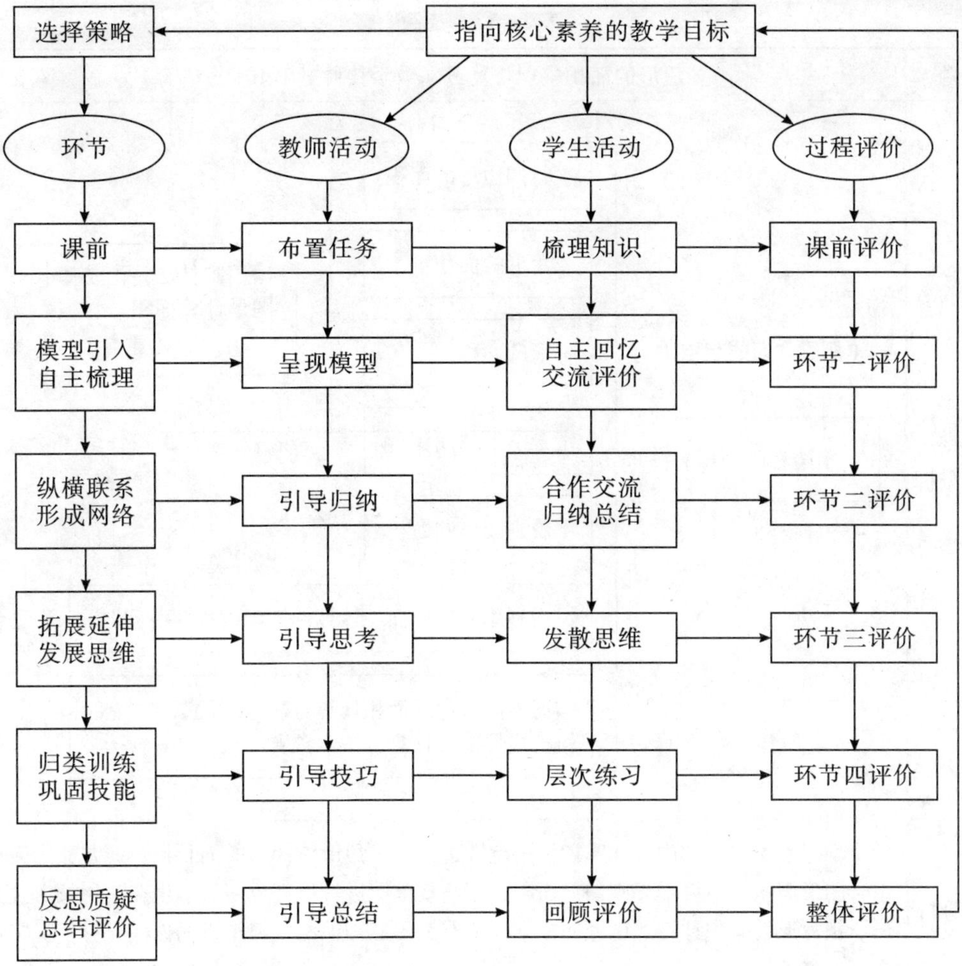

图 3-15　教学评一体化互动学习课型教学流程思路（整理与复习互动课型）

下面以人教版数学五年级上册第六单元第 9 课时“多边形的面积整理与复习”为例，见表 3-13。

表 3 – 13　范例

课题	多边形的面积整理与复习（数学教科书第 101 页内容）
教学 内容分析	（例题学习的起点） 多边形的面积 — 平行四边形的面积 — 三角形的面积 — 梯形的面积 — 组合图形的面积 （以上四项：运用割补法转化成基本图形计算面积（重点）） — 不规则图形的面积 — 灵活利用多边形面积计算的知识解决实际问题（重点） — 沟通不同多边形面积计算方法之间的联系，感悟多边形面积计算方法表象背后的本质（难点）
学情分析	学生学习了本单元的内容，掌握了平行四边形、三角形、梯形的面积计算，并能求简单的组合图形面积、估算不规则图形面积，在此基础上进行梳理复习。学生在三年级学过长方形、正方形的面积计算，已经初步掌握了有关图形知识的复习整理的方法，有了一定复习整理的经验。
策略分析	1. 物理环境： 多媒体课件、学习单、尺子、学生整理的知识思维导图。 2. 心理环境： （1）认知的发展：在注意力方面，五年级学生的有意注意逐步发展并占主导地位；在记忆方面，五年级学生抽象记忆有所发展，但具体形象记忆的作用仍非常明显。在思维方面，学生逐步掌握初步的科学定义，学会独立进行逻辑论证，但他们的思维活动仍然有很大成分的具体形象色彩。因此，本节复习课应引导学生运用转化思想探索多边形面积计算方法的联系，渗透事物是相互联系的辩证唯物主义观点。 （2）学习的特点：小学五年级学生已初步形成了一定的学习态度，并且随着主体意识的觉醒，自我意识、自我主张、自我控制能力进一步加强；同时已经比较习惯于有组织的自觉性的班集体生活，把自己看成集体的一员，重视班集体评价作用。因此，本节课采用以学生为主体的教学模式。根据学生原有的学习经验基础，布置课前任务，通过学习任务单提前发放，让学生梳理，把本单元的学习收获用图形和文字表达出来。

（续上表）

教学目标	1．在复习、梳理活动中，进一步构建平面图形面积计算方法的关联，并正确运用公式进行面积的计算，会用图文表达已有知识经验和数学思想方法之间的联系，形成知识网络，培养几何直观和符号意识。 2．在探索多边形面积计算方法的活动中，发展空间观念，形成推理意识。 3．在探索活动中获得积极的情感体验，感悟数学知识的相互联系，形成会思善问的学习品质。

教学过程

教学环节	教学活动	评价活动
自主梳理，形成网络	1．回顾已学过的图形面积计算公式。 （1）引入：我们已经学习了哪些图形的面积计算公式？ （2）想一想，连一连。 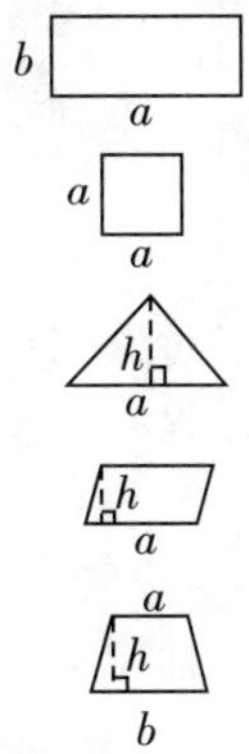 $S=(a+b)h\div2$ $S=ah$ $S=a^2$ $S=ab$ $S=ah\div2$ （PPT 配合学生回答连线） （PPT 呈现连线后，再按图形顺序公式一一对应图形） 2．推导回顾。 （1）将自己的学习收获用图形和文字表达出来，先在组内交流，再进行小组汇报。 （2）教师把有代表性的作品贴到黑板上，小组代表分享。 整理方法一：（从知识内容角度用文字整理描述） 平行四边形面积　三角形面积　梯形面积 $S=ah$　$S=ah\div2$　$S=(a+b)h\div2$ 组合图形面积　不规则图形面积 分割　数单位 整理方法二：（从研究求面积的方法经验角度进行整理描述） 计数单位面积→剪拼（归整面积单位）→拼组（再拼上一个和它完全一样的图形，每行面积单位一样多）→分割成基本图形→细化面积单位	1．回忆学习过的图形面积计算公式。 2．准确按照图形对应公式连线，并指出字母所对应的图形部分名称。

（续上表）

教学环节	教学活动	评价活动
自主梳理，形成网络	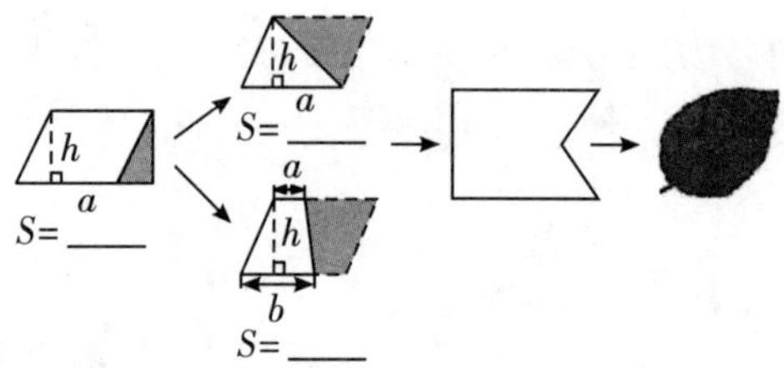 整理方法三：（从思想策略角度进行整理描述） 陌生的图形→学过的图形，不规则的图形→规则的图形 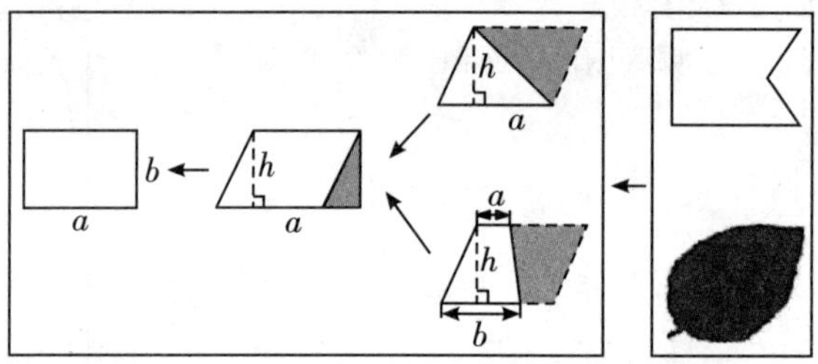 （3）见上图，从左向右，是本单元学习的进程，是知识生长过程；从右向左，则是解决问题的策略。在研究这些平面图形过程中，运用转化思想，推理、归纳陌生图形面积公式。 3．研究关系。 引导：通过回顾这些图形面积计算方法，我们更加清楚了它们之间的关系。你会计算这些图形的面积吗？ 计算下面各图形的面积。（每个方格表示 1 cm^2） 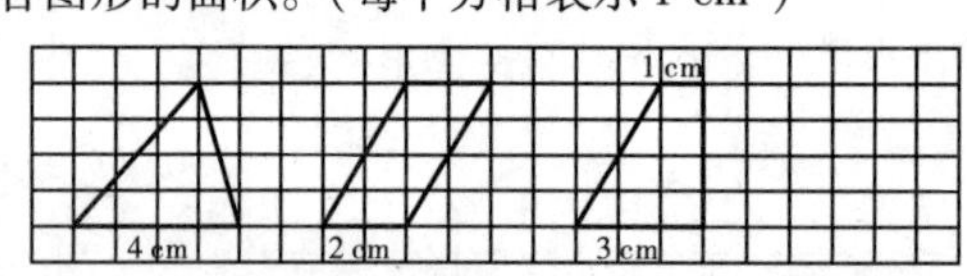 （　　）cm^2　　（　　）cm^2　　（　　）cm^2 小研究：以上三个不同的图形为什么面积都是 8 cm^2？ 可动态呈现图形点、边的移动改变过程。	3．会用图文表达已有知识经验和数学思想方法之间的联系。 4．使用公式或数方格、剪拼等多种方法计算出图形的面积，并能意识到使用公式的灵活性与普适性。

【设计意图】以问题唤醒学生探索已学习图形（平行四边形、三角形、梯形等图形）面积计算公式的相关知识经验、计算组合图形面积和估算不规则图形面积的策略，引导学生进行梳理归纳并展示不同的整理方式，通过“提前自主梳理——小组内交流完善——班内分享汇报”等过程，学生有了同伴互助和交流提升的机会，再次学习知识点和解决问题的策略经验，以及充分唤醒数学思想方法，在建立更完善的知识结构的同时，提升学生的认识和理解，培养自主学习的能力。

（续上表）

教学环节	教学活动	评价活动
拓展延伸，发展思维	1. 启发思考：如图所示，每个小正方形的边长是1cm，这两条平行线之间的距离是4cm，如果从下面的直线上取两个点分别为A点和B点，AB＝3cm，如果从上面的直线上取C点和D点，依次连接A、B、C、D组成一个我们所学习过的多边形，并按照你认为的规律排列呈现。 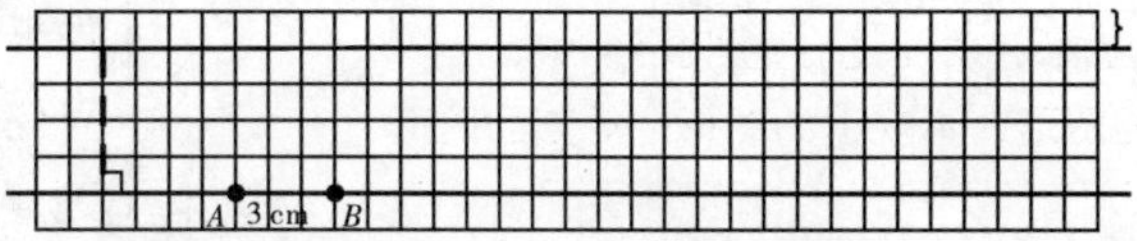 2. 同桌之间分享作品，交流各自的发现和思考，并完善补充。 3. 呈现学生作品： （1）无规律地呈现： 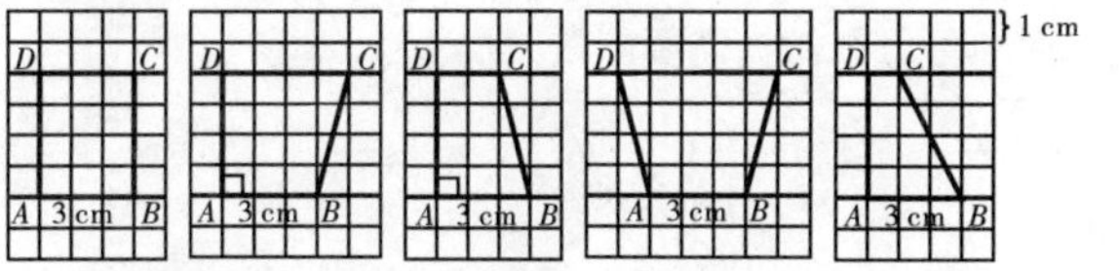 （2）上底逐渐增加的呈现： 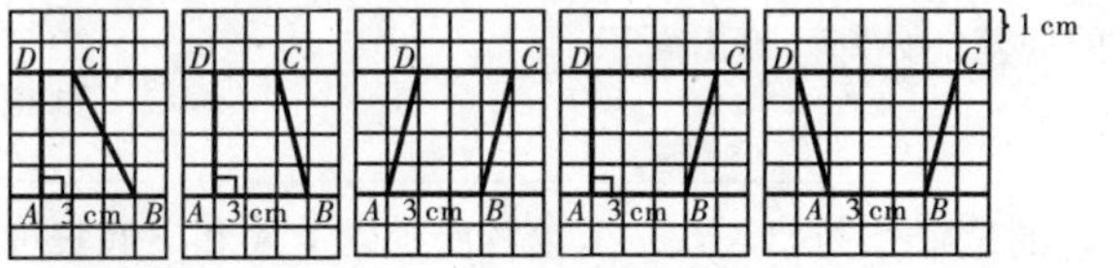 （3）上底逐渐减小的呈现： 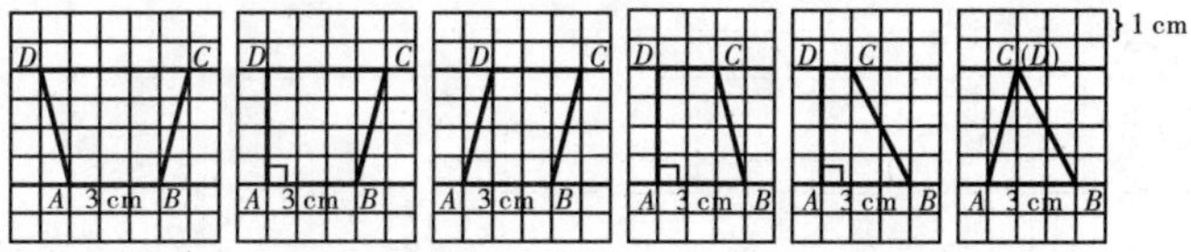 分享：你在其他同学的汇报中发现了什么？ 学生发现了： CD＝AB时，图ABCD是平行四边形或长方形。 当CD和AB不相等时，图ABCD是一个梯形。 当C和D重合时，是一个三角形。 多边形面积的大小都与底和高有关。 4. 讨论：如果用一个面积计算公式就能计算这些多边形的面积，你认为可以用哪一个？为什么？	1. 阅读题目，理解题意，并按要求进行操作。 2. 与同桌进行交流各自的发现和思考，并完善补充。 3. 对其他学生的作品进行判断，在不同呈现作品中能发现这些图形的高都相等，而且能理解当CD等于AB时、CD和AB不相等时、C和D重合时图形的情形。

（续上表）

<table>
<tr><th>教学环节</th><th>教学活动</th><th>评价活动</th></tr>
<tr><td>拓展延伸，发展思维</td><td>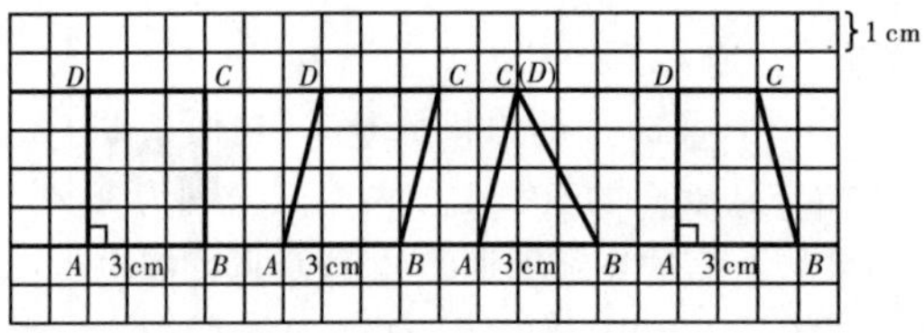

总结：
①推导面积公式角度：
三角形、梯形→平行四边形
②计算面积单位：
平行四边形、三角形、梯形→长方形
③面积公式通用性：
长方形、平行四边形、三角形→梯形
5. 先观察，再思考：下面多边形中哪一个面积比较大？如果要求这些多边形的面积，你准备怎么做？需要测量几次？
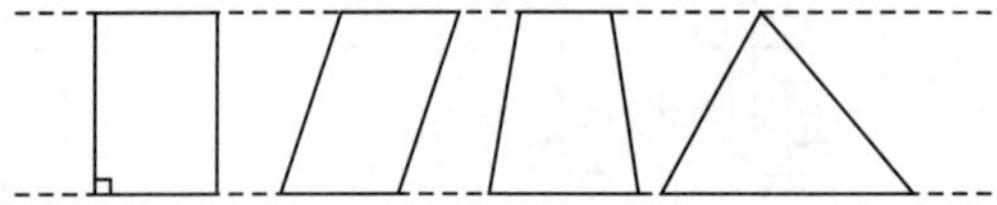
交流：这些图形都在两条平行线之间，所以高只需要测量一次，再分别测量出对应的底就能分别计算出面积。</td><td>4. 主动思考后并在小组讨论中表达自己的看法，说出理据，在其他同学的汇报中发现多种思路。

5. 根据所学知识观察得出这些图形的高都相等。</td></tr>
<tr><td colspan="3">【设计意图】将确定动点 C 和 D 的位置作为切入点，学生再次探索上底和下底长度关系和形状之间的关系，寻找辨析多边形面积计算的方法，感悟平行四边形、三角形、梯形计算方法的内在联系，进而发展空间观念和初步体会推理意识。</td></tr>
<tr><td>归类训练，巩固技能</td><td>1. 请计算下面图形的面积。
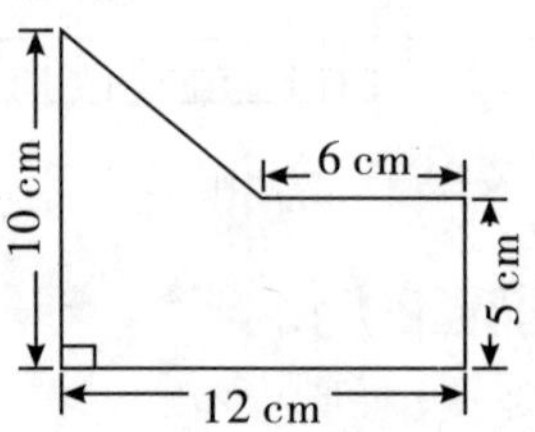

总结方法：做这类题目有什么技巧，需要注意什么？</td><td>1. 认真审题，指出是由哪些图形组合而成，并与同桌互相讨论解题思路，再独立完成。</td></tr>
</table>

（续上表）

教学环节	教学活动	评价活动
归类训练，巩固技能	2. 见下图：梯形、平行四边形、三角形的面积相等。求平行四边形的底和三角形的底。（单位：cm） 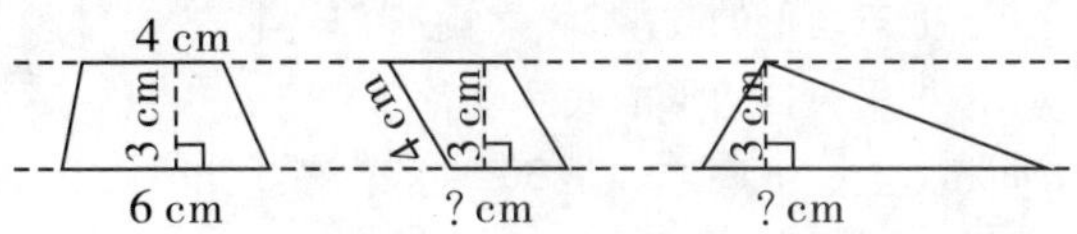 总结方法：你们发现什么？提示发现规律。 3. 估算不规则图形的面积：估一估，某地区的面积不超过（　　）km^2。（每个方格表示 1 km^2） 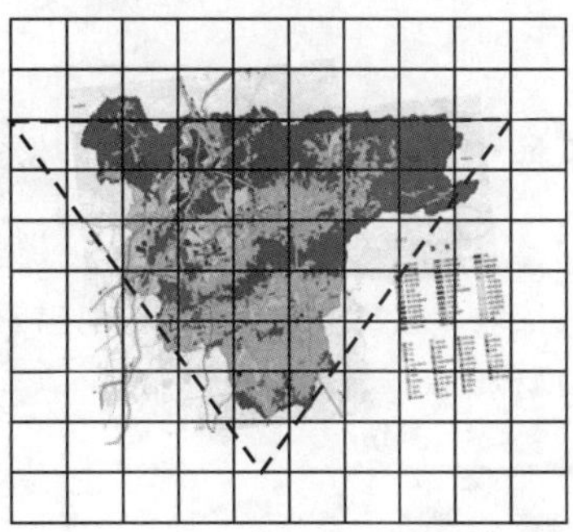 总结方法：做这类题目有什么技巧，需要注意什么？	2. ①按照教师要求完成； ②找出问题的关键句：梯形、平行四边形、三角形的面积相等。 ③小组汇报，说解题过程以及解题依据，并在图形上标注数据。 3. 按要求完成，并得出“不超过”的意思为：小于或等于，而估算面积的方法有：①数方格；②看成三角形来计算。发现这类题目的技巧：利用分割法，注意计算要细心。

【设计意图】学生运用平面图形面积的计算方法的关联进行巩固练习，得到本节课的知识反馈，加强学生的理解和记忆。同时，在完成练习的过程中感受到数学与自己的生活息息相关，获得积极的情感体验，感悟数学知识的相互联系，形成会思善问的学习品质。

反思质疑，总结评价	这节课你学会到了什么知识？你能得到几颗星？ 1. 掌握多边形面积计算公式之间的联系。（☆☆） 2. 灵活、准确计算多边形的面积。（☆☆） 3. 积极与小组其他成员交流。（☆）
作业布置	基础题： 1. 根据题目给出的数据，下列图形中不能求出面积的是（　　）。 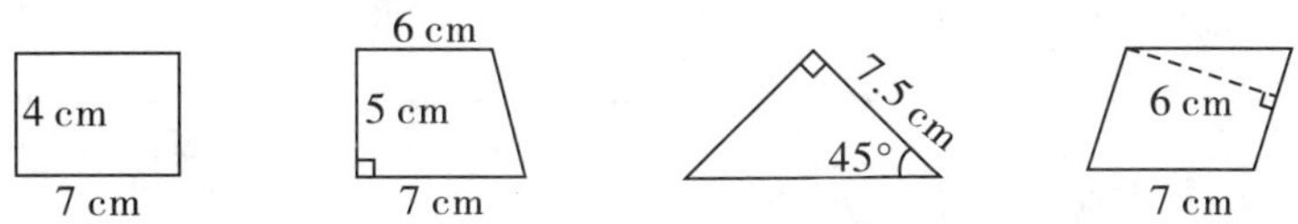 A　　B　　C　　D

（续上表）

作业布置

2. 三角形的面积是 6 平方分米，平行四边形的面积是 12 平方分米，要使三角形的面积和平行四边形的面积相等，以下不可行的是（　　）。

A. 把三角形的底乘 2　　B. 把三角形的高乘 2

C. 把平行四边形的高乘 2　　D. 把平行四边形的底除以 2

3. 一个梯形的面积是 75 平方厘米，上、下底之和是 30 厘米，高是（　　）厘米。

A. 2　B. 4　C. 5　D. 6

提升题：

1. 计算下面图形的面积。（单位：cm）

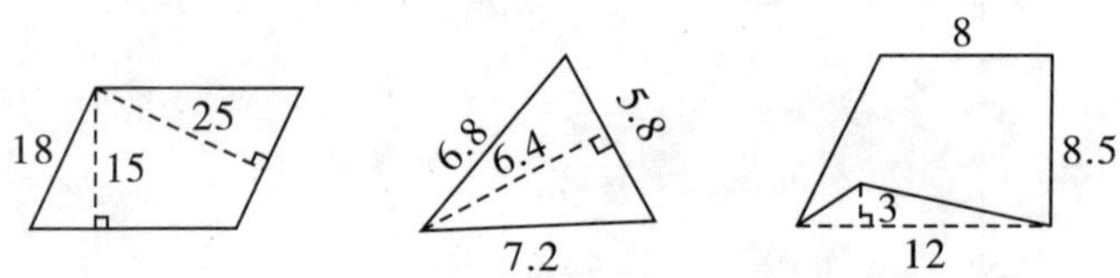

2. 李伯伯有一块平行四边形的菜地，总面积是 48 dm^2，他想要在阴影部分种白菜，求种白菜的面积。

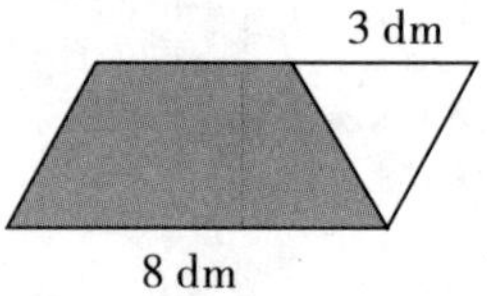

拓展题：

下面 4 个组合图形的面积可以用算式 $S=(10+5)\times5\div2$ 来表示的有（　　）。

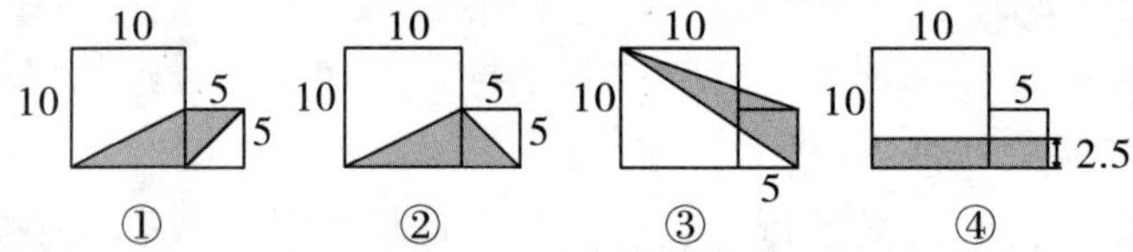

【设计意图】作业设计由易到难，循序渐进，学生掌握本节课的基础知识与巩固基本技能的同时，还能举一反三。同时，重视应用意识的培养，以实际问题为载体，培养学生应用知识解决实际问题的能力，帮助学生真正学以致用。

（续上表）

<table>
<tr><td>板书设计</td><td>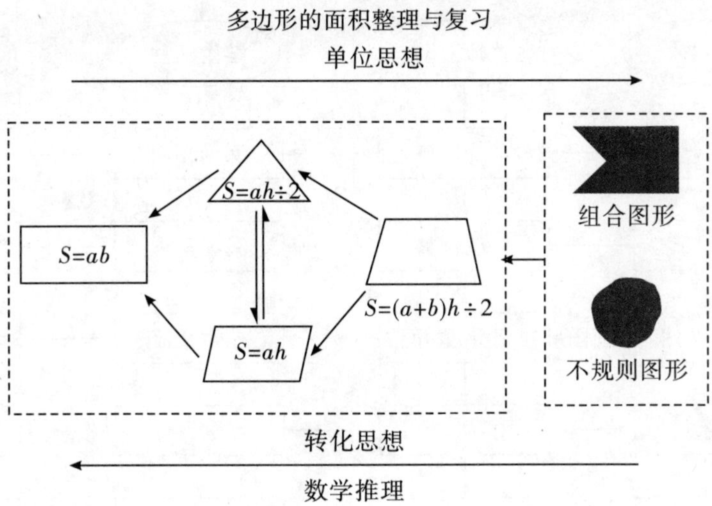
</td></tr>
</table>

第 3 节　实践拓展课范式构建

小学数学实践拓展课堂教学范式的环节包含“拓展阅读、启发思考、实践设计、多元评价”四个模块，在具体实施过程中，教师以智能媒体为依托，利用智能技术传播学习知识、展示交流、及时评价、收集数据等，教师及时掌握学生学习情况，根据年段目标、具体教学内容和学生的实际情况进行相应的调整，使课堂学习效率大幅提升。教学流程思路如图 3－16 所示。

（一）实践拓展课的特点

实践拓展课注重培养学生能实践应用、拓展提升，在学习更多的数学文化知识的同时，培养学生的归纳整理能力、创新能力并能进行实际的操作。以培养学生的情感态度与价值观，让学生在合作学习中感受文化、发展思维、体会解决问题的乐趣，形成应用意识和创新意识。

（二）实践拓展课的策略

课前教师通过任务布置，搜集材料，课堂中学生带着问题自主阅读主题材料（图文、微课、科教片），通过拓展延伸、信息提炼、综合分析、创意设计等形式进行主动建构知识体系，最后在分享评价中加深对知识的理解，有所感悟和思考，不断提升数学素养。

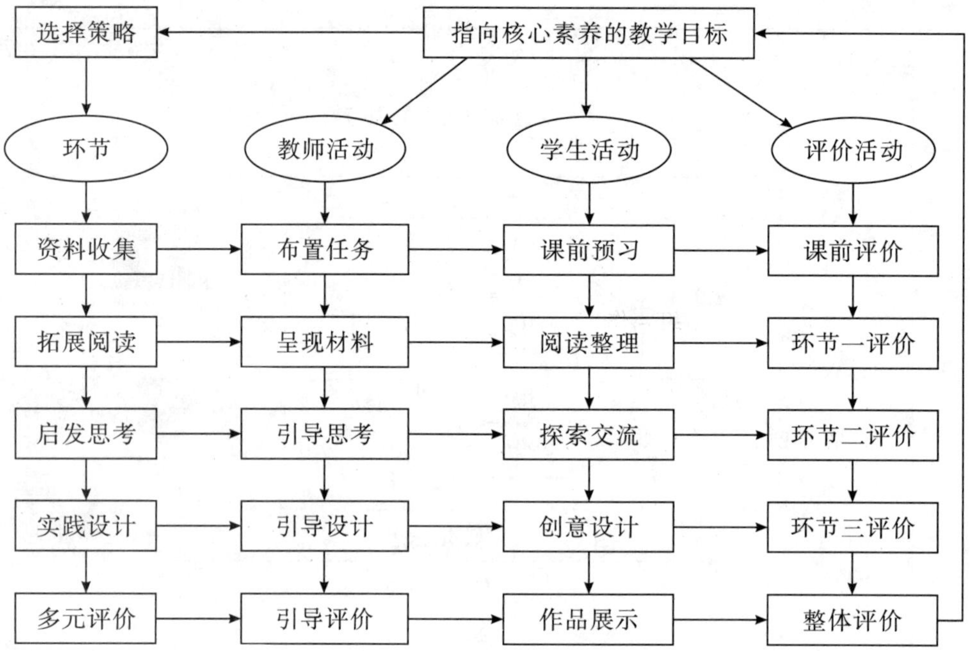

图 3－16　教学评一体化实践拓展课型教学流程思路

（三）范式各环节的内涵（见表 3－14）

表 3－14　各环节内涵

环节	目的	呈现方式	教师活动	学生活动	评价活动
拓展阅读	学生对提供的主题阅读资料进行阅读，由阅读到文化，提升数学文化素养。	知识内容较广，甚至高于学科知识。以微课、科教片、图表或图文和 AI 智能体对话等多种方式呈现。	呈现阅读材料并引导阅读。	1. 收集好阅读材料，体现数学学科文化。 2. 知识系统化，做好知识材料整理。	学生根据环节的表现进行评价。
启发思考	学生自主阅读后，大胆思考与梳理。并通过小组合作交流，表达观点，以思维诠释文化。	小组内成员轮流发言，提出想法，成员通过分析、比较、验证，对各种信息进行转换和组合、检验和修正，直至得到正确的结论。	教师巡视点拨、适时引导。	1. 理清思路，自主尝试，逐步拓展。(以任务为主线) 2. 小组合作，交流讨论。	学生根据环节的表现进行评价。

（续上表）

环节	目的	呈现方式	教师活动	学生活动	评价活动
实践设计	创一创，画一画。学生动手实践操作，经历阅读、分析、创造等高阶思维的挑战，激发创意思维，培养创新能力。	1. 可借助网络或求AI智能体搜索相关资料。 2. 小组合作，创新思维，并进行实践操作。	教师巡视点拨、适时引导。	自主创作或合作创作，汇报展示。	学生根据环节的表现进行评价。
多元评价	作品评价和过程性评价。作品展示分享，通过互评、自评进行反思。	以填空、选择形式呈现。	引导学生结合板书及作品对所学内容进行反思。	对自己或同伴学习情况进行表现性评价。	学生根据整节课的表现进行评价。

下面以人教版数学二年级上册第一单元第 5 课时“神奇的身体尺”为例，见表3－15。

表 3－15 范例

<table>
<tr><td>课题</td><td>神奇的身体尺</td></tr>
<tr><td>教学内容分析</td><td>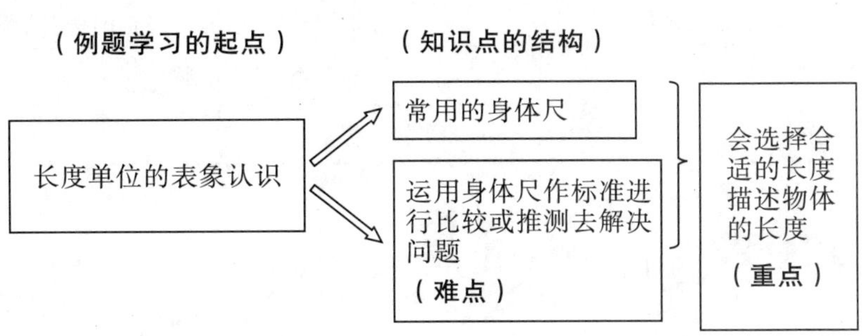
</td></tr>
</table>

（续上表）

学情分析	学生在一年级上册已经学习了“比长短”，会直观地比较一些物体的长短，前面几节课他们已经接触长度单位“厘米”和“米”，在认识了这两个长度单位之前，学生对长度单位及测量知识的了解均来自生活中一些琐碎的、不系统的经验。比如在游戏中，他们偶尔会用步子或手来测量某些物体的长度。以某一些物体为参照物来比较一些物体的长度。
策略分析	1. 物理环境： 多媒体课件、米尺、微课视频。 2. 心理环境： 二年级的学生形象思维十分活跃，语言和行为欢快活跃，因此本节课学生经历测量、比较和交流等实践活动，了解自己的“身体尺”，并能灵活选用合适的“身体尺”进行测量和估算。在实践活动中，能够用比较合适的方式描述物体的长度，在比较、修正测量结果的过程中，体会测量的本质，建立初步的长度观念。使学生了解“身体尺”的秘密以及在生活中的应用，感受数学知识的应用价值，积累数学活动的初步经验，体验数学活动带来的乐趣。同时培养其主动思考、与他人合作的态度和习惯。 学生的学习习惯、学习态度从可塑性强转向逐渐定型的重要过渡阶段，应引导学生在自主学习中逐步养成良好的学习习惯，因此策略采用以学生为主体的教学模式。根据学生原有的学习经验基础，教师放手让学生主动经历探索学习的过程，学生亲自感受长度，小组合作归纳方法，再通过全班交流，帮助每个学生学会用合适的长度描述物体的长度。
教学目标	1. 通过经历测量、比较和交流等实践活动，了解自己的“身体尺”，并能灵活选用合适的“身体尺”进行测量和估算，形成初步的量感，进而发展量感。 2. 在实践活动中，学生能够用比较合适的方式描述物体的长度，在比较、修正测量结果的过程中，体会测量的本质，建立初步的长度观念，形成初步的推理意识和应用意识。 3. 了解“身体尺”的秘密以及在生活中的应用，感受数学知识的应用价值，积累数学活动的初步经验，体验数学活动带来的乐趣。同时培养其主动思考、与他人合作的态度和习惯。

教学过程

教学环节	教学活动	评价活动
课前导入	出示学习目标： 1. 了解测量的发展历史。 2. 知道生活中能用身体尺估测物体的长度。 3. 通过操作实践，能用合适的身体尺测量物体的长度。	

（续上表）

<table>
<tr><th>教学环节</th><th>教学活动</th><th>评价活动</th></tr>
<tr><td>课前导入</td><td>
<table>
<tr><th>图例</th><th>常用的身体尺</th><th>长度</th></tr>
<tr><td>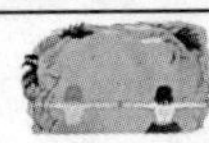</td><td>1庹
(tuǒ)</td><td>大约（　　）米（　　）厘米</td></tr>
<tr><td>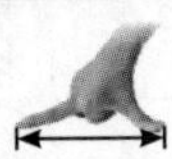</td><td>1拃
(zhǎ)</td><td>大约（　　　）</td></tr>
<tr><td>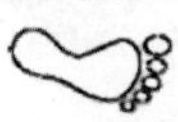</td><td>脚长</td><td>大约（　　　）</td></tr>
<tr><td></td><td>1步长</td><td>大约（　　　）</td></tr>
</table>
师：课前老师让同学们测量了身体上哪些部位的长度呢？我们一起来说一说，做一做动作。哪个小组来展示一下你们测量的结果呢？（小组汇报）
师：第一单元“长度单位”的知识你们都掌握得很不错。今天我们继续学习关于测量的数学奥秘——神奇的身体尺。（引出课题）</td><td>1. 认识到常用的身体尺对应自己身体的哪个部分，并能使用测量工具测量出对应长度。
2. 使用常用的身体尺进行测量。</td></tr>
<tr><td colspan="3">【设计意图】学生已学习过第一单元“长度单位”的知识，知道一些身体尺，本环节既是让学生课前复习旧知识，也是为本节课做好铺垫，预热课堂，活跃课堂气氛。初步体会数学知识与日常生活的联系，提高观察、操作、分析及语言表达的能力，积累数学活动的经验，养成良好的学习习惯。</td></tr>
<tr><td>拓展阅读（一）</td><td>师：古人没有测量工具，他们用什么来测量物体的长度呢？我们带着这个问题认真观看以下视频。（播放微课）
学生带着“古人没有测量工具，他们用什么来测量物体的长度”的问题，自主阅读材料（观看微课）。
师：看完视频，我们感受到古人非常聪明，在没有测量工具的情况下想了很多办法去测量物体的长度。</td><td>理解教师提出的问题，并带着强烈的好奇心观看微课；看完视频，能感受到古人的智慧。</td></tr>
<tr><td colspan="3">【设计意图】通过任务驱动，让学生带着问题进行主题阅读。学生通过观看微课，了解测量的发展历史，了解古人是使用身体上的各种“尺子”度量长度的，引起学生的好奇心，激发学生的学习兴趣的同时拓展知识，提升学科文化素养。</td></tr>
</table>

（续上表）

<table>
<tr><th>教学环节</th><th>教学活动</th><th>评价活动</th></tr>
<tr><td>启发思考</td><td>师：除了这些身体尺，我们的身体上还有哪些部位可以用于测量物体的长度呢？先独立完成，再在组内交流。
<table><tr><td>想一想，
填一填：</td><td>我还可以用拳手的宽、________这些身体尺测量物体的长度。</td></tr></table>1. 小组与全班同学头脑风暴。
2. 个别汇报。</td><td>学生能理解身体尺的含义，并能尝试使用其他身体尺进行物体长度的测量，并与其他同学进行交流。</td></tr>
<tr><td colspan="3">【设计意图】本环节是在主题阅读后进行的，引导学生通过微课学习和观察思考，在学过的和微课介绍的身体尺的基础上，发散思维，寻找其他的身体尺，只要是合理，教师都应该给予肯定。</td></tr>
<tr><td>实践设计</td><td>师：刚才我们认识了很多的身体尺，可不可以利用这些身体尺测量身边物体的长度呢？接下来，我们就进行估一估、量一量：
每个小组选择教室里面的一个物体，并选择合适的身体尺进行测量，估算出测量物体的长度。
合作要求：
1. 小组内先商量好要测量什么物体。
2. 每个组员用自己喜欢的身体尺测量物体的长度。
3. 组内讨论确定用哪一种身体尺最合适，把它写下来。
4. 测量一个身体尺大约的长度，并算出测量物体大约的长度。
<table><tr><td rowspan="4">我们测量的
物体是____</td><td>组员①</td><td>我用____来量，量了____个</td></tr><tr><td>组员②</td><td>我用____来量，量了____个</td></tr><tr><td>组员③</td><td>我用____来量，量了____个</td></tr><tr><td>组员④</td><td>我用____来量，量了____个</td></tr></table>我们认为用________来量最合适，用了____个，每个身体尺大约的长度是________，算出物体大约的长度是__________。
1. 学生动手操作。
2. 组内交流。
3. 小组汇报。
师追问：为什么你们组认为这个身体尺最合适呢？（引导学生学会用“优选法”解决问题的策略）
师：同学们都是成功的测量家。看来我们用身体尺估算物体的长度还是非常方便的。我们在使用身体尺去估测物体的长度时，要选择合适的身体尺。</td><td>1. 认真聆听老师的介绍和任务要求，并按照合作要求完成学习单。
2. 积极参与动手操作和交流活动。</td></tr>
</table>

（续上表）

教学环节	教学活动	评价活动
【设计意图】1. 学生通过动手操作实践，运用身体尺估测物体的长度，锻炼学生动手操作的能力。2. 鼓励小组内学生先用不同的身体尺进行初步测量，再通过小组交流，优选出最合适的方法进行小结，初步学会用“优选法”解决实际问题。3. 通过创一创、量一量、比一比、估一估、想一想等活动，激发学生的创意思维，培养创新能力，体现学生解决问题的协作能力。		
拓展阅读（二）	师：刚才我们在小组合作时，发现有的同学同样是用拳头宽来量，但是结果却不一样，为什么呢？（指名回答） 师：原来每个人的手、脚大小都不一样，测量的结果就会出现偏差，所以呀，智慧的古人想到了统一测量单位的方法。（观看微课） 师：随着科技的发展，人类发现的测量工具越来越精密，就在这个月的月初，我们国家的登山队员就携带了精密的测量工具测量出世界最高峰珠穆朗玛峰的最新高度。在生活中，我们要根据实际情况选择合适的测量方法进行测量物体的长度。今天我们也当了一回小小测量家，收获也不少呢！快来分享一下吧！	发现测量结果的不同，并能找到原因：每个人的手、脚大小都不一样，测量的结果就会出现偏差。从而体会到统一测量单位的必要性。
【设计意图】在经历了前面的三个活动后，学生充分感受到了古人的身体尺运用智慧，这时再通过拓展阅读（二），让学生知道：为何后来要统一测量单位、现代的测量工具及测量方法又是怎样的、我国在现代测量上有什么优秀之处等方面的知识。这样做，既开阔了学生的视野，又提升了学生的学科文化素养，更受到了爱国主义教育。		
多元评价	这节课你学到了哪些知识？你能得几颗星？ 1. 我了解测量的历史发展。（☆☆） 2. 我能用合适的身体尺测量物体的长度。（☆☆） 3. 我会到网上查找相关知识。（☆）	
【设计意图】学生通过整节课的自评、互评的过程性评价，学会反思；同时延伸课堂，把测量任务延伸到课后，培养学生的思维能力和实践能力，养成用数学、做数学的良好习惯。		
作业布置	找一找：上网找一找古今中外有哪些测量工具。 量一量：请用身上的身体尺量出家里一件物体的长度。	
【设计意图】学生通过上网查找资料，了解更多的测量工具，了解数学历史的同时拓宽知识面。再通过动手操作，量一量身边的物体，感受数学与生活息息相关，体会学数学的快乐。		

（续上表）

板书设计	神奇的身体尺 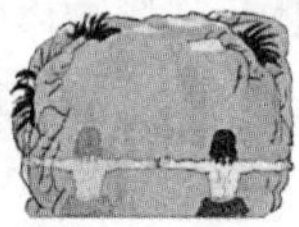  （1庹长） （1拃长）   （1脚长） （1步长）

下面以人教版数学四年级上册第四单元第3课时“三位数乘两位数——铺地锦”为例，见表3－16。

表3－16　范例

课题	三位数乘两位数——铺地锦（教科书第48页）
教学内容分析	**（例题学习的起点）** 1. 三位数乘两位数 2. 两位数乘两位数 **（知识点的结构）** 了解铺地锦的计算方法 将铺地锦的计算方法与现在的笔算乘法相比较 **（难点）** 了解“格子乘法”和笔算乘法的异同点，作为整数乘法算理的一种解释方式 **（重点）**
学情分析	三位数乘两位数的计算方法，与两位数乘两位数的计算方法，算理是一致的，所不同的是一个因数的位数由两位变成了三位。因此，应在学生已有知识基础上，让学生独立思考，将两位数乘两位数的方法迁移到三位数乘两位数。同时通过铺地锦——格子乘法，让学生感受不同的计算方法。

（续上表）

策略分析	1. 物理环境： 教学平台、教学课件、卡纸。 2. 心理环境： 在心理方面，四年级学生的自我意识萌发并逐渐增强，对外界事物开始尝试自己做出判断，独立意识进一步发展。因此，学生经历计算、比较和交流等实践活动，了解“格子乘法”的计算方法，并能灵活运用“格子乘法”进行计算。在实践活动中，在比较“格子乘法”和笔算乘法的过程中，体会整数乘法算理的本质。 但四年级学生的意志力仍不够坚定，分析问题的能力需进一步发展，而“格子乘法”与以往的竖式计算有计算形式上的不同，研究“格子乘法”的方法和思想对学生而言是一种跨越和挑战，因此遇到困难和挫折需要教师进行引导和疏通、鼓励，帮助学生对学习过程的清晰度进行自我监控，激发学生良好的学习情绪。
教学目标	1. 学生经历计算、比较和交流等实践活动，了解“格子乘法”，并能灵活运用“格子乘法”进行计算，锻炼学生数形结合的思维，培养学生数感、模型意识和初步的应用意识。 2. 在实践活动中，比较“格子乘法”和笔算乘法，进一步加深对整数乘法算理的理解，培养学生的推理意识、运算能力。 3. 学生了解“格子乘法”，感受数学知识的应用价值，积累数学学习的基本活动经验，体验数学活动带来的乐趣，培养积极思考、认真计算的良好学习习惯。

教学过程

教学设计	教学活动	评价活动（多元评价）
课前导入	师：同学们，看到这个课题（指铺地锦），想到了什么？（学生个别汇报） 师：今天我们一起学习铺地锦的知识。 出示学习目标： 1. 了解“格子乘法”，并能灵活应用“格子乘法”进行计算。 2. 会比较“格子乘法”和笔算乘法。	积极回答铺地锦是什么。
【设计意图】通过看课题大胆猜想“铺地锦”是什么，激发学生的求知欲望，活跃课堂气氛。		
拓展阅读	1. 播放《铺地锦的由来》微课。 师：同学们，看完微课后是不是还有意犹未尽的感觉呢？下面请阅读材料。 2. 阅读史料。 铺地锦最早记载在1150年印度数学家婆什迦罗的《丽拉娃蒂》一书中，12世纪以后广泛流传于阿拉伯地区，后来通过阿拉伯人传入欧洲，并很快在欧洲流行。成为500多年前，意大利数学家帕乔利在《算术、几何及比例性质摘要》一书中介绍的两个数的相乘的计算方法——“格子乘法”。后来这种方法传入中国，在明朝数学家程大位所著的《算法统宗》中，称为“铺地锦”。	1. 理解教师提出的问题，并带着强烈的好奇心观看微课。看完视频，能感受到古人的智慧。

（续上表）

<table>
<tr><th>教学设计</th><th>教学活动</th><th>评价活动</th></tr>
<tr><td>拓展阅读</td><td>“铺地锦”的名称源于计算结束后，形如我国古代织出的锦缎。因此就获得了一个非常形象的名字——“铺地锦”。
学生带着对“铺地锦”的疑问，观看材料和微课。
师：通过微课和上述材料，你们知道了什么？
总结：铺地锦是两个数相乘的一种计算方法。</td><td>2. 能发现铺地锦是两个数相乘的一种计算方法。</td></tr>
<tr><td colspan="3">【设计意图】通过任务驱动，让学生带着问题进行拓展阅读。学生通过观看微课，了解铺地锦是两个数相乘的一种计算方法，感受古人的智慧，激发学生的学习兴趣，拓展文化知识，提升学科文化素养。</td></tr>
<tr><td>启发思考</td><td>师：同学们已经知道了什么是铺地锦，那么，铺地锦是怎样计算的呢？下面让我们一起来观看微课。
1. 播放铺地锦计算方法的微课（边播边提问）。
2. 阅读教科书第 48 页材料。
3. 填空题。
57 × 24 =
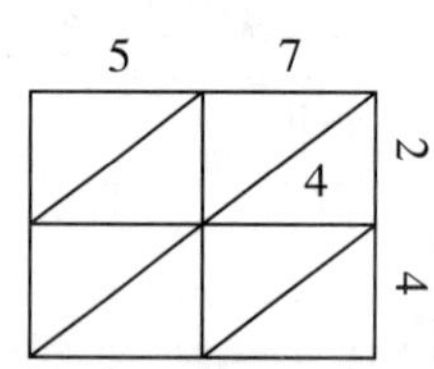

4. 判断题。
请判断下列铺地锦计算过程是否正确。
（1）320 × 46 = 13 720
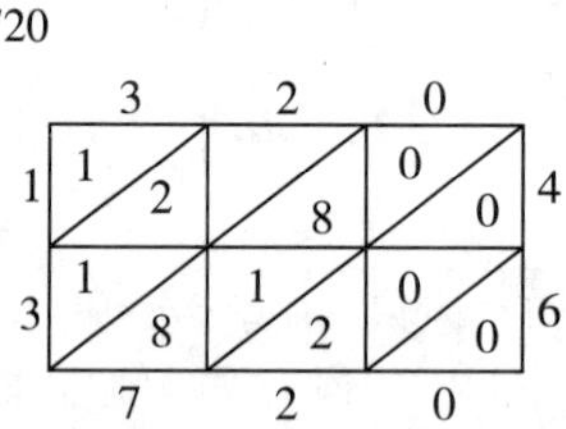

（2）706 × 52 = 36 712
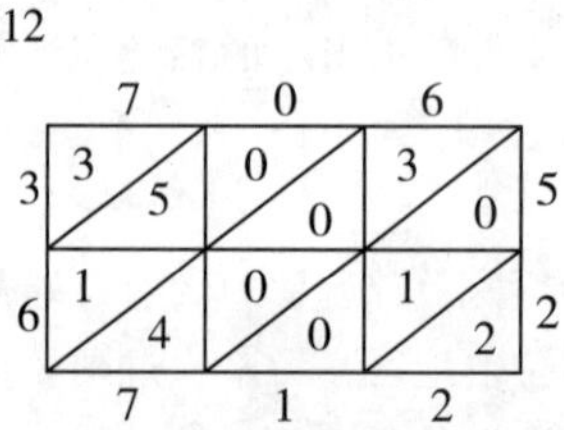

（1）自主尝试。
（2）同桌交流。</td><td>1. 能通过观看微课和阅读书本材料初步理解“格子乘法”的计算方法。
2. 能尝试使用“格子乘法”进行计算。
3. 能主动与同学进行交流。
4. 能与老师共同小结出铺地锦的算法。</td></tr>
</table>

（续上表）

教学设计	教学活动	评价活动
启发思考	5. 师生小结： 铺地锦的算法主要有以下三步： 第一步，画出计算方格，把因数写在对应位置。 第二步，用口诀算部分积。 第三步，加出最后得数。	

【设计意图】本环节是在拓展阅读后进行，引导学生通过微课和材料学习，观察思考无论是两位数乘两位数，还是因数末尾有 0、中间有 0 的乘法，都可以用铺地锦的方法，并能总结出铺地锦的算法。

教学设计	教学活动	评价活动
实践设计	师：从古代铺地锦到竖式计算我们知道了数学是不断地发展的。我们祖国也在不断发展，不断强大。现在，我们来回忆中华人民共和国成立七十周年阅兵的场景。 1. 播放阅兵短视频。 课件出示：2019 年国庆阅兵时，阅兵编 59 个方（梯）队，每个方（梯）队 352 人，请问，这样的方（梯）队一共多少人？ 师：请同学们根据任务单的要求进行小组合作，小组长分配好任务。 2. 小组合作交流。 3. 小组汇报。 学生边汇报，边板书。 汇报结束，展示优化铺地锦的学生作品。 4. 讲解铺地锦和竖式计算的异同点。	1. 认真聆听老师的介绍和任务要求，并按照合作要求完成学习单。 2. 发现铺地锦和竖式计算的异同点，阐述乘法算理。

【设计意图】1. 通过观看微课，培养爱国情怀与意识，让学生更加关注国家和社会的发展，为实现中华民族伟大复兴贡献自己的力量。2. 将铺地锦的计算方法和竖式计算相比较，发现其中的异同点，作为整数乘法算理的一种解释。3. 通过合作学习，培养与他人合作的态度和习惯。

教学设计	教学活动
多元评价	1. 播放微课：古埃及、古印度的计算方法。 2. 这节课你学到了哪些知识？你能得几颗星？ （1）我会用铺地锦的方法计算乘法。（☆☆） （2）我能大方地说，并能准确、清晰地说。（☆☆） （3）我能听完，并能提出好方法。（☆）

（续上表）

<table>
<tr><td colspan="2">【设计意图】1．学生通过观看微课，了解古埃及、古印度的计算方法，拓展知识。2．通过对整节课的自评、互评的过程性评价，学会小结与反思，养成良好的学习习惯。</td></tr>
<tr><td>作业布置</td><td>上网找一找：还有什么不一样的乘法计算方法。</td></tr>
<tr><td>板书设计</td><td>三位数乘两位数——铺地锦
352 × 59 = 20768（人）
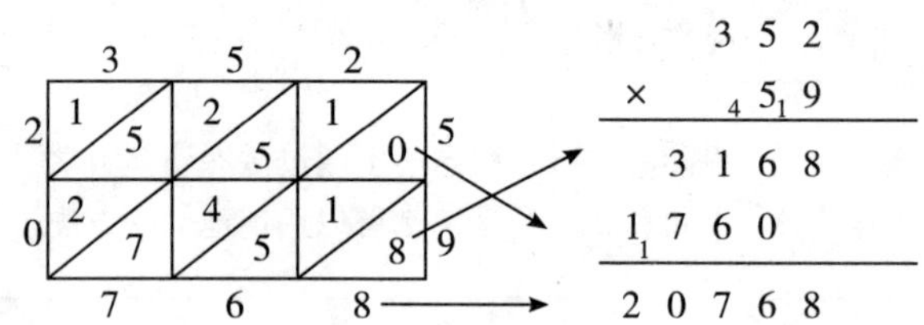
答：这样的方（梯）队一共有 20768 人。</td></tr>
</table>

第四章 项目式学习范式构建的设计与分析

第 1 节 小学数学项目式学习的背景及意义

一、小学数学项目式学习的背景

中共中央、国务院 2019 年 6 月印发的《关于深化教育教学改革全面提高义务教育质量的意见》指出：探索基于学科的课程综合化教学，开展研究型、项目化、合作式学习。义务教育课程方案和课程标准指出，要深化教学改革，强化学科实践，基于真实情境，培养学生综合运用知识解决问题的能力。并提出要推进综合学习，探索大单元教学，开展主题化、项目式学习等综合性教学活动，促进学生举一反三、融会贯通，加强知识间内在关联，促进知识结构化。基于项目的学习是一种学生驱动、教师推进的学习方法。学习者通过提出引起其好奇心的问题来学习知识。项目的本质是一种探究，学生提出问题并在教师的指导下进行研究。① 项目式学习成了核心素养落地的一个很好的抓手，在课堂教学范式构建中有延伸作用，被大家广泛关注。

二、小学数学项目式学习的意义

核心素养导向的课程标准，引发对学科素养、跨学科学习、深度学习等的需求。有研究者指出，项目学习所倡导的注重情境中的问题解决、培育关键能力和素养、跨学科学习等方向，与当下课程观和学业观有共通之处，倡导素养视角下的项目学习应指向个体和社会价值的整合，指向核心知识的深化和思维迁移，关注学科和跨学科课程的协调。② 项目学习是以数学学科的基本概念和原理为中心，以应用数学学科知识的观点相一致解决实际问题为目的，借助不同的资源开展探究活动，并在特定的时间内解决一系列相关联的问题，并展示出相应的活动成果。项目学习以问题为载体，让学生在学习目标的指引下，通过对实际事物的实际操作、考察和反思，亲自经历活动过程而获得经验，

---

① 徐斌艳，等. 数学素养与数学项目学习［M］. 上海：华东师范大学出版社，2021.

② 郭华. 项目学习的教育学意义［J］. 教育科学研究，2018（1）：25－31.

由感性认识飞跃成理性认识。[①] 教育目标模型指向核心素养，而核心素养是建立在我们对世界的认识、对自我的认识和对他人的认识之上的。因此，在教育目标的新分类学指导下，制订指向核心素养的项目学习目标，以学生学习行为的设计为主线，以项目为载体，设计反映或者贴近学生真实经验的活动，学生在这些活动过程中进行深度的认知加工，在认知加工过程中去建构知识经验。通过提出对学生思维有一定挑战性的驱动性问题，让学生长久保持学习的兴趣，在问题解决过程中培育学生学科思维模式，凸显学习过程的综合性和实践性，形成结构化整体性的核心素养。

第 2 节　小学数学项目式学习目标设计以及操作

一、小学数学项目式学习目标设计设想

目标设计根据马扎诺描述的新分类二维模型分为知识系统目标、认知系统目标、元认知系统目标和自我系统目标，同时结合教学内容，制定指向核心素养的教学目标。

表 4－1　制定指向核心素养的教学目标

目标分类	制定指向核心素养的教学目标
知识系统目标	
认知系统目标	
元认知系统目标	
自我系统目标	

二、小学数学项目式学习操作的思路以及步骤说明

小学数学项目学习需要有明确的主题，有明确的序列性的课前、课中和课后任务，因此，确定以下的操作思路，具体见图 4－1。

① 徐斌艳，等．数学素养与数学项目学习［M］．上海：华东师范大学出版社，2021．

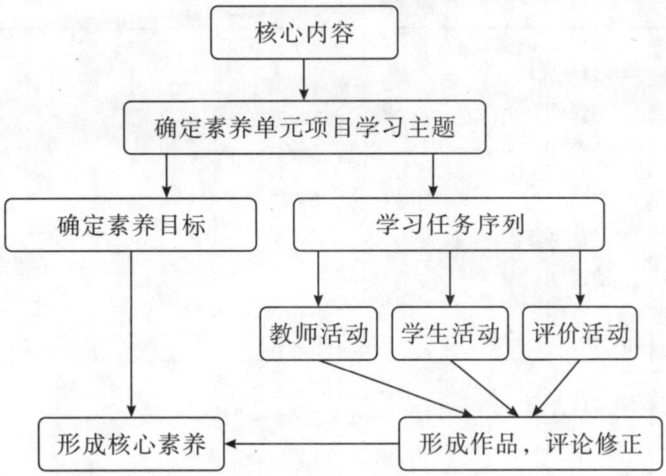

图4－1　操作思路

操作步骤说明：

（1）围绕核心内容，确定素养单元项目学习的主题。

（2）制订指向核心素养，以教育目标的新分类学为指导的教学目标，包括知识系统目标、认知系统目标、元认知系统目标和自我系统目标完成学习任务序列设计。

（3）选择能促进实现各思维系统目标的教学策略。

（4）学生在明确目标和教学策略的促进下开展探索活动。

（5）项目学习评价关注学生数学学习过程，同时验证各系统目标是否达成。

三、小学数学项目学习教学设计模板

小学数学项目学习教学设计模板如表4－2所示。

表4－2　教学设计模板

项目主题：		
子主题：	课时节次：	年级：
主学科：	涉及学科：	单元：
项目背景：		
课时说明：		

（续上表）

<table>
<tr><td rowspan="4">学习任务序列
（1～　　）</td><td colspan="5">学习任务1：
活动说明：
设计意图：</td></tr>
<tr><td colspan="5">学习任务2：
活动说明：
设计意图：</td></tr>
<tr><td colspan="5">学习任务3：
活动说明：
设计意图：</td></tr>
<tr><td colspan="5">学习任务4：
活动说明：
设计意图：</td></tr>
<tr><td>学习任务（1～　　）
学生成果展示</td><td colspan="5"></td></tr>
<tr><td rowspan="9">学习任务（1～　　）
项目学习活动评价</td><td colspan="2" rowspan="2">内　容</td><td colspan="3">等　级</td></tr>
<tr><td>C</td><td>A</td><td>B</td></tr>
<tr><td rowspan="6">活动过程
评价内容</td><td>参与这个项目活动的兴趣程度</td><td></td><td></td><td></td></tr>
<tr><td>主动发现问题、提出问题、问题质量高</td><td></td><td></td><td></td></tr>
<tr><td>对数据的收集、加工、整理、分析能力</td><td></td><td></td><td></td></tr>
<tr><td>积极参与设计方案、修改、完善方案</td><td></td><td></td><td></td></tr>
<tr><td>主动合作、交流</td><td></td><td></td><td></td></tr>
<tr><td>成果展示</td><td></td><td></td><td></td></tr>
<tr><td>活动目标评价</td><td></td><td></td><td></td><td></td></tr>
</table>

四、小学数学项目学习学生使用参考用表

（一）自主调查探索用表（见表4－3）

表4－3　自主探索表

我想研究（具体行动目的）：

我找到了（用了何种形式得到的结果，如生活中的实际物体、参考资料、理论过程等）：

我发现了（在自主探索中发现的共通条件或结果）：

我的结论：

（二）小组活动探索表（见表4－4）

表4－4　小组活动探索表

小组成员名单：

小组成员分工：

活动过程（包括具体的活动日期、内容、形式）：

可能有的学习成果：

学习成果展示的形式：

（三）学习收获（课后用表，见表4－5）

表4－5　学习收获

1. 你的项目活动中运用到哪些数学知识和能力？请详细列举。
2. 请你用文字进一步描述在这个项目活动过程中的感受。

你的收获：
你的困惑：
你的建议：

第 3 节　小学数学项目式学习范例

一、单元整体项目式学习范例 1：人教版数学二年级下册第三单元“图形的运动”

（一）指向核心素养的单元整体项目设计理念

课程内容组织，重点是对内容进行结构化整合，探索发展学生核心素养的路径。① 而核心素养的培养具有整体性、一致性和阶段性。因此，在单元整体教学中采用单元整体结构化的教学，利用情境化、生活化等多样化教学形式，将各种知识构建成为知识框架，通过知识之间的联系体现出整体性，进而使得数学学习更加简单。在“图形的运动”这个单元采用单元整体项目式学习，采用数学与美术跨学科融合，通过空间的可视化、抽象等大概念将实际生活中的图形运动与数学中的图形运动相结合；通过美术教育进行实践活动，凸显了跨学科素养中的应用意识与创新意识。本章节内容属于直观几何阶段，鉴于学生的认知水平、年龄特征，教学环节多以观察、操作为主，提倡学生亲自动手、亲身感受，用自己的体验来认识图形运动及相关性质，与本次跨学科内容的美术实践相契合。现实背景则以从化特色乡村文化建设相融合，通过游览发现特色小镇的魅力所在，驱动学生发挥主人翁精神，培育学生热爱家乡的情怀，动手实践，亲身经历知识的形成，真正让立德树人和核心素养进入课堂。

本单元的本质问题是如何通过动手实践将意识中的数学（图形）可视化，在层级目标的分解基础上对单元内容进行结构化的处理，具体分析如表 4 – 6 所示。

表 4 – 6　范例

学段教学目标（课程标准）	《义务教育数学课程标准（2022 年版）》第 12 页学段目标： 1. 能辨认简单的立体图形和平面图形，认识长方形和正方形的特征，体验物体长度的测量过程，认识常见的长度单位，形成初步的量感和空间观念。 2. 尝试用数学方法解决问题，积累数学活动经验，培养应用意识。 3. 能在教师指导下，从日常生活中提出简单的数学问题，尝试运用所学的知识和方法解决问题。在解决问题的过程中，感悟分析问题和解决问题的基本方法，感受数学在生活中的应用，形成初步的几何直观和应用意识。

① 中华人民共和国教育部．义务教育数学课程标准（2022 年版）［S］．北京：北京师范大学出版社，2022：3.

（续上表）

学段教学目标 （课程标准）	4. 对身边与数学有关的事物有好奇心，能参与数学学习活动。在他人帮助下，尝试克服困难，感受数学活动中的成功。了解数学可以描述生活中的一些现象，感受数学与生活有密切联系，感受数学美。 5. 能倾听他人的意见，尝试对他人的想法提出建议。对数学学习产生兴趣并树立信心。
学期教学目标 （教师用书）	《义务教育数学教师教学用书》第 2 页教学目标① 初步认识轴对称现象，初步感知平移、旋转现象。
单元教学目标 （教师用书）	《义务教育数学教师教学用书》第 66 页教学目标② 1. 通过借助日常生活中的对称现象，通过观察、操作，直观认识轴对称图形，能辨认轴对称图形。 2. 借助日常生活中的平移现象，通过观察、操作，初步理解图形的平移，能辨认简单图形平移后的图形。 3. 借助日常生活中的旋转现象，通过观察、操作，初步理解旋转。 4. 能够用轴对称图形的知识解决简单的实际问题，继续培养学生解决问题的能力。 5. 感受到图形的运动在生活中的应用，体会到数学与现实生活的密切联系，感受数学美。
单元内容的 结构化处理	处理前： 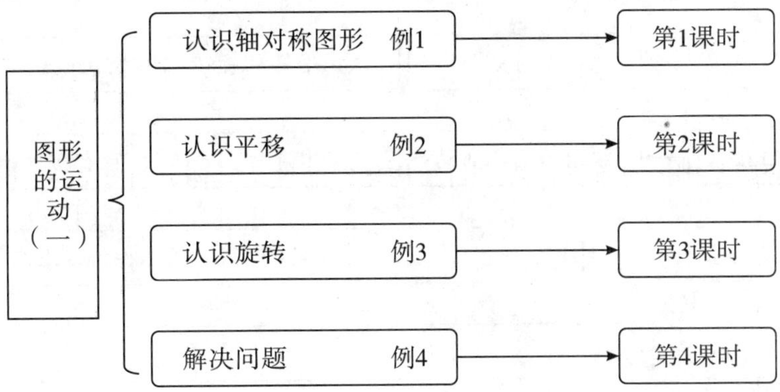

①② 人民教育出版社课程教材研究所小学数学课程教材研究开发中心．义务教育教科书教师教学用书　数学二年级：下册［M］．2 版．北京：人民教育出版社，2016．

（续上表）

单元内容的结构化处理	处理后： 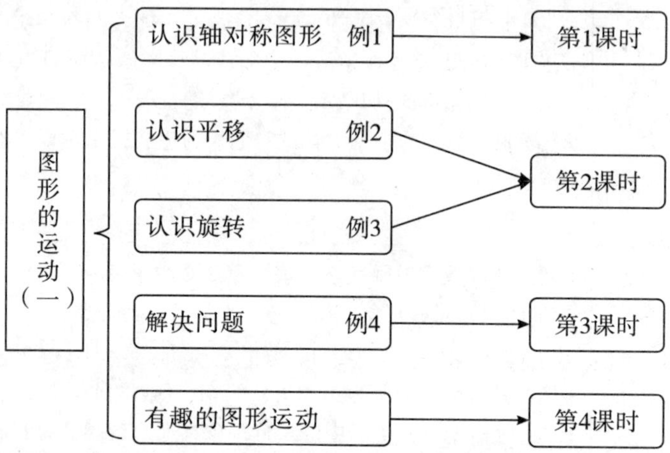

重整后的教学安排，由认识轴对称图形、认识平移和旋转到解决实际问题，再还原应用到生活中的图形运动，循着这一条线索进行教学，教学方向结构清晰，利于学生逐步学会用数学的眼光观察现实生活中存在大量的运动现象，为今后学习抽象的图形的运动累积感性体验，也为今后从图形运动的角度认识图形、理解图形度量进行铺垫。

在设计项目任务时，为充分驱动学生学习兴趣，采取了一课一镇一任务，通过故事化的方式，环环相扣的主题设计，以问题驱动的方式，启动学生的自我系统，并且通过加强学习过程的自我监控、自我评价，提升学生的自主学习能力。具体思路图见图 4－2。

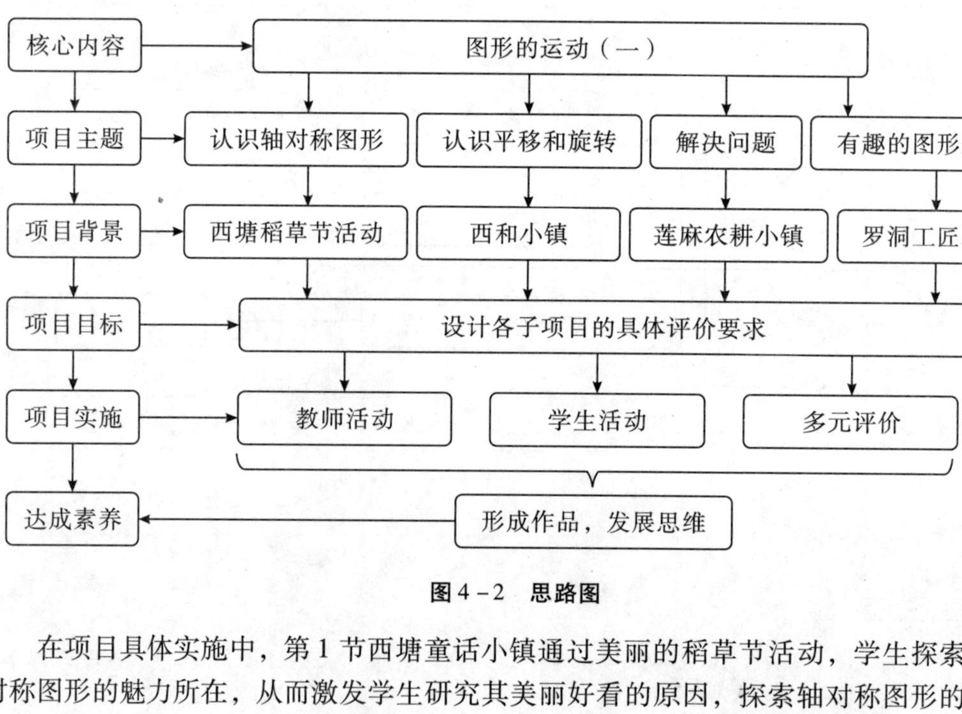

图 4－2　思路图

在项目具体实施中，第 1 节西塘童话小镇通过美丽的稻草节活动，学生探索发现轴对称图形的魅力所在，从而激发学生研究其美丽好看的原因，探索轴对称图形的相关内容。第2节在西和小镇有儿童游乐场、宝趣玫瑰世界、多肉植物世界等场所，学生通过观察场所里面的平移和旋转现象，在直观感知的基础上，初步感受平移和旋转运动的特点，并通过在游乐园中玩陀螺的游戏活动，顺利完成“做一做”。第3节在莲麻农耕小镇有流溪河源头地、东纵红色革命遗址和客家群体聚居点等特色，运用了轴对称、平移、旋转等知识设计。学生在此通过挑战答题来获取游览门票，激发学生的学习兴趣的同时很好地渗透了核心素养。第4节在罗洞工匠小镇以工艺品的设计作为学习的题材，引导学生在工艺品中发现数学问题、探究数学问题，感受中国文化的博大精深。整个项目以一个大任务、四个子任务，通过跨美术学科、综合实践活动学科等融合教学，旨在将抽象的存在意识的图形运动可视化、可操作化地呈现在学生面前，通过项目任务趋同，以促成学科核心素养的形成。

几何直观：会用数学的思维思考现实世界，能够利用图形对静态动态画面进行直接感知和整体把握，培养用图形描述和分析问题的意识和习惯，并能通过折纸剪拼等活动直观理解图形运动的形状特征，明晰思维的路径。

空间观念：会用数学的语言表达现实世界，能够将生活场景中的立体实物，想象成几何图形，通过认识平移、旋转、轴对称等现象，并且通过折纸等活动，通过累计画一画、折一折、说一说等操作，实现二维、三维的转化，并准确地进行空间描述，将图形运动的空间感知表达在动态卡片中，形成初步的空间观念。

应用意识：会用数学的眼光观察现实场景，将实际生活场景抽象为动态画面，在制作动态卡片过程中发现问题，在探究尝试过程中解决问题，感受数学与生活的联系，形成初步应用意识。

整个项目化过程符合结构化思维：目标先行、流程清晰、全面系统。

（二）项目实施过程

“图形的运动”单元结合从化乡村文化特色建设进行乡村研学，以“图形的运动有哪些?”为大问题导向，每个课时结合特色小镇设计课前、课中、课后学习任务序列，让学生感受生活中的数学。详见表4－7、表4－8、表4－9、表4－10。

表4－7　第1课时“认识轴对称图形”

项目主题：美丽的从化乡村——图形的运动		
子主题：认识轴对称图形	课时节次：第1课时	年级：二年级
主学科：数学	涉及学科：美术、综合实践活动	单元：第三单元
项目背景：广州市从化区鳌头镇西塘童话小镇由3个行政村组成。小镇以研学旅游为主导产业，引进羊城之旅、启迪农业、泥巴乐园、农耕田缘、田缘花舍、龟博园、恒健控股公司、广州第七热力电厂等20多家特色企业进驻落户，建成稻草农业公园、亲子农耕体验基地、麦田生态园等研学产业项目和全国首个乡村宪法馆、西塘家风馆、西塘村史馆等特色文化项目。近十年来，每年在晚稻收割后在小镇这里都举办稻草节活动，活动中各学校展示的作品很多运用了“图形的运动”的知识来设计，学生在参加稻草节活动的过程中欣赏了很多美丽的图形，同时发现很多数学问题，这些图形是怎么形成的？通过丰富的资源场景，激发学生探究的强烈欲望，让学生产生了对知识探究的需求。		

（续上表）

<table>
<tr><td>课时说明</td><td>本节课结合美术与综合实践，以寻找生活中的对称现象为出发点，在学生分享交流对称现象的特点和剪对称图形的活动中，深入认识轴对称图形并概括其特征，会辨别图形是否是轴对称图形从而突破重难点。</td></tr>
<tr><td rowspan="2">学习任务序列</td><td>学习任务 1：前往西塘童话小镇，寻找生活中的对称现象
活动说明：通过课前研学，学生在具体的生活情境中欣赏美丽的图形，寻找具有对称现象的图形并记录，对轴对称图形的特点有初步认识：左右两边是一样的。
我寻找到的______________是对称的，它的特点是______________。
全班分享交流各自寻找到的轴对称图形和特点。
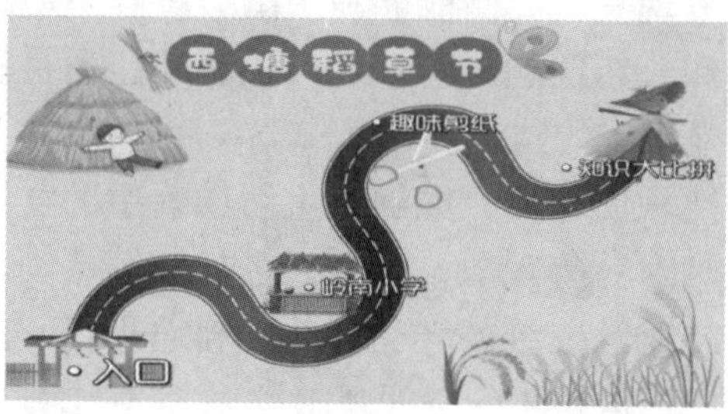
设计意图：本任务引导学生观察稻草节展示作品，让学生发现问题，促进学生在提问过程中提取轴对称图形的信息，逐步形成空间观念。</td></tr>
<tr><td>学习任务 2：用对折的方法判断图形是否对称
活动说明：请你们用对折的方法来判断下面的图形是否对称，并完成学习单个别探究的内容。然后同桌交流。

① ② ③ ④
通过对折，我发现：
（1）________号图形对折后两边完全重合，所以它们是对称的。
（2）________号图形对折后两边不能完全重合，所以它们是不对称的。
学生独立思考完成后汇报分享。
小结：把图形对折后，如果两边完全重合，那这个图形就是轴对称图形。
设计意图：本任务教师使用了启发探究法进行教学，引导学生探究，促进学生在教师的启发过程中，进行错误分析，正确判断图形是否对称。</td></tr>
</table>

（续上表）

<table>
<tr><td rowspan="2">学习任务序列</td><td>学习任务3：剪轴对称图形
活动说明：请学生折一折、画一画、剪一剪，并说一说自己是如何剪出轴对称图形的。小组合作学习，把每个组员剪出来的图形摆在中间，并讨论以下问题。
1. 说一说：你是怎么剪的？为什么要对折纸？（口述）
2. 指一指：折痕在哪里？有什么发现？
3. 这些图形有什么特点？
我发现：这些图形对折后，两边＿＿＿＿＿＿，这样的图形叫作轴对称图形，中间的折痕叫作对称轴。
小结：像刚才那样通过对折，再剪出来的图形都是对称的，它们都是轴对称图形。对折后的折痕，就是这个图形的对称轴。
设计意图：本任务教师使用了体验教学法和提问法进行教学，利用学生美术课学习过的剪纸经验，让学生回忆剪纸过程。通过设计学习支架，用连续问题的方式，引导学生小组合作探究，促进学生在小组合作学习过程中，概括并举例生活中的轴对称图形，培养学生合作、交流的习惯，培养初步应用意识和创新意识。</td></tr>
<tr><td>学习任务4：课后前往西和小镇，寻找平移和旋转现象
活动说明：课后继续研学之旅，在现实生活中寻找平移和旋转的运动现象并记录，思考平移和旋转的特点。
设计意图：本任务让学生继续走进生活，学会用数学的眼光观察现实世界。同时，为下一节课的学习做铺垫。</td></tr>
<tr><td>学习任务（1～3）学生成果展示</td><td> </td></tr>
</table>

（续上表）

<table>
<tr><td rowspan="2"></td><td colspan="2" rowspan="2">内 容</td><td colspan="3">等 级</td></tr>
<tr><td>A</td><td>B</td><td>C</td></tr>
<tr><td rowspan="9">学习任务（1～3）项目学习活动评价</td><td rowspan="6">活动过程评价内容</td><td>参与项目的兴趣</td><td></td><td></td><td></td></tr>
<tr><td>问题意识</td><td></td><td></td><td></td></tr>
<tr><td>数据的收集、加工能力</td><td></td><td></td><td></td></tr>
<tr><td>方案设计及修正</td><td></td><td></td><td></td></tr>
<tr><td>合作、交流</td><td></td><td></td><td></td></tr>
<tr><td>成果展示</td><td></td><td></td><td></td></tr>
<tr><td rowspan="3">活动结果评价</td><td>1. 初步认识生活中的对称现象和轴对称图形的基本特征，知道对称轴。能在实物和平面图形中识别判断一个图形是否是轴对称图形。</td><td></td><td></td><td></td></tr>
<tr><td>2. 通过观察和动手操作，探索与动手操作的能力培养，空间观念得到发展。</td><td></td><td></td><td></td></tr>
<tr><td>3. 感受到现实世界中存在的对称现象，感受到物体或图形的对称美。</td><td></td><td></td><td></td></tr>
</table>

表 4－8　第 2 课时“认识平移和旋转”

<table>
<tr><td colspan="3">项目主题：美丽的从化乡村——图形的运动</td></tr>
<tr><td>子主题：认识平移和旋转</td><td>课时节次：第 2 课时</td><td>年级：二年级</td></tr>
<tr><td>主学科：数学</td><td>涉及学科：美术、综合实践活动</td><td>单元：第三单元</td></tr>
</table>

项目背景：西和万花风情小镇位于广东省广州市从化区城郊街。西和小镇又称万花风情小镇，这里也因花海而闻名，这里民风淳朴，有着底蕴深厚的客家文化，建筑融合生态与文化美，突出岭南客家特色。因为这里花的品种多，所以一年四季的花海美景不断，拥有从化宝趣玫瑰世界、从化天适花悠乐园、从化大丘园、正欣园艺、北纬 23°8′森林营地等多处景点。每年都有很多学生到此地研学，学生在研学过程中发现与数学相关的知识，体会数学与生活的联系。

课时说明	本节课主要在西和小镇研学过程中观察生活中的平移和旋转现象，经历感受图形运动的过程，明确平移和旋转的特征并会进行辨别。利用平移、旋转的特征进行手工制作。通过系列任务让学生加深对平移和旋转的认识，从而突破辨别平移和旋转这一教学重难点。

（续上表）

学习任务序列

学习任务1：前往西和小镇，观察生活中的平移和旋转现象

活动说明：学生观察并记录西和小镇中的物体运动现象，与组员分享你的发现。

我发现____________________的运动是平移；____________________的运动是旋转。

设计意图：让学生寻找生活中的平移和旋转现象，借助生活经验初步感知平移和旋转。

学习任务2：将找到的物体运动现象进行分类

活动说明：呈现西和小镇里物体运动现象的图片，学生进行分类。

①

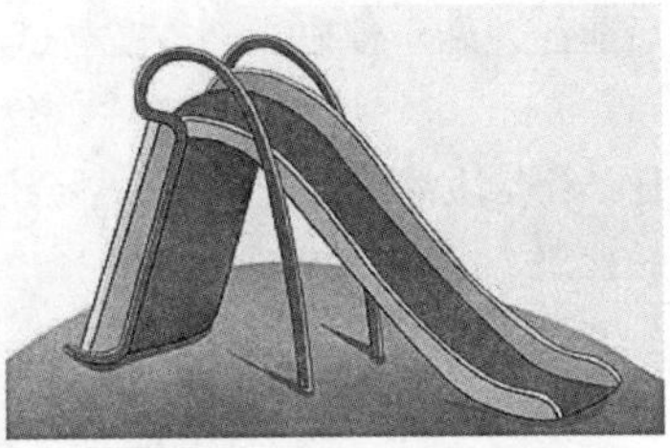
②

③

④

⑤

⑥

物体运动现象	编 号
现象1 平移	
现象2 旋转	

设计意图：本任务通过分类操作，孩子们对呈现的图片进行直观的观察，对平移和旋转的特点有初步的认识。

学习任务3：概括平移与旋转的运动特点

活动说明：独立思考完成后小组交流，说说两种现象的特点。

组员	平移	旋转	说一说
1			（1）平移的物体沿着（　　）的路线移动，图形的（　　）和（　　）没有变化，（　　）发生了变化； （2）旋转的物体绕着（　　）转动，图形的（　　）没有变，（　　）发生了变化。
2			
3			
4			

（续上表）

<table>
<tr><td rowspan="3">学习
任务序列</td><td colspan="5">设计意图：在初步感知的基础上，学生尝试思考概括平移和旋转这两种运动的特点，在合作交流的过程中加深理解。</td></tr>
<tr><td colspan="5">学习任务 4：利用平移、旋转制作手工作品
活动说明：利用平移和旋转等数学知识，融合美术绘画，结合劳动中剪、折、贴等手工技术，制作手工作品。
设计意图：本任务让学生在“做中学”，注重让学生动手操作，变枯燥被动学习为主动学习，达到激趣乐学。</td></tr>
<tr><td colspan="5">学习任务 5：前往莲麻小镇，探访剪纸工艺
活动说明：课后前往莲麻小镇研学，欣赏各式各样的剪纸作品，感受其中蕴含的数学知识。
设计意图：本任务让学生继续走进生活，学会用数学的眼光观察现实世界。同时，为下一节课的学习做铺垫。</td></tr>
<tr><td rowspan="12">学习任务
（1～4）
学生成果
展示</td><td colspan="5"> 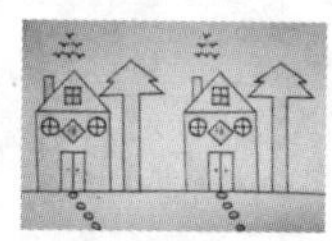  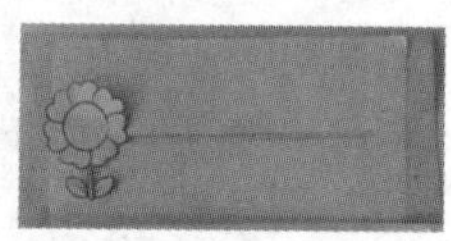</td></tr>
<tr><td colspan="2" rowspan="2">内容</td><td colspan="3">等　级</td></tr>
<tr><td>A</td><td>B</td><td>C</td></tr>
<tr><td rowspan="6">活动过程
评价内容</td><td>参与兴趣</td><td></td><td></td><td></td></tr>
<tr><td>问题意识</td><td></td><td></td><td></td></tr>
<tr><td>加工和整理数据</td><td></td><td></td><td></td></tr>
<tr><td>方案设计与修正</td><td></td><td></td><td></td></tr>
<tr><td>合作、交流</td><td></td><td></td><td></td></tr>
<tr><td>成果展示</td><td></td><td></td><td></td></tr>
<tr><td rowspan="3">活动
结果评价</td><td>1. 经历感受图形运动的过程，学会辨别图形的平移和旋转。</td><td></td><td></td><td></td></tr>
<tr><td>2. 认识平移、旋转的特征，体会运动前后图形的变与不变，感受数学美，逐步形成空间观念和几何直观。</td><td></td><td></td><td></td></tr>
<tr><td>3. 通过观察生活中各种运动现象，感受数学与日常生活的紧密联系。</td><td></td><td></td><td></td></tr>
</table>

表 4－9　第 3 课时“解决问题”

<table>
<tr><td colspan="3">项目主题：美丽的从化乡村——图形的运动</td></tr>
<tr><td>子主题：解决问题</td><td>课时节次：第 3 课时</td><td>年级：二年级</td></tr>
<tr><td>主学科：数学</td><td>涉及学科：美术、综合实践活动</td><td>单元：第三单元</td></tr>
<tr><td colspan="3">项目背景：广州市从化区吕田镇莲麻小镇因村内的莲麻树得名，历来以农耕为主。它的千年古官道，已经成为从化区乡村一道亮丽的风景线。它是广州市首批 30 个特色小镇、从化区首批 10 个特色小镇之一，东临惠州龙门，北依韶关新丰，外联交通便利，G105 国道纵贯而过，大广高速地派出入口距离莲麻小镇仅有 5 公里，是珠三角联通粤北之要道，也是闽浙及粤北商贾南下必经之站。小镇主要覆盖莲麻村区域，核心区规划用地面积 2.5 平方公里，其中建设用地面积 0.42 平方公里。有流溪河源头地、东纵红色革命遗址和客家群体聚居点等特色。小镇的建筑很有特色，运用了轴对称、平移、旋转等知识设计。每年都有很多学生到此地研学，学生在研学过程中，发现了建筑物的特别，建筑设计师运用了什么数学知识来设计的？因此，学生产生了强烈的探究需求。</td></tr>
</table>

<table>
<tr><td>课时说明</td><td>本节课主要是让学生在莲麻小镇研学过程中进一步认识生活中的对称、平移和旋转现象，会运用轴对称图形的知识找到图形的另一半。通过系列任务与微课辅助，指导学生运用轴对称图形的知识剪出连续对称的图案，从而突破本节课的教学难点。同时增强学生观察能力、想象能力和表达能力，发展空间观念。</td></tr>
<tr><td>学习任务序列</td><td>学习任务 1：观察剪纸作品，发现图形的运动现象
活动说明：出示不同的剪纸作品，学生判断图形的运动现象。
 ①　 ②　 ③
 ④　 ⑤　 ⑥
我发现＿＿＿＿＿＿有对称现象，＿＿＿＿＿有平移现象，＿＿＿＿＿＿有旋转现象。
设计意图：用数学的眼光欣赏这些具有特色的剪纸作品，会用数学语言表达剪纸作品中存在的图形运动现象。</td></tr>
</table>

（续上表）

<table>
<tr><td rowspan="4">学习任务序列</td><td>学习任务 2：观察纸人特点，剪一个纸人
活动说明：出示③号剪纸，观察纸人特点，利用轴对称知识剪一个纸人。

小结剪一个纸人的方法：对折→画（一半）→剪
设计意图：遵循从易到难的教学原则，先利用轴对称图形的知识尝试剪出一个完整的纸人，并交流总结剪一个纸人的关键在于在不开口处画半个人。</td></tr>
<tr><td>学习任务 3：探索剪两个手拉手纸人的方法
活动说明：回顾剪一个纸人的方法，尝试剪两个手拉手纸人，并与同桌交流。（如有困难可以观看微课）

小结剪两个手拉手纸人的关键在于：将纸对折两次，在不开口处画、手臂画到纸的边缘。
设计意图：在成功剪出一个纸人的基础上，借助微课教学尝试探索剪出手牵手的两个纸人，并能总结出纸人手牵手的关键在于手臂画到纸的边缘。</td></tr>
<tr><td>学习任务 4：探索剪四个手拉手纸人的方法

活动说明：参照剪两个手拉手纸人的方法，继续尝试剪四个手拉手纸人，向同学们展示自己的剪纸作品。
小结剪两个手拉手纸人的关键在于：将纸对折三次，在不开口处画、手臂画到纸的边缘。
设计意图：本任务教师使用了引导发现法和任务驱动法进行教学，引导学生剪较容易的图形到稍微复杂的图形，促进学生在任务驱动下，运用所学的轴对称知识，剪出轴对称图形，渗透了化繁为简的数学思想，培养学生初步的应用意识和空间意识。</td></tr>
<tr><td>学习任务 5：前往罗洞工匠小镇，探访木作工艺坊
活动描述：课后前往罗洞工匠小镇研学，欣赏木作工艺品，观察并思考木作制作过程中存在哪些运动现象。
设计意图：本任务让学生继续走进生活，学会用数学的眼光观察现实世界。同时，为下一节课的学习做铺垫。</td></tr>
</table>

（续上表）

<table>
<tr><td>学习任务（1～4）学生成果展示</td><td colspan="5">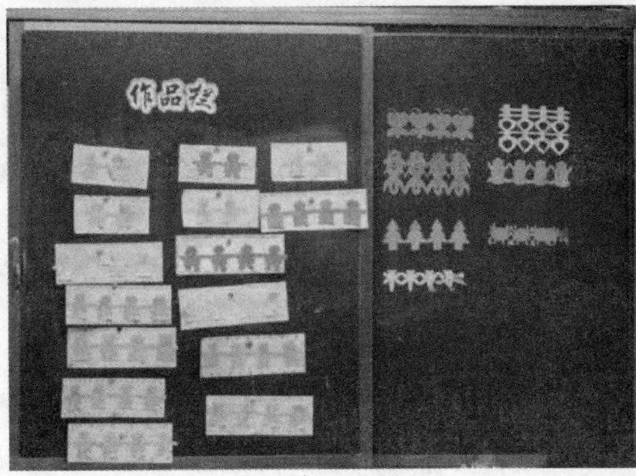</td></tr>
<tr><td rowspan="11">学习任务（1～4）项目学习活动评价</td><td colspan="2" rowspan="2">内　容</td><td colspan="3">等　级</td></tr>
<tr><td>A</td><td>B</td><td>C</td></tr>
<tr><td rowspan="6">活动过程评价内容</td><td>参与兴趣</td><td></td><td></td><td></td></tr>
<tr><td>问题意识</td><td></td><td></td><td></td></tr>
<tr><td>加工和整理数据</td><td></td><td></td><td></td></tr>
<tr><td>方案设计与修正</td><td></td><td></td><td></td></tr>
<tr><td>合作、交流</td><td></td><td></td><td></td></tr>
<tr><td>成果展示</td><td></td><td></td><td></td></tr>
<tr><td rowspan="3">活动结果评价</td><td>1. 进一步认识生活中的对称、平移、旋转现象，并会准确判断。会运用轴对称图形的知识找到图形的另一半。</td><td></td><td></td><td></td></tr>
<tr><td>2. 掌握运用轴对称图形的知识剪出连续对称的图案，形成边思考边操作的良好学习习惯，有创新意识。</td><td></td><td></td><td></td></tr>
<tr><td>3. 感受到现实世界中存在的对称、平移、旋转现象，感受到物体或图形运动的美。</td><td></td><td></td><td></td></tr>
</table>

表 4 – 10　第 4 课时“有趣的图形运动”

<table>
<tr><td colspan="3">项目主题：美丽的从化乡村——图形的运动</td></tr>
<tr><td>子主题：有趣的图形运动</td><td>课时节次：第 4 课时</td><td>年级：二年级</td></tr>
<tr><td>主学科：数学</td><td>涉及学科：美术、综合实践活动</td><td>单元：第三单元</td></tr>
<tr><td colspan="3">项目背景：广州市从化区江埔街罗洞工匠小镇是从化区第二批建设的特色小镇，位于从化区江埔街南部凤凰山下，地势平坦开阔，村民以种植蔬果为生。据说罗洞的祖先早年以烧砖瓦为生，后来又发展到制作砧板、桌椅、板凳等木工制品，因此被称为工匠小镇，这里的一景一物也充满了木工艺元素。设计中保留了大片麦田，木栈桥穿过麦田，老式的砖墙嵌入旧式的电视、洗衣机、自行车等，做成了一面年代记忆的文化墙。这里的工艺品非常有特色，引起了每年到此研学学生的兴趣，以此工艺品的设计作为学习的题材，引导学生在工艺品中发现数学问题、探究数学问题非常有意义。</td></tr>
<tr><td>课时说明</td><td colspan="2">本节课主要是让学生在罗洞工匠小镇研学过程中进一步认识生活中的对称、平移和旋转现象，感受生活中的数学，在学习中传承、发扬“工匠精神”。运用对称、平移、旋转的特征解决问题，达到培养学生探究能力，发展学生的空间观念的目的。</td></tr>
<tr><td>学习任务序列</td><td colspan="2">学习任务 1：观察木器制作过程，辨别物体运动现象
活动说明：观看木器制作视频，一块普通的木头，需要经过多重工序，才能制作成一件精美的木作艺术品，仔细观察，切割、刨削、凿钻等制作过程（播放视频），是我们认识的什么现象？
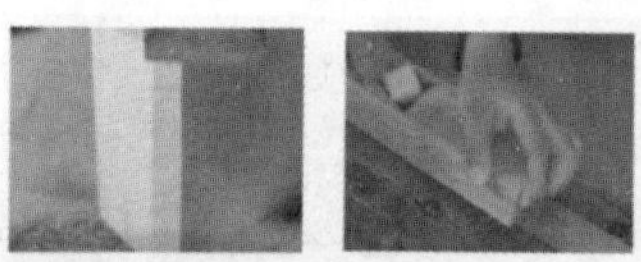
（　　　）现象

（　　　）现象
再看看这些木作手工艺品都有什么特点，是我们认识的什么现象呢？
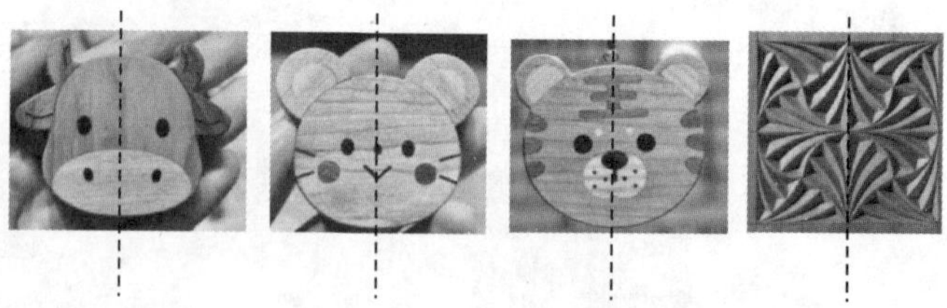
（　　　　）现象
设计意图：本任务教师使用了情境教学法进行教学，引导学生观察工匠小镇的工艺品，促进学生在观看视频过程中能正确提取平移、旋转和对称的概念，并会正确判断各种现象，形成空间观念。</td></tr>
</table>

（续上表）

<table>
<tr><td rowspan="2">学习任务序列</td><td>学习任务 2：运用平移、旋转和对称的知识进行推测
活动说明：仔细观察，找规律，贴一贴，并填一填。
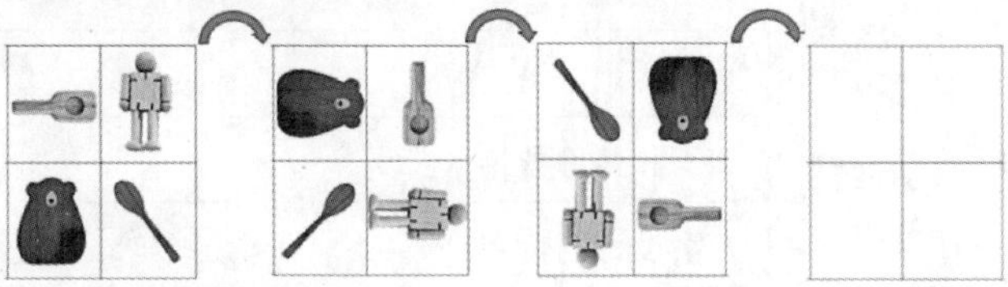
我发现：这 4 幅图运动的过程就是（　　）现象。
A. 平移　　B. 对称　　C. 旋转
学生独立完成，汇报展示答案并解释。
设计意图：本任务教师使用了情境教学法、体验教学法和启发探究法进行教学，促进学生在分类、拼图和推测过程中，能进一步理解平移、旋转和对称的现象，养成独立思考、解决问题的习惯。</td></tr>
<tr><td>学习任务 3：运用对称、平移和旋转的知识制作一幅画
活动说明：结合研学和生活中观察到的对称现象、平移现象和旋转现象，小组合作制作一幅画。
小组合作要求：
（1）从课前作业的作品中，选择合适的图案进行贴画。
（2）考虑图案贴的位置，让整幅画更精美。
（3）画面中必须有对称、旋转和平移的元素。
（4）旋转现象、平移现象要用箭头表示运动的方向。
设计意图：教师使用了任务驱动法进行教学，促进学生在制作一幅画的任务中，加深对知识的理解，同时培养应用意识和创新意识。</td></tr>
<tr><td>学习任务
（1～3）
学生成果展示</td><td>

</td></tr>
</table>

（续上表）

<table>
<tr><th rowspan="2"></th><th colspan="2" rowspan="2">内　容</th><th colspan="3">等　级</th></tr>
<tr><th>A</th><th>B</th><th>C</th></tr>
<tr><td rowspan="9">学习任务（1～3）项目学习活动评价</td><td rowspan="6">活动过程评价内容</td><td>参与兴趣</td><td></td><td></td><td></td></tr>
<tr><td>问题意识</td><td></td><td></td><td></td></tr>
<tr><td>加工和整理数据</td><td></td><td></td><td></td></tr>
<tr><td>方案设计与修正</td><td></td><td></td><td></td></tr>
<tr><td>合作、交流</td><td></td><td></td><td></td></tr>
<tr><td>成果展示</td><td></td><td></td><td></td></tr>
<tr><td rowspan="3">活动结果评价</td><td>1. 对对称现象、平移现象、旋转现象有进一步的认识。</td><td></td><td></td><td></td></tr>
<tr><td>2. 通过观察和动手操作，探究和动手操作的能力有所提升。</td><td></td><td></td><td></td></tr>
<tr><td>3. 感受到图形的运动在生活中的应用，体会到数学与现实生活的密切联系，感受到数学之美。</td><td></td><td></td><td></td></tr>
</table>

（三）项目实施效果

项目学习设计的实施需要关注学生面对情境、任务、问题、挑战时，灵活运用在学科里获得的知识去应对的能力，从而促进素养的发展。本单元的项目实施选用了城乡结合部，外来民工子女较多的农村薄弱学校从化区鳌头镇岭南小学二年级的学生作为学习对象，项目展示的老师通过创设丰富的情境，关注学生学习过程的元认知监控，实现了目标细化的达成，收到较好的教学效果。

数学项目化学习聚焦数学的核心概念，创造出引发学生主动投入探索的挑战性问题情境，通过探究性的、调控性的、社会性的数学实践，引发学生有意义的数学互动和交流。结合教育目标的新分类学，通过任务序列展开项目化研究学习，学生建立了“图形的运动”这一知识体系，明确了对称、平移与旋转的特点。在对图形运动的理解、辨别与分析过程中，学生的认知系统得到了很好的锻炼与提升。在这次数学项目化学习活动中，学生明确了每一个任务，从而有计划地进行学习并且进行自我监控与调整，以便更好地完成序列任务。同时，学生在玩中学、在学中玩，在探寻数学之奥秘的同时更是增强了学习兴趣、信心和自我效能感，不断完善了自我系统。

二、项目式学习范例 2 “营养午餐”

（一）指向核心素养的综合与实践项目设计理念

《义务教育数学课程标准（2022 年版）》指出综合与实践是小学数学学习的重要领

域。项目式学习的设计以解决现实问题为重点，综合应用数学和其他学科知识解决问题，体会数学知识的价值，以及数学与其他学科的关联。“营养午餐”是人教版小学数学第三学段综合与实践的内容，作为一节综合实践活动课，既关注数学学科内部知识的整合、又注重跨学科知识的整合。因此本课适合设计成项目式教学，注重综合数学、科学、美术、劳动等学科知识融合，学生在搭配过程中发现问题、提出问题、分析并解决问题，发展了学生综合运用知识的能力，提升了学生数学核心素养。通过项目式学习让学生在实践中提高应用知识的综合分析能力，培养他们的创新能力和独立思考能力，取得持续的学习进步。

根据《义务教育数学课程标准（2022 年版）》的要求，本活动学习目标如下：

（1）学会用图表进行记录、统计、分析，能做出合理判断、提出问题；提高收集、整理、分析数据的能力，初步形成数据分析观念，感受统计图表的直观性。

（2）列举搭配方案，掌握一定的排列组合的方法，养成有序思考的习惯。灵活选择口算、估算、计算器计算，提高计算能力，培养学生的数感。

（3）经历小组合作解决问题的过程，在交流讨论中逐步提高表达能力、合作能力，学会调动已有知识经验解决实际问题，获得成功的体验。

（4）通过项目实践，培养勇于质疑、大胆创新的精神，体会科学健康饮食的重要性，养成良好的饮食习惯。

我们系统地分析了本活动的学习目标和学习结果表现，并深入分析了课程标准、教材、学情等。系统地设计了“营养午餐”整体教学，并将学习主题定位为“问题引领下的小学数学综合实践活动的思考与实践”。“营养午餐”内容的学习是建立在学生学习了复式条形统计图的基础上的，让学生在已有认知基础上进行知识面的扩充和思维能力的发展。由此，本活动拟安排在第三学段（5～6 年级）学生学习了统计知识后进行。

根据学生的年龄特点和学习规律，以及课程标准的要求等，以“请你设计出一周营养午餐食谱”为活动任务驱动，笔者设计了“营养午餐”项目式学任务序列（如图 4－3 所示）。

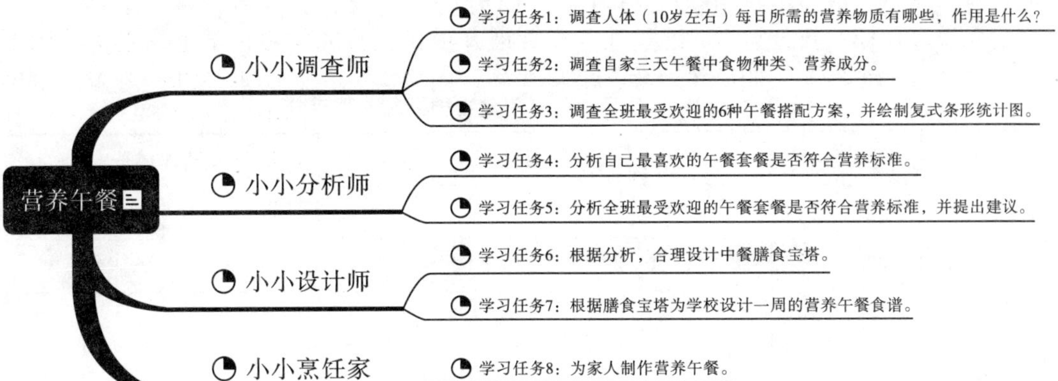

图 4－3　“营养午餐”项目式学习任务序列

（二）项目实施过程

小猪佩奇的猪爸爸和猪妈妈要出差一个礼拜，猪爸爸和猪妈妈希望佩奇和乔治能吃上美味又营养的午餐，这样它们就能放心地出差了。同学们，你们能帮小猪佩奇一起设计一周的营养午餐食谱吗？佩奇：怎样才能设计出美味又营养的午餐呢？看来我们需要先对食物进行调查和分析，才能更好地设计。

活动一：小小调查师

学习任务1：调查人体（10岁左右）每日所需的营养物质有哪些？作用是什么？

活动说明：通过询问长辈、查阅相关书籍、利用网络资源等途径完成表4－11。

表4－11　人体（10岁左右）每日所需的营养物质

营养物质种类	作　用

设计意图：通过相关调查，可以锻炼学生的调查研究能力：学生需要学会如何通过各种途径进行调查，包括收集信息、记录信息等。自主学习能力：学生需要主动获取知识，并运用所学知识进行调查，这有助于提高他们的自主学习能力。同时，前期调查为后面分析数据提供依据。

学习任务2：调查自家三天午餐中食物种类、营养成分。

活动说明：选取三天，调查这三天自己家的午餐中的食物种类、营养含量完成表4－12。注意：1. 肉包子拆分为“肉”和“面粉”；2. 营养成分由含量高到低，记录三种。

表4－12　自家三天午餐中食物种类、营养成分

日期	菜名	食物拆分			营养成分

（续上表）

日期	菜名	食物拆分			营养成分

设计意图： 通过调查自家三天午餐中食物种类、营养成分，让学生在实践中展开调查，记录生活。也在调查记录的过程中对食物中的营养成分有进一步的了解。

学习任务3：调查全班最受欢迎的6种午餐搭配方案，完成统计表并绘制复式条形统计图。

活动说明：小组合作，根据下面提供的9个菜式，挑选3种不同的菜肴搭配，在全班搭配的方案中，每人挑选6种喜欢的方案，完成统计表与复式条形统计图，见表4－13、表4－14、图4－4。

表4－13　某校食堂每种菜所含的热量、脂肪和蛋白质统计表

编号	菜名	热量/千焦	脂肪/克	蛋白质/克
1	炸鸡排	1 254	19	20
2	西红柿炒鸡蛋	899	15	11
3	香菇油菜	911	11	7
4	糖醋鱼块	2 112	18	14
5	家常豆腐	1 020	16	13
6	香菜冬瓜	564	7	1
7	宫保鸡丁	1 033	18	7
8	土豆炖牛肉	1 095	23	16
9	韭菜炒豆芽	497	12	3

表 4－14　全班最喜欢的 6 种搭配方案统计表

方案	配菜编号	喜欢人数	男生人数	女生人数
1				
2				
3				
4				
5				
6				

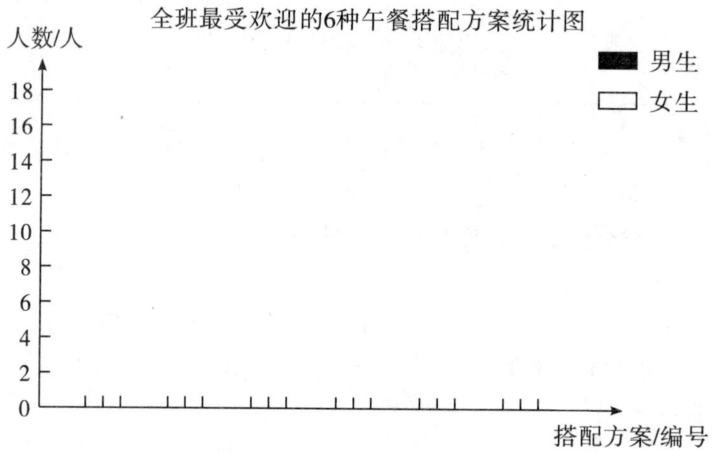

图 4－4　复式条形统计图

部分学生的调查统计结果如图 4－5、图 4－6 所示。

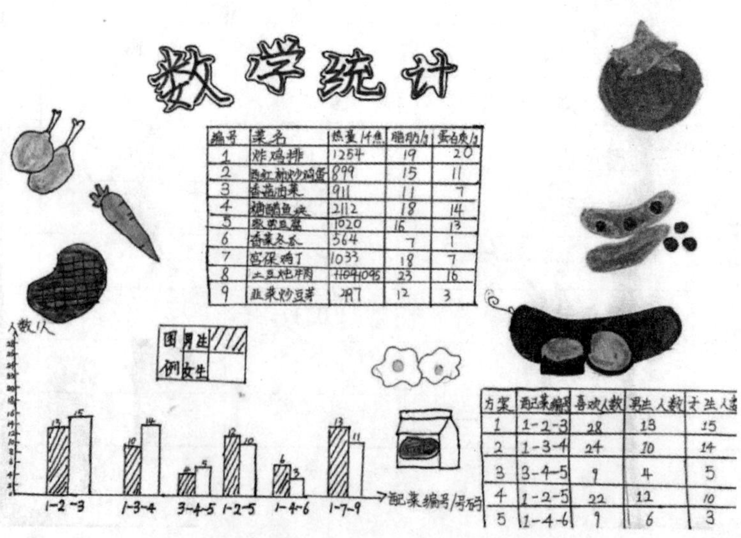

图 4－5　统计结果 1

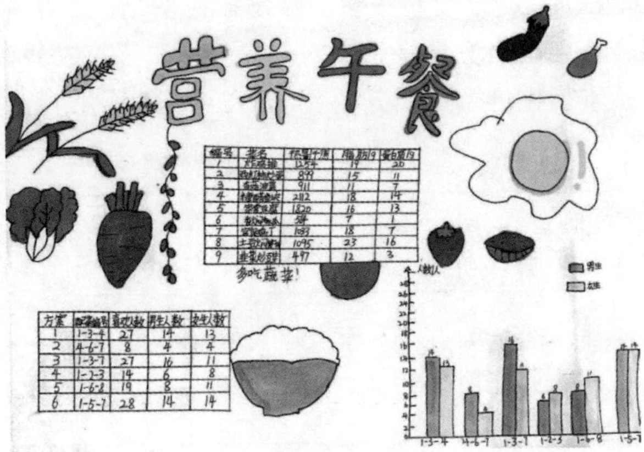

图 4-6　统计结果 2

设计意图： 通过相关调查，可以锻炼学生的调查研究能力：学生需要学会如何通过各种途径进行调查，包括收集信息、记录数据等。合作学习能力：学生在小组中，通过共同协作、交流和分享，以达成共同学习的目标。通过绘制复式条形统计图巩固复式条形统计图的画法、进一步体会统计的作用。

在同学们的帮助下，佩奇对食物中的营养成分和作用有了更清晰的认识，可是佩奇还不确定这些食物的热量和脂肪是多少？是否符合营养标准。接下来，我们一起来帮佩奇分析吧。

活动二：小小分析师

学习任务 4：分析自己最喜欢的午餐套餐是否符合营养标准。

活动说明：列出自己最喜欢的午餐套餐和营养成分含量，按照 10 岁左右儿童营养午餐的两个基本指标，进行计算分析。（如表 4-15 所示）

10 岁左右儿童营养午餐的两个基本指标：①从每顿午餐中获取的热量应不低于 2 926 千焦，②脂肪应不超过 50 克。

表 4-15　我最喜欢的午餐营养成分统计

我最喜欢的午餐菜式	热量	脂肪
合计		

我发现：我最喜欢的午餐套餐__________（符合/不符合）标准。

设计意图： 通过计算菜式的热量和脂肪来培养学生的计算能力：学生需要使用各种计算方法来处理和分析数据，这有助于提高他们的计算能力和数据处理技能。利用数据分析能力：以数据为依据，帮助学生形成用数据说话的意识，感受数据的力量，学生通过分析数据做出判断，这有助于提高他们的问题解决能力和决策能力。

学习任务5：分析全班最受欢迎的午餐套餐是否符合营养标准，并提出建议。

活动说明：小组合作列出全班最受欢迎的午餐套餐和营养成分含量，按照10岁左右儿童营养午餐的两个基本指标进行计算分析。（如表4－16所示）

表4－16　全班最受欢迎的午餐营养成分统计

全班最受欢迎的午餐菜式	热量	脂肪	蛋白质
合计			

我们发现：全班最受欢迎的午餐套餐______________（符合/不符合）标准，我们的建议有：____

设计意图：通过计算菜式的热量、脂肪和蛋白质来培养学生的计算能力：学生需要使用各种计算方法来处理和分析数据，这有助于提高他们的计算能力和数据处理技能。利用数据分析能力：学生需要通过分析数据做出判断，这有助于提高他们的问题解决能力和决策能力。根据数据的综合分析，提出相关建议。

经过分析，佩奇对食物中的热量、脂肪和蛋白质有了一定的了解，还知道了一顿营养的午餐热量不能低于2 926千焦，脂肪不能超过50克。知道了营养午餐的标准，接下来我们一起来帮佩奇设计美味的食谱吧。

活动三：小小设计师

学习任务6：根据分析，合理设计中餐膳食宝塔。

活动说明：根据一天平衡膳食宝塔（如图4－7所示），设计中餐膳食量，见表4－17。

表4－17　设计中餐膳食量

盐：（　　）克 油：（　　）克
奶及奶制品：（　　）克 大豆及坚果类：（　　）克
畜禽类：（　　）克 水产类：（　　）克 蛋类：（　　）克
蔬菜类：（　　）克 水果类：（　　）克

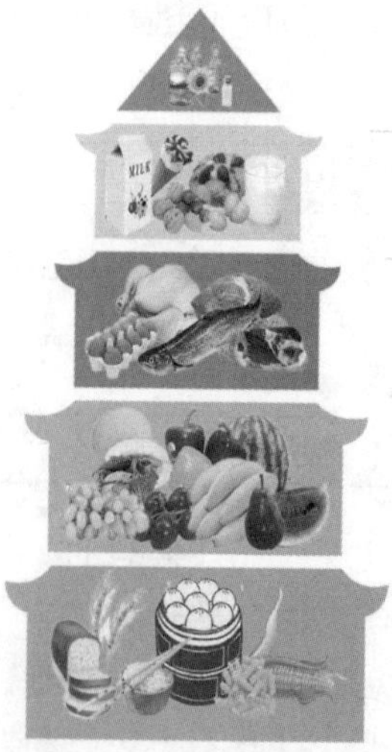

图4－7　中餐膳食宝塔

谷薯类:(　　)克

中餐膳食宝塔设计的理念:

设计意图:在前面调查和分析的基础上,学生对营养膳食有了一定的了解,再来设计中餐膳食宝塔。此项任务主要培养的是营养知识能力:学生需要了解营养学的基本知识,包括各种食物的营养成分、营养需求等,以便合理搭配食物。合理搭配的规划能力:学生需要全面考虑五大营养物质的分配量,从而规划出符合标准的中餐膳食宝塔。

学习任务7:根据膳食宝塔为学校设计一周的营养午餐食谱。

活动说明:以数学手抄报的形式为学校设计一周的营养午餐食谱,并在班级中进行展示、交流与评选。部分学生的设计如图4-8、图4-9、图4-10所示。

图4-8　学生作品1

图4-9　学生作品2

图4-10　学习作品3

设计意图： 通过制作手抄报培养学生综合整理的能力，同时与美术学科相融合，学生在制作手抄报的过程中设计构图、发挥想象和创意，提高学生的艺术水平。

在同学们的热情帮助下，佩奇很快便搭配好了和乔治一周的营养午餐食谱，猪爸爸和猪妈妈看了佩奇设计的午餐食谱后说道：“佩奇长大啦，设计出了营养均衡又美味的午餐，我们能放心地出差了。”在爸妈出差后，佩奇又当起了小厨师每天按设计好的午餐食谱进行烹饪。

活动四：小小烹饪家

学习任务8：为家人制作营养午餐。

活动说明：在了解食物中营养成分和营养指标的基础上，化身“小小厨神”为家人制作营养午餐。

设计意图： 此项任务，回归到现实生活中，要会将学到的知识运用生活中，通过烹饪与劳动课相融合，培养学生的劳动意识和热爱劳动的精神。提高烹饪技能：学生需要掌握基本的烹饪技能，如切菜、烹调、调味等，以便将食物搭配转化为实际的烹饪计划。创新能力：学生需要在营养学的基本知识上发挥创意，设计出各种美味、营养且具有创意的菜肴。

佩奇非常用心地制作每一道菜，弟弟乔治也吃上了美味又营养的午餐。很快猪爸爸和猪妈妈便出差回来了，不仅给佩奇和乔治带回来了礼物，还给佩奇颁发了“小小厨神奖”。

该项目评价采用过程性评价与总结性评价，结合师生共评、小组互评、学生自评，投票评选出了数据统计与分析奖、最佳营养搭配奖和最佳一周菜单设计奖。（如表4－18所示）

表4－18　项目式学习评价表

<table>
<tr><th colspan="2" rowspan="2">内　容</th><th colspan="3">等　级</th></tr>
<tr><th>A</th><th>B</th><th>C</th></tr>
<tr><td rowspan="4">活动过程评价内容</td><td>搜集资料、调查</td><td></td><td></td><td></td></tr>
<tr><td>分析、设计</td><td></td><td></td><td></td></tr>
<tr><td>合作、交流</td><td></td><td></td><td></td></tr>
<tr><td>成果展示</td><td></td><td></td><td></td></tr>
<tr><td rowspan="4">活动结果评价</td><td>了解营养与健康常识，培养学生运用简单的排列组合、统计知识解决问题的能力。</td><td></td><td></td><td></td></tr>
<tr><td>能根据营养专家的建议，运用正确的数学方法分析、调配成科学合理的午餐菜式。学会分析问题、解决问题，学会与他人合作。</td><td></td><td></td><td></td></tr>
<tr><td>懂得科学、合理搭配营养饮食的重要性，改正偏食、挑食的毛病，养成科学的饮食习惯。</td><td></td><td></td><td></td></tr>
<tr><td>能用心地制作营养午餐，提高烹饪技能。</td><td></td><td></td><td></td></tr>
</table>

（三）项目实施效果

通过项目化任务的实施与完成，同学们对“营养午餐”有了更深入的了解，跨学科的综合能力也有所提升，表现有以下几个方面：

1. 学生的调查、收集资料的能力有所提升。信息技术是支撑学生打破学校边界、探索真实世界的重要途径。以前都是找好资料给学生去阅读找信息，现在放手让学生自己通过信息技术利用网络平台查找相关资料。有 90% 的同学都能利用现代化手段顺利调查搜集到食物的营养成分与作用。

2. 学生的分析表达能力有所提升。学生通过计算菜式中的各种营养成分含量，再与营养指标的两个标准进行比较，做到了用数据说话，并且提出合理膳食的有效建议。同时在手抄报作品展示中，培养了表达能力。

3. 学生的设计能力得到提升。学生合理均衡设计营养午餐食谱和精心设计与制作营养膳食手抄报，在艺术方面得到了锻炼与成长。

4. 学生的劳动实践能力得到提升。自己动手制作的食物更加健康、新鲜、卫生。我们可以选择优质的食材，控制烹饪过程中的油盐等量，做出更加符合自己口味和营养需求的菜肴。此外，学习烹饪还可以帮助学生培养对食物的欣赏能力，让学生更加懂得享受美食的乐趣，在实践中也提升了劳动的能力。

5. 学生的数学情感得到提升。在学习中，学生充分感受到数学源于生活而又应用于生活。从学生参与的情况，热情度非常高，通过课前搜集、课内思维争辩，感受到数学的价值和趣味，情感体验有所发展，强烈希望以后能更多地参与这样的活动课。

在结合教育目标的新分类学的项目化教学的开展与实施中，学生对营养知识、调查知识、统计知识等有了深入了解，进而丰富了自身的知识。在调查、分析、设计的过程中培养了学生提取信息、分析、理解和应用知识的能力，学生的认知系统得到了锻炼与提升。整个项目化学习中，学生有计划、有目的开展研究，并在研究的过程中进行反思调整以便达到研究的目的，较好地提升了学生的元认知能力。项目最后，对于学生项目学习效果表现评价主要采用过程性评价与总结性评价，结合师生共评、小组互评、学生自评，投票评选出了数据统计与分析奖、最佳营养搭配奖和最佳一周菜单设计奖。当项目成果得到展示与好评并获得最佳一周菜单设计奖等奖项时，学生体会到满满的成就感带来的喜悦，实现了自我系统。

《义务教育数学课程标准（2022 年版）》指出，项目式学习可以采用“课内 + 课外”“校内 + 校外”“集中 + 分散”等灵活方式进行。总之，项目化学习通过学习方式的变革，让学生在问题的驱动下保持持续探究的内驱力，在问题解决过程中培育学生发现问题，收集数据并经历分类、加工、整合、表征、修改、完善方案的过程，积累丰富的活动经验，培育分析问题的思维模式，形成质疑问难、自我反思和勇于探索的科学精神，培育合作意识、应用意识和创新意识，阐释了学生的数学素养的具体表现。

第五章　基于范式构建的课后作业设计与实施

第1节　作业优化设计与实施的背景

作业是范式实施有效性的有力证据，同时也是检验范式效能的后盾。中共中央办公厅、国务院办公厅印发了《关于进一步减轻义务教育阶段学生作业负担和校外培训负担的意见》（以下简称“双减”）指出：“分类明确作业总量。学校要确保小学一、二年级不布置家庭书面作业，可在校内适当安排巩固练习；小学三至六年级书面作业平均完成时间不超过60分钟。”“鼓励布置分层作业、弹性作业和个性化作业，科学设计探究性作业和实践性作业，探索跨学科综合性作业。”“提高作业设计质量。发挥作业诊断、巩固、学情分析等功能”“教师要认真批改作业，及时做好反馈，加强面批讲解，认真分析学情，做好答疑辅导。”①“双减”是一个变革传统教育，回归教育“真”本质，推动“互联网+教育”的高效率、高水平和高质量的课堂教学改革行动，通过深度融入信息技术和人工智能技术，实现解放学生、解放教师、解放家长。正如《光明日报》指出的：“双减”工作必将促进基础教育领域的深刻变革，最终实现去功利化、回归公益化，去应试化、回归素质化，去焦虑化、回归理性化，让孩子全面发展、健康成长。

自“双减”以来，由于课后作业时间的减少，部分教师未能通过高效的数据反馈进行精选作业，导致学业质量存在下滑现象。“双减”政策背景下，如何布置、落实、检查、讲评作业，促进学生的精准和深度学习，急需开展相应的活动进行系列验证。教育目标的新分类学的两个维度是思维的六个层次（即信息提取、理解、分析、知识应用、元认知、自我系统）和三个知识领域（即信息、心智程序和心理动作程序）。教育目标新分类法制定的每一个教学目标，都包含知识类型和心理加工水平两个维度，只要能明确三种知识领域和六个心理加工水平之间是如何互动的，就能明确具体的教学目标。新分类法还认为“学习行为的水平不仅因学习内容本身或者认知操作的复杂程度而变，还因学习者对相关内容的熟悉程度而变”②。研究表明，数学学习的一般顺序是从陈述性知识到程序性知识。学生只有对数学概念、数学符号、数学公式等基础的知识点充分掌握

---

① 中共中央办公厅，国务院办公厅. 关于进一步减轻义务教育阶段学生作业负担和校外培训负担的意见［Z］. 2021.

② 马扎诺，肯德尔. 教育目标的新分类学［M］. 高凌飚，吴有昌，苏峻，译. 2版. 北京：教育科学出版社，2020：10.

后，才能解决相应的数学习题。教育目标的新分类学理论中的知识类型和心理加工水平两个维度，能够指导教师从数学课后作业设计的目标、作业设计的问题、作业的实施与反馈等方面提供良好的思路。以两个维度为指引的作业设计，能够从知识技能上巩固了新知，能力上训练学生思维能力，从心理上满足不同层面学生的需要，促进学生学科素养的发展。在实践中，关注学生个体发展，通过指导教师优化课堂作业的认知分类，结合课堂教学目标、学生作业设计目标，做好作业的有效筛选与布置，理解学生完成作业的思维过程与学习方法，巧妙地批改与针对学生个性的讲评，实现作业个性化的练习与数据跟踪反馈，提升作业实施的质量，实现“使得人人都能获得良好的数学教育，不同的人在数学上得到不同的发展，逐步形成适应终身发展需要的核心素养”①。

第 2 节　作业设计优化的模型及案例

本节介绍的作业设计，选取义务教育教科书（人教版）数学四年级上册第六单元“除数是两位数的除法”的单元整体课后作业设计为内容，基于教育目标的新分类学理论的二维框架，从思维层级的认知系统、元认知系统、自我系统和知识的四个领域围绕教学目标建构数学课后作业优化设计的模型。将作业优化设计分成学科问题的优化设计、作业元认知策略问题的优化设计和作业动机水平评估问题的设计三个维度。② 在小学数学课后作业设计中，通过这个理论模型完成数学课后作业所需要的加工过程，增强学生的核心素养培育意识，促进教师在优化课后作业设计的过程中调整和完善自身的知识结构和专业发展。

一、运用教育目标分类学，对课本习题开展分析

“除数是两位数的除法”属于“数与代数”知识板块的计算教学模块，在课后习题设计的时候，结合《义务教育数学课程标准（2022 年版）》的学段目标，运用教育目标的新分类学，对课本习题开展分析。

（一）《义务教育数学课程标准（2022 年版）》目标与习题在知识领域的对比分析

在尊重《义务教育数学课程标准（2022 年版）》呈现的第二学段的学业要求的基础上，根据教育目标的新分类理论模型为分析标准，笔者统计了《义务教育数学课程标准

① 中华人民共和国教育部．义务教育数学课程标准（2022 年版）［S］．北京：北京师范大学出版社，2022：2.

② 宋彩萍．基于马扎诺教育目标分类学的作业设计：以初中地理为例［J］．中小学教师培训，2021（3）：64－69.

（2022 年版）》第二学段“数与代数”领域的学业要求涉及不同类型知识领域的整体情况，对比分析了第二学段三年级和四年级义务教育教科书“数与代数”领域的习题所涉及的知识领域所占的百分比，结果如表 5 -1 所示：

表 5 -1　习题与第二学段学业要求在不同知识领域所占比比较

比较内容		知识领域			
		信息领域	心智程序领域	心理动作程序领域	合计
第二学段学业评价要求	总数	4	15	/	19
	百分比	21.05%	78.95%	/	100%
习题	总数	50	622	/	672
	百分比	7.44%	92.56%	/	100%

从表 5 -1 可以看出，第二学段学业要求涉及的是信息领域和心智程序领域类的知识，其中，心智程序领域知识所占比重高于信息领域知识。这与习题所涉及的知识类型相一致。通过以上分析可以得出，习题按照第二学段的学业要求，在“数与代数”领域的习题设置中，信息领域知识和心智程序领域知识都应体现，着重心智程序领域知识的习题。

（二）《义务教育数学课程标准（2022 年版）》目标与习题在思维层次上的对比分析

学生思维发展层级的统计按照“信息提取”“理解”“分析”“知识应用”“元认知系统”和“自我系统”这六个思维层级分别进行。小学数学三年级和四年级义务教育教科书的习题中有一部分可以与这些思维层级直接对应，但有一部分的习题涉及多种知识类型，导致难以判断其所属的思维层级。为了保证统计的准确性，笔者在仔细研究教学内容的基础上，根据教学内容和在教学中学生的实际反馈，确定习题所涉及的知识和思维发展层级。通过这些方法，统计得出各思维层级的总数以及所占的百分比，结果如表 5 -2 所示。

表 5 -2　习题与第二学段学业要求在不同思维层级发展所占比比较

比较内容		思维层次发展						
		信息提取	理解	分析	知识应用	元认知系统	自我系统	合计
第二学段学业评价要求	总数	6	5	3	5	–	–	19
	百分数	31.57%	26.32%	15.79%	26.32%	–	–	100%
习题	总数	289	68	87	228	–	–	672
	百分数	43.00%	10.12%%	12.95%	33.93%	–	–	100%

从表 5 -2 可以看出，第二学段学业要求在思维层级上“信息提取”“理解”和“知

识应用”所占比差不多，“分析”思维层级所占比比较少，习题在“信息提取”“知识应用”所占比比较高，“分析”和“理解”所占比少。元认知系统和自我系统贯穿于整个学段的学习过程中，所以难以对具体占比做分析。通过以上分析，可以发现第二学段学业要求在“理解”和“分析”的思维层级发展所占比重高于习题在这些思维层级发展上所占比重。基于以上分析，建议在习题设置中，适当涉及“信息提取”思维层级的题量，夯实基础；同时增加涉及“理解”、“分析”这些思维层级的题量，习题中也要加强“知识应用”思维层级的发展，确保习题能更贴切第二学段学业要求所需要达到的思维层级，达到数学新课程标准的要求。

二、运用教育目标的新分类学，开展课后习题模型的设计

根据教育目标的新分类学理论模型，指导教师细化课堂作业的认知分类，理解学生完成作业的过程方法，针对不同层次的学生完成情况再进行有效辅导，进而为达到学生“减负”的目的提供理论指导。

（一）依据教育目标的新分类学理论设计课后作业的模型

1. 小学数学课后作业问题的设计分成信息提取、理解、分析、知识应用四个思维加工水平。通过认知系统信息加工的思维方式用于指导学科问题的设计，并且把数学问题具体化，使其可操作、可评估（见表5－3）。通过数学作业元认知策略问题的设计，让学生养成有计划、有步骤、有反思的良好习惯，提高学生作业的效率以及元认知的能力（见表5－4）。设计自我系统相关的问题评估数学作业的动机水平，促进学生的自我评估和反思，为教师教学策略的调整提供依据（见表5－5）。

表5－3 数学作业学科问题的设计

思维层级	操作类型	信息	心智程序	心理动作程序
层级1：信息提取	再认	确认关于数学信息特点的正确说法。	确认数学问题中涉及的心智程序的正确做法但不要求执行。	确认数学问题中涉及的心理动作程序的正确做法但不要求执行。
	回忆	列出数学信息的细节。	列出数学问题中涉及的心智程序的步骤。	列出数学问题中涉及的心理动作程序的步骤。
	执行	—	执行一个数学问题中涉及的心智程序而没有出现重大差错。	执行一个数学问题中涉及的心理动作程序而没有出现重大差错。

（续上表）

思维层级	操作类型	信息	心智程序	心理动作程序
层级 2：理解	整合	识别数学信息中的基本结构，区分关键和非关键元素。	识别数学问题中包含在心智程序中的基本结构，区分关键和非关键元素。	识别数学问题中包含在心理动作程序中的基本结构，区分关键和非关键元素。
	符号化	用非语言或象征的形式准确地描绘数学细节、数学概括化知识或原理的主要部分和它们之间的关系（如图例、符号、图表等）。	创设图表、概念图或流程图，指明解决数学问题中的心智程序的每个子类别是如何按顺序执行的。	创设图表、概念图或流程图，指明解决数学问题中的心理动作程序的每个子类别是如何按顺序执行的。
层级 3：分析	识别	识别数学规律、数学概括化知识或原理等的重要异同。	学生能鉴别数学问题中具体心智程序之间的异同。	学生能鉴别数学问题中涉及的心理动作程序之间的异同。
	分类	依据不同标准确定与数学信息相关的上一级和次级类别。	将数学问题中涉及的心智程序进行上位类别和下位类别的层级分类。	将数学问题中涉及的心理动作程序进行上位类别和下位类别的层级分类。
	差错分析	学生能确定数学信息的合理性，删除订正错误数学信息。	学生能识别数学问题中心智程序中的错误并修改。	学生能识别数学问题中涉及的心理动作程序中的错误并修改。
	拓展	基于数学信息建立新的数学信息概括。	基于已有的心智程序，创设新的数学问题的解决步骤。	基于已有的解决数学问题涉及的心理动作程序，创设新的数学问题的解决步骤。
	导出	将已知的概念和原理运用到新的数学情境中，并判定是否合理。	基于已有的心智程序的相关概括，运用到新的数学问题中去，并判定是否合理。	基于已有的心理动作程序的相关概括，运用到新的数学问题中去，并判定是否合理。

(续上表)

思维层级	操作类型	信息	心智程序	心理动作程序
层级4：知识应用	决策	应用数学信息做出关于数学问题的决策，是复杂的、需要处理大量数学信息才能做出的决定。	应用数学心智程序做出决策，并能够解释原因。	应用解决数学问题涉及的心理动作程序做出决策，并能够解释原因。
	问题解决	学生能应用数学信息解决具体数学问题。	学生能应用数学心智程序来解决具体数学问题。	学生能应用解决数学问题涉及的心理动作程序来解决具体数学问题。
	试验	应用数学信息产生假设，检验有关数学信息的假设。	能够利用解决数学问题所要运用的心智程序提出假设，检验假设。	能够利用解决数学问题所要运用的心理动作程序提出假设，检验假设。
	调查	应用或者对相关数学信息进行调查研究。	利用相关的心智程序作为工具对数学现象、数学事件进行调查。	利用解决数学问题所要运用的心理动作程序作为工具对数学现象、数学事件进行调查。

表5-4 数学作业元认知策略问题的设计

思维层级	操作类型	信息	心智程序	心理动作程序
层级5：元认知系统	目标设定	为专门的数学信息设定目标实现计划。	为专门的数学问题中涉及的心智程序设定目标实现计划。	为专门的数学问题中涉及的心理动作程序设定目标实现计划。
	过程监控	监控实现数学信息的目标进程。	监控实现数学问题中涉及的心智程序的目标进程。	监控实现数学问题中涉及的心理动作程序的目标进程。
	清晰度监控	确定对数学信息清晰度的把握程度。	确定对数学问题中涉及的心智程序清晰度的把握程度。	确定对数学问题中涉及的心理动作程序清晰度的把握程度。
	准确度监控	监控自己对数学信息精确度的把握程度。	监控自己对数学问题中涉及的心智程序精确度的把握程度。	监控自己对数学问题中涉及的心理动作程序精确度的把握程度。

表5－5　数学作业动机水平评估问题的设计

思维层级	操作类型	信息	心智程序	心理动作程序
层级6：自我系统	重要性检查	确定数学信息的重要程度以及能解释这种看法的合理性。	确定数学问题中涉及的心智程序的重要程度以及能解释这种看法的合理性。	确定数学问题中涉及的心理动作程序的重要程度以及能解释这种看法的合理性。
	效能感检查	确定能增强对数学信息的理解以及能解释这种看法的合理性。	确定能增强对数学问题中涉及的心智程序的理解以及能解释这种看法的合理性。	确定能增强对数学问题中涉及的心理动作程序的理解以及能解释这种看法的合理性。
	情绪反应检查	确定对数学信息的情感反应以及能解释这种看法的合理性。	确定对数学问题中涉及的心智程序的情感反应以及能解释这种看法的合理性。	确定对数学问题中涉及的心理动作程序的情感反应以及能解释这种看法的合理性。
	动机检查	确定自己对理解或提高相应的数学信息的动机水平以及能解释这种看法的合理性。	确定自己对理解或提高数学问题中涉及的心智程序的动机水平以及能解释这种看法的合理性。	确定自己对理解或提高数学问题中涉及的心理动作程序的动机水平以及能解释这种看法的合理性。

（二）依据教育目标的新分类学理论设计的单元课后作业设计

“除数是两位数的除法”单元作业设计

一、规划单元学习主题

“除数是两位数的除法”单元选自2022年8月第2版的《义务教育教科书数学四年级上册》第六单元，该单元属于“数与代数”板块的内容，包括口算整十数除整十数、几百几十的数（商一位数），计算商是一位数的笔算除法，计算商是两位数的笔算除法，运用商的变化规律进行简便计算，运用商不变的规律进行简便计算等。

“除数是两位数的除法”单元的教学目标是会口算整十数除整十数、几百几十的数（商一位数），掌握两、三位数除以两位数的计算方法并能正确地计算，进一步理解被除数、除数、商和余数之间的关系，理解并能运用商不变的规律。

“除数是两位数的除法”单元的教学难点在于掌握试商的方法，根据数的特点，合理选择灵活试商的方法。

二、确定单元目标

“除数是两位数的除法”单元在《义务教育数学课程标准（2022年版）》中的“内容要求”是探索并掌握多位数的乘除法，感悟从未知到已知的转化。

“学业要求”是能计算两位数除三位数。“教学提示”方面指出，数的运算教学应利用整数的乘法运算，理解算理与算理之间的关系；在进行除法计算的过程中，进一步理解除法是乘法的逆运算。在这样的过程中，感悟如何将未知转化为已知，形成初步推理意识。估算教学要引导学生在具体的问题情境中选择合适的单位进行估算，体会估算在解决实际问题中的作用，了解估算的实际意义。

人教版教学用书关于“除数是两位数的除法”单元的教学目标：(1) 使学生会口算整十数除整十数、几百几十的数（商一位数）。(2) 使学生掌握两、三位数除以两位数的计算方法。(3) 使学生经历探索过程，了解商的变化规律，能灵活运用商的变化规律进行简便计算。(4) 使学生能够运用所学的知识解决简单的实际问题，感受数学在生活中的作用。

在作业的目标设计中，倾向于温习、实践，倾向于巩固、补充与延伸。如果教师希望学生对给定的知识有尽可能深入的理解，或者希望培养学生的自我管理能力，那就应该明确设定元认知系统和自我系统目标。① 基于以上分析，笔者确定了“除数是两位数的除法”单元作业目标，并将其具体化（见表5-6）。

表5-6 “除数是两位数的除法”单元作业目标

学习内容	思维系统	作业目标具体化（含知识系统）
口算除法	自我系统目标	1. 学生能确定掌握口算整十数除整十数、整十数除几百几十的数（商一位数）、估算两位数除两位数、两位数除三位数的方法有非常重要的作用，为后续练习提供极大的帮助。（涉及的维度：自我系统中的重要性检查/信息中的有组织的观念） 2. 学生能确定自己有能力通过完成本节课的练习，掌握整十数除整十数、整十数除几百几十数的口算方法、除数是两位数的估算方法。（涉及的维度：自我系统中的效能感检查/信息中的有组织的观念）
	元认知系统目标	1. 学生能对整十数除整十数、整十数除几百几十数的口算过程中、除数是两位数的估算过程中容易出错的地方有明确的认识。（涉及的维度：元认知系统中的过程监控/心智程序中的技能） 2. 学生能知道自己在整十数除整十数、整十数除几百几十数的相关问题解答过程中出错的原因。（涉及的维度：元认知系统中的过程监控/心智程序中的有组织的观念）
	认知系统目标	1. 掌握整十数除整十数、整十数除几百几十的数（商一位数）的口算方法和估算的方法，能够口算整十数除整十、整十数除几百几十的数（商一位数）、估算两位数除两位数、两位数除三位数。（涉及的维度：认知系统中的信息提取/心智程序中的有组织的观念） 2. 结合实际问题，能够灵活选择估算方法，提升估算意识。（涉及的维度：认知系统中的知识应用/心智程序中的有组织的观念）

① 马扎诺，肯德尔．教育目标的新分类学［M］．高凌飚，吴有昌，苏峻，译．2版．北京：教育科学出版社，2020：117．

（续上表）

学习内容	思维系统	作业目标具体化（含知识系统）
商是一位数的笔算除法	自我系统目标	1. 学生能确定掌握商是一位数的笔算除法计算方法有非常重要的作用，为后续练习提供极大的帮助。（涉及的维度：自我系统中的重要性检查/信息中的有组织的观念） 2. 学生能确定自己有能力通过完成本节课的练习，掌握求商是一位数的笔算除法的方法。（涉及的维度：自我系统中的效能感检查/信息中的有组织的观念）
	元认知系统目标	1. 学生能对商是一位数的笔算除法计算过程中容易出错的地方有明确的认识（试商、调商、除法竖式的书写格式……）。（涉及的维度：元认知系统中的过程监控/心智程序中的技能） 2. 学生能知道自己在商是一位数的笔算除法的相关问题解答过程中出错的原因。（涉及的维度：元认知系统中的过程监控/心智程序中的有组织的观念）
	认知系统目标	1. 掌握商是一位数的笔算除法的计算方法和技巧，能够正确计算出商是一位数的笔算除法。（涉及的维度：认知系统中的信息提取/心智程序中的有组织的观念） 2. 运用这一知识解决相关的数学问题，感悟数学在实际生活中的作用。（涉及的维度：认知系统中的知识应用/心智程序中的有组织的观念）
商是两位数的笔算除法	自我系统目标	1. 学生能确定掌握商是两位数的笔算除法计算方法有非常重要的作用，为后续练习提供极大的帮助。（涉及的维度：自我系统中的重要性检查/信息中的有组织的观念） 2. 学生能确定自己有能力通过完成本节课的练习，掌握求商是两位数的笔算除法的方法和技巧。（涉及的维度：自我系统中的效能感检查/信息中的有组织的观念）
	元认知系统目标	1. 学生能对商是两位数的笔算除法计算过程中容易出错的地方有明确的认识（试商、调商、除法竖式的书写格式……）。（涉及的维度：元认知系统中的过程监控/心智程序中的技能） 2. 学生能知道自己在商是两位数的笔算除法的相关问题解答过程中出错的原因。（涉及的维度：元认知系统中的过程监控/心智程序中的有组织的观念）
	认知系统目标	1. 掌握商是两位数的笔算除法计算方法，能够正确计算出商是两位数的笔算除法。（涉及的维度：认知系统中的信息提取/心智程序中的有组织的观念） 2. 综合运用知识，灵活解决相关的实际问题，感悟数学在实际生活中的作用。（涉及的维度：认知系统中的知识应用/心智程序中的有组织的观念）

（续上表）

学习内容	思维系统	作业目标具体化（含知识系统）
商的变化规律	自我系统目标	1. 学生能确定掌握商的变化规律有非常重要的作用，为后续学习提供极大的帮助。（涉及的维度：自我系统中的重要性检查/信息中的有组织的观念） 2. 学生能确定自己有能力通过完成本节课的练习，理解并能运用商的变化规律进行简便运算。（涉及的维度：自我系统中的效能感检查/信息中的有组织的观念）
	元认知系统目标	1. 学生能对运用商的变化规律进行口算和简便运算中容易出错的地方有明确的认识。（涉及的维度：元认知系统中的过程监控/心智程序中的技能） 2. 学生能知道自己在运用商的变化规律解决相关问题过程中出错的原因。（涉及的维度：元认知系统中的过程监控/心智程序中的有组织的观念）
	认知系统目标	1. 理解并能运用商的变化规律，理解在简便计算中余数的含义。（涉及的维度：认知系统中的信息提取/心智程序中的有组织的观念） 2. 综合运用知识，灵活解决相关的实际问题，感悟数学在实际生活中的作用。（涉及的维度：认知系统中的知识应用/心智程序中的有组织的观念）
商不变规律的应用	自我系统目标	1. 学生能确定掌握商的变化规律有非常重要的作用，为后续学习提供极大的帮助。（涉及的维度：自我系统中的重要性检查/信息中的有组织的观念） 2. 学生能确定自己有能力通过完成本节课的练习，理解并能运用商的变化规律进行简便运算。（涉及的维度：自我系统中的效能检查/信息中的有组织的观念）
	元认知系统目标	1. 学生能对运用商的变化规律进行口算和简便运算中容易出错的地方有明确的认识。（涉及的维度：元认知系统中的过程监控/心智程序中的技能） 2. 学生能知道自己在运用商的变化规律解决相关问题过程中出错的原因。（涉及的维度：元认知系统中的过程监控/心智程序中的有组织的观念）
	认知系统目标	1. 理解并能应用商不变规律，进行被除数和除数末尾都有 0 的除法笔算。（涉及的维度：认知系统中的信息提取/心智程序中的有组织的观念） 2. 应用商不变规律，采用“凑整”的方法，将除数转化成整十数进行简便计算。（涉及的维度：认知系统中的信息提取/心智程序中的有组织的观念） 3. 应用商不变规律进行笔算时，了解余数的大小及含义。（涉及的维度：认知系统中的信息提取/信息领域中的细节） 4. 应用商不变规律解决实际问题，感悟数学在实际生活中的作用。（涉及的维度：认知系统中的知识应用/心智程序中的有组织的观念）

三、制定单元作业模型

根据单元作业的不同类型，笔者在“除数是两位数的除法”单元中设计了选择题、填空题、判断题、解答题、游戏实践题等题型；根据单元作业的分层性原则，笔者在单元中设计了基础性作业、提升性作业、拓展性作业和实践性作业，以及学习结果评价。其中学习结果评价在该作业框架呈现的时候只呈现该课时课后练习最高层级的素养目标，对应知识点较低层级的目标在习题中会做具体分析。本单元作业框架如表5-7所示。

表5-7　“除数是两位数的除法”单元作业框架

课时内容	类型	知识点	作业栏目设置		学习结果评价					
					核心素养水平				思维与习惯	态度与感受
			必做	选做	知道	理解	掌握	运用		
除数是两位数的除法	基础性作业	口算除法								
		商是一位数的笔算除法								
		商是两位数的笔算除法								
		商的变化规律								
	提升性作业	商不变规律的应用								
		综合分析类题目								
	拓展性作业	应用意识类题目								
		思维能力类题目								
	实践性作业	推理意识类题目								
		应用意识类题目								

四、形成作业属性统计表，不断优化作业

为了优化作业题目，笔者从不同课时题量、不同思维系统层级题量、不同知识领域题量、不同指标题量等角度分析单元作业的题目分布情况。见表5-8。

表5-8　“除数是两位数的除法”单元作业题目属性统计表

不同课时题量		不同思维系统层级题量		不同知识领域题量		不同指标题量		预计完成时间
课时	题量	思维系统层级	题号	知识领域	题号	指标	题号	
课时1		信息提取		信息		基础性作业		约20分钟
		理解		心智过程		提升性作业		
		分析		心理动作过程		拓展性作业		

（续上表）

不同课时题量		不同思维系统层级题量		不同知识领域题量		不同指标题量		预计完成时间
课时	题量	思维系统层级	题号	知识领域	题号	指标	题号	
课时1		知识应用				实践性作业		
		元认知系统						
		自我系统						
……								

五、基于教育目标的新分类学的课后作业设计和分析

本设计以第六单元“除数是两位数的除法”的17个课时的课后作业案例，用单元整体呈现的方式进行分析。通过对前6个课时进行了详细的分析后发现对于同一个单元的相同层次的题目运用的思维工具存在相似性，因此，后面的11个课时的分析中，对部分前面没有重复地运用思维工具的题目做出分析。

为了分析教材第1课时“口算除法”与练习十二对应所运用的乘法口诀计算分布情况，笔者使用了一个横向和竖向均为数字1～9的表格，对教材呈现的习题进行分析。由表5－9可看出教材中有些计算重复出现，例如360÷40出现了3次；有些计算没有涉及，例如运用口诀“六八四十八”来进行口算并未安排相关练习。因此，本次的课后作业设计在统计了教材所涉及的练习基础上，关注了书本未涉及的，以此丰富作业的题目、使得学生的计算练习更加全面。

表5－9　乘法口诀覆盖情况表（教材练习）

数字	1	2	3	4	5	6	7	8	9
1			30÷30						
2		40÷20 42÷20	60÷30	80÷40		120÷60		160÷80	
3		60÷20 62÷20	90÷30 90÷30 93÷30	120÷40	150÷50			240÷80	270÷90
4		80÷20 83÷20 80÷19	120÷30 122÷30 120÷28 120÷30	160÷40				320÷80	
5		100÷20 100÷20 103÷20		200÷40		300÷60			450÷90

（续上表）

数字	1	2	3	4	5	6	7	8	9
6			180 ÷ 30 180 ÷ 30 184 ÷ 30	240 ÷ 40 240 ÷ 37					
7	70 ÷ 10	140 ÷ 20 143 ÷ 20	210 ÷ 30 210 ÷ 29	280 ÷ 40		420 ÷ 60 420 ÷ 62	490 ÷ 70		630 ÷ 90
8			240 ÷ 30		400 ÷ 50				
9			270 ÷ 30	360 ÷ 40 360 ÷ 40 360 ÷ 40 363 ÷ 40			630 ÷ 70 632 ÷ 70		

第1课时　口算除法

（一）教材及学情分析

用思维导图的方式呈现，主要是例题学习的起点、知识点的结构分析、体现本节课的重难点。如图 5－1 所示。

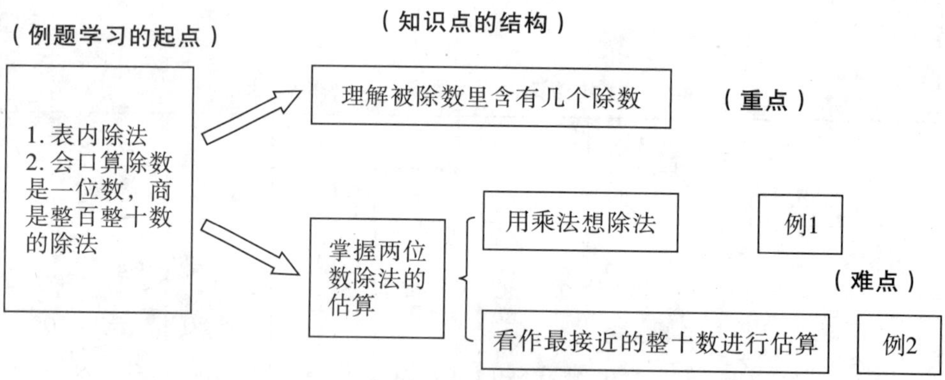

图 5－1　思维导图

（二）作业目标

1. 会口算整十数除整十数、几百几十的数（商是一位数）。
2. 掌握除法估算的方法。

(三) 课时作业框架（见表5－10）

表5－10　课时作业框架

<table>
<tr><th rowspan="3">课时内容</th><th rowspan="3">类型</th><th rowspan="3">知识点</th><th colspan="2" rowspan="2">作业栏目设置</th><th colspan="6">学习结果评价</th></tr>
<tr><th colspan="4">核心素养水平</th><th rowspan="2">思维与习惯</th><th rowspan="2">态度与感受</th></tr>
<tr><th>必做</th><th>选做</th><th>知道</th><th>理解</th><th>掌握</th><th>运用</th></tr>
<tr><td rowspan="6">口算除法</td><td rowspan="3">基础性作业</td><td>整十数除整十数的口算算理与算法</td><td>√</td><td></td><td></td><td></td><td>√</td><td></td><td rowspan="6">√</td><td rowspan="6">√</td></tr>
<tr><td>整十数除几百几十数的口算算理与算法</td><td>√</td><td></td><td></td><td></td><td>√</td><td></td></tr>
<tr><td>两位数除法的估算方法</td><td>√</td><td></td><td></td><td></td><td>√</td><td></td></tr>
<tr><td>提升性作业</td><td>用口算除法解决简单的问题</td><td>√</td><td></td><td></td><td></td><td></td><td>√</td></tr>
<tr><td>拓展性作业</td><td>被除数、除数和商之间的关系计算</td><td></td><td>√</td><td></td><td></td><td></td><td>√</td></tr>
<tr><td>实践性作业</td><td>整十数除整十数的口算</td><td></td><td>√</td><td></td><td></td><td>√</td><td></td></tr>
</table>

(四) 作业题目以及分析

基础性作业（必做）

1. 填空题。

(1) 口算100÷50，可以这样想：10÷5＝2，100÷50＝（　　）。也可以用“想乘法算除法”的方法算，想：（　　）个50是100，100÷50＝（　　）。

【知识点】 整十数除整十数的计算方法：用表内除法计算以及“想乘法算除法”。

(2) 口算103÷50，可以这样想：把103看成（　　），10÷5＝2，100÷50＝（　　）。也可以用“想乘法算除法”的方法算，想：（　　）个50是100，100÷50＝（　　），所以103÷50≈（　　）。

【知识点】 两位数除法的估算方法：把被除数或除数看作与它接近的整十数，再口算出结果。

(3) 口算320÷40，可以这样想：32÷4＝8，320÷40＝（　　）。也可以用“想乘法算除法”的方法算，想：（　　）个40是320，320÷40＝（　　）。

【知识点】 整十数除几百几十数的计算方法：用表内除法计算以及“想乘法算除法”。

(4) 口算320÷39，可以这样想：把39看成（　　），32÷4＝8，320÷40＝（　　）。也可以用“想乘法算除法”的方法算，想：（　　）个40是320，320÷40＝

（　　），所以 320 ÷ 39 ≈（　　）。

【知识点】两位数除法的估算：一般把两位数看作与它接近的整十数，再口算出结果。

分析：本题涉及思维层级 2 理解中的整合执行操作，考查学生整十数除整十数、整十数除几百几十数的口算方法和两位数除法的估算方法的理解，要求学生达成会用表内除法计算和“想乘算除”的口算方法进行口算和掌握两位数除法的估算方法的目标。

思维工具应用：学生能创建一个思维表象，然后用类似故事的方式将每条信息的表象联结起来。例如整十数除整十数、整十数除几百几十数的口算和两位数除法的估算中学生创建小棒图的表象，理解被除数里含有多少个除数来理解口算算理和估算方法。

2. 口算题。

（1）50 × 4 =　　480 ÷ 80 =　　60 ÷ 60 =　　50 ÷ 10 =　　280 ÷ 70 =

200 ÷ 50 =　　480 ÷ 60 =　　810 ÷ 91 ≈　　53 ÷ 10 ≈　　280 ÷ 68 ≈

【知识点】巩固“想乘除关系再计算”的方法。

分析：该口算题涉及思维层级 1 信息提取中的执行操作。该题考查学生整十数除整十数、整十数除几百几十数的口算和两位数除法的估算能力，要求学生达到能够口算整十数除整十数、整十数除几百几十的数（商一位数）和两位数除法的估算，培养学生的运算能力。学生可以执行整十数除整十数、整十数除几百几十数口算和两位数除法的估算而没有出现重大差错，但不一定明白口算和估算过程如何运作和为什么这样运作，对应于思维层级 1 信息提取中的执行操作。

提升性作业（必做）

3. 解决问题。

图 5－2　冰墩墩

冰墩墩是 2022 年北京冬季奥运会的吉祥物，如图 5－2 所示。象征着冬奥会运动员强壮有力的身体、坚韧不拔的意志和鼓舞人心的奥林匹克精神。为了迎接冬奥会，学校组织了跳绳活动。

（1）学校购买了 150 个冰墩墩运动造型徽章，准备用来奖励跳绳活动过程中表现出色的 30 名学生，平均每个学生可得几枚徽章？

（2）小红每分钟可跳 70 下，她一共跳了 209 下，小红大约跳了几分钟？

【知识点】通过解决实际问题，巩固口算方法，提高学生解决实际问题的能力。

分析：本题涉及思维层级 4 知识应用中的问题解决操作，运用口算除法的知识解决简单的实际问题，培养学生综合运用的能力，发展学生的运算能力和应用意识。

拓展性作业（选做）

4. 小马虎计算除法时，把除数 60 错写成 6，结果得到商是 30，那么正确的商是（　　）。

【知识点】根据被除数、除数和商之间的关系计算，巩固“想乘除关系再计算”的方法。

分析：本题涉及思维层级 1 信息提取和思维层级 3 分析中的差错分析操作，考查学生知道被除数、除数和商之间的关系计算，涉及执行整十数除整十数、整十数除几百几十数的口算，要求学生发现除数 60 错写成 6，识别被除数、除数、错误的商之间的关系，对信息的合理性进行判断，从而得到正确的商的过程，涉及对题目的差错分析。

思维工具应用：学生在对运算过程进行差错分析时，应判断题目中提供的运算过程是否试图影响你的想法，如果影响你的想法，找出其中的错误，找出在你已经确认的错误步骤背后思维的错误，如果发现了错误，就要求澄清改正。

实践性作业（选做）

5. 小明和小芳进行玩卡片口算比赛。如图 5 – 3 所示。

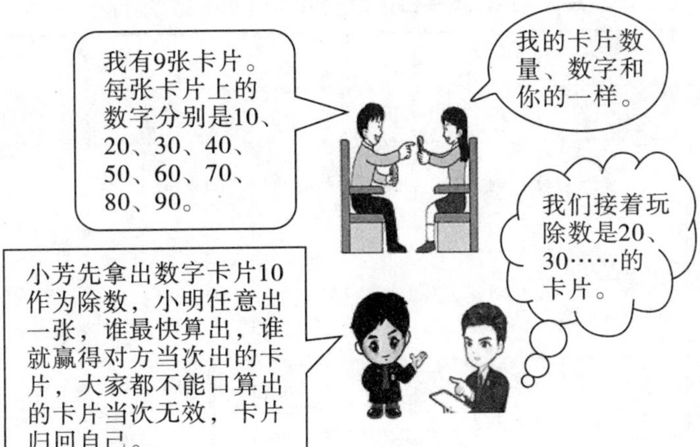

图 5 – 3　作业

【知识点】巩固口算方法。

分析：该题用到思维层级 1 信息提取中的执行操作和层级 6 自我系统中的动机检查操作。通过游戏形象地呈现整十数除整十数算式，并通过竞赛的形式集中学生的注意力，提升作业的趣味性，增强其作业参与的积极性与兴趣，加强自我系统的完善，培养学生的运算能力，为其高质量完成数学作业而拓宽渠道。

思维工具应用：学生应认识到情绪和动机能控制我们的思想和行为，在完成本题前提出和回答以下问题来作为监控整体动机的方法：“我的动机水平足以让我在这种情境中获得所渴望的结果吗?”如果答案是否定的，学生可以就自己对任务的重要性判断、效能感和情绪反应中的某项或多项因素做出调整。

思考：口算除法的时候要注意的是什么？

分析：本题需要运用到思维层级 2 理解中的整合操作，学生能说出口算除法的关键要素。

思维工具应用：查找信息中的模式，确定有用的模式，使用该模式来组织信息。

表 5－11　四年级自我评价表

完成时间	书写工整	正确程度	及时订正	我有进步	推荐评优
	☆☆☆	☆☆☆	☆☆☆	☆☆☆	☆☆☆

分析：该题用到思维层级 5 元认知系统中的过程监控操作。通过如表 5－11 所示的自我评价表，来引发学生对这一阶段的学习情况、学习方式和效果进行思考和综合评价，借鉴自己与他人的正确之处，反思自己的错误之处，更好地调动了学生元认知系统的过程监控。本单元每个课时作业设计都设计了自我评价表，下面课时不再赘述。

本课作业对书本未涉及的计算，进行了适当的补充，增加训练的计算如表 5－12 所示。

表 5－12　乘法口诀覆盖情况表（优化练习）

数字	1	2	3	4	5	6	7	8	9
1	10 ÷ 10	20 ÷ 20	30 ÷ 30	40 ÷ 40	50 ÷ 50	60 ÷ 60	70 ÷ 70	80 ÷ 80	90 ÷ 90
2	20 ÷ 10	40 ÷ 20 42 ÷ 20	60 ÷ 30	80 ÷ 40	110 ÷ 50 103 ÷ 50	120 ÷ 60		160 ÷ 80	
3	30 ÷ 10	60 ÷ 20 62 ÷ 20	90 ÷ 30 90 ÷ 30 90 ÷ 30	120 ÷ 40	150 ÷ 50	180 ÷ 60	209 ÷ 70	240 ÷ 80	270 ÷ 90
4	40 ÷ 10	80 ÷ 20 83 ÷ 20 80 ÷ 19	120 ÷ 30 122 ÷ 30 120 ÷ 28 120 ÷ 30	160 ÷ 40	200 ÷ 50		280 ÷ 70 280 ÷ 68	320 ÷ 80	
5	50 ÷ 10 53 ÷ 10	100 ÷ 20 100 ÷ 20 103 ÷ 20	150 ÷ 30	200 ÷ 40		300 ÷ 60			450 ÷ 90
6	60 ÷ 10		180 ÷ 30 180 ÷ 30 184 ÷ 30	240 ÷ 40 240 ÷ 37				480 ÷ 80	
7	70 ÷ 10	140 ÷ 20 143 ÷ 20	210 ÷ 30 210 ÷ 29	280 ÷ 40		420 ÷ 60 420 ÷ 62	490 ÷ 70		630 ÷ 90

（续上表）

数字	1	2	3	4	5	6	7	8	9
8	80 ÷ 10		240 ÷ 30	320 ÷ 40 320 ÷ 39	400 ÷ 50	480 ÷ 60			
9	90 ÷ 10		270 ÷ 30	360 ÷ 40 360 ÷ 40 360 ÷ 40 363 ÷ 40			630 ÷ 70 632 ÷ 70		810 ÷ 91

由于本课的口算除法是后面进行笔算除法的基础，且第 1 课时的作业没法将所有的计算全面覆盖，因此设计了下面的第 2 课时“口算除法练习课”来补充教材练习的不足。

第 2 课时　口算除法练习课

（一）教材及学情分析（见图 5－4）

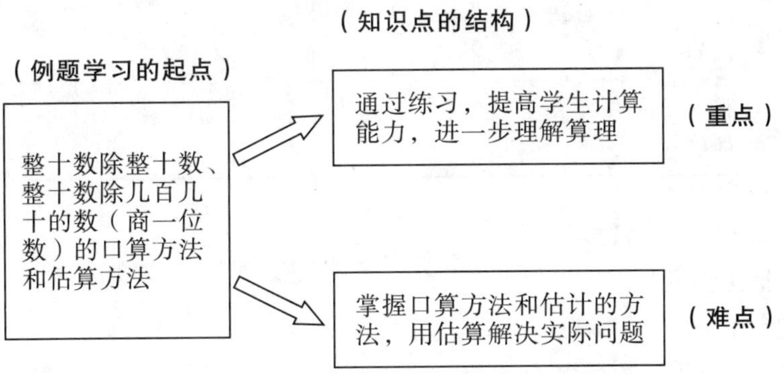

图 5－4　学情分析

（二）作业目标

1. 通过练习，进一步巩固整十数除整十数、整十数除几百几十数的口算方法。
2. 通过练习，巩固估算的方法。
3. 能够运用口算除法解决生活中的实际问题，感受数学与现实生活的密切联系。

（三）课时作业框架（见表5－13）

表5－13　课时作业框架

<table>
<tr><th rowspan="3">课时内容</th><th rowspan="3">类型</th><th rowspan="3">知识点</th><th colspan="2">作业栏目设置</th><th colspan="6">学习结果评价</th></tr>
<tr><th colspan="4">核心素养水平</th><th rowspan="2">思维与习惯</th><th rowspan="2">态度与感受</th></tr>
<tr><th>必做</th><th>选做</th><th>知道</th><th>理解</th><th>掌握</th><th>运用</th></tr>
<tr><td rowspan="7">口算除法练习课</td><td rowspan="4">基础性作业</td><td>整十数除整十数的口算方法</td><td>√</td><td></td><td></td><td></td><td>√</td><td></td><td rowspan="7">√</td><td rowspan="7">√</td></tr>
<tr><td>整十数除几百几十数的口算方法</td><td>√</td><td></td><td></td><td></td><td>√</td><td></td></tr>
<tr><td>两位数除法的估算方法</td><td>√</td><td></td><td></td><td></td><td>√</td><td></td></tr>
<tr><td>用口算除法解决简单的问题</td><td>√</td><td></td><td></td><td></td><td></td><td>√</td></tr>
<tr><td>提升性作业</td><td>用口算除法解决简单的问题</td><td>√</td><td></td><td></td><td></td><td></td><td>√</td></tr>
<tr><td>拓展性作业</td><td>用口算除法解决简单的问题</td><td></td><td>√</td><td></td><td></td><td></td><td>√</td></tr>
<tr><td>实践性作业</td><td>整十数除几百几十数的口算</td><td></td><td>√</td><td></td><td></td><td>√</td><td></td></tr>
</table>

（四）作业题目以及分析

基础性作业（必做）

1．选择题。

（1）口算 $400 \div 80$ 算法正确的是（　　）。

A．因为 $40 \div 8 = 5$，因此 $400 \div 80 = 5$

B．因为 $400 \div 8 = 50$，因此 $400 \div 80 = 50$

C．因为 $80 \div 40 = 2$，因此 $400 \div 80 = 2$

D．因为 $40 \div 4 = 10$，因此 $400 \div 80 = 10$

（2）口算 $300 \div 50$ 算法正确的是（　　）。

A．因为 $60 \times 5 = 300$，因此 $300 \div 50 = 60$

B．因为 $6 \times 50 = 300$，因此 $300 \div 50 = 6$

C．因为 $30 \times 5 = 150$，因此 $300 \div 50 = 150$

D．因为 $5 \times 60 = 300$，因此 $300 \div 50 = 60$

（3）估算 $240 \div 58$ 时，把除数估作（　　）比较合理。

A．50　　B．60　　C．70　　D．40

(4) 估算 556 ÷ 70 时，把被除数估作（　　）比较合理。

A. 500　　B. 560　　C. 600　　D. 610

(5) 有 250 千克大米，每 50 千克装一袋，装完这些大米需要（　　）个袋子。

A. 5　　B. 30　　C. 3　　D. 4

【知识点】 表内除法计算和“想乘除关系再计算”的口算方法。

分析： 上面前 4 题涉及思维层级 1 信息提取。要求学生能达到掌握整十数除整十数、整十数除几百几十数用表内除法和“想乘除关系再计算”的计算方法、两位数除法的估算方法的目标，能确认涉及的心智程序的正确做法但不要求执行，培养学生的运算能力。第 5 题主要涉及思维层级 4 知识应用中的问题解决操作，让学生运用口算除法的知识，解决简单的实际问题，达到巩固本节课所学知识，培养学生的运算能力和应用意识，提高学生综合运用知识的能力。

思维工具应用： 学生在提取运算的心智过程时建议能创建一个思维表象，然后用类似故事的方式将每条信息的表象联结起来。例如整十数除整十数、整十数除几百几十数的口算和两位数除法的估算中学生创建小棒图的表象，理解被除数里含有多少个除数来理解口算算理和估算方法。

2. 口算题。

140 ÷ 70 =	180 ÷ 90 =	350 ÷ 70 =	120 ÷ 60 =
360 ÷ 60 =	420 ÷ 70 =	540 ÷ 90 =	160 ÷ 20 =
361 ÷ 90 ≈	560 ÷ 79 ≈	180 ÷ 21 ≈	721 ÷ 92 ≈

【知识点】 整十数除整十数、整十数除几百几十数的口算方法和两位数除法的估算方法。

分析： 本题涉及层级 1 信息提取中的执行操作。要求学生达成巩固整十数除整十数、整十数除几百几十数的口算方法和两位数除法的估算方法的目标，培养学生的运算能力。

3. 连线题。（看谁能又准确又快地摘下苹果，并且说说每个篮子上面两道算式的关系。）

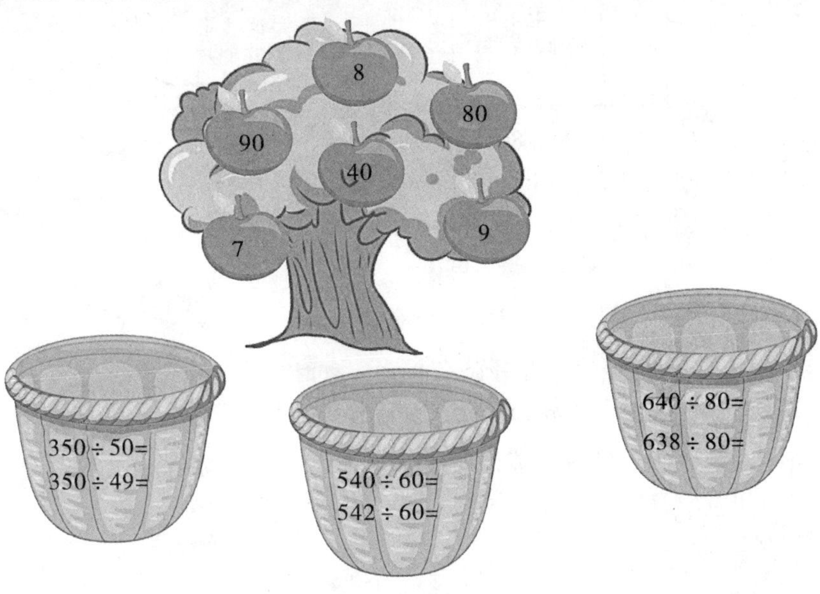

图 5－5　连线题

【知识点】整十数除整十数、整十数除几百几十数的口算方法和两位数除法的估算方法。

分析：本题涉及思维层级 1 信息提取中的执行操作、思维层级 3 分析中的识别操作和思维层级 6 自我系统中的动机检查操作。通过摘苹果游戏形象地呈现整十数除整十数、整十数除几百几十数的口算和两位数除法的估算，对比每个篮子上面两道算式计算上的异同点，巩固计算的方法，提升作业的趣味性，增强其作业参与的积极性与兴趣，加强自我系统的完善，培养学生的数感和运算能力。

思维工具应用：学生应认识到情绪和动机能控制我们的思想和行为，在完成本题前提出和回答以下问题来作为监控整体动机的方法："我的动机水平足以让我在这种情境中获得所渴望的结果吗?"如果答案是否定的，学生可以就自己对任务的重要性判断、效能感和情绪反应中的某项或多项因素做出调整。

提升性作业（必做）

4. 解决问题。

（1）如图 5 -6 所示，学校准备组织全体学生去春游，需要租多少辆车?

图 5 -6　租车问题

（2）回答图 5 -7 中的看书问题。

图 5 -7　看书问题

【知识点】根据实际情况运用口算或估算解决问题。

分析：本题涉及思维层级 4 知识应用中的问题解决操作，学生运用口算除法的知识，解决简单的实际问题，达成巩固本节课所学知识，培养学生综合运用知识的能力，发展学生的运算能力和应用意识的目标。

拓展性作业（选做）

5. 根据 $94\div30\approx$、$720\div80=$，联系生活，编一个数学故事，提出数学问题并解答。

【知识点】根据实际情况运用口算或估算解决问题。

分析：本题运用到层级 4 知识应用中的决策操作和问题解决操作。该题涉及让学生根据算式自主提出问题并解答，要求学生在自主选定的数学情境下运用所学的整十数除整十数、整十数除几百几十数的口算和两位数除法的估算知识进行设定问题和解决问题，这与思维发展水平中的知识应用相对应。

思维工具应用：学生在根据两条整十数除整十数、整十数除几百几十数算式编一个生活数学故事时涉及了决策，应确定适合于该两条算式的数学故事，确定一个好的生活中数学故事应符合的标准，并从中挑选的几个故事中找出最符合标准的故事。

实践性作业（选做）

6. 如图 5 – 8 所示，学生准备两沓卡片，一沓是几百几十数的三位数（约 20 张），另一沓是几十的数（10 ~ 90，共 9 张）。

图 5 – 8　卡片问题

【知识点】巩固整十数除几百几十数的口算方法。

分析：该题用到层级 1 信息提取中的执行操作和层级 6 自我系统中的动机检查操作。通过游戏形象地呈现整十数除几百几十数算式，以竞赛的形式集中学生的注意力，来提升作业的趣味性，增强其作业参与的积极性与兴趣，加强自我系统的完善，培养学生的数感和运算能力。

思维工具应用：学生应认识到情绪和动机能控制我们的思想和行为，在完成本题前提出和回答以下问题来作为监控整体动机的方法："我的动机水平足以让我在这种情境中获得所渴望的结果吗?"如果答案是否定的，学生可以就自己对任务的重要性判断、效能感和情绪反应中的某项或多项因素做出调整。

本节课的作业设计，通过利用丰富的题型、精心设计，全面覆盖了口算除法的所有计算（见表 5 – 14 加了下划线的题），减少学生重复做同类型题，实现了"双减"政策下作业设计的提质增效的目标，提高了学生的口算能力。接下来课时的作业都是按照这种思路进行设计与调整。

表 5-14　乘法口诀覆盖情况表（优化练习）

数字	1	2	3	4	5	6	7	8	9
1	10 ÷ 10	20 ÷ 20	30 ÷ 30	40 ÷ 40	50 ÷ 50	60 ÷ 60	70 ÷ 70	80 ÷ 80	90 ÷ 90
2	20 ÷ 10	40 ÷ 20 42 ÷ 20	60 ÷ 30	80 ÷ 40	100 ÷ 50 103 ÷ 50	120 ÷ 60	140 ÷ 70	160 ÷ 80	180 ÷ 90
3	30 ÷ 10	60 ÷ 20 62 ÷ 20	90 ÷ 30 90 ÷ 30 90 ÷ 30	120 ÷ 40	150 ÷ 50	180 ÷ 60	209 ÷ 70	240 ÷ 80	270 ÷ 90
4	40 ÷ 10	80 ÷ 20 83 ÷ 20 80 ÷ 19	120 ÷ 30 122 ÷ 30 120 ÷ 28 120 ÷ 30	160 ÷ 40	200 ÷ 50	240 ÷ 58	280 ÷ 70 280 ÷ 68	320 ÷ 80	361 ÷ 90
5	50 ÷ 10 53 ÷ 10	100 ÷ 20 100 ÷ 20 103 ÷ 20	150 ÷ 30	200 ÷ 40	250 ÷ 50	300 ÷ 60	350 ÷ 70	400 ÷ 80	450 ÷ 90
6	60 ÷ 10	120 ÷ 20	180 ÷ 30 180 ÷ 30 184 ÷ 30	240 ÷ 40 240 ÷ 37	300 ÷ 50	260 ÷ 60	420 ÷ 70	480 ÷ 80	540 ÷ 90
7	70 ÷ 10	140 ÷ 20 143 ÷ 20	210 ÷ 30 210 ÷ 29	280 ÷ 40	350 ÷ 50 350 ÷ 49	420 ÷ 60 420 ÷ 62	490 ÷ 70	560 ÷ 79	630 ÷ 90
8	80 ÷ 10	160 ÷ 20	240 ÷ 30	320 ÷ 40 320 ÷ 39	400 ÷ 50	480 ÷ 60	556 ÷ 70	640 ÷ 80 638 ÷ 80	721 ÷ 92
9	90 ÷ 10	180 ÷ 21	270 ÷ 30	360 ÷ 40 360 ÷ 40 360 ÷ 40 363 ÷ 40	450 ÷ 50	540 ÷ 60 540 ÷ 60	630 ÷ 70 632 ÷ 70	720 ÷ 80	810 ÷ 91

以下课时的作业设计，笔者将用“乘法口诀覆盖情况表”为工具，结合学生课堂练习的错例情况进一步优化学生课后练习作业设计。例如，在“第 3 课时　商是一位数的笔算除法（除数是整十数）”的课后作业设计中，梳理了以下学生的常见错误，如表5-15 所示。

表 5-15　商是一位数的笔算除法（除数是整十数）错例分析

错误类型	典型错例	策略
商写错数位	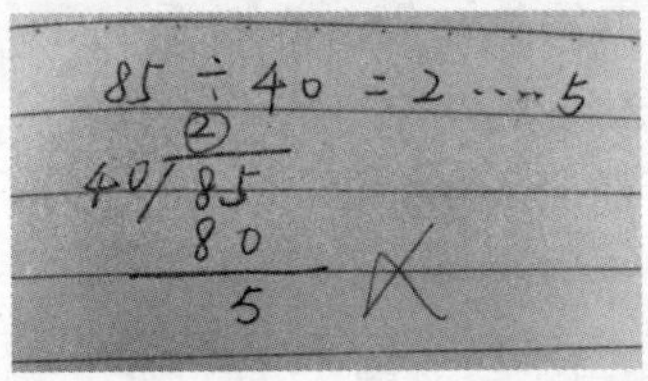 分析：没有深刻理解商是一位数的笔算除法的算理，计算时商没有按照方法写在正确的数位上。	1. 借助直观演示帮助学生理解算理。 2. 加强算理的表达，边计算边说每一步是如何计算的。
试商错误导致余数比除数大	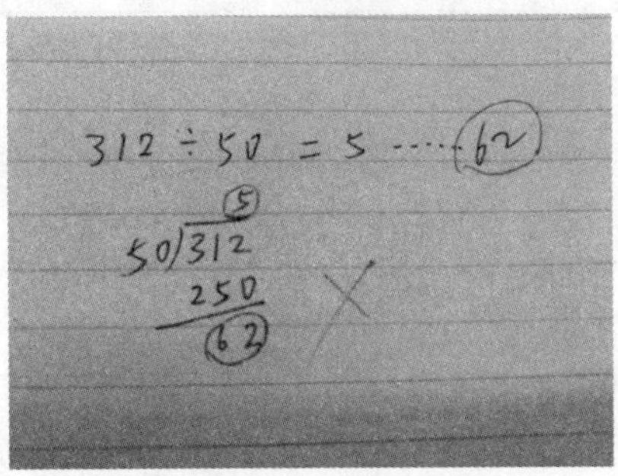 分析：乘法口诀不熟练，导致试商错误，结果余数比除数大没有及时发现，没有养成验算检查的习惯。	1. 加强学生乘法口诀的训练，对计算基础薄弱的学生加强辅导。 2. 培养验算检查的习惯。
商乘除数的积算错	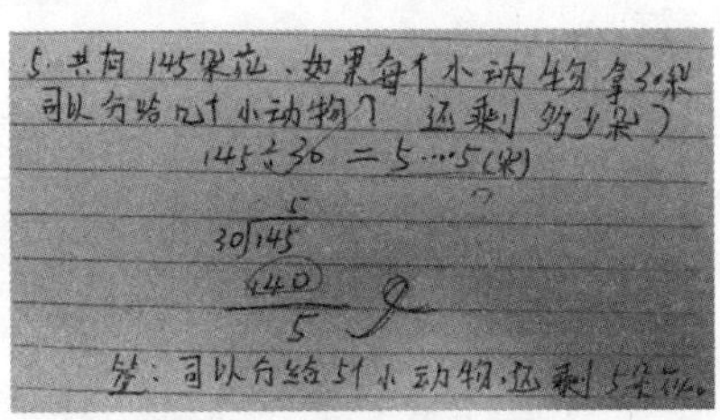 分析：学生能够分析题意并正确列出算式，但在计算时试商错误、商乘除数的积算错，导致计算结果出错。	1. 加强学生乘法口诀的训练，对计算基础薄弱的学生加强辅导。 2. 加强算理的表达，边计算边说每一步是如何计算的。
商乘除数的积写错位置	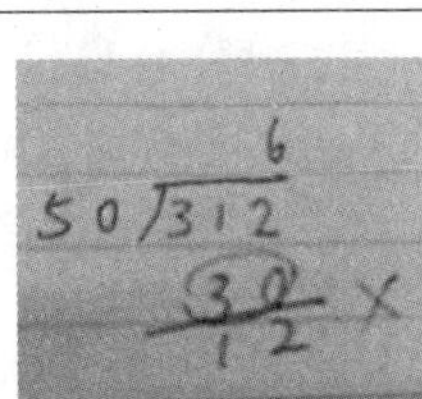 分析：学生能够正确试商，但是商乘除数的积没有书写正确，没有深刻理解商是一位数的笔算除法的算理。	1. 借助直观演示帮助学生理解算理。 2. 加强算理的表达，边计算边说每一步是如何计算的。

（续上表）

错误类型	典型错例	策略
试商错误	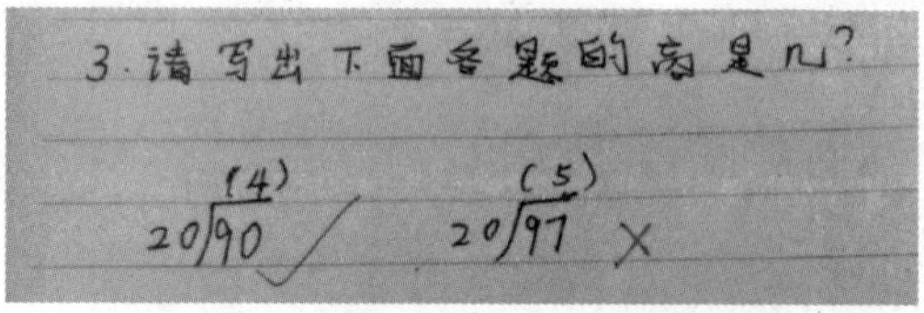 分析：1. 学生乘法口诀不熟练，没有用正确的口诀试商，导致计算结果出错。2. 没能认真观察上下题组间的联系，观察对比学习的能力有所欠缺。	1. 加强学生乘法口诀的训练，对计算基础薄弱的学生加强辅导。 2. 培养认真审题的习惯。

第 3 课时　商是一位数的笔算除法（除数是整十数）

（一）教材及学情分析（见图 5－9）

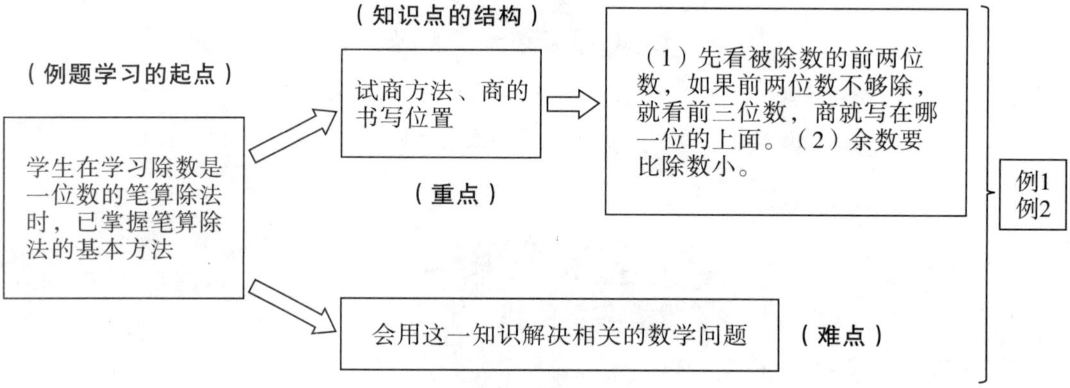

图 5－9　学情分析

（二）作业目标

1. 掌握整十数除两、三位数，商是一位数的笔算除法的计算方法，理解算理，能正确计算两、三位数除以整十数的笔算除法。

2. 在探索两、三位数除以整十数的笔算过程中，通过联系与比较、反思、总结，体验类比迁移思想和数学抽象思想，培养学生逻辑推理能力和抽象概括能力。

3. 会用这一知识解决相关的数学问题。

（三）课时作业框架（见表 5－16）

表 5－16 课时作业框架

<table>
<tr><th rowspan="3">课时内容</th><th rowspan="3">类型</th><th rowspan="3">知识点</th><th colspan="2" rowspan="2">作业栏目设置</th><th colspan="6">学习结果评价</th></tr>
<tr><th colspan="4">核心素养水平</th><th rowspan="2">思维与习惯</th><th rowspan="2">态度与感受</th></tr>
<tr><th>必做</th><th>选做</th><th>知道</th><th>理解</th><th>掌握</th><th>运用</th></tr>
<tr><td rowspan="7">商是一位数的笔算除法</td><td rowspan="4">基础性作业</td><td>整十数除两、三位数的笔算除法算理</td><td>√</td><td></td><td></td><td>√</td><td></td><td></td><td rowspan="7">√</td><td rowspan="7">√</td></tr>
<tr><td>被除数里最多有几个几十</td><td>√</td><td></td><td></td><td>√</td><td></td><td></td></tr>
<tr><td>试商的方法</td><td>√</td><td></td><td></td><td>√</td><td></td><td></td></tr>
<tr><td>整十数除两、三位数笔算除法的计算方法</td><td>√</td><td></td><td></td><td></td><td>√</td><td></td></tr>
<tr><td>提升性作业</td><td>用笔算除法解决简单的问题</td><td>√</td><td></td><td></td><td></td><td></td><td>√</td></tr>
<tr><td>拓展性作业</td><td>用笔算除法解决简单的问题</td><td></td><td>√</td><td></td><td></td><td></td><td>√</td></tr>
<tr><td>实践性作业</td><td>整十数除两、三位数的笔算除法</td><td></td><td>√</td><td></td><td>√</td><td></td><td></td></tr>
</table>

（四）作业题目以及分析

基础性作业（必做）

1. 填空题。

（1）整十数除两位数，商是（　　）位数，商写在（　　）位上。

（2）计算 92 ÷ 50 时，想：92 里面有（　　）个 50，所以商是（　　），写在（　　）位上。

（3）计算 312 ÷ 50 时，除数是两位数，被除数的前两位不够除，要看前（　　）位，因为 50 ×（　　）接近 312 且小于 312，所以商是（　　），写在（　　）位上。

【知识点】 整十数除两位数、整十数除三位数的笔算除法的算理与算法，并会正确书写商的位置。

分析： 本题的第（1）小题涉及思维层级 1 信息提取中的回忆操作，回忆出整十数除两位数商是一位数，商写在个位上，但学生不一定理解其背后的原因。第（2）、（3）小题涉及思维层级 2 理解中的整合操作，要求学生通过想的过程，理解整十数除两位数、整十数除三位数笔算方法的关键点，理解整十数除两位数、整十数除三位数笔算除法的算理，培养学生的运算能力。

思维工具应用：在回忆细节时建议能创建一个思维表象。例如对整十数除两位数、整十数除三位数的笔算除法的算理可借助小棒图的直观表象来理解过程。

2．括号里最大能填几？

$30\times(\quad\quad)<230$　　$20\times(\quad\quad)<145$　　$(\quad\quad)\times80<410$

$70\times(\quad\quad)<320$　　$40\times(\quad\quad)<364$　　$(\quad\quad)\times60<252$

【知识点】帮助学生试商的练习，因为试商时要想“被除数里最多有几个几十”。

分析：本题需要运用思维层级 1 信息提取中的回忆操作。学生需要通过想乘法找出：哪一个数与给出的数相乘的积最接近另一侧的数，是帮助学生试商的练习。

3．请写出各题的商是几。

$$\begin{array}{r}(\quad\quad)\\20\overline{)90}\end{array}\qquad\begin{array}{r}(\quad\quad)\\70\overline{)430}\end{array}$$

$$\begin{array}{r}(\quad\quad)\\20\overline{)97}\end{array}\qquad\begin{array}{r}(\quad\quad)\\70\overline{)432}\end{array}$$

【知识点】上下对照排列，每组算式中的除数都是相同的整十数，被除数都是接近的两位数或三位数，目的是让学生用前面估算的方法进行试商。

分析：本题需要运用思维层级 1 信息提取中的回忆操作和思维层级 3 分析中的识别操作，学生通过对比上下题组算式和左右题组算式，发现相同点和不同点，明白两、三位数除以整十数可以把被除数看作接近的整十数或几百几十数，用口诀试商。左右题组对比，发现左边题组的被除数前两位数够除，商写在个位上，右边题组当被除数前两位数不够除时，要看前三位数。

4．列竖式计算。

$85\div40=$　　　　　　$324\div50=$

【知识点】让学生熟练计算整十数除两位数、整十数除三位数，商是一位数的笔算除法的计算方法。

分析：本题涉及思维层级 1 信息提取中的执行操作，执行的任务是让学生展示计算整十数除两位数、整十数除三位数的笔算除法过程而不出现明显错误，培养学生的运算能力。

提升性作业（必做）

5．共有 145 朵，如果每只小动物分 30 朵，可以分给几只小动物？还剩多少朵？

分析：上面两题涉及层级 4 知识应用中的问题解决操作，运用整十数除三位数的笔算除法知识，解决简单的实际问题，体验除法在生活中的应用价值，提高解决问题的能力，培养学生的运算能力和应用意识。

拓展性作业（选做）

6．超市“五一”做促销活动。30 元一盒的面条，买四送一，125 元最多可以买几盒这样的面条?

【知识点】通过灵活解决实际问题，让学生体验除法在生活中的应用价值，提高解决问题的能力。

分析：拓展性作业会运用到层级 3 分析中的识别操作和层级 4 知识应用。学生能分析比较“30 元一盒的面条，买四送一，125 元最多可以买几盒这样的面条?”和“30 元一盒的面条，125 元能买几盒?”的相似之处和不同之处，只要解决了第二个问题（执行心智技能），那原题就是在该基础上加上“买四送一”的信息即可。通过灵活解决实际问题，让学生体验除法在生活中的应用价值，提高学生分析问题、解决问题的能力，培养学生运算能力、推理意识和应用意识。

思维工具应用：拓展性作业的完成要求学生能识别信息特征。步骤：1. 选择你要识别的项目。2. 选择项目的特点，用于对项目进行识别。确保特点对项目是重要的，并且有助于你对项目的理解。3. 根据特点描述这些项目的相似之处与不同之处（分析比较“30 元一盒的面条，买四送一，125 元最多可以买几盒这样的面条?”和“30 元一盒的面条，125 元能买几盒?”的相似之处和不同之处）。4. 总结一下你对有关项目得出的结论。

实践性作业（选做）

7. 如图 5 - 10 所示，小明和小芳在玩卡片游戏，先拿出数字 0，再从 1 ~ 9 的数字卡片中任意拿出 3 张或 4 张，各自编出整十数除两位数、整十数除三位数，商是一位数的笔算除法，并计算出来，看谁编得多、算得对。

图 5 - 10　看谁编得多

【知识点】这是一道开放性的练习，从组数到组题，变化万千，目的是让学生通过玩卡片游戏，提高学生练习的兴趣，从而提升整十数除两位数、整十数除三位数计算的准确性与熟练程度。

分析：本题涉及层级 1 信息提取中的执行操作和层级 6 自我系统中的动机检查操作。目的是通过卡片游戏形象地呈现整十数除两位数、整十数除三位数算式，提升作业的趣味性，增强其作业参与的积极性与兴趣，加强自我系统的完善，培养学生的数感和运算能力。

思考：在计算除数是整十数的实际问题中，你觉得有什么需要提醒大家的?

分析：本题涉及思维层级 2 理解中的整合操作。学生能够说出整十数除两位数、整十数除三位数笔算除法的关键要素。

表 5 - 17　四年级自我评价表

完成时间	书写工整	正确程度	及时订正	我有进步	推荐评优
	☆☆☆	☆☆☆	☆☆☆	☆☆☆	☆☆☆

第4课时 商是一位数的笔算除法（除数是整十数练习课）

（一）教材及学情分析（见图5－11）

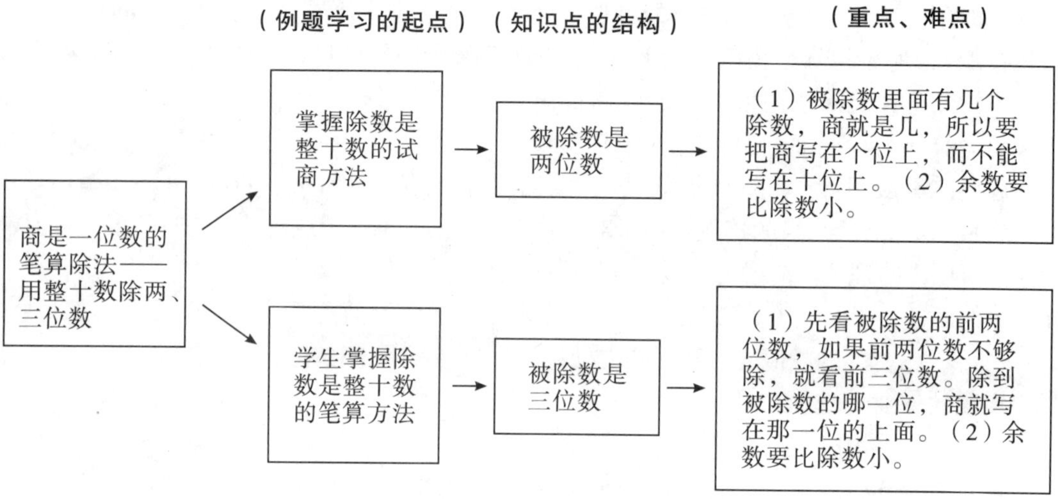

图5－11 学情分析

（二）作业目标

1. 熟练掌握整十数除两、三位数的计算方法，并能正确笔算出商。
2. 运用这一知识解决相关的数学问题，感悟数学在实际生活中的作用。

（三）课时作业框架（见表5－18）

表5－18 课时作业框架

<table>
<tr><th rowspan="3">课时内容</th><th rowspan="3">类型</th><th rowspan="3">知识点</th><th colspan="2" rowspan="2">作业
栏目设置</th><th colspan="6">学习结果评价</th></tr>
<tr><th colspan="4">核心素养水平</th><th rowspan="2">思维与习惯</th><th rowspan="2">态度与感受</th></tr>
<tr><th>必做</th><th>选做</th><th>知道</th><th>理解</th><th>掌握</th><th>运用</th></tr>
<tr><td rowspan="4">商是一位数的笔算除法</td><td>基础性作业</td><td>整十数除两、三位数的笔算除法的计算方法</td><td>√</td><td></td><td></td><td></td><td>√</td><td></td><td rowspan="4">√</td><td rowspan="4">√</td></tr>
<tr><td>提升性作业</td><td>用笔算除法解决简单的问题</td><td>√</td><td></td><td></td><td></td><td></td><td>√</td></tr>
<tr><td>拓展性作业</td><td>试商的方法</td><td></td><td>√</td><td></td><td></td><td></td><td>√</td></tr>
<tr><td>实践性作业</td><td>整十数除两、三位数，商是一位数的笔算除法</td><td></td><td>√</td><td></td><td></td><td></td><td>√</td></tr>
</table>

（四）作业题目以及分析

基础性作业（必做）

1. 选择题。

（1）183 ÷30 在列竖式时，商应该写在（　　）位上。

A. 百　　　　B. 十　　　　C. 个

（2）40 ×（　　）<325，括号里最大应填（　　）。

A. 7　　　　B. 8　　　　C. 9

（3）□ ÷20 =6……○，○最大是（　　）。

A. 18　　　　B. 19　　　　C. 20

分析：本题涉及层级：试商的方法，余数比除数小。让学生掌握试商的方法，培养学生的数感。

（4）要使□48 ÷60 的商是一位数，□里应填（　　）。

A. 1 ~5　　　　B. 1 ~6　　　　C. 7 ~9

分析：本题的第（1）、（2）小题涉及思维层级 1 信息提取，学生能知道商的书写位置、被除数里最多有几个几十和余数比除数小的知识；第（3）小题涉及思维层级 3 分析中的识别操作，学生能区分当整十数除三位数时被除数的前两位数小于除数时，商是一位数，当被除数的前两位数大于除数时，商是两位数这两种情况的不同。

2. 请你来当小医生，下面的计算对吗？若不对，请改正。

（1）
$$\begin{array}{r} 5\\ 40\overline{)\,212}\\ 200\\ \hline 12 \end{array}$$

（2）
$$\begin{array}{r} 7\\ 20\overline{)\,168}\\ 140\\ \hline 28 \end{array}$$

（3）
$$\begin{array}{r} 4\\ 70\overline{)\,328}\\ 280\\ \hline 48 \end{array}$$

【知识点】针对学生容易出现的问题，给出典型错题供学生判断和纠错，进一步掌握除数是整十数的笔算除法的基本方法。

分析：本题对除数是整十数的笔算除法的运算过程正误进行评定，涉及认知系统思维层级 3 分析中的差错分析操作。要求学生能识别数学问题中心智过程执行中的错误并修改，进一步掌握除数是整十数的笔算除法的基本方法，培养学生的运算能力。

思维工具应用：本题涉及分析中的差错分析操作，学生在对运算过程进行差错分析时，应判断题目中提供的运算过程是否试图影响你的想法，如果影响你的想法，请找出其中的错误，找出在你已经确认的错误步骤背后思维的错误，如果发现了错误，就要求澄清改正。

例如：$\begin{array}{r} 5\\ 40\overline{)\,212}\\ 200\\ \hline 12 \end{array}$ 影响了“除到被除数的哪一位，商就写在那一位的上面”的想法，就找出其中的错误并按照你的想法改正。

$$\begin{array}{r} 7 \\ 20\overline{)168} \\ 140 \\ \hline 28 \end{array}$$

影响了“余数要比除数小”的想法，就找出其中的错误并按照你的想法改正。

3. 列竖式计算。

$98 \div 30 =$　　　　　　　　　　$675 \div 80 =$

分析：本题涉及思维层级 1 信息提取中的执行操作，学生进一步熟练计算整十数除两位数、整十数除三位数，商是一位数的笔算除法的计算方法，培养学生的运算能力。

提升性作业（必做）

4. 李老师带了 325 元，可以买几个篮球，还剩多少钱？

60元/个

5. 某小学四年级 432 名同学到博物馆参观，至少要租多少辆车？

分析：上面两题涉及层级 4 知识应用中的问题解决操作。解决实际问题，让学生体验除法在生活中的应用价值，提高解决问题的能力，培养学生的运算能力和应用意识。

拓展性作业（选做）

6. 填数字游戏，□可以填哪些数。

2□$0 \div 90 < 3$　　　　　　　　$120 \div$□$0 > 3$

【知识点】让学生灵活运用试商的方法，提升学生的思维能力。

分析：本题涉及思维层级 3 分析中的识别操作。学生能分析比较“2□$0 \div 90 < 3$”和“$270 \div 90 = 3$”的相似之处和不同之处（$<$ 和 $=$），只要解决了第二个问题（执行心智技能后方框填 7），那根据不同之处，原题方框里的数就要比 7 小即可。提升学生的思维能力，培养学生的运算能力、符号意识、推理意识。

思维工具应用：本题的完成要求学生能识别信息特征。步骤：1. 选择你要识别的项目。2. 选择项目的特点，用于对项目进行识别。确保特点对项目是重要的，并且有助于你对项目的理解。3. 根据特点描述这些项目的相似之处与不同之处［“$20 \div 90 < 3$”和“$20 \div 90 = 3$”的相似之处和不同之处（$<$ 和 $=$）］。4. 总结一下你对有关项目得出的结论［只要解决了第二个问题（执行心智技能后方框填 7），那根据不同之处，原题方框里的数就要比 7 小即可］。

实践性作业（选做）

7. 通过研究“（　　）÷整十数，商是一位数”这类算式编制一道你喜欢的除法算式并通过算式编写一道你喜欢的解决问题的题目分享给其他同学。

【知识点】 通过学生想题、编题，由已知引向未知的探索和发展。

分析： 本题涉及思维层级4知识应用中的决策和问题解决操作。该题涉及让学生根据给出的“（　　）÷整十数，商是一位数”条件，选择符合条件的算式。通过让学生想题、编题、解题，提高学生提出问题、分析问题和解决问题的能力，提高学生的综合能力，培养学生的运算能力和应用意识。

思维工具应用： 本题的完成要求学生克服障碍，完成符合模板的算式和数学问题。可利用以下操作方案：用具体术语描述你的预期目标（设计符合算式的问题）；列出在实现预期目标过程中会遇到的障碍；列出克服这些障碍的选项；确定哪个选项最有可能成功并尝试；若第一选择没有成功，则尝试另一种选择。

表5－19　四年级自我评价表

完成时间	书写工整	正确程度	及时订正	我有进步	推荐评优
	☆☆☆	☆☆☆	☆☆☆	☆☆☆	☆☆☆

第5课时　商是一位数的笔算除法（除数接近整十数）

（一）教材及学情分析（见图5－12）

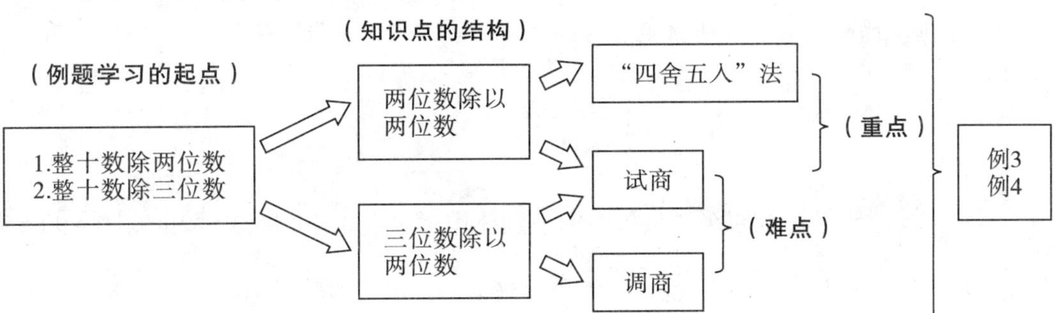

图5－12　学情分析

（二）作业目标

1. 掌握用“四舍五入”法试商的方法，能正确计算除数接近整十数、商是一位数的笔算除法。

2. 经历除数接近整十数的除法的计算方法，初步掌握调商的方法，培养学生的归纳概括能力，培养学生的数感，提升学生运算能力。

3. 在试商过程中培养数感，提升解决实际问题的能力。

（三）课时作业框架（见表 5－20）

表 5－20　课时作业框架

<table>
<tr><th rowspan="3">课时内容</th><th rowspan="3">类型</th><th rowspan="3">知识点</th><th colspan="2">作业栏目设置</th><th colspan="6">学习结果评价</th></tr>
<tr><th rowspan="2">必做</th><th rowspan="2">选做</th><th colspan="4">核心素养水平</th><th rowspan="2">思维与习惯</th><th rowspan="2">态度与感受</th></tr>
<tr><th>知道</th><th>理解</th><th>掌握</th><th>运用</th></tr>
<tr><td rowspan="4">商是一位数的笔算除法</td><td rowspan="2">基础性作业</td><td>“四舍五入”法把除数看作整十数来试商和调商的方法</td><td>√</td><td></td><td></td><td>√</td><td></td><td></td><td rowspan="4">√</td><td rowspan="4">√</td></tr>
<tr><td>“四舍五入”法试商的笔算除法的计算方法</td><td>√</td><td></td><td></td><td></td><td>√</td><td></td></tr>
<tr><td>提升性作业</td><td>用笔算除法解决简单的问题</td><td>√</td><td></td><td></td><td></td><td></td><td>√</td></tr>
<tr><td>拓展性作业</td><td>用笔算除法解决简单的问题</td><td></td><td>√</td><td></td><td></td><td></td><td>√</td></tr>
</table>

（四）作业题目以及分析

基础性作业（必做）

1．填空题。

（1）计算 162 ÷ 53 时，除数看作（　　）来试商，商是（　　）位数。

（2）计算 340 ÷ 67 时，用 4 试商（　　）。（填“偏大”或“偏小”）

【知识点】 巩固学生运用“四舍五入”法把除数看作整十数来试商和调商的方法。

2．根据试商的情况，很快说出准确商。

$$\begin{array}{l} 40\quad\ \ 8\ (\quad) \\ 42\overline{)3\,2\,4} \\ \quad\ \underline{3\,3\,6} \end{array} \qquad\qquad \begin{array}{l} 60\quad\ \ 5\ (\quad) \\ 56\overline{)3\,4\,5} \\ \quad\ \underline{2\,8\,0} \end{array}$$

【知识点】 这题是调商的基本练习，目的是巩固用“四舍五入”法试商并调商的方法。

分析： 第 1 题的第（1）小题涉及思维层级 1 信息提取中的回忆操作，学生会用“四舍五入”法把除数看作整十数来试商，第（2）小题涉及思维层级 3 分析中的差错分析操作，学生发现用 4 试商时，余数比除数大这个错误，商小了要将商调大。第 2 题涉及思维层级 3 分析中的差错分析操作，学生通过观察试商的情况，发现存在的错误，从而判断说出准确的商。

3．列竖式计算。

93 ÷ 31 =　　　　85 ÷ 22 =　　　　514 ÷ 89 =　　　　336 ÷ 56 =

【知识点】 正确计算除数接近整十数、商是一位数的笔算除法。

分析： 本题涉及思维层级 1 信息提取中的执行操作，学生能熟练掌握两位数、三位数除以两位数（除数接近整十数），商是一位数的除法的计算方法，培养学生的运算能力。

提升性作业（必做）

4. 学校准备用 300 元为“体育小达人”购买奖品，奖品有：

32 元/副

43 元/副

（1）如果只买乒乓球拍，最多可以买多少副？还剩多少钱？

（2）如果只买羽毛球拍，最多可以买多少副？还剩多少钱？

分析：本题涉及思维层级 4 知识应用中的问题解决操作。通过运用所学知识解决实际问题，既巩固了计算方法，又让学生体会到计算的意义和作用，提高了解决问题的能力，培养学生的运算能力和应用意识。

拓展性作业（选做）

1. 一种液体感冒药，一瓶 110 毫升，用药量说明见下图。小红 11 岁了，这瓶药水最多够她喝几次？最少呢？

0 ~ 3 岁	2 ~ 3 毫升
4 ~ 6 岁	4 ~ 5 毫升
7 ~ 9 岁	6 ~ 8 毫升
10 ~ 12 岁	9 ~ 12 毫升

【知识点】本题提供的信息比较多，主要让学生理解题目，选取有用的信息解决实际问题，用除法解决简单的实际问题。

分析：本题需要运用思维层级 3 分析中的分类操作和思维层级 4 知识应用中的问题解决操作。分类是把知识组织成有意义的类别，依据不同标准对数学现象、数学事物等具体细节所属的一般类别。明确 11 岁这个信息要分在哪一类上并解释为什么它属于这个类别。而知识应用这一水平的问题要求学生将所学知识应用到具体数学情境中进行分析。知识应用水平的问题考查的也是学生的高阶思维能力。解决该问题学生要先利用题中给出的表格做数据处理，把 11 岁分类到所对应的年龄段并找到药量，此时运用到了分析层级中的分类操作。而根据题目给出的感冒药的剂量和小红每次的药量范围这两个信息即可突破障碍达成预期目标，培养学生的运算能力和应用意识。

思维工具应用：问题解决——用术语描述你的预期目标（这瓶药水最多够她喝几次？最少呢？）列出你在实现预期目标过程中会遇到的障碍（小红每次要喝最多多少毫升的药剂？每次要喝最少多少毫升的药剂）；列出克服这些障碍的选项；确定哪个选项最可能成功（找到 11 岁对应的药剂范围）。分类——在读完此题目的信息后学生应对 11 岁这个信息进行分类，明确 11 岁这个信息要分在哪一类上并解释为什么它属于这个类别，最后总结一下你对所选项目得出的结论，即小红每次要喝 9 ~ 12 毫升的药剂。

表 5－21　四年级自我评价表

完成时间	书写工整	正确程度	及时订正	我有进步	推荐评优
	☆☆☆	☆☆☆	☆☆☆	☆☆☆	☆☆☆

第6课时　商是一位数的笔算除法练习课

（一）教材及学情分析（见图5－13）

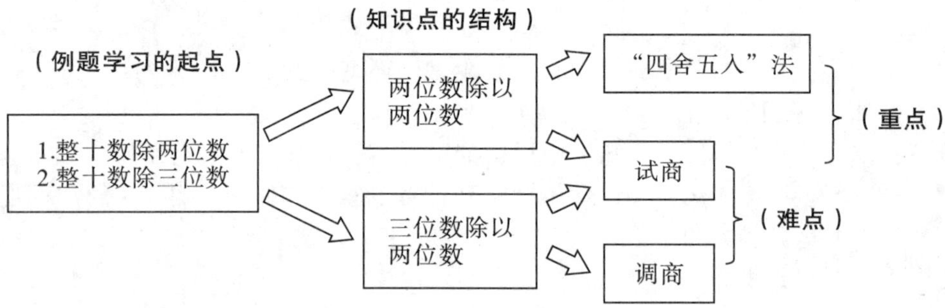

图5－13　学情分析

（二）作业目标

1．掌握用"四舍五入"法试商的方法，能正确计算除数接近整十数、商是一位数的笔算除法。

2．经历除数接近整十数的除法的计算方法，进一步掌握调商的方法，培养学生的归纳概括能力，培养学生的数感，提升学生运算能力。

3．通过解决实际问题，体验数学与生活的联系，增强应用数学的意识。

（三）课时作业框架（见表5－22）

表5－22　课时作业框架

课时内容	类型	知识点	作业栏目设置		学习结果评价					
					核心素养水平				思维与习惯	态度与感受
			必做	选做	知道	理解	掌握	运用		
商是一位数的笔算除法	基础性作业	"四舍五入"法把除数看作整十数来试商和调商的方法	√				√			
		用"四舍五入"法试商的笔算除法的计算方法	√				√			
		用笔算除法解决简单的问题	√					√	√	√
	提升性作业	用笔算除法解决简单的问题	√					√		
	拓展性作业	特殊情况的试商方法		√			√			
	实践性作业	商是一位数的笔算除法		√			√			

（四）作业题目以及分析

基础性作业（必做）

1. 填空题。

（1）90 里面最多有（　）个 28。

（2）用“四舍”法试商，初商可能（　　）；用“五入”法试商，初商可能（　　）。（填“偏大”或“偏小”）

（3）学校礼堂每排坐 59 人，316 人坐满（　　）排。

（4）100 元最多可以买（　　）个单价是 32 元的文具盒。

（5）每架小飞船最多坐 19 人，要准备（　　）架才能使 83 人全部坐上去。

2. 列竖式计算。

220 ÷ 42 =　　　366 ÷ 61 =　　　140 ÷ 28 =　　　537 ÷ 89 =

【知识点】“四舍五入”法把除数看作整十数来试商和调商的方法，除数接近整十数，商是一位数的笔算除法。

分析：第 1 题的第（1）小题涉及思维层级 1 信息提取，学生能说出被除数里面最多有几个几十；第（2）小题涉及思维层级 3 分析中的识别操作，学生能区分用“四舍”法试商和用“五入”法试商时这两种不同情况下，初商是会偏小还是偏大；第（3）～（5）小题涉及思维层级 4 知识应用中的问题解决操作，运用所学的知识解决简单的实际问题。第 2 题涉及思维层级 1 信息提取中的执行操作，学生能正确地计算除数接近整十数、商是一位数的笔算除法。

提升性作业（必做）

3. 解决问题。

（1）希望小学四年级共有 348 人去秋游，每辆客车限乘 48 人，需要租几辆这样的客车？

（2）欣欣水果店今天运来苹果 300 千克，每 48 千克苹果装一筐。可以装多少筐？还剩多少千克没有装？

4. 已知“锦绣天地”小区两层楼之间有 21 个台阶，如果王老师每次上楼都需要走 147 个台阶，那么王老师住（　　）楼。

分析：本题涉及思维层级 4 知识应用中的问题解决操作。通过解决实际问题，既巩固了计算方法，又让学生体验数学与生活的联系，增强应用数学的意识，培养学生的运算能力和应用意识。

拓展性作业（选做）

5. 列竖式计算，想想看它们都有什么特点？

325 ÷ 33 =　　　409 ÷ 42 =　　　247 ÷ 29 =　　　508 ÷ 58 =

思考：试商时，什么情况下商可能试大了？什么情况下商可能试小了？

【知识点】通过计算总结归纳不同的试商技巧。

分析：本题涉及思维层级 3 分析中的拓展操作。学生先进行列竖式计算，执行计算除数接近整十数的除法。而后根据列竖式过程思考总结归纳不同的试商技巧，该过程基于已有的心智过程（列竖式计算除数接近整十数的除法过程），总结归纳不同的试商技巧，涉及分析中的拓展，培养学生的运算能力。

思维工具应用：1. 学生专注于具体的信息或观察。尽量不要对信息或观察所得做任何的假设（专注于观察 4 条竖式）。2. 寻找信息之间的联系或信息可能被归入的类别（寻找 4 条竖式在试商时出现的商可能试大了和商可能试小了的不同情况归类）。3. 基于你观察到的联系或你建构起来的类别，建构一个延拓。4. 重新审视延拓以确保它与信息相匹配（重新检查结论与 4 条算式的匹配度）。5. 对延拓做必要的修正，确认并说明延拓的任何例外情况（结论的例外情况）。

实践性作业（选做）

6. 游戏时间：卡牌王者

准备：0 ~ 9 的卡片两副。

规则：两位同学轮流出题，写一个公共的被除数（可以是两位数，也可以是三位数），两人轮流抽出一张卡片，先抽的一张为十位，后抽的为个位组合成除数，谁最快算出商的得 1 分，先得 3 分者胜利，快去找你的小伙伴挑战吧！

分析：本题涉及层级 1 信息提取中的执行操作和层级 6 自我系统中的动机检查操作。目的是通过卡片游戏形象地呈现商是一位数的笔算除法算式，提升作业的趣味性，增强其作业参与的积极性与兴趣，加强自我系统的完善，培养学生的数感和运算能力。

表 5－23　四年级自我评价表

完成时间	书写工整	正确程度	及时订正	我有进步	推荐评优
	☆☆☆	☆☆☆	☆☆☆	☆☆☆	☆☆☆

由于本单元前 6 个课时作业与本单元后续的课时作业中所涉及的知识系统与思维系统有较多的类似，因此在本单元的第 7 ~ 17 课时的课后作业设计中，选取前 6 个课时没有涉及或者涉及比较少的思维层级的题目，作为有代表性的样例分享。

样例 1：我会判断。

（1）376 ÷ 37 的商是两位数，商的最高位在十位上。（　　）

（2）6□8 ÷ 82 的商是两位数。（　　）

（3）三位数除以两位数，商一定是两位数。（　　）

【知识点】通过判断，进一步理解三位数除以两位数笔算除法算理和算法。

分析：本题涉及思维层级 3 分析中的差错分析，要求学生能判断发现题目中关于三位数除以两位数笔算除法知识表述存在的差错。

样例 2：各写一道商是两位数没有余数和商是两位数而有余数的笔算除法算式，让同桌算一算。并让同桌说一说它们有什么相同点和不同点。

【知识点】让学生出题，算一算，说一说，进一步巩固商是两位数没有余数和商是两位数而有余数的笔算除法的方法。

分析：本题涉及思维层级 3 分析中的识别操作，学生通过计算商是两位数没有余数和商是两位数而有余数的除法算式，辨认它们在计算上的异同点。

样例 3：古时候，有个贪财的地主到了给长工们发工钱的时候，他对长工们说：“你们的工钱一共是 170 两银子，60 个长工平均分，每人分得 2 两，还余下 5 两。就请大家喝杯茶吧！”你发现了地主的话有什么问题吗？

【知识点】 三位数除以两位数的笔算除法，侧重知识的实践性应用，解决生活中实际问题，学有价值的生活数学。

分析：本题涉及思维层级 3 分析中的差错分析操作和思维层级 6 自我系统中的动机检查操作。通过故事的形式激发学生的兴趣，启动学生的自我系统；学生需要发现题目中计算的错误之处，运用到思维层级 3 分析中的差错分析操作。

样例 4：请根据小动物的除法算式，直接写出下面各题的商。

80 ÷ 5=16

240 ÷ 5=（ ）

320 ÷ 5=（ ）

800 ÷ 50=（ ）

180 ÷ 15=12

180 ÷ 5=（ ）

180 ÷ 30=（ ）

900 ÷ 75=（ ）

△ ÷ □ =12

（△ × 3）÷（□ × 3）=（ ）

（△ × 3）÷ □ =（ ）

△ ÷（□ × 3）=（ ）

【知识点】 变换不同的练习形式加深商的变化规律的理解。

分析：本题需要运用到思维层级 4 知识应用的问题解决操作。学生需要用到商的变化规律解决问题。

样例 5：30 只兔子采了 100 个蘑菇，可不知道怎么分才公平。狐狸说：“我来帮你们分！根据商不变规律，100 ÷ 30 与 10 ÷ 3 的商相同，而 10 ÷ 3 = 3（个）……1（个），所以每只兔子分得 3 个蘑菇，还剩下 1 个，这 1 个就送给我吧！”兔子们开心地同意了。你认为狐狸说得对吗？为什么？

【知识点】 灵活运用商不变规律解决实际问题。

分析：本题需要用到思维层级 3 分析中的差错分析操作和思维层级 6 自我系统中的动机检查操作。学生需要判断狐狸帮小兔分蘑菇的过程是否存在错误，进行差错分析，对其判断的原因进行说明，运用故事的形式呈现题目，激发学生的兴趣。

样例 6：我是小小购物家。

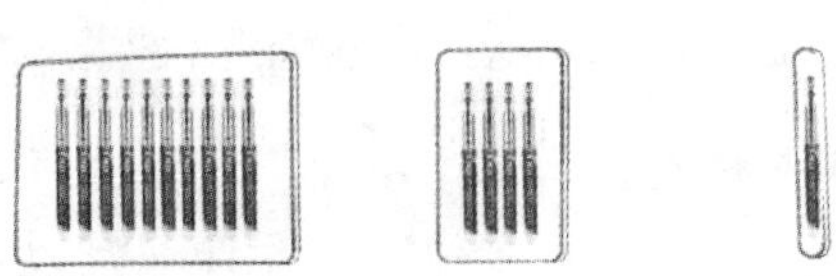

10支50元　　4支30元　　每支9元

上面是同一种钢笔的价钱，要买 24 支钢笔，怎样买最省钱？买 27 支又该怎样买？

【知识点】 灵活运用所学知识解决现实生活中的实际问题。

分析：本题涉及思维层级 4 知识应用中的决策和问题解决操作。要求学生能选择一种最省钱的购买方案，灵活运用所学知识解决现实生活中的实际问题，培养学生的运算能力、应用意识和推理意识。

思维工具应用： 1. 确定适合你的方案和替代性方案（列出几种购买方案）。2. 确定一个好的决策应符合的条件（最省钱）。3. 从供挑选的方案中找出最符合标准的方案（每种方案算出价钱再比较）。

样例7： 请你根据本单元所学知识设计一张思维导图。

分析： 本题涉及思维层级2理解中的符号化操作。要求学生能用思维导图的形式梳理除数是两位数的除法这一单元所学的知识，对除数是两位数除法这一单元所学知识进行整理。

样例8： 思考：我们学完了“除数是两位数的除法”这一单元。在做题时，你有什么要提醒同学注意的？请把你碰到的错误整理到表5-24中。

表5-24　错题收集表

典型错误	原因分析	我会举例

分析： 本题涉及思维层级5元认知系统中的过程监控、清晰度监控和准确度监控的操作。通过该题目，让学生思考并说出本单元“除数是两位数的除法”要注意什么，来使学生对本单元的重点知识和易错点进行回顾和梳理，明晰学习除数是两位数的除法时出现了哪些错误，思考出现这些错误的原因，调动学生的元认知系统，让学生对学习“除数是两位数的除法”这个单元的过程进行监测、评价和调节。

六、分析学习效果和表现

教师根据学生对本单元的掌握情况从本单元的作业样例题中选择适合学生的题目，制作一份单元作业，并要求学生完成表5-25单元作业自我评价表，就能了解学生对本单元知识点的掌握情况。教师同时完成表5-26单元作业批改登记表，就能了解全班学生对本单元各知识点整体的把握情况，进而有针对性地进行培优辅差。

表 5 - 25 “除数是两位数的除法”单元作业学生自我评价表

学习内容	口算除法	商是一位数的笔算除法（除数是整十数）	商是一位数的笔算除法（除数接近整十数）	商是一位数的笔算除法（除数不接近整十数）	商是两位数的笔算除法	商的变化规律	商不变规律的应用
掌握情况							

表 5 - 26 “除数是两位数的除法”单元作业教师批改登记表

学习内容	口算除法	商是一位数的笔算除法（除数是整十数）	商是一位数的笔算除法（除数接近整十数）	商是一位数的笔算除法（除数不接近整十数）	商是两位数的笔算除法	商的变化规律	商不变规律的应用
正确率							

七、运用教育目标的新分类学优化作业设计的实施

课程目标的确定，立足学生的核心素养发展，集中体现数学课程育人价值。[①] 课后作业不仅是课堂的补充和延伸，也是培养学生核心素养的有效途径之一。本单元的作业设计案例的亮点在于在明确的作业目标的指引下，设置了基础类、提升类、拓展类、实践类等多层次的练习帮助学生将知识内化。教师在布置中，关注学生个体差异，实施个性化的布置，菜单式选用，充分利用互联网信息技术支持，及时收集作业完成的数据，从而实现了精准的诊断、巩固和查缺补漏。

（一）针对目标，选择不同层次的个性化作业

在作业的设计中，注重了以目标为导向，结合学生的学习实际，设计了填空、选择、“青蛙过河”、“摘苹果”、“玩卡片”等形式丰富而层次逐渐递进的作业。作业的设计，关注了基本知识、基本技能，也关注了学生素养的发展。在丰富多样、新颖有趣的作业菜单中，设置了必做题与选做题，其中必做题需要人人参与，选做题是学有余力的学生参与，而在提升类练习中，设置了选做（一）与选做（二），这组规律性的题目，主要是让已经有一定口算能力，在平时的学习中成绩中上的学生完成，通过趣味性的设计，吸引学生去选择这组菜单式的题目，减少学困生作业量。从布置、选题的落实中满足了不同层次学生的需求。

① 中华人民共和国教育部. 义务教育数学课程标准（2022 年版）[S]. 北京：北京师范大学出版社，2022.

（二）增强信心，鼓励学生迎战中难题目

在新授课上完的课内练习中，通过数据的收集，发现学生对运用知识解决问题比较欠缺，完成提升类作业的自信心不够，思路不清晰。在作业实施中，笔者找到两个突破口：首先，结合2022年北京冬季奥运会的吉祥物，象征着冬奥会运动员强壮有力的身体、坚韧不拔的意志和鼓舞人心的奥林匹克精神，激发爱国情怀，提升学生挑战难题的愿望。其次，对于有一定难度的题组，教师制作讲解详细的微课，鼓励学生遇到困难时可观摩微课，同伴交流，互帮互助，达成共识。学生在做的过程中，不仅掌握了知识技能，更多的是面对中难题目时，不再感到无力、乏味与恐惧，增强了自信心，同时也感受到解决了现实生活问题的快乐。

（三）用好技术，及时采集作业实施数据

教育的数字化转型不仅是对教育的赋能，更是学与教的思维方法、模式及手段的变革。在学生完成书面练习后，通过运用多媒体技术，让学生拍照上传，利用信息技术对填空题、选择题、解决问题等书面作业进行即时批改，既能够提升学生的学习兴趣，也能够减轻教师的负担，及时、高效、准确地收集答题数据便于作业反馈。作业的及时批改，培养了学生良好的学习习惯，培养了学生的学习兴趣和自信，也培养了教师数据搜集能力。

（四）暴露问题，精准分析学生存在问题

通过对数据的精准追踪，暴露了学生在学习中对知识点掌握存在的问题，教师及时进行引导，有效进行解困的干预，实现提升课堂学习效果和提升教师分析的素养及反思能力。

例如，在本作业案例的分析中，通过学生答题数据初步分析，学生对除数是两位数的除法的口算方法、估算方法掌握得比较好，但是，对于估算的算理还存在瓶颈，对于高阶思维的拓展题理解比较薄弱。通过分析全体学生的答题数据，对错题收集和错因进行分析，引起学生对重要知识、重要方法的回忆，避免再犯类似的错误，并把有关的知识点进行总结归纳，通过整理加深对知识的理解。

（五）合作学习，高效完成实践性作业

为了加大对学生课后作业研究的力度，在比较多的课时中最后一组题目设计了实践性的作业，要求通过合作学习的方式完成。实践性的作业从样本学生的反馈中可以发现，能够完成必做题的学生达到100%，正确率也很高，而完成选做题的也达到100%，但是，正确率约为60%。从数据中可以反映出，学生对实践类、游戏类的作业非常感兴趣，不但能灵活熟练地进行口算，而且通过学生与学生之间的互动和评价交流，高效地完成了作业。

总之，基于教育目标的新分类学设计的课后作业，开展高效的批改和点评，在“双减”背景下，对于农村教师来说，是一个提高课堂效率、减轻课后作业批改量，真正解放双手，用更多时间去做好教材教法研究的高效率的教学方法。在现代信息技术的支持下，学生通过先尝试运用学习单进行纸笔训练，独立完成预设的练习后进行数据的输入，

得到及时的批改反馈，在享受学习快乐的同时，培养学生善于观察、勤于思考、勇于探索的习惯，把作业的育人功能发挥得淋漓尽致。

第3节 指向素养的多元化作业设计与实施

"重教轻学""重讲轻练"的课堂，导致学习目标碎片化，缺乏整体理解与意义建构。如何设计从"知识本位"走向"能力本位"的作业？从学习和作业脱节走向学习和作业融合新颖的，富有挑战性的，与学生的知识、经验和理解能力相适应，需要动脑筋思考才能解决，而不是对已经掌握的规则的机械运用和反复训练。张志伟老师提出了以学习者为中心的作业新体系（如图5－14所示）。

图5－14 以学习者为中心的作业新体系示意图①

作业设计要关注发展，关注学习内容，关注学生基础，细心思考，潜心研究，才能发挥学生作业在教育教学中应有的价值和作用。由于"除数是两位数的除法"该单元的课后习题在知识领域方面涉及心理动作程序领域的题目较少，在思维系统方面涉及元认知系统、自我系统思维层级的题目较少。因此，我们尝试设计一些体现元认知系统、自

① 浙江省仙居县教育教学研究中心张志伟老师在2023年3月的讲座"走向技术指导的作业设计"。

我系统和心理动作程序的题目让学生完成，通过学生完成的过程以及完成的结果中显示，这些题目确实能提高学生的元认知水平和激发学生自我系统的调节。下面是在实践中，笔者设计的典型例子。

一、非书面实践性作业设计与实施过程案例

1. 在学习完“人民币的简单计算”后，布置学生有机会跟爸爸妈妈一起去菜市场买菜时的实践作业，提出有关用人民币的知识解决的问题，最后说说买菜的过程和感受。

8角　9角　1元　7角　2元1角

（1）买一棵和一个，要多少钱？

（2）一棵比棵贵多少钱？

（3）一棵比一棵便宜多少钱？

图5－15　买菜问题

【设计意图】通过模拟一个日常生活的购物情境来巩固今天所学知识，让学生感受到数学来源于生活，并应用于生活，激发学生的自我系统调节。

在让学生完成本题之前，教师先在班级举办跳蚤市场，让孩子们化身“小菜贩”，体验摆摊卖菜，体验人民币使用过程。为学生完成这道非书面实践作业做准备。孩子们坐在摊位前，纷纷充当起了“小老板”的角色，热情地向往来的小顾客们介绍商品。为了招揽顾客，各位“商家”使出浑身解数，别看他们都还只是一年级的小朋友，但做起生意来却有模有样，特别有礼貌，在顾客进店时说“欢迎光临”，离店时说“欢迎下次再来”。但有一点，无论如何售卖，本市场仅支持现金交易哦！无论是大面额人民币，还是小面额人民币，同学们都是先干脆利索地收钱，接着就绞尽脑汁开始计算。“我给了你5元，这些蔬菜4元5角，你应找回多少钱给我？”孩子们也毫不怯场，你记录来我算数，充分展示出团队协作精神，小心仔细地找着钱，忙得不亦乐乎。

学生们在学校经历了购物的过程，学会了购物的知识后，很兴奋地与爸爸妈妈一同去菜市场买菜。学生通过观察和亲自体验买菜，积累了相关的生活经验，增进了学生对社会的了解，培养学生们尊敬和热爱劳动人民的意识，进一步懂得了今后更要好好珍惜蔬菜粮食！

学生经历过真实的买菜经验后，教师请学生上台分享买菜过程和感受。学生分享获得了什么样的体验，如何与他人交流，需要怎样的帮助等；学生描述感受、表达收获、总结发现，并表达了模拟购物和真实购物的区别。如真实购物中需要先称重，根据一斤多少钱和重量得出钱数，但是在此过程中，可以讲价，比如商贩称出来是 3 元 6 角，可以讲价成 3 元 5 角。或者可以跟商贩商量多买点，让他算便宜点，这个过程锻炼了学生的表达、沟通能力。有的学生说有时也要注意摊贩玩秤，缺斤少两。还有学生跟大家分享怎么挑到新鲜的蔬菜。

分析：学生在完成这道非书面实践作业题的过程中，积极投入模拟购物活动，清晰地表达和交流信息，认识元、角、分，知道元、角、分之间的关系；会在真实或模拟的情境中合理使用人民币；在教师的指导下能够反思并述说购物的过程，积累使用货币的经验；形成对货币多少的量感和初步的金融素养。学生感悟出了数学知识之间、数学与综合实践学科知识之间、数学与社会生活之间的联系，积累活动经验，提高解决实际问题的能力，形成和发展了核心素养。

作为综合与实践活动，教学目标除了包含对常见的量的数学知识要求，还要关注学生活动经验的获得和情感态度的发展。“人民币的简单计算”这节课不能将教学目标仅聚焦在“能进行人民币简单的单名数加、减运算；能进行单名数与复名数的不进位不退位的加、减计算”，还应考虑将“积极投入模拟购物活动，能清晰表达和交流信息”“会在真实或模拟的情境中合理使用人民币”“能够反思并述说购物的过程”“形成对货币多少的量感和初步的金融素养”等作为主题活动的教学目标。以此来改善学生在人民币的计算方面的认识或能力，提高学生对掌握本节课知识的情绪反应，激发学生的自我系统参与。

二、涉及心智过程及心理动作程序的作业设计与实施过程案例

在下面的方格纸上画三个周长都是 14 厘米的长方形，再比较一下它们的面积。你能发现什么？（每个小方格的面积都是 1 平方厘米）

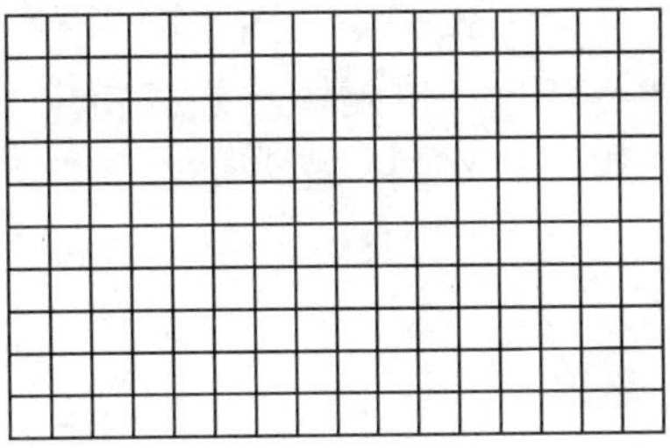

【设计意图】让学生在方格纸上用固定的周长画出不同的长方形，一方面，让学生根据周长确定长和宽，培养学生的逆向思维能力，另一方面，使学生知道周长相等，面积不一定相等。通过问题的探究，将学生的思维引向深入，让学生在对比中思考，在思考中加深对面积和周长概念的理解，结合具体的图形和数据，体会周长和面积的不同。

学生完成情况：

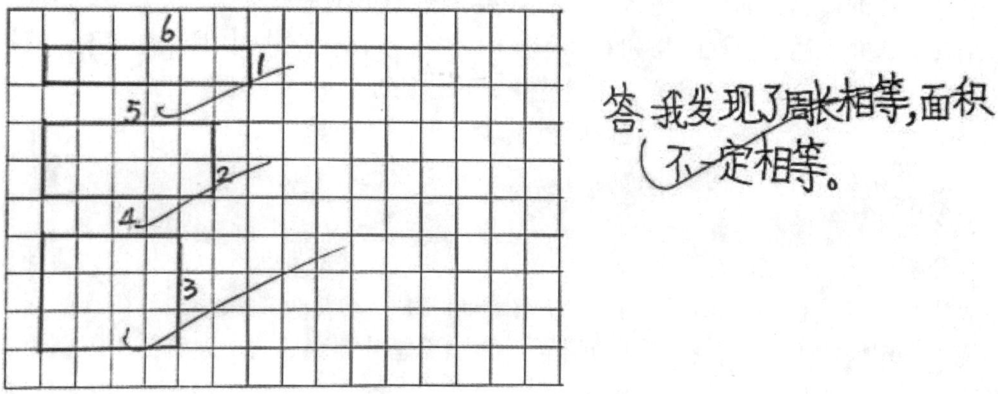

图 5－16　学生完成情况 1

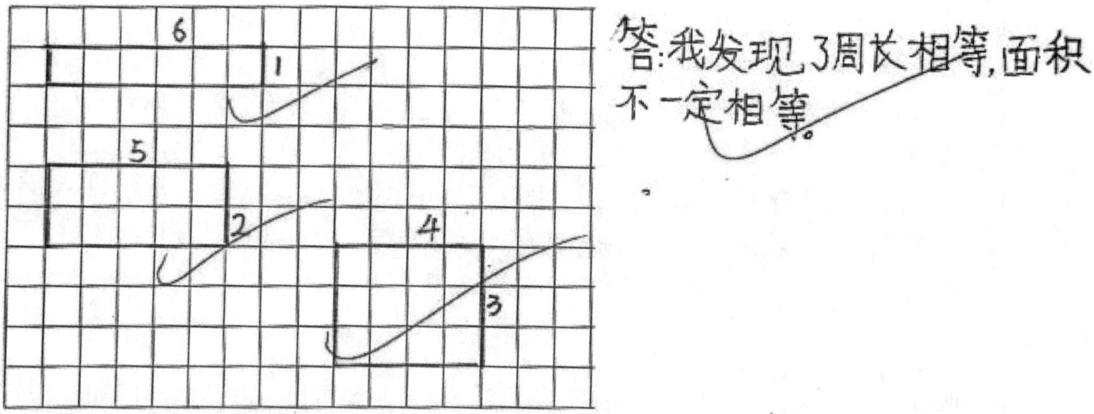

图 5－17　学生完成情况 2

分析：本题让学生画三个周长都是相同的长方形，即用固定的周长画出不同的长方形，接着学生通过求出面积，体会周长相等的图形面积不一定相等，培养学生的应用意识。本题涉及心理动作程序和心智过程维度中涉及分析中的拓展，学生能基于已有的解决数学问题涉及的心理动作程序创设新的数学问题的解决步骤，即基于已有的画 3 个周长是 14 厘米的长方形涉及的心理动作程序，运用心智过程中的分析与拓展，得出新结论：周长相等的图形，面积并不一定相等。

三、涉及心理动作程序的作业设计与实施过程案例

在学习完“圆的认识”后，布置了学生实践设计的题目：请你试试用圆规和三角板画出一些美丽的图形。

学生的作品如下：

【设计意图】通过动手操作，培养学生的动手操作能力和创新能力。

学生的作品如图 5－18 所示。

图 5－18 学生作品

分析：数学作为培育学生思维与动手操作实践能力的关键前提，在这一状况下必须高度关注，尤其是对小学生而言，要格外提倡课程融合的价值与作用，要牢牢把握多元化资源，给数学学习提供帮助与支持，建立更加有效的现代课堂。本实践设计作业题，为孩子搭建联通其他学科的桥梁。在学生掌握多种方法画圆后，让孩子们用圆规和三角板设计图案，孩子们联想到地球的环境保护、篮球运动、我国红火的航天事业、丰富漂亮的花……学生通过动手画图，使得作业不再是枯燥的，而是精彩的美术课、体育课、科学课……

本题通过让学生经过大脑思考，利用圆规和三角板完整画出一些美丽的图形，涉及心理动作程序，是心理与行为的结合，是更加复杂的知识领域。本题涉及的心理动作程序的掌握阶段与心智程序相似。首先作为认识圆以及如何利用圆规画圆等信息来学习，然后通过利用圆规与三角板画圆实践发展，最后达到自动化或接近自动化执行水平。这种涉及心理动作程序的作业学生想做、乐做，提高了学生的学习欲望，引导他们在创造性完成作业的活动中，培养了学生的推理、操作等能力，充分发挥自己的潜能，得到全面发展。

四、涉及自我系统调节的作业设计与实施过程案例

想成为数学小博士吗？完成这道题就是我们今天的小博士啦。

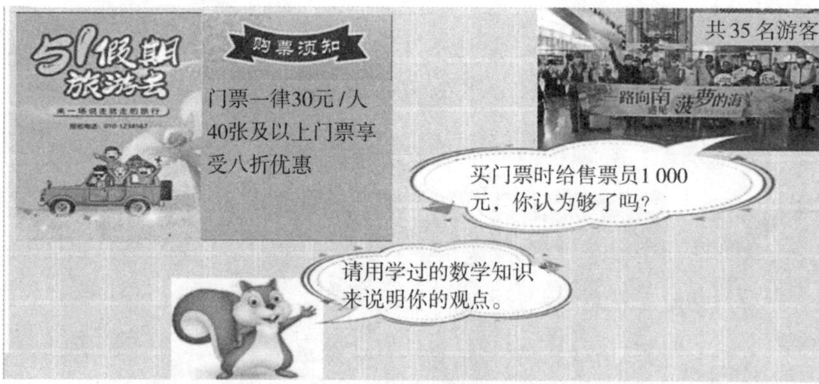

图 5－19　案例题

学生完成情况：良好的数学思维能力，特别是高阶的数学思维能力，可以帮助学生快速获取新知识，可以更好地进行创造性学习。但是在日常教学中，我们不难发现，大部分学生对解决问题这种考查高阶思维的题目都敬而远之，出现畏难心理，不敢、不爱挑战。针对当下这样的教学现象，在学生完成课后作业回来学校时，都会让学生上台讲解思路，以此来评选出爱动脑筋的“数学小博士”。有了这样的激励，很明显地看到，学生为了能当上数学小博士，特别期待高阶思维题目的出现，都表现出一副跃跃欲试、大显身手的样子，大脑异常兴奋，特别爱动脑筋。不言而喻，每一次高阶思维题目的出现，学生们都将经历一次超级有意思的头脑风暴，作业效果非常好。在评选完小博士后，其他学生一个劲地围着数学小博士们滔滔不绝地交流着该题，脑瓜子转个不停，不亦乐乎！从而提高学生对掌握本节课知识的情绪反应，激发学生的自我系统参与。

最后通过计算学生自主练习的准确率，数据分别显示：在实验教学班使用“评选小博士”作业模式实施教学，自主练习正确率达 93. 18%，常规教学班自主练习正确率达 82. 73%。可见，运用“评选小博士”作业模式教学的实验班，学生自主练习准确率更高。

分析：良好的数学思维能力，特别是高阶的数学思维能力，可以帮助学生快速获取新知识，也可以更好地进行创造性学习。而一般高阶思维题目较难且枯燥，学生对此避之不及。但本题通过评选出爱动脑筋的“数学小博士”来激发孩子们好攀比、好胜的心理，激发了学生积极参与学习活动，勇于挑战数学高阶思维。对掌握本节课知识的情绪反应更激烈，自我系统地参与强化了学生对获取知识的投入，学习成绩也有了明显进步。

五、涉及元认知系统调节的长作业设计及实施过程案例

本案例将“长度单位”整个单元串联起来，学生完成时间较长，横跨课前、课中、课后。

课前作业：听故事

“米”诞生之前，人类怎样测量

俗话说，没有规矩，不成方圆，由此可见标准的重要性。但若了解了某些标准在制定之初的随意，标准的权威难免就要大打折扣——在容积、重量、长度等标准中，长度标准的确定是最早的，也是最为随意的。

1. 英尺是一个成人的“脚丫子”

古代，人体的某些部分，都是制定长度标准的重要依据。

最早有记载的以人为标准的是古埃及。埃及人曾用质地坚硬的花岗岩制作了一根长度标尺，它的长度是法老的小臂（肘到中指）的距离，因此又叫“腕尺”（cubit）。虽然这个标准确定得相当随意，却解决了重要问题，比如：金字塔的准确施工得到了保证。

古希腊人崇尚人体美，他们找来美男子库里修斯，以他双手伸开时两手中指指尖的距离为长度标准，称为“一浔”。在古罗马，恺撒大帝以军队行军时行走 2 000 步为一“罗马里”。后来被英国人沿用，这便是“英里”。

公元 9 世纪，英王亨利一世在位时，组织大臣们讨论“一码究竟应该多长”，大臣们为此争论不休，各说各的理。亨利一世急了，一拍大腿说：全都不许闹，一码就是我鼻尖到食指尖的距离。于是，“码”伴随着亨利一世的怒气诞生了。

英寸的标准是 10 世纪英王埃德加的拇指关节的长度。到了 14 世纪，英王爱德华二世颁布“标准合法英寸”，从大麦穗中选取 3 粒最大的麦粒排成一行，其长度就是一英寸。

英尺起初是一个成年人的脚长。但德国人并不满意这种随意性，他们认为脚的长度因人而异，人们都依据自己的脚长来计算长度误差太大。于是，在 16 世纪，他们找了 16 个男子，将他们左脚的长度加在一起再除以 16，求得平均脚长，这就是现在的“英尺”。

2. 秦始皇：王侯身体部位的“终结者”

随意定义长度标准的并不仅限于老外，中国的情况也基本类似。史书记载，在远古时期，中国人便“布手知尺”“身高为丈”“迈步定亩”。古人中指中节之长被定义为“一寸”，直到现在，中医的针灸还沿用这个标准。

中国最早的长度标尺是安阳殷墟出土的商尺。这把骨尺由兽骨磨成，长 17 厘米，上面标刻着等长的 10 个单位。

到了春秋战国时期，各国诸侯各自定义自己领土内的长度标准。这个王的手掌，那个王的小腿，都纷纷派上用场，使得长度标准极为混乱，给国与国之间的交流造成了极大不便。到秦始皇统一度量衡时，王侯的身体部位才退出历史舞台。

【设计意图】本题作为本单元学习前的作业，通过让学生听《“米”诞生之前，人类怎样测量》的故事，培养学生对于长度单位的初步认识，培养学生的量感，让学生认识到统一单位的必要性，为本单元米和厘米的认识作铺垫。

课中作业：谁是“神测小能手”？

（1）不用测量工具徒手剪纸条，看看谁剪出来的纸条最接近1厘米和10厘米。

（2）用两只手比画出1米的距离，看看谁最接近1米。

【设计意图】课中作业为学生建立1厘米和1米的标准量，培养学生的量感。同时通过“神测小能手”的评选激发起学生的兴趣。

课后作业：用A4纸任意画一个物品，测量出长度。

表5－27　作业反思评价表

内　　容	评分（满分☆☆☆☆☆）
全程认真完成作业	
能听懂《“米”诞生之前，人类怎样测量》的故事并与别人分享	
能建立1厘米和1米的标准量	
能测量出一个物品的长度	
能解决过程中遇到的问题	
能表达自己的想法	
能倾听别人的看法和经验	
能反思在完成作业过程中的想法	

作业反思评价表要求学生结合自身作业完成情况，在作业实施过程中监控自身行为心智程序。可采用自评、同桌评和教师评等方式帮助学生调动元认知系统，监控、评价和规范所有类型的思维。

学生完成情况如图5－20所示。

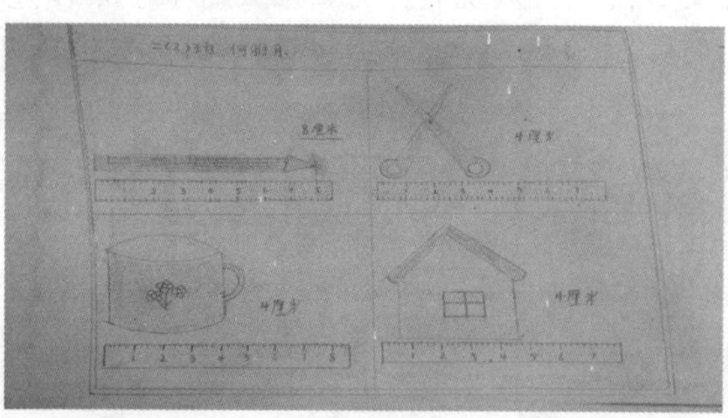

（1）

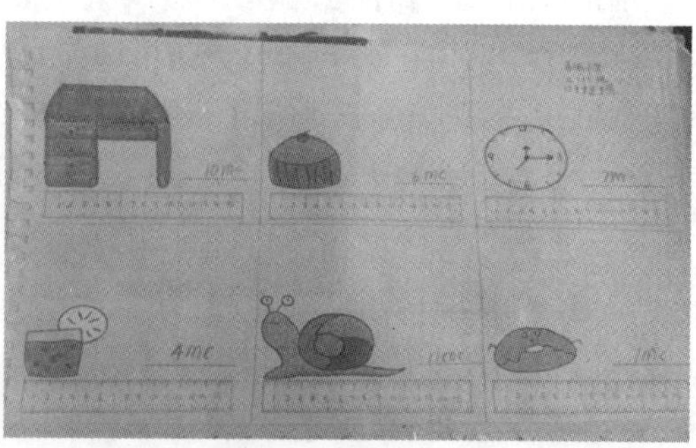

（2）

（3）　　　　　　　　（4）

图 5－20　学生完成情况

分析：该作业指向学生高阶思维的培养，要求学生在教师的带领下通过动手操作、自主学习等方式完成，让学生的能力得到充分发展。该作业重视评价，通过作业反思评价表了解学生结合自身作业完成情况，在作业实施过程中监控自身行为心智程序，帮助学生调动元认知系统，监控、评价和规范思维。同时该作业实现跨学科融合，如体现了与美术课的融合，通过融合艺术学科，多方面发展学生的素质。

长作业不仅仅是指“长时间”，更应该是“长内容”“长思考”“长过程”。长作业设计和实施能改善学生作业负担、促进学生兴趣和能力的发展，通过设计长作业，能培养学生有意识地去观察身边的事物，并学会用数学知识去解释一些实际问题。设计长作业应结合多种教学资源，利用生活情境、故事情境、现代化内容，甚至融合跨学科资源，因其形式的多样、内容的开放和可选择性，给学生提供了自由发展的空间、自我表现的机会，真正做到学生是活动的主体，教师是组织者、引导者、参与者和合作者，让学生在一个真实的环境中进行做中学、玩中学。数学长作业由于没有基本的模式限制学生，学生可以根据自己的生活经验和实际条件自主地完成作业，注重过程体验，为学生提供了积极参与和自主探究的实践过程，在这一实践过程中，蕴含着丰富的创新因素，学生必须创造性地进行探索实践，这样将使学生的创新意识得以被培养，创新潜能得以被挖掘。

同时，注重合作完成，知识学习与能力发展得到有效统一。为了加大对学生长作业研究的力度，在课时最后一组题目中设计了实践性的作业，要求通过合作学习的方式完成，学生可以自主选择合作的人员（如同伴、家长、老师等）。学生在完成长作业的过程中仅仅依靠思维能力是无法完成作业的，还必须通过与人交流、寻求合作等社会交往来完成，知识学习与能力发展通过实践性作业有效地统一起来，形成长作业设计策略（见图 5－21），促使学生综合素养的发展。

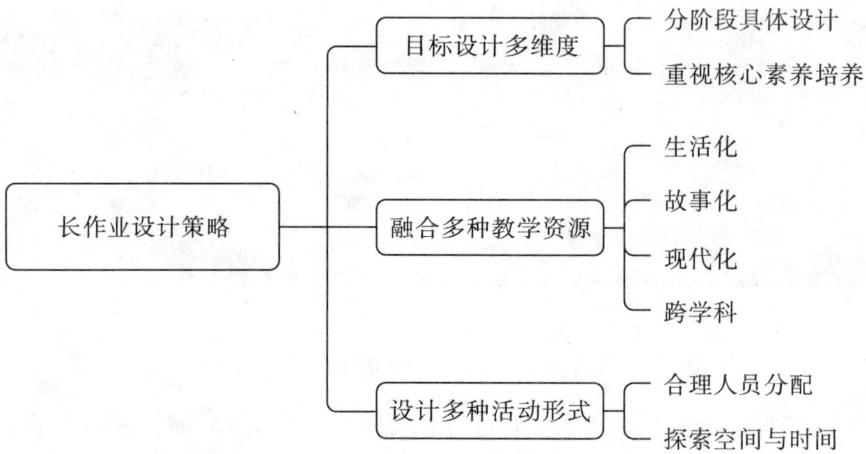

图 5－21　长作业设计策略

总之，元认知目标的主要职能是制定学习目标并对目标的实现过程进行监控，对应的教学策略包括制定目标和提供反馈、强化努力和给予肯定，以及使用合作学习。自我系统目标的主要职能在于确定并分析学生学习新内容的动机，动机的获得和学生的学习结果归因和自我效能感密切相关，所以最主要的教学策略是强化努力和给予肯定、制定目标并提供反馈，除此之外，家庭作业和学校练习以及课堂上使用学习单的合作学习也是使用加快自我系统目标实现的支持性条件。认知目标是学校教育最为重视和肯定的目标，旨在培养学生的提取、理解、分析和知识运用等高层次的技能。为实现这些目标，教师不仅要帮助学生获得和整合知识，还要帮助他们拓展、精练并运用这些知识。从作业设计的角度来看，人人都可以做不同的作业，不同的学生在数学上得到不同的发展，而认真优化作业设计能促进学生充分吸取数学的养分。

六、数学故事化讲题作业设计及实施

《义务教育数学课程标准（2022 年版）》将培养的学生核心素养表述为“三会”，即会用数学的眼光观察现实世界，会用数学的思维思考现实世界，会用数学的语言表达现实世界。通过不同阶段的数学教育，使学生获得适应终身发展的正确价值观、必备品格和关键能力。为了进一步加强落实学生核心素养，根据各年段学生的特点，开展特色学生数学故事化讲题活动，让学生获得适应未来生活和进一步发展所必需的数学基础知识、基本技能、基本思想、基本活动经验。体会数学知识之间、数学与其他学科之间、数学与生活之间的联系，在探索真实情境所蕴含的关系中，发现问题和提出问题，运用数学和其他学科的知识与方法分析问题和解决问题。对数学具有好奇心和求知欲，了解数学的价值，欣赏数学美，提高学习数学的兴趣，建立学好数学的信心，养成良好的学习习惯，形成质疑问难、自我反思和勇于探索的科学精神。数学故事化讲题作业由教师提供讲题的题目，学生讲解，讲解过程可以录制成视频，以下是数学故事化讲题作业案例分享。

【案例1】

谁家摘得多？

——20以内的进位加法解决问题

设计的题目（见图5－22）：

今天，动物王国的家人正在争论一个问题，要看看哪家的草莓摘得最多。小猪说："我们摘的草莓分别是9个和4个"。小兔把篮子拿给兔妈妈，告诉妈妈："我们摘的草莓分别是5个和10个。"熊妈妈带着小熊跑过来说："你们不用争啦！我们家才是冠军，你们摘的草莓都比我少，我分别摘了11个和3个。"这时，大象对着小熊和熊妈妈哈哈大笑，说："熊家人们，你算错啦！我摘的草莓总数才是最多的，我摘了9个和7个，你们说我是不是最多呀！"其他小动物听了都在争吵不休，它们都认为自己是冠军。这时，草莓园的园主小白兔走过来就说："谁是冠军？你能帮我们排排队吗，找出谁是第1名、第2名、第3名？"

图5－22　谁摘得多

讲解过程：

1. 阅读与理解

由题目中得知：小猪家摘的草莓数是9个和4个，小兔家摘的草莓数是5个和10个，小熊家摘的草莓数是11个和3个，大象摘的草莓数是9个和7个。要求的问题是：谁摘的草莓总数是最多？

2. 分析与解答

我可以用加法先算出它们分别摘草莓的总数，再比较大小。先算出小猪家摘的总数是 9 +4 = 13（个），小兔家摘的总数是 5 + 10 = 15（个），小熊家摘的总数是 11 +3 = 14（个），大象摘的总数是 9 +7 = 16（个），16 > 15 > 14 > 13，比较总数的大小，我们就可以帮它们进行排排队啦！大象获得第一名，小兔获得第二名，小熊获得第三名。恭喜大象获得冠军！小兔笑着说："谢谢你帮我们找出冠军！"其他的小动物听了，也停止了争吵，纷纷来祝贺大象获得冠军！

3. 变式练习

这时，小兔对小动物们说，我现在也出一道题来考考你们。

为了装饰我们的教室，小狗画了 5 朵黄花和 9 朵红朵，小山羊画了 7 朵黄花和 8 朵红朵，小鹿画了 8 朵黄花和 4 朵红花，请问它们各自画了多少朵花，谁画得最多？我是这样想的：可以用加法先算出各自画的朵数，再比较数的大小就可以解决问题了。

小狗：5 +9 =14（朵）小山羊：7 +8 =15（朵）小鹿：8 +4 =12（朵）

15 >14 >12

答：小狗画了 14 朵，小山羊画了 15 朵，小鹿画了 12 朵，所以小山羊画的花朵数量最多。

4. 回顾与反思

在解答这两道题时，我们都是先算出各自的总数量，然后再进行比较数的大小就可以解决问题了。

设计的目的：

通过设计有趣的故事情境，让学生在具体的数学情境中熟练 20 以内的进位加法，并且结合比较数的大小，灵活地运用所学过的数学知识去解决简单的实际问题。

实施情况和思考改进：

本道题以图文结合的形式呈现，数学信息比较多，要求学生同时要具备 20 以内的进位加法和比大小的知识，在讲题时运用数学故事的形式去讲解，对于一年级的学生，增加了数学知识的趣味性，激发了他们学习的动力，让他们有进一步学习的欲望。通过学生做题反馈，因为图文结合和数学信息量比较多，有部分学生不是很理解题目的意思，学生对于解题的思路不清晰。有部分的学生对于 9 +7 的进位计算错误。针对以上情况，在平时的教学要加强学生计算的正确率，看图的理解能力和解题的思路，在教学中，将枯燥的练习题融入数学故事，激发学生高度的兴趣，培养学生解决问题的能力。

【案例 2】课时课后练习作业：以"倍的认识"第 1 课时课后作业为例，见表5 – 28。

表 5－28　《倍的认识》课后作业

	指标	作业知识点	作业栏目设置		核心素养水平				作业难度		
			必做	选做	知道	理解	掌握	运用	易	中	难
作业内容	基础性作业	理解倍的意义，初步建立倍的概念	√		√	√			√		
	提升性作业	改变标准量，找到数量间的倍数关系	√				√			√	
	拓展性作业	建构“求一个数的几倍是多少”的直观模型，加深对倍的概念的理解		√				√			√
	实践性作业	深化倍的含义的理解		√				√			√

设计的目标：

1. 通过故事化情境中进行练习，理解倍的意义，初步建立倍的概念。

2. 通过改变其中的标准量、比较量和倍数，学生能够在变化中准确找到数量间的倍数关系，深化倍的概念。

3. 通过图形表征方式，经历建构倍的直观模型学习过程，理解倍的本质。

题目设计：

同学们通过今天在动物王国的体验，相信收获不少，对“倍”有了一定的认识。下面，请同学们在课后继续体验动物王国丰富多彩的故事，完成相应的学习卡，并且讲给同学们听听。

在硕果累累的季节，动物王国里的猴山上猴妈妈正带着小猴子们在摘果子呢！只见猴弟弟开心地捧着 3 个苹果跑向猴妈妈，猴妈妈马上竖起了大拇指。紧接着猴哥哥气喘吁吁地跑来了，手里拿着 6 个桃子，焦急地等待着猴妈妈的表扬，猴妈妈灵机一动说道：“你们都这么厉害，那你们知道桃子的个数是苹果的多少倍吗？”这时，猴妹妹蹦蹦跳跳地跑来，手里拿着 2 个又大又红的桃子递给猴妈妈，猴妈妈高兴地将桃子全部放进了篮子。猴爷爷看到孩子们这么勤奋地摘果子，拿来 4 根香蕉准备奖励孩子们，但是得答对问题才能吃到，猴爷爷的问题是这样的：“现在桃子的总个数是香蕉的多少倍呢？”小猴们陷入了深深的思考中。这时，只见猴爸爸背来一个麻袋，麻袋鼓鼓的，原来里面装的都是水果，小猴们数了数，发现麻袋里一共有 6 个苹果 3 个梨，聪明的猴弟弟马上喊道：哇！我们现在一共有 9 个苹果了！猴爸爸表扬猴弟弟思维敏捷，同时发问：“现在苹果的总个数是梨的多少倍呢？”

（续上表）

猴山上的水果摘得差不多了，为了表扬孩子们辛勤劳动，猴妈妈奖励孩子们玩跳绳，猴哥哥的个子高，他用的是中长跳绳，猴弟弟的个子矮一些，用短跳绳比较合适，但是，猴妈妈一起玩的是需要更长的跳绳，妈妈说，最长的跳绳比中长跳绳长了一半。最长跳绳、中长跳绳和短跳绳的长度如图所示，你知道中长跳绳的长度是短跳绳的多少倍吗？最长跳绳的长度又是中长跳绳的多少倍？

小猴们跳完绳，来到了动物王国里的智力园。在智力园里，智慧羊爷爷要考考小猴们的创新能力，于是组织大家玩创造“倍”的游戏，智慧羊爷爷说：“我这里有 3 个三角形，你们能画出它的 3 倍吗？”小猴们可聪明了，很快就画出来了。接着智慧羊爷爷又出了一道难题：“你们能尝试自己创造‘倍’吗？”

小猴们从智力园出来，突然听到一阵“呱呱呱”的叫声，原来是青蛙家族在举行一年一度的歌唱比赛，在池塘边聚集了好多的青蛙。于是猴哥哥组织猴弟弟和猴妹妹们一起来玩“数青蛙”游戏。游戏规则如下：

第一轮：“一只青蛙，一张嘴，两只眼睛，四条腿”

第二轮：“两只青蛙，两张嘴，四只眼睛，八条腿”

第三轮：“三只青蛙，三张嘴，六只眼睛，十二条腿”……以此类推。原来这个游戏里蕴含了很多“倍”的知识，你发现了吗？和大家一起分享吧！

作业卡：边阅读故事，边回答下面问题，并完成相关的练习。

表 5－29 作业卡

作业卡：读故事，巧答题	
作业 1 （必做题）	苹果： 桃子： 的个数是的（　　）倍。
作业 2 （必做题）	（1）  桃的个数是香蕉的（　　）倍。 （2）  苹果的个数是梨的（　　）倍。
作业 3 （必做题）	短跳绳： 中长跳绳： 长跳绳： 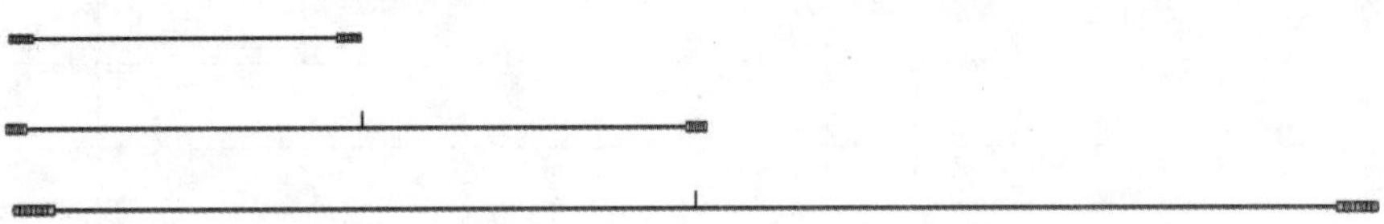 （1）中长跳绳的长度，是短跳绳的（　　）倍。 （2）最长的跳绳比中长跳绳长了一半，最长跳绳的长度是中长跳绳长度的（　　）倍。
作业 4 （选做题）	我来创造“倍”，并且会用图形表示出来。
作业 5 （实践题）	实践性作业 同学 4 人一起玩“数青蛙”游戏，游戏规则如下： 第一轮：“一只青蛙，一张嘴，两只眼睛，四条腿” 第二轮：“两只青蛙，两张嘴，四只眼睛，八条腿” 第三轮：“三只青蛙，三张嘴，六只眼睛，十二条腿”……以此类推。 这个游戏里面有很多有关“倍”的知识，下课后，大家可以找一找，和其他同学分享。

（续上表）

讲解过程：

学生1：苹果有3个，桃子有6个，将3个苹果看成一份圈起来，6个桃子能圈出这样的2份，也就是说6里面有2个3，所以桃子的个数是苹果的2倍。

学生2：桃子有8个，香蕉有4根，将4根香蕉看成一份，8个桃子有这样的2份，也就是说8里面有2个4，所以桃子的个数是香蕉的2倍。

学生3：苹果有9个，梨有3个，将3个梨看成一份，9个桃子有这样的3份，也就是说9里面有3个3，所以苹果的个数是梨的3“倍”。

小组内分享创造倍：

黄色圆片的个数是蓝色圆片的（　　）倍

黄色圆片的个数是蓝色圆片的（　　）倍。

学生4：组织小组成员评价：

作业自我评价表

完成时间：________

优秀：8颗☆以上；良好：5~8颗☆；合格：1~4颗☆。

评价项目	☆	☆☆	☆☆☆
书写工整			
正确程度			
及时订正			
我有进步			
综合评价			

设计的目的：

1. 通过故事化情境，激发学生的学习兴趣以及学习动机。2. 通过阅读数学故事，培养数学的阅读能力。3. 通过独立审题并完成练习，培养独立思考的能力。4. 通过小组合作学习，培养合作的意识和能力。5. 通过学生讲题，在熟练运用知识的同时培养语言表达能力。

实施情况和思考及改进：

实施情况：

在设计本次活动之前，在全班先进行本课时知识的学习，让学生结合课本例题先感受“倍”的实际意义。课后布置相关练习进行巩固，加深学生对“倍”的意义的理解。根据布置的课后练习进行学生讲题，发现一个教学班43人中只有20人能够单独完整讲题，有15人能讲解出大概意思但不完整或有错漏，有8人完全没有思路。结合本次活动，我开始对学生进行相关解题和讲题的训练，因为只有学生充分掌握了解题思路，才能够结合自己的想法将题目完整地讲解出来。刚开始

（续上表）

同学们无从下手，我便先让学习较为优秀、灵活的学生起带头作用，同时给予他们鼓励和表扬，通过优秀同学的经验分享，带动中等生和学困生一起参与讲题练习，形成良好的学习氛围。当小老师讲题的时候，其他的学生在聆听之后会给予评价，并且优秀生、中等生和学困生的评价标准是不一样的。对于优秀生，评价标准是能正确理解题意、会数形结合、体现思维过程、有方法总结、讲题完整；对于中等生，评价标准是能正确理解题意、有解题的整体思路、能简单分析解题过程；对于学困生，评价标准是能找出关键词、大致理解题意、能感受“倍”在生活中的实际应用。这样，不同的学生进行讲题展示，只要尽自己最大的能力，鼓足勇气有所突破都能得到其他同学的肯定。经过一轮讲题展示，本班学生解决倍的认识相应题目的准确率有了较大的提升。通过这样的讲题练习，将同年级的多个教学班进行对比，发现有练习过讲题的班级，学生对于问题的分析理解能力、语言表达能力有了明显提高。 思考及改进： 在实施的过程中，也存在值得思考的地方：对于不同水平的学生应该选取不同难度的题目进行训练。对于同一水平的学生可以以竞赛的形式，增加趣味性和积极性。同时应在平常的课堂中多给学生表达的机会，将学生讲题渗透到日常教学中，培养学生的数学语言表达能力，同时也能锻炼学生的胆量。

课后作业的设计，紧密结合教学目标，启用学生元认知策略，激发学生作业的动机水平。通过基础练习、提升练习，巩固本节课的新知，通过有趣的“数青蛙”游戏作为实践性作业，保持学生的兴趣，培养学生课后合作的意识和习惯，让学生知道倍的概念在今后的学习中会有非常重要的作用，也为后面学习“求一个数是另一个数的几倍”打下基础，增强学生的应用意识，促进学生思维系统的发展。

数学故事化讲题作业，提高了学生的阅读素养、表达交流能力和思维能力，培养学生发现问题、提出问题、分析问题、解决问题的能力，以及在学习过程中形成良好的情感态度与价值观，转变学生的学习方式，激发小学生数学学习的兴趣。这样的作业立足故事核心，巧妙地融入故事，将知识有机整合，通过设定目标，把目标任务转化为“问题式”评价任务作为启发学生思维发展的“脚手架”，把故事化知识融入思维发展活动中，还原知识的形成过程，学生实现自我监控和管理，让学生在玩中做、做中学，让知识不知不觉融入学生的智慧，成为学生知识的源泉、快乐的源泉，在作业活动中完善元认知系统。

七、数学故事化编题作业设计与实施

由教师编题，学生讲题，实施数学故事化讲题作业外，还可以转变为由学生收集数学故事、创编数学故事题和数学故事等故事化的作业。学生根据教师布置的作业问题，通过从现实中去寻找各种现象、事件、场景，寻求解决的方案，打开学生的自我系统。

学生积极主动地参与到基于数学故事的小学数学作业设计中，学习负担减轻了，作业质量提高了。学生在完成基于数学故事的各类作业的过程中，提出问题、分析问题、解决问题的能力提高了，逐步养成从“会用”过渡到“熟用”，从“熟用”过渡到“活用”的好习惯，以下是部分学生作业。

（一）收集分享数学故事

通过数学故事“我收集我整理”，激发学生数学情感，丰富学生对数学的感性认识。

图 5－23　数学家故事

（二）创编有故事情节的数学题

学生创设主题活动情境，创编数学故事等活动，培养学生数学思维。

图 5－24　有故事情节的数学题

(三) 创编有趣的数学故事

展示创编数学故事作品，丰富数学文化底蕴，提升学生的数学核心素养。

图 5-25 学生创作的数学小故事

第 4 节 指向核心素养作业设计与实施的路径

设计多元化数学作业，需要从设计作业目标（含单元视角的目标设计、课时目标，课后作业目标设计）开始，接着进行学科问题的优化、作业元认知策略问题的优化和作业动机水平评估问题的设计，从而形成作业任务（见图 5-26）。

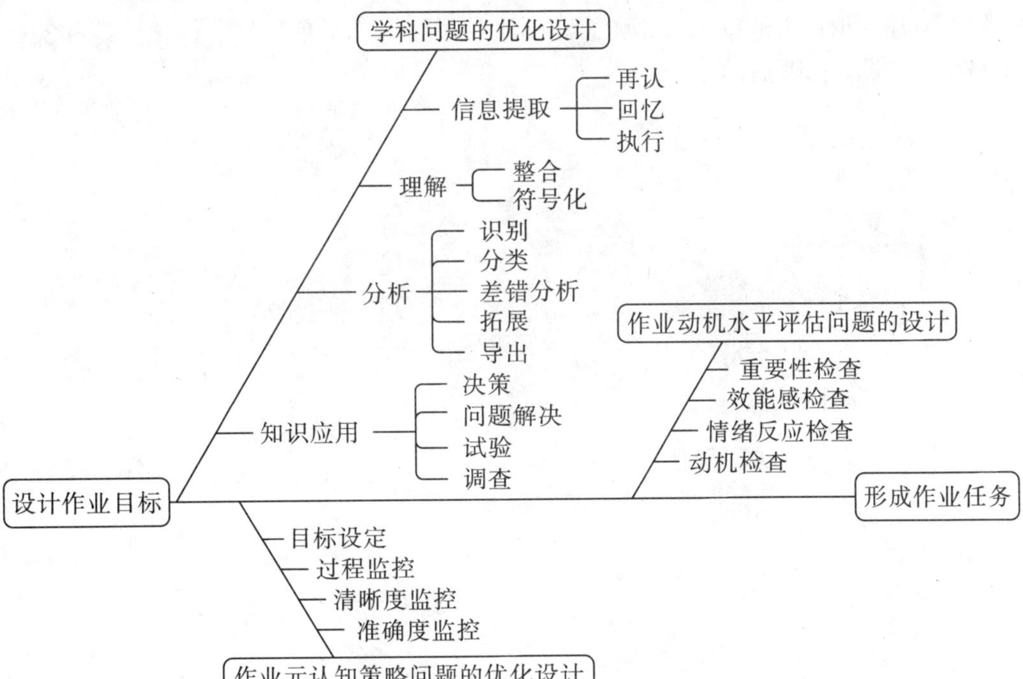

图 5-26 从目标到任务

从图5－26形成作业任务开始，学生启动作业分层练习，在明确的作业目标的指引下，设置基础类、提升类、拓展类、实践类等多层次的练习帮助学生将知识内化。教师在布置中，关注学生个体差异，实施个性化的布置，菜单式选用，充分利用互联网信息技术支持，及时收集作业完成的数据，从而实现了精准的诊断、巩固和查缺补漏。接着学生进行表现结果分析，经过纠错和内化，达成作业目标，根据作业错题的情况，再次确定作业的目标（见图5－27）。

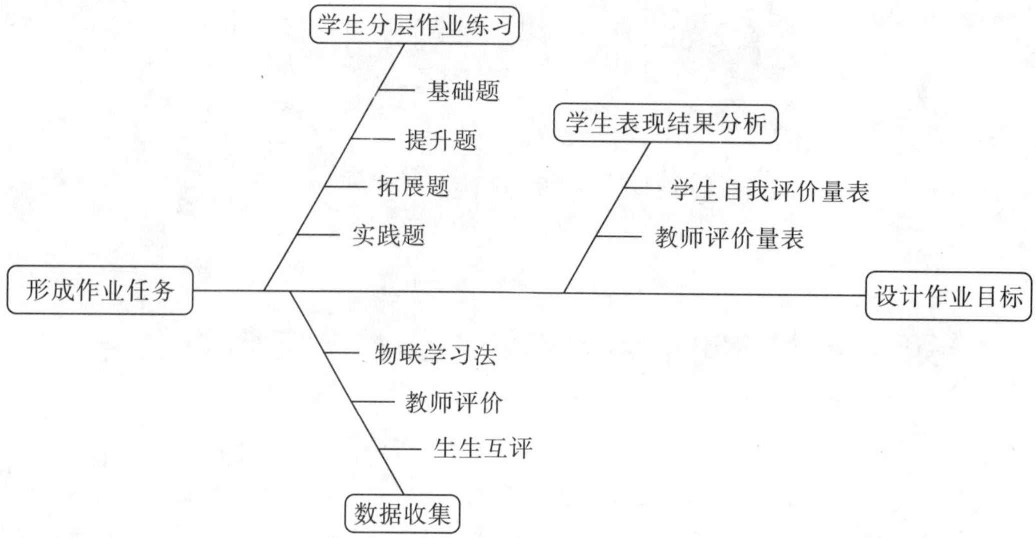

图5－27　从任务到目标

综上所述，依据人的行为模式和作业的设计思路形成了单元作业优化设计和实施的基本路径，如图5－28所示。

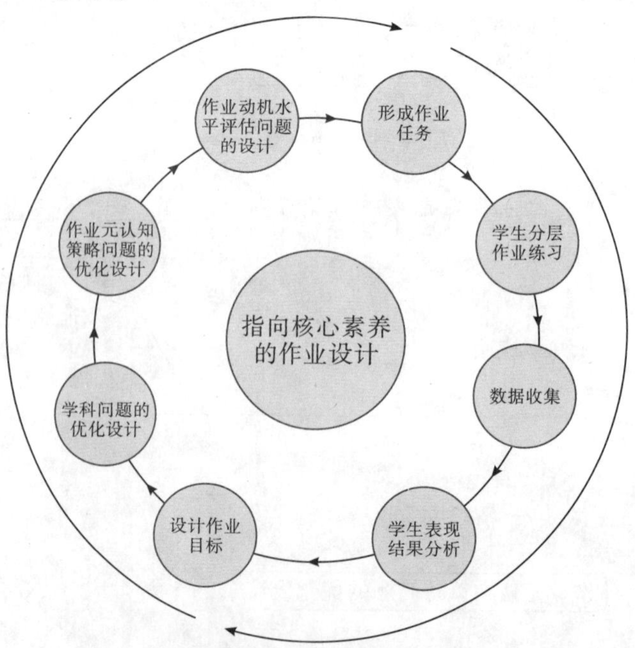

图5－28　教育目标的新分类学视域下单元作业设计及实施路径图

以单元视角整体设计作业，关注各板块的内容意义以及单元内各板块之间的内在逻辑，统整单元内容、系统设计各学科、各学段序列化作业，树立系统观念。在这个过程中，学生从作业目标开始设计问题，经历了一轮的信息加工，实现了目标的达成。而根据作业错题的情况，再次确定作业的目标，然后形成第二轮甚至是第三轮的作业优化设计与实施，达到熟练运用基础上拓展应用的目的。每一个闭环作业的过程，为教师提供了学生作业行为全过程的心智参与状况，细化了作业的认知分类，作业的反馈更加精准；对于学生来说，这样的作业设计利于学生对存在的问题进行有效的纠正和调整，培养了学生的元认知能力和自我管理能力。

第六章　素养评价的设计检验范式的效能

第1节　学业评价体系建立的依据

2020年，中共中央、国务院印发的《深化新时代教育评价改革总体方案》提出：改进结果评价，强化过程性评价，探索增值性评价，健全综合性评价。教育评价是收集同教育活动相关的一切信息，通过整理、分析、解释、反馈的一连串过程，为参与教育的所有人带来信息。教育评价是教育教学活动中一个重要的环节，教育评价是将教学活动的实际情况与预期目标相比较，从而判断学生是否达成预期目标。设定学校教育的目标一定要考虑评价这一环节。① 教学范式是实现教育目标的重要抓手，范式实施的有效程度需要通过评价来检验。教育评价并非评价了儿童的知识、技能、表现与学习积极性之后即告终结，而是旨在从这种评价中求得教育实践的不断改进，基于此确认教育实践的新的出发点。②

教育目标的新分类学为教育评价提供了理论依据和基本的目的结构，对于教育目标评价具有重要的指导作用。那么，在小学数学的学业评价中，应该要关注哪些内容呢？吴有昌博士的《中学数学学业评价内容体系的研究》一书中，根据马扎诺教育目标分类学，构建了中学数学学业评价内容的体系。在该内容体系中，明确了学生的学业评价的内容。在数学知识与技能方面，主要评价数学概念与数学方法、程序性技能与策略技能；在数学能力方面，主要评价学生的数学语言能力、数学推理论证能力、分析问题与解决问题的能力；在数学元认知方面，主要评价学生的数学学科自我监控能力与数学学习方式；在自我系统方面，主要评价学生的数学学习信念。③ 参照吴有昌博士构建的中学数学学业评价内容体系，为小学数学学业评价内容提供了参考借鉴价值，因此尝试构建了小学数学学业评价内容体系（见图6－1），以此指导开展小学数学的学业评价。

---

① 钟启泉，崔允漷. 核心素养与教学改革［M］. 上海：华东师范大学出版社，2018：70.

② 钟启泉，崔允漷. 核心素养与教学改革［M］. 上海：华东师范大学出版社，2018：148.

③ 吴有昌. 中学数学学业评价内容体系的研究［M］. 广州：广东高等教育出版社，2013：105.

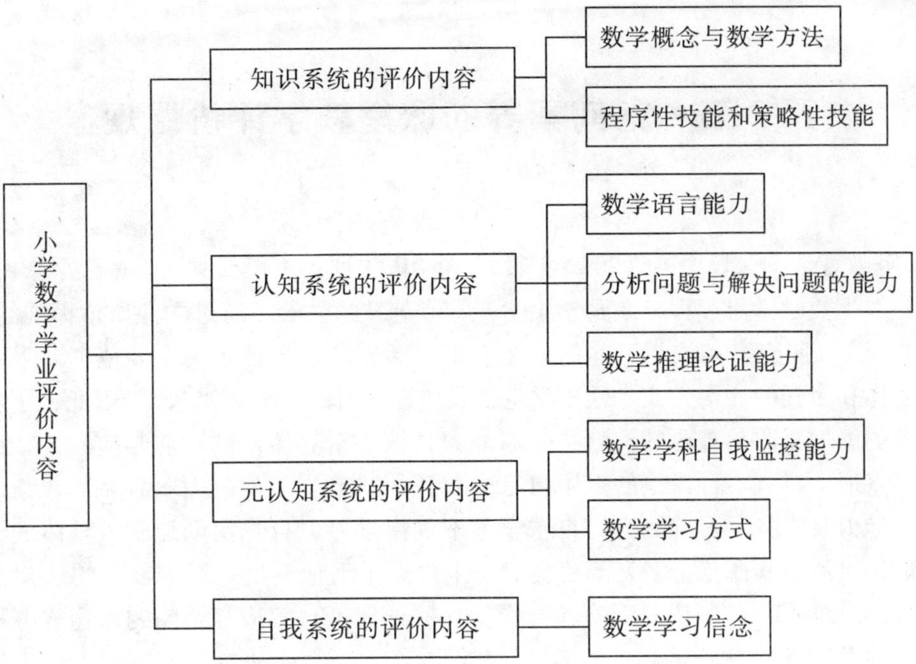

图 6－1　小学数学学业评价内容体系

马扎诺通过元分析进一步证实了自我系统和元认知系统的重要性。元分析结果表明，自我系统对学习的影响比元认知系统大，元认知系统对学习的影响又比认知系统大。[①] 对于评价而言，过程与结果并重是不少学者持有的观点。[②] 按此观点分析，在小学数学学业评价内容体系中应考虑知识系统、认知系统、元认知系统和自我系统。按照马扎诺的分类，知识系统分为信息、心智程序、心理动作程序。概念、事实和概括或原理属于信息；技能和过程（宏程序）属于智力程序。按此分析，数学概念、数学方法、程序性技能和策略性技能属于知识系统的数学学业评价内容。认知系统包括了信息提取、理解、分析和知识应用四种水平，数学语言、分析问题与解决问题的能力和数学推理论证能力。是认知系统的数学学业评价内容。元认知系统主要处理与学习过程监控有关的事情，数学学科自我监控能力作为该系统内的数学学业评价内容。数学学习方式主要是依赖于学习者对个体的学习行为与策略的反思，按此分析，应把它归入元认知系统的数学学业评价内容。[③] 自我系统主要评价学习者的数学学习信念。

---

① 马扎诺，肯德尔．教育目标的新分类学［M］．高凌飚，吴有昌，苏峻，译．2 版．北京：教育科学出版社，2020：116－117.

② 高凌飚．关于过程性评价的思考［J］．课程·教材·教法，2004（10）：15－19.

③ 吴有昌．中学数学学业评价内容体系的研究［M］．广州：广东高等教育出版社，2013：143－148.

第2节 指向素养的课堂教学评价量规

《义务教育数学课程标准（2022年版）》指出："评价不仅要关注学生数学学习结果，还要关注学生数学学习过程，激励学生学习，改进教师教学。通过学业质量标准的构建，融合'四基''四能'和核心素养的主要表现，形成阶段性评价的主要依据。采用多元的评价主体和多样的评价方式，鼓励学生自我监控学习的过程和结果。"因此，培养学生自主学习的能力是非常重要的。自主学习能力是核心素养体系的本质与核心，在核心素养的整体发展中具有不可或缺的引领和促发作用。[①]"自主学习能力"强调具体情境中的问题解决能力及终身学习的能力。自主学习不仅指学习者自觉主动地学习具体的学科知识与技能，更注重其在复杂多变的社会情境中自觉主动地使用一系列复杂的认知（如反思与批判性思维等）与非认知策略（合作及目标管理等）解决复杂问题以达成各种个体及社会性的发展目标。[②]

要深入探究学生的自主学习能力，需要借助于相关的专业研究工具，或其相应的测评体系。借鉴具有国际权威性的自主学习能力相关理论探讨和测评经验，自主学习能力的测评体系可总结为以下四个维度：（1）认知策略的使用，如低阶的复述策略和联系策略，以及高阶的组织策略与批判性思维策略。（2）元认知策略的使用，包括元认知知识即对自身思维、知识与行为的认识和反思；以及元认知监控和调节即对自身思维、知识与行为进行的监控和管理。（3）资源管理策略的使用，包含两方面：对自我资源的监控与管理，指对属于自己的学习时间、学习环境、学习目标和努力程度等进行的监控和管理；以及对外界资源的管理，指对与他人相关的资源进行的管理，如同伴合作学习及求助等。（4）动机，主要体现在四个方面：外部动机，指学习动力主要来自外界的成绩、奖励、竞争或他人的评价；内部动机，指学习动力主要来自对事物的兴趣、好奇、挑战及自我成长；自我效能感，指对自己完成一项任务的能力和技能的自我判断；考试焦虑，指在考试中对于考试结果的担心和焦虑状态。此四个维度较为全面地涵盖了自主学习能力的内涵，同时也强调和突出了某些关键能力，如批判性思维能力，反思性思维、有效合作和沟通的能力，以及在动机趋势下积极主动的实践能力。因此，自主学习能力的测评体系有助于我们了解学生核心素养培育中某些关键能力的发展状况，并揭示发展中的问题以提出相应的解决方案。新分类法的三个思维系统和六个层级，这些因素的互动决定了一个人的动机和注意力。而新分类法的六个层级与三个知识领域中的问题与任务可以导出用以评价各项思

① 钟启泉，崔允漷．核心素养与教学改革［M］．上海：华东师范大学出版社，2018：126.

② ZIMMERMAN B J Attaining Self-regulation：A Social Cognitive Perspective［A］//BOEKAERTS M，PINTRICH P R，ZEIDNER M．Handbook of Self-regulation．San Diego：Academic Press，2000：13－35.

维目标的行为，构成了自主学习的维度。在具体的自主学习课堂中，具体的学习情境，一般包括复习检测、自主探究、协作建构、练习检测以及反思总结。将自主学习的维度与学习情境进行合理组合，可建立相应的课堂观察量表给予教师研究使用（见表6-1）。

表6-1　自主学习能力课堂观察框架

<table>
<tr><td>基本信息</td><td colspan="11">班级编号：　教育氛围：　观察科目：　授课教师：
观察时间：　持续时间：　被特别观察学生：</td></tr>
<tr><td rowspan="2">自主学习维度 / 学习情境</td><td colspan="4">认知系统</td><td colspan="3">元认知系统</td><td colspan="4">自我系统</td></tr>
<tr><td>信息提取</td><td>理解</td><td>分析</td><td>知识应用</td><td>过程监控</td><td>清晰度监控</td><td>准确度监控</td><td>重要性检查</td><td>效能感检查</td><td>情绪反应检查</td><td>动机检查</td></tr>
<tr><td>复习检测</td><td></td><td></td><td></td><td></td><td></td><td></td><td></td><td></td><td></td><td></td><td></td></tr>
<tr><td>自主探究</td><td></td><td></td><td></td><td></td><td></td><td></td><td></td><td></td><td></td><td></td><td></td></tr>
<tr><td>协作建构</td><td></td><td></td><td></td><td></td><td></td><td></td><td></td><td></td><td></td><td></td><td></td></tr>
<tr><td>练习检测</td><td></td><td></td><td></td><td></td><td></td><td></td><td></td><td></td><td></td><td></td><td></td></tr>
<tr><td>反思总结</td><td></td><td></td><td></td><td></td><td></td><td></td><td></td><td></td><td></td><td></td><td></td></tr>
<tr><td>备注</td><td></td><td></td><td></td><td></td><td></td><td></td><td></td><td></td><td></td><td></td><td></td></tr>
</table>

在常态的课堂实践中，细化了一线教师使用的课堂教学评价量表（见表6-2）。

表6-2　小学数学学科教师课堂教学评一致性评价表

<table>
<tr><td>学校</td><td colspan="2"></td><td>年级</td><td></td><td>科目</td><td></td></tr>
<tr><td>上课教师姓名</td><td colspan="4"></td><td>职称</td><td></td></tr>
<tr><td>课题</td><td colspan="3"></td><td>课型</td><td colspan="2"></td></tr>
<tr><td>指标</td><td colspan="5">评价标准</td><td>评价结果</td></tr>
<tr><td rowspan="2">教学目标
（20分）</td><td colspan="5">1. 符合课程标准，立足学生核心素养的发展，明确、具体、可操作。关注每一位学生获得必需的数学基础知识、基本技能、基本思想、基本活动经验。</td><td rowspan="2"></td></tr>
<tr><td colspan="5">2. 体会数学的价值，会发现问题、提出问题、运用数学和其他学科的知识与方法分析问题和解决问题。</td></tr>
<tr><td rowspan="2">教学内容
（15分）</td><td colspan="5">3. 准确理解教材，精心组织，与教学目标相对应，容量适当，坡度合理。</td><td rowspan="2"></td></tr>
<tr><td colspan="5">4. 联系学生实际，把握知识内在联系，突出重点，抓准关键，突破难点。</td></tr>
<tr><td>教学环境
（5分）</td><td colspan="5">5. 有效运用各种智能技术、微课等媒体资源，教具、学具准备充足，有效支持教学活动的开展。</td><td></td></tr>
</table>

（续上表）

指标	评价标准				评价结果
教学方式（20 分）	6. 策略和方法选择适当，有效组织自主、合作、探究学习与精当训练，促进学生积极、主动地参与学习。				
	7. 有效运用教育技术，创设情境，帮助学生提高自主学习能力。				
	8. 使用普通话教学，语言准确、清晰、精炼。				
学生学法（15 分）	9. 自主学习、合作学习、探究学习，积极动脑、动口、动手，形成师生、生生互动的课堂，能够以课堂实际教学问题等方面进行反思，自我监控。				
	10. 师生、生生之间交往积极，互相评价，学生好学、乐学、会学。				
教学评价（15 分）	11. 评价体现每个教学环节，能够针对具体内容开展教学评价，落实生生评价、师生评价、自我评价等多元评价。				
	12. 能够帮助学生树立正确的价值观念，具备良好的品格和关键能力，不同层次的学生在参与中都有收获。				
教学效果（10 分）	13. 参与度高，课堂气氛活跃，师生共享学习成功的快乐。课堂真实、扎实、有效，达成预设目标，生成新的资源并较好利用。				
综合得分	100～85 分	84～70 分	69～60 分	60 分以下	
	A	B	C	D	

新的学生评价方式包括具有多个问题解决路径和多重表征的开放式任务。[①] 评价任务与教学任务、学习任务三位一体。学习的“深度”终究是受到儿童自身怎样看待学习、怎样依据元认知区自我调节学习的过程而决定的。[②] 因此，深度的学习需要在教学的全过程中进行嵌入式的评价（见表 6－3）；学生共同学习的效度需要通过各类评价量规来指导学生进行学习共同体的学习（见表 6－4）。让学生通过填写评价量表进行元认知的反思，通过小组评价，掌握小组合作学习的技能。当然，教师使用的时候，要将个人课堂的监控评价和小组集体的评价相结合，通过评价促进小组成员之间的互学、互帮、互补、互促的效果。

① 蔡金法. 数学教育研究手册　第四册　数学教育研究热点初探［M］. 北京：人民教育出版社，2020：470.
② 石井英真. 授业创造的探究［M］. 京都：智慧女神书房，2020：258.

表 6-3 “圆的认识”嵌入式评价表

学校：________ 班级：________ 姓名：________ 总星：________

教学环节		获星数
复习铺垫		
1. 回忆出正方形、长方形、平行四边形、梯形等学习过的平面图形。		
能回忆出 4 种以上平面图形。(★★★)	( )	
能回忆出 2~3 种平面图形。(★★)	( )	
能回忆出 1 种平面图形。(★)	( )	
不能回忆出平面图形。	( )	
2. 你能简要回忆已学过的平面图形的特点吗?		
A. 能简要回忆已学过的平面图形的特点。(★)	( )	
B. 回忆不了已学过的平面图形的特点。	( )	
自主探究		
1. 画圆		
A. 能使用不同工具画出一个圆。(★★)	( )	
B. 只能使用一种工具画出一个圆。	( )	
2. 讨论		
A. 我发现用圆规画圆灵活、方便的特点。(★★)	( )	
B. 我没有发现。	( )	
3. 画圆		
A. 我能认真倾听，并能画出一个半径为 2 cm 的圆。(★★★)	( )	
B. 我能画出一个半径为 2 cm 的圆。(★★)	( )	
C. 我能认真倾听，但还不会画圆。(★)	( )	
4. 阅读、标注		
A. 我能自主阅读，并在圆上标出圆心、半径和直径。(★★)	( )	
B. 我能自主阅读，但还不会标出圆心、半径和直径。(★)	( )	
C. 我不会阅读，也不知道怎么标注。	( )	
协作建构		
1. 小组操作讨论（多选）		
A. 我能积极参与讨论。(★★)	( )	
B. 我善于倾听他人的想法。(★)	( )	
C. 我知道了圆的基本特征，能说出半径和直径的关系。(★★★)	( )	

（续上表）

教学环节	获星数
练习测评 1. 练习评价（多选） A. 能指出圆的各部分名称，并能写出相应的数值。（★★）（　　） B. 知道在同一个圆内直径和半径的关系，并会计算直径和半径互化的数值。（★★★）（　　） C. 我能画出有关圆的组合图形的对称轴。（★）（　　）	
评价发展 1. 我能认出圆的各部分名称，并会使用圆规按照要求画图。（★★）（　　） 2. 我知道圆的基本特征，能说出同一个圆内半径和直径的关系。（★★）（　　） 3. 我能与同伴进行交流。（★）（　　）	
本节课我一共获得（　　）颗星	

表 6-4　学习共同体课堂合作学习评价量规表

第____组　合作学习评价表

小组长：________　组员：________

评价内容	优 A （17~20 分）	良 B （14~16 分）	中 C （12~13 分）	差 D （10~11 分）	小组 自评
参与情况	所有学生都能积极参加小组活动，能为小组献计献策。	3/4 的学生积极参与小组活动。	1/2 的学生积极参与小组活动。	只有一两个学生积极参与小组活动。	
分工技能	任务平均分到组内的每个成员，不同见解能妥善处理。	任务被小组的大部分成员分担，不同见解能分析。	任务只分担给组内一半的成员，不同见解基本能处理。	任务仅是组内 1 人承担，缺乏不同见解。	
交流质量	小组成员都能倾听他人的想法，小组长有很好的组织能力，成员通过讨论的方式共享他人的想法。	小组成员基本能倾听他人的想法，能围绕中心任务进行讨论。	一半的小组成员能倾听他人的想法，能围绕中心任务进行简单的讨论。	小组成员没有倾听他人的想法，部分成员不进行交流。	
小组汇报	敢于发言、质疑，发言声音洪亮、思路清晰、能突出重点。	敢于发言、质疑，发言声音洪亮、思路清晰、基本能突出重点。	能主动发言，发言声音一般，思路清晰。	发言语无伦次，不能突出重点。	

（续上表）

评价内容	优A（17~20分）	良B（14~16分）	中C（12~13分）	差D（10~11分）	小组自评
学习效果	优势互补，积极探究，能积极完成任务。	优势互补，基本完成任务。	虚心学习，能完成一半的任务。	两极分化，未完成任务。	
评分等级	优A（85~100分）	良B（70~84分）	中C（60~69分）	差D（60分以下）	总分____
教师评语：					

评价的多元化，除了教师对学生的评价，学生的自我监控评价，学生对学生的评价，还有学生对教师的评价（见表6-5）。

表6-5 学生对教师评价量规表

教师姓名：________ 学生姓名：________

评价内容	评价细则	选项（打"√"）	得分（每项10分）
教师素养	衣着形象大方得体、干净整洁。	A. 很满意 B. 满意 C. 基本满意 D. 不满意	
	上课认真、生动、投入、有激情。	A. 很满意 B. 满意 C. 基本满意 D. 不满意	
	有效利用上课时间，并按时完成教学任务。	A. 很满意 B. 满意 C. 基本满意 D. 不满意	
	评价语言多样化，能关注到全体学生。	A. 很满意 B. 满意 C. 基本满意 D. 不满意	
	熟练应用多媒体等教学手段。	A. 很满意 B. 满意 C. 基本满意 D. 不满意	
	教学思路清晰，我能听得懂。	A. 很满意 B. 满意 C. 基本满意 D. 不满意	
课程内容	活动丰富多彩，目的明确。	A. 很满意 B. 满意 C. 基本满意 D. 不满意	
	有交流和互动，趣味性强。	A. 很满意 B. 满意 C. 基本满意 D. 不满意	
	突出重点、突破难点，能用所学知识解决问题。	A. 很满意 B. 满意 C. 基本满意 D. 不满意	

（续上表）

评价内容	评价细则	选项（打“√”）	得分（每项 10 分）
教学效果	喜欢教师上的课。	A. 很满意　B. 满意　C. 基本满意　D. 不满意	
整体评价		A. 很满意　B. 满意　C. 基本满意　D. 不满意	总分____

对教师的希望：

其他评价：

表 6－6　“三位数乘两位数（自主学习）”课堂评价表

评价维度	学习表现	A 级（优秀）	B 级（良好）	C 级（中等）	D 级（待提高）
自我系统	能感受到数学学习的兴趣，提高了学习的自信。	学生对数学乘法运算表现出浓厚兴趣，积极参与课堂活动，自信表达计算方法和解题思路。	学生对数学乘法运算有兴趣，愿意参与课堂活动，能够基本表达计算方法和解题思路。	学生对数学乘法运算兴趣一般，课堂参与度不高，但能够按照要求完成计算任务。	学生对数学乘法运算缺乏兴趣，课堂参与度低，计算方法和解题思路模糊。
元认知系统	能明确三位数乘两位数的计算方法	学生能够准确无误地描述三位数乘两位数的计算步骤和方法，并能熟练应用于实际问题。	学生能够基本描述三位数乘两位数的计算步骤和方法，但在应用时偶尔出错。	学生对三位数乘两位数的计算方法有所了解，但描述不够准确，应用时错误较多。	学生对三位数乘两位数的计算方法缺乏了解，无法准确描述和应用。
认知系统	能对因数中间或末尾有 0 的相关运算过程中容易出错的地方有明确的认识；能运用三位数乘两位数的笔算方法，解决简单的实际问题。	学生能够清晰指出因数中间或末尾有 0 时计算的易错点，并给出正确的计算方法和避免错误的策略；能运用三位数乘两位数的笔算方法，顺利解决简单的实际问题。	学生能够指出因数中间或末尾有 0 时计算的易错点，但描述不够准确或策略不够完整；能运用三位数乘两位数的笔算方法，解决较为简单的实际问题。	学生对因数中间或末尾有 0 时计算的易错点有所了解，但描述模糊或无法给出正确的计算策略；对于解决问题，会列算式但不会相关计算。	学生对因数中间或末尾有 0 时计算的易错点缺乏了解，无法指出并避免错误；对于解决问题列算式存在困难。

实践中，也尝试运用 AI 做评价量规，通过量规表实现多元评价。AI 量规表制作的主要步骤是：将教学设计上传到人工智能软件中→向 AI 说明要评价的维度，用 A、B、C、D 四个等级设计评价量规→AI 生成评价量规→下载量规并应用。以四年级上册第四单元第 1 课时“三位数乘两位数”（自主学习）为例，通过 AI 智能工具辅助生成的评价量规（具体见表 6 - 6）。表中根据学生在课堂表现及参与度等多方面的综合表现进行评价。而且每位学生的每项学习表现，根据其在该维度的实际表现，给予 A、B、C、D 四个等级中的一个。教师可以更全面地了解学生在学习“三位数乘两位数笔算乘法”这一知识点的掌握情况，为学生提供具体的反馈和指导，帮助他们明确自己的优点和不足，制订针对性的学习计划，同时为后续的教学活动提供有力的参考和依据。

根据著名心理学家班杜拉的社会学习理论，一个人之所以努力学习，其原因在于一是了解学习与成绩之间的关系；二是清楚对自己能力的判断。这种对自我能够成功进行某事的判断叫自我效能感。而自我效能感主要源于对身边榜样的观测。[①] 因此，设计多维度的评价量规，可以为学生提供多视角的观察，促进学生增强自我效能感，也可以为教师跟踪学生学习情况，调整教学策略找到依据。

第 3 节　学业质量评价多维细目表及案例

学业质量评价是对学生在学校所取得学业成就的测量和评价，是学生评价的重要组成部分。它是以一定的教育目标为依据，运用恰当、有效的工具和途径，系统地汇总学生在各门学科教学和自学情况下发生的认知行为变化，并对学生的知识和能力水平进行价值判断。[②]《义务教育数学课程标准（2022 年版）》在评价建议中提出：要发挥评价的育人导向作用，坚持以评促学、以评促教。学业水平考试的命题要坚持素养立意，凸显育人导向，以核心素养为导向的考试命题，要关注数学的本质，关注通性通法，综合考查“四基”“四能”与核心素养。适当提高应用性、探究性和综合性试题的比例，题目设置要注重创设真实情境，提出有意义的问题，实现对核心素养导向的义务教育数学课程学业质量的全面考查。遵循课标要求，严格依标命题。纸笔测试应合理规划题目类型，关注客观题与主观题分值所占比例，原则上客观题分值要低于主观题分值；主观题要探索命制问题解决及多学科融合类试题；试卷呈现避免套路化，合理确定试卷容量，适当精简题量，要着重减少单纯考查技能熟练性的题目。科学制订多维细目表，在内容要求、素养表现的基础上，确定题型数量、难易程度、分值比例等。评估学生的数学素养，对

① 迟毓凯. 学生管理的心理学智慧［M］. 上海：华东师范大学出版社，2016：121.

② 素养书系编委会. 核心素养学科教学专题培训系列：小学数学［M］. 南昌：江西教育出版社，2023：61.

当前学校教育的评价体系也带来新的挑战，这也是值得我们去研究的。[①] 基于教育目标的新分类学，结合《义务教育数学课程标准（2022 年版）》提出的核心素养和构建的小学数学学业评价内容体系，笔者尝试设计了指向核心素养的小学数学能力评价理论框架图，（见图 6－2），制订细目表，完成命题知识点覆盖细目表，命制学业质量测试的试题，对学生进行评价，为改进教师的教和学生的学提供参考。

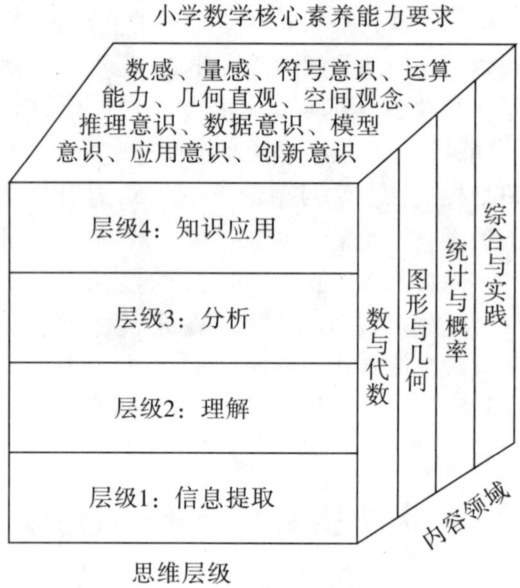

图 6－2　小学生数学能力评价理论框架

小学生数学能力评价理论框架是一个立体模型，将内容领域作为模型的第一个维度，将学生思维与理解水平作为模型第二个维度，可以建立一个编制数学问题的多维细目表，结合学生的数学核心素养能力要求，共同构成一个立体的小学生数学能力评价理论框架。在小学数学学习能力评价框架中，将小学数学认知领域分为信息提取、理解、分析与知识应用这四个水平。信息提取涉及再认、回忆和执行操作，加、减、乘、除或代数运算的技能以及运用数学和测量工具进行计算、作图和测量等技能属信息提取。理解涉及两个相互联系的操作：整合和符号化。分析涉及五个心理过程：识别、分类、差错分析、拓展和导出。理解和分析这两个思维层级包括概念理解，意味着学生能够根据概念的定义、性质和特征在具体的情境中进行表示、举例和判断。对概念的理解还包括能够识别出那些可以根据给定的信息解决的问题，以及明确对象与有关对象的区别和联系对事物进行比较、分类、排序等。知识应用涉及知识在特定情境中的应用，知识应用过程包括决策、问题解决、试验和调查。当学生达到知识应用水平，就意味着他能够准确地选择和运用适当的程序，在各种变化的情境中运用规则，他能够使用具体的模型或符号的方

① 钟启泉，崔允漷．核心素养与教学改革［M］．上海：华东师范大学出版社，2018：71.

法解决问题。[①]

在第一章表1－2中列出了每个层级的一般问题和探究性问题用来设计考评，那就需要考虑考评的形式。不同类型的考评适合于新分类法中不同的思维层级、不同领域的知识。[②] 以下是根据小学生数学能力评价理论框架，以人教版四年级上册小学数学水平学业评价命题为例，笔者设计的多维细目表、命题知识点覆盖表和案例分享。见表6－7、表6－8。

表6－7　人教版小学数学四年级上册多维细目表

单元	目标	核心素养	课时安排	题型分布	分值	总分
大数的认识	1. 认识自然数，认识万以上的数，认识计数单位，知道相邻两个计数单位之间的关系。会判断简单实际情境中出现的数量是否合理。 2. 会正确地读写大数，会比较大数的大小，会将整万、整亿的数分别改写成用“万”和“亿”作单位的数（精确改写），会根据要求用“四舍五入”法求大数的近似数。 3. 能够借助计算器进行大数的四则运算，探索简单的规律。	数感、量感、符号意识、几何直观、推理意识、应用意识	12	我会判断选择	17	17
公顷和平方千米	1. 了解测量土地时常用的面积单位公顷和平方千米，知道并理解公顷、平方千米与平方米之间的进率，会进行简单的单位换算。 2. 经历从实例到表象建立的过程，初步形成1公顷的表象。	量感、几何直观、空间观念、应用意识	2	我会判断选择	2	2

① 张春莉. 小学生数学能力评价研究［M］. 北京：人民教育出版社，2010：135－141.

② 马扎诺，肯德尔. 教育目标的新分类学［M］. 高凌飚，吴有昌，苏峻，译. 2版. 北京：教育科学出版社，2020：120.

（续上表）

单元	目标	核心素养	课时安排	题型分布	分值	总分
角的度量	1. 进一步认识线段，认识射线与直线，了解线段、射线和直线的区别。 2. 认识常见的几种角，会比较角的大小，会利用平角和直角的定义计算未知角，会用量角器量角的度数（允许误差 ±2°）和按指定度数画角，会用三角板画特殊度数的角（含两特殊角的和与差的角）。 3. 会运用两条直线相交所成的四个角的关系，根据一个已知角求其他三个角的度数。	量感、符号意识、推理意识、应用意识、几何直观、空间观念	4	我会判断选择 我会做	2 5	7
三位数乘两位数	1. 理解三位数乘两位数的笔算算理，会计算三位数乘两位数。 2. 经历探索过程，理解并掌握积的变化规律。 3. 了解常见的数量关系：“总价 = 单价 × 数量”，“路程 = 速度 × 时间”，并能运用数量间的关系解决一些简单的实际问题。	数感、符号意识、几何直观、推理意识、创新意识、运算能力、应用意识	6	我会算 我会解决问题	14 10	24
平行四边形和梯形	1. 理解平行与垂直的概念，会用直尺、三角尺画垂线。 2. 认识点到直线的距离，理解“平行线间的距离处处相等”。 3. 会画长方形或正方形等特殊的四边形。 4. 认识平行四边形和梯形的特征，理解四边形之间的关系，会用三角尺画平行四边形和梯形的高。	推理意识、几何直观、空间观念、应用意识	6	我会做	6	6
除数是两位数的除法	1. 会口算整十数除整十、几百几十的数（商一位数）。 2. 掌握两、三位数除以两位数的计算方法，进一步理解被除数、除数、商和余数之间的关系。 3. 经历探索过程，了解并能运用商的变化规律进行简便计算。 4. 能够运用所学的知识解决简单的实际问题。	数感、符号意识、几何直观、推理意识、模型意识、运算能力、应用意识	17	我会判断选择 我会算 我会解决问题	2 19 15	36

（续上表）

单元	目标	核心素养	课时安排	题型分布	分值	总分
条形统计图	1. 经历简单的数据收集、整理、描述和分析的过程，体会统计在现实生活中的应用。 2. 初步认识条形统计图，并能根据统计图中的数据回答问题、提出问题、解决问题。	数据意识、应用意识	3	我会做	6	6
数学广角——优化	1. 初步学会用运筹思想和对策论方法解决实际问题。 2. 认识到解决问题策略的多样性，形成寻找解决问题最优方案的意识。	推理意识、应用意识	3	我会选	2	2
合计			53		100	100

表6-8 人教版小学数学四年级上册自主练习命题知识点覆盖表

内容指标				核心素养水平				题型分布			预设难度
一级指标	二级指标	三级指标	四级指标	信息提取	理解	分析	知识应用	题号	题型	分值	
数与代数	大数的认识	1. 认识自然数，认识万以上的数，认识计数单位，知道相邻两个计数单位之间的关系。会判断简单实际情境中出现的数量是否合理。 2. 会正确地读写大数，会比较大数的大小，会将整万、整亿的数分别改写成用“万”和“亿”作单位的数（精确改写），会根据要求用“四舍五入”法求大数的近似数。	认识自然数。	√				22	判断	1	易
			认识计数单位。	√				1	选择	1	易
				√				7	选择	1	易
			知道相邻两个计数单位之间的关系。	√				2	选择	1	易
						√		21	判断	1	易
			会正确地读写大数。	√				3	选择	1	易
					√			11	选择	1	中
						√		24	判断	1	中
			会比较数的大小。	√				8	选择	1	易
						√		10	选择	1	中
					√			18	选择	1	难
			会将整万、整亿的数分别改写成用“万”和“亿”作单位的数。			√		23	判断	1	中

（续上表）

内容指标				核心素养水平				题型分布			预设难度
一级指标	二级指标	三级指标	四级指标	信息提取	理解	分析	知识应用	题号	题型	分值	
数与代数	大数的认识	3. 能够借助计算器进行大数的四则运算，探索简单的规律	会用“四舍五入”法求大数的近似数。	√				12	选择	1	中
					√			13	选择	1	中
						√		16	选择	1	中
			会表示算盘上的数。	√				14	选择	1	中
			在具体情境中，感受数的大小。			√		25	判断	1	难
图形与几何	公顷和平方千米	1. 了解测量土地时常用的面积单位公顷和平方千米，知道并理解公顷、平方千米与平方米之间的进率，会进行简单的单位换算。 2. 经历从实例到表象建立的过程，初步形成1公顷的表象。	了解测量土地时常用的面积单位公顷和平方千米。	√				5	选择	1	易
			会进行面积单位的换算。			√		6	选择	1	易
图形与几何	角的度量	1. 进一步认识线段，认识射线与直线，了解线段、射线和直线的区别。 2. 认识常见的几种角，会比较角的大小，会利用平角和直角的定义计算未知角，会用量角器量角的度数（允许误差 ±2°）和按指定度数画角，会用三角板画特殊度数的角（含两特殊角的和与差的角）。 3. 会运用两条直线相交所成的四个角的关系，根据一个已知角求其他三个角的度数。	会用三角尺拼角。				√	4	选择	1	易
			了解线段、射线和直线的区别，认识常见的几种角。			√		15	选择	1	中
			会用量角器量角的度数和按指定度数画角。				√	29	操作	2	中
			会运用两条直线相交所成的四个角的关系，根据一个已知角求其他三个角的度数。			√		28	操作	3	易

（续上表）

<table>
<tr><th colspan="4">内容指标</th><th colspan="4">核心素养水平</th><th colspan="3">题型分布</th><th rowspan="2">预设难度</th></tr>
<tr><th>一级指标</th><th>二级指标</th><th>三级指标</th><th>四级指标</th><th>信息提取</th><th>理解</th><th>分析</th><th>知识应用</th><th>题号</th><th>题型</th><th>分值</th></tr>
<tr><td rowspan="3">数与代数</td><td rowspan="3">三位数乘两位数</td><td rowspan="3">1. 理解三位数乘两位数的笔算算理，会计算三位数乘两位数。
2. 经历探索过程，理解掌握积的变化规律。
3. 了解常见的数量关系：“总价＝单价×数量”，“路程＝速度×时间”，并能运用数量间的关系解决一些简单的实际问题。</td><td>会口算两位数乘一位数、三位数乘两位数。</td><td>√</td><td></td><td></td><td></td><td>26</td><td>口算</td><td>5</td><td>易</td></tr>
<tr><td>会计算三位数乘两位数。</td><td>√</td><td></td><td></td><td></td><td>27</td><td>竖式计算</td><td>9</td><td>易</td></tr>
<tr><td>能运用数量间的关系解决一些简单的实际问题。</td><td></td><td></td><td></td><td>√</td><td>34、37（1）</td><td>解决问题</td><td>5
5</td><td>易
中</td></tr>
<tr><td rowspan="3">图形与几何</td><td rowspan="3">平行四边形和梯形</td><td rowspan="3">1. 理解平行与垂直的概念，会用直尺、三角尺画垂线。
2. 认识点到直线的距离，理解“平行线间的距离处处相等”。
3. 会画长方形或正方形等特殊的四边形。
4. 认识平行四边形和梯形的特征，理解四边形之间的关系，会用三角尺画平行四边形和梯形的高。</td><td>会画平行四边形的高。</td><td>√</td><td></td><td></td><td></td><td>30</td><td>操作</td><td>2</td><td>易</td></tr>
<tr><td>会画长方形。</td><td>√</td><td></td><td></td><td></td><td>31</td><td>操作</td><td>2</td><td>中</td></tr>
<tr><td>会画垂线。</td><td></td><td></td><td></td><td>√</td><td>32</td><td>操作</td><td>2</td><td>中</td></tr>
<tr><td rowspan="5">数与代数</td><td rowspan="5">除数是两位数的除法</td><td rowspan="5">1. 会口算整十数除整十、几百几十的数（商一位数）。
2. 掌握两、三位数除以两位数的计算方法，进一步理解被除数、除数、商和余数之间的关系。
3. 经历探索过程，了解并能运用商的变化规律进行简便计算。
4. 能够运用所学的知识解决简单的实际问题。</td><td>确定商的位数。</td><td></td><td></td><td>√</td><td></td><td>9</td><td>选择</td><td>1</td><td>易</td></tr>
<tr><td>除法竖式的意义。</td><td></td><td></td><td>√</td><td></td><td>17</td><td>选择</td><td>1</td><td>难</td></tr>
<tr><td>会口算整十数除整十、几百几十的数。</td><td>√</td><td></td><td></td><td></td><td>26</td><td>口算</td><td>7</td><td>易</td></tr>
<tr><td>会计算三位数除以两位数。</td><td>√</td><td></td><td></td><td></td><td>27</td><td>竖式计算</td><td>12</td><td>易</td></tr>
<tr><td>解决简单的实际问题。</td><td></td><td></td><td></td><td>√</td><td>35、36、37（2）</td><td>解决问题</td><td>5
5
5</td><td>易
易
难</td></tr>
</table>

（续上表）

<table>
<tr><th colspan="4">内容指标</th><th colspan="4">核心素养水平</th><th colspan="3">题型分布</th><th rowspan="2">预设难度</th></tr>
<tr><th>一级指标</th><th>二级指标</th><th>三级指标</th><th>四级指标</th><th>信息提取</th><th>理解</th><th>分析</th><th>知识应用</th><th>题号</th><th>题型</th><th>分值</th></tr>
<tr><td>统计与概率</td><td>条形统计图</td><td>1. 经历简单的数据收集、整理、描述和分析的过程，体会统计在现实生活中的应用。
2. 初步认识条形统计图，并能根据统计图中的数据回答问题、提出问题、解决问题。</td><td>会绘制统计图，并能根据统计图回答问题、提出问题、解决问题。</td><td></td><td></td><td></td><td>√</td><td>33</td><td>统计</td><td>6</td><td>易</td></tr>
<tr><td rowspan="2">综合与实践</td><td rowspan="2">数学广角——优化</td><td rowspan="2">1. 初步体会用运筹思想和对策论方法解决实际问题。
2. 认识到解决问题策略的多样性，形成寻找解决问题最优方案的意识。</td><td>会用优化的思想解决问题。</td><td></td><td></td><td></td><td>√</td><td>19</td><td>选择</td><td>1</td><td>难</td></tr>
<tr><td>会用优化的思想解决问题。</td><td></td><td></td><td></td><td>√</td><td>20</td><td>选择</td><td>1</td><td>难</td></tr>
<tr><td colspan="4">合计</td><td></td><td></td><td></td><td></td><td></td><td></td><td>100</td><td></td></tr>
</table>

人教版小学数学四年级上册自主练习样例

一、我会选。（把正确答案涂在答题卡上，每题 1 分，共 20 分）

1. 世界上最大的洲是亚洲，面积是<u>44000000</u> 平方千米，横线上数中的两个“4”分别表示（　　）。

A. 4 个千，4 个百　　B. 4 个千万，4 个十万

C. 4 个亿，4 个百万　　D. 4 个千万，4 个百万

核心素养：数感　　知识点：计数单位

2. 一百万一百万地数，九百万接着是（　　）。

A. 八百万　　B. 九百零一万　　C. 一千万　　D. 一亿

核心素养：数感　　知识点：计数单位

3. 下面的数中，一个0也不读的是（　　）。

A. 7000080　　B. 7000800　　C. 7008000　　D. 7080000

核心素养：数感　　知识点：数的读写

4. 用一副三角板能拼出（　　）度的角。

A. 75　　B. 80　　C. 90　　D. 130

核心素养：几何直观、量感　　知识点：角度观念

5. 有“广州后花园”美誉的从化区，占地面积约为1975（　　）。

A. 公顷　　B. 平方千米　　C. 平方米　　D. 千米

核心素养：量感、几何直观　　知识点：面积观念

6. 一个长方形果园的面积是15公顷，合（　　）平方米。

A. 150　　B. 1500　　C. 15000　　D. 150000

核心素养：量感、几何直观　　知识点：单位的换算

7. 一个数是十一位数，它最高位的计数单位是（　　）。

A. 千万　　B. 亿　　C. 十亿　　D. 百亿

核心素养：数感　　知识点：计数单位

8. 下列各数中，最大的数是（　　）。

A. 163600320　　B. 93501230　　C. 9460023　　D. 93620030

核心素养：数感　　知识点：比较数的大小

9. 亮亮认为：“三位数除以两位数的结果一定是一位数。”下面例子可以帮助亮亮认识到错误的是（　　）。

A. $86\div43$　　B. $145\div38$　　C. $457\div63$　　D. $578\div25$

核心素养：运算能力、推理意识　　知识点：判断商的位数

10. $896634<89663\square$，□里最小能填（　　）。

A. 3　　B. 4　　C. 5　　D. 6

核心素养：数感　　知识点：近似数

11. 一个数由5个7和4个0组成，万位上是7，读数时要读出4个0，这个数是（　　）。

A. 707070707　　B. 707070077　　C. 707077070　　D. 700707707

核心素养：数感　　知识点：数的组成

12. 下面各数中，最接近100万的是（　　）。

A. 990000　　B. 1000010　　C. 1001000　　D. 999999

核心素养：数感　　知识点：近似数

13. 在$309\square207\approx309$万，□里最大填（　　）。

A. 0　　B. 4　　C. 5　　D. 9

核心素养：数感　　知识点：近似数

14. 见下图，算盘上表示的数是（　　）。

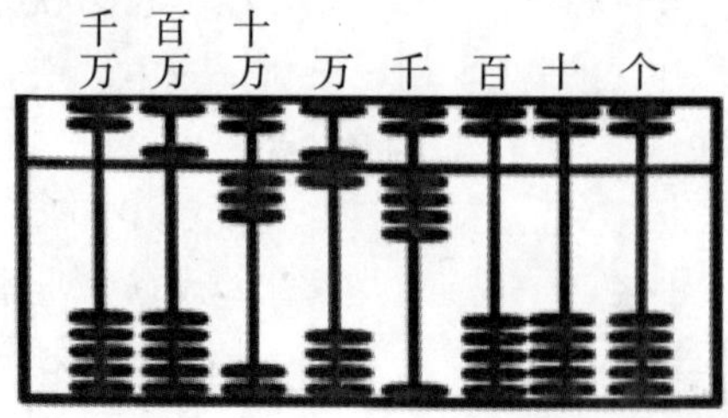

A. 1324　　B. 1364000　　C. 5364000　　D. 5364

核心素养：数感、几何直观　　知识点：数位和计数单位

15. 下面说法正确的是（　　）。

A. 两个锐角的和一定大于直角

B. 角的大小与两边的长短无关

C. 在线段、射线、直线中，直线最长，射线较长，线段最短

D. 大于90°的角都是钝角

核心素养：几何直观　　知识点：角的分类、线段、射线和直线

16. 北京百花山国家级自然保护区占地面积约为<u>217431000</u> 平方米。关于横线上的这个数，下面说法错误的是（　　）。

A. 这个数的最高位上的计数单位是亿　　B. 这个数一个 0 也不读

C. 省略万位后面的尾数约是 21744 万　　D. 省略亿位后面的尾数约是 2 亿

核心素养：数感　　知识点：计数单位、数的读写、近似数

17. 果园里有 560 箱苹果，每次运走 40 箱，要运多少次才能全部运完？下面竖式中箭头所指的“40”表示什么意思？（　　）

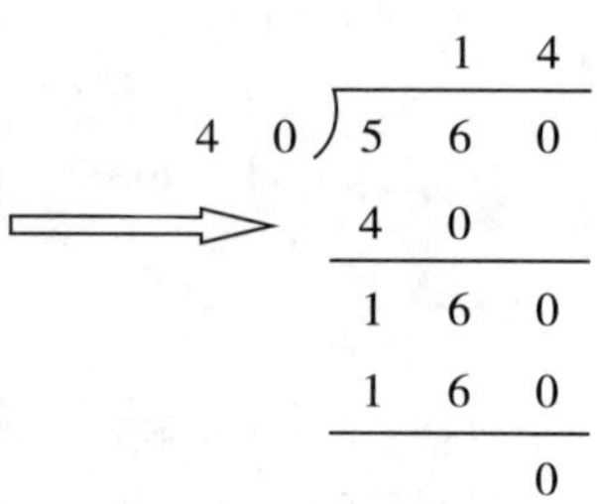

A. 1 次运走 40 箱

B. 1 次运走 400 箱

C. 10 次运走 40 箱

D. 10 次运走 400 箱

核心素养：数感、运算能力、模型意识、应用意识

知识点：笔算除法的算理

18. 在数线上用箭头表示出 70400 的位置，正确的是（　　）。

A.

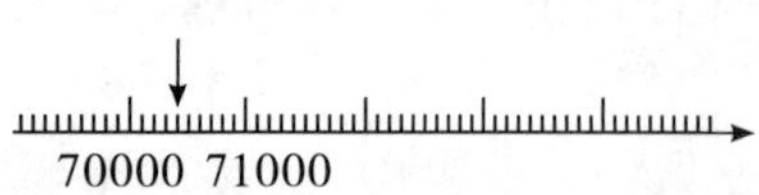

B.

C.

D.

核心素养：数感、量感、几何直观　　知识点：用数线表示数

19．妈妈用平底锅煎鸡蛋，每次最多煎 2 个鸡蛋，两面都要煎，每面需要 2 分钟。如果妈妈要煎 7 个鸡蛋，至少需要（　　）分钟。

A．28　　B．16　　C．27　　D．14

核心素养：模型意识、应用意识　　知识点：优化的思想解决问题

20．丽丽每晚睡觉前都要做以下事情：看成语故事 10 分钟，烧开水 12 分钟，用开水泡牛奶 2 分钟，喝牛奶 3 分钟，做完这些事至少要用（　　）分钟。

A．15　　B．27　　C．17　　D．13

核心素养：模型意识、应用意识　　知识点：优化的思想解决问题

二、我会判断。（对的涂“T”，错的涂“F”，每小题 1 分，共 5 分）

（　　）21．在整数数位顺序表中，两个计数单位之间的进率是 10。

核心素养：数感　　知识点：十进制

（　　）22．最小的自然数是 0，没有最大的自然数。

核心素养：数感　　知识点：数的意义

（　　）23．一个数由 9 个亿和 5 个千万组成，这个数写作 950000000，改写成用“万”作单位的数是 9500 万。

核心素养：数感　　知识点：数的改写

（　　）24．在 4 和 9 之间添上 6 个 0，这个数读作四亿九千万。

核心素养：数感　　知识点：数的读写、数的组成

（　　）25. 10 张 A4 纸的厚度约是 1 mm，10 万张 A4 纸的厚度约是 10 m。

核心素养：量感、数感、推理意识　　知识点：数的大小

三、我会算。（共 33 分）

26．直接写得数。（每题 1 分，共 12 分）

$15\times30=$　　$25\times30=$　　$210\div30=$　　$200\div20=$

$22\times40=$　　$800\times50=$　　$360\div60=$　　$2800\div70=$

$300\times70=$　　$480\div80=$　　$807\div90\approx$　　$360\div39\approx$

核心素养：数感、运算能力

知识点：三位数乘两位数、除数是两位数的口算除法

27．列竖式计算。（乘法每题 3 分，除法每题 4 分，共 21 分）

$213\times24=$　　$304\times42=$　　$280\times45=$

$972\div54=$　　$406\div32=$　　$520\div25=$

核心素养：数感、运算能力　　知识点：三位数乘两位数、除数是两位数的除法

四、我会做。(第 28 题 3 分，第 33 题 6 分，其余每题 2 分，共 17 分)

28．见下图，∠3 = 25°，那么∠2 =（　　）°。

∠4 =（　　）°，是一个（　　）角。

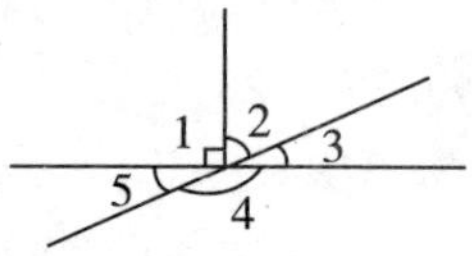

核心素养：几何直观、空间观念、推理意识　　知识点：根据已知角求其他角的度数

29．画一个比直角大 35°的角。

核心素养：几何直观、空间观念　　知识点：按指定度数画角

30．画出下面图形指定底的一条高。

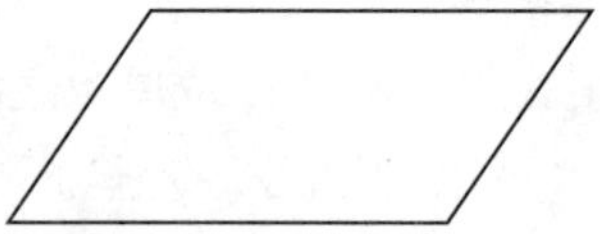

核心素养：几何直观、空间观念　　知识点：画平行四边形的高

31．画一个长 4 cm，宽 2 cm 的长方形。

核心素养：几何直观、空间观念　　知识点：画长方形

32．下图是游泳池的俯视图，小亮在游泳池的 A 点，他想尽快游上岸，请你画出最短的路线。

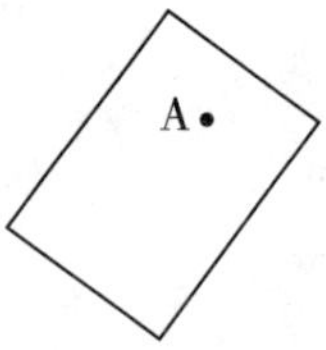

核心素养：几何直观、推理意识　　知识点：垂直

33．我会做统计。

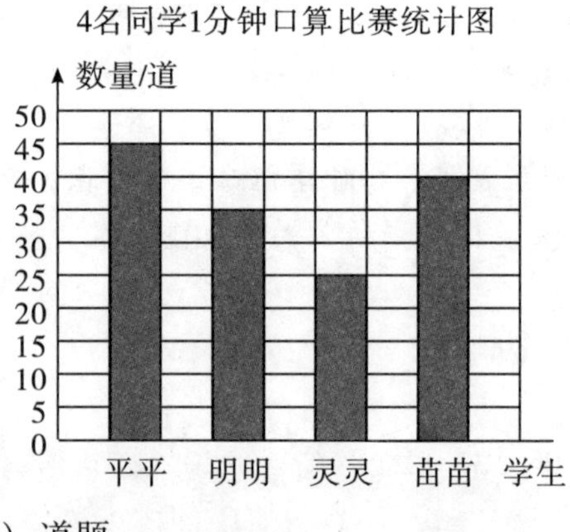

(1) 每格代表（　　）道题。

(2)（　　）1 分钟答对的题数最多，（　　）1 分钟答对的题数最少。

(3) 明明 1 分钟比苗苗少答对（　　）道题。

（4）请你提一个数学问题，并解答。

问题：________________

解答：________________

核心素养：数据意识、应用意识　知识点：认识条形统计图，并能提出、回答问题

五、我会解决问题。（第 37 题 10 分，其余每题 5 分，共 25 分）

34. 希望小学开展节约用电活动，平均每个月节约用电 216 千瓦时，一年可节约用电多少千瓦时？

核心素养：运算能力、应用意识　　知识点：解决三位数乘两位数的问题

35. 平均每个班发 14 个毽子，可以发给几个班？还剩几个？

360 个

核心素养：运算能力、应用意识　　知识点：解决除数是两位数的问题

36. 光明小学有男生 288 人、女生 252 人，排成方队进行体操表演。平均每个方队排 36 人，一共可以排成多少个方队？

核心素养：运算能力、应用意识　知识点：运用所学知识解决除数是两位数的问题

37. 根据图书报价信息（见表 6 - 9），解答问题。

表 6 - 9　图书报价

书名	《丛林历险记》	《会飞的教室》	《海底两万里》	《柳林风声》
单价	26 元	25 元	14 元	16 元

（1）某区图书馆要购买 130 本《会飞的教室》和 108 本《丛林历险记》，准备 6500 元，够吗？

核心素养：运算能力、模型意识、推理意识　　知识点：解决问题

（2）书店对《柳林风声》搞促销活动，买 4 本送 1 本，张老师用 458 元最多能买多少本《柳林风声》？

核心素养：运算能力、模型意识、推理意识、应用意识　　知识点：灵活运用所学知识解决问题

【分析】以上评价题目，涉及信息提取、理解、分析和知识应用四个思维层级水平。如第 1、2、3、7、8 题涉及思维层级 1 信息提取中的回忆操作，要求学生回忆提取有关亿以内及以上各个计数单位的名称和表示的含义，每两个相邻计数单位间的进率是 10，正确地读写大数，比较数的大小的知识。第 9、15、16、21、23、24、25 题涉及思维层级 2 理解中的差错分析操作，学生需要能够发现表述或使用的知识中的差错。第 17 题涉

及思维层级2理解中的整合操作，学生需要理解除法竖式的意义。第26～27题涉及思维层级1信息提取中的执行操作，要求学生会计算三位数乘两位数，口算整十数除整十、几百几十的数，笔算两、三位数除以两位数。第28题涉及思维层级3分析中的识别，学生能根据直角、平角的不同点，区分出∠2和∠3组成直角，∠3和∠4组成平角，利用1直角=90°，1平角=180°的特点算出∠2和∠4的度数。第29～31涉及思维层级1信息提取中的执行操作，第29题没有直接给出要画的角的度数，需要学生通过计算得出要画的角的度数，提取出直角特征和画角的方法，第30题根据要画出平行四边形指定底的一条高，涉及对平行四边形画高方法的提取，第31题需要学生能够提取画指定长和宽的长方形的方法，但不一定明白为什么要这样运作。第32题涉及思维层级4知识应用，学生根据理解点到直线的距离的含义，画出最短的路线。第33题涉及思维层级1信息提取和思维层级4知识应用，学生需要提取读条形统计图的方法，从条形统计图中得出相关数据信息，再根据提取到的信息提出问题并解答。第34～37题主要涉及思维层级4知识应用，这4道题是在学生比较熟悉的问题背景下设计问题，让学生运用所学的三位数乘两位数的知识，总价、单价和数量间的关系，两、三位数除以两位数等所学的知识解决简单的实际问题。

综述，在编制测试题时，可以利用小学生数学能力评价理论框架图，依据课程标准要求，依标命题。命题形式依据测量专家史蒂金斯指出限制性试题是经典的进行客观评分的纸笔测试。他列出了四类限制性试题：（1）多项选择题；（2）是非判断题；（3）配对题；（4）简答题、填空题。教师普遍使用限制性试题来设计测验、家庭作业、期中考试和期末考试。这些题型在课堂考评中发挥了重要作用①。命题的内容围绕课程标准规定的课程目标、内容要求、学业要求和学业质量标准设计，结合该年级数学教学内容的要求，合理考虑设计不同内容领域和能力水平测试的题目和分值比例，以学业质量标准的要求为命题难度水平的基本依据，考虑学生的身心发展特点，设置不同难度水平的题目，兼顾不同水平层次的学生，坚持以核心素养为导向，考查数学学科的“四基”“四能”达成情况。通过测验考查学生的学业质量，促进教师改进教学、学生改进学习，进而促进核心素养目标的达成，实现“教—学—评”的一致性和良性循环。②

第4节　学生情境体验式素养评价

《义务教育课程方案（2022年版）》提出教学评的一致性。《义务教育教学课程标准

① 马扎诺，肯德尔．教育目标的新分类学版［M］．高凌飚，吴有昌，苏峻，译．2版．北京：教育科学出版社，2020：121.

② 王永春．小学数学核心素养测评指南［M］．北京：首都师范大学出版社，2023：23.

(2022 年版)》指出:“评价不仅要关注学生数学学习结果，还有关注学生数学学习过程，激励学生学习，改进教师教学。”教育部办公厅《关于加强义务教育学校考试管理的通知(教基厅函〔2021〕34 号)》则提出要求:“小学一、二年级不进行纸笔考试”“加强学生学习过程评价，鼓励实践性评价”“要注重学生综合素质、学习习惯与学习表现、学习能力与创新精神等方面的评价”。

基于《义务教育数学课程标准(2022 年版)》和“双减”政策的要求，小学数学一、二年级的考评形式要紧紧围绕一、二年级数学核心素养评价指标，关注学生数学思维的发展，以多元智能发展为评价基点，聚焦科学评价，考查学生的数学综合素养，确定评价的内容，制订评价的方案。以下是一、二年级的非纸笔测试的案例分享。

【案例 1】

人教版小学数学一年级下册期末素养评价之项目过关展示活动设计

——一年级“乐享数学　玩出精彩”游园活动

一、活动目的

数学之乐，怡然自得，唯乐享其中；数学之妙，妙不可言，唯与其交融。落实“双减”政策，追寻数学魅力之光，通过开展丰富多彩的数学游园闯关活动，让学生在活动中聚焦学科评价，在挑战中享受快乐，一起走进数学、感受数学、喜欢数学，开启不一样的数学学习体验之旅，拓展学子之数学素养。

二、活动时间：2023 年 5 月 11 日

三、活动地点：学校架空层

四、活动成员：部分数学老师、一年级学生、家长志愿者

五、活动形式：游园闯关活动，顺利完成 10 关的闯关活动，即可获取智慧之星荣誉勋章。

六、评价内容和形式

表 6－10　评价内容和形式

单元	评价目标	核心素养	活动形式	获星分布
认识图形(二)	1. 直观认识长方形、正方形、平行四边形、三角形和圆等平面图形，能够辨认和区分这些图形。 2. 能在具体的活动中进行图形的分割和拼组。能从各种图形的组合中数出各种图形的个数。(数图形的练习注意组合的图案每个图形之间是不能与另一个图形拼成新的图形) 3. 会用七巧板拼所学过的平面图形。	几何直观、空间观念	我会数	5 星

（续上表）

单元	评价目标	核心素养	活动形式	获星分布
20以内的退位减法	1. 理解20以内的退位减法的算理，能较熟练地运用“破十法”或“想加算减法”进行20以内的退位减法口算。 2. 会进行一些20以内的加减法的混合运算。 3. 会用20以内的退位减法解决以图文表述（含多余条件）的问题及求一个数比另一个数多（少）几的问题。	数感、运算能力、应用意识	我会算 我会解	2星 10星
分类与整理	能够根据给定的标准或自己选定的标准进行分类，并能够根据要求正确、较为清晰地呈现整理的结果，并在此基础上分析数据、提出问题。	数据意识、应用意识	我会分	5星
100以内数的认识	1. 能正确地读写100以内的数；知道这些数是由几个十和几个一组成的；掌握100以内数的顺序、数的组成，会比较它们的大小，正确写出与一个数相邻的两个数，在具体情境中，会用“多一些”“多得多”“少一些”“少得多”来说明数的大小关系。 2. 会用数的组成知识解决问题。 3. 会计算整十数加一位数和相应的减法。 4. 会用100以内的数表示日常生活中的事物，并进行简单的估计和交流。在估数中通过用“更接近几十”渗透用“四舍五入”法取近似数的方法。 5. 通过操作活动巩固数位和位置的概念，感悟有序思考的价值。	数感、符号意识、运算能力、量感	我会摆 我会算 我会拨	3星 2星 4星
认识人民币	1. 认识各种面值的人民币，能根据元、角、分的关系进行兑换，会进行元、角、分的简单计算。 2. 会解决简单的［包括“单名数加减”“复名数（不进位不退位，元加元、角加角）”的加减法］购物问题。	量感、应用意识	我会认	2星

（续上表）

单元	评价目标	核心素养	活动形式	获星分布
100 以内的加法和减法（一）	1. 理解 100 以内整十数加、减整十数和两位数加、减一位数和整十数的算理，并能正确熟练地进行口算。 2. 认识小括号，能口算含有小括号的两步加、减混合运算。 3. 学会用已有的知识解决数目比较大的同数连加、连减同数的实际问题。	运算能力、应用意识	我会算 我会解	2 星 5 星
找规律	发现图形或数字排列的简单规律，理解规律的含义，并能描述和表示规律，同时会根据发现的规律进行推理，确定后续图形或数字的排列方式。	推理意识	我会摆 我会拨	2 星
合计				

七、评价表（见表 6－11）

表 6－11　学生游园闯关活动卡

一（　）班　　　　姓名：________　　学号：________

闯关活动	参加	得星/颗
第一关　我会算		
第二关　我会摆①		
第三关　我会摆②		
第四关　我会拨		
第五关　我会认		
第六关　我会数		
第七关　我会分		
第八关　我会解①		
第九关　我会解②		
第十关　第会解③		

八、活动内容安排

表 6-11　学生游园闯关活动规则

闯关活动	活动规则	道具	负责人
第一关　我会算	抽取写有 3 道算式的计算卡片一张，前 2 题算得数，每题 2 星，最后 1 题说算理 2 星（只需挑一种算理去说），共 6 星，每题答题时间 10 秒。	卡片	老师 1
第二关　我会摆①	抽取一张写有题的卡片，用摆小棒的方式表示这个数，1 星，说数的组成，2 星，共 3 星。	卡片和小棒	老师 2
第三关　我会摆②	抽取一张写有题的卡片，用摆数字卡片的方式表示这个数，共 2 星。	卡片	家长志愿者 1
第四关　我会拨	抽取一张写有题目的卡片，在计数器上拨珠，2 星，从这个数开始，连续数出后面的两个数，每数 1 星，共 4 星。	计算器	老师 3
第五关　我会认	抽取一张写有物品标价的卡片，根据标价，在人民币学具中拿出物品所需面值的人民币，共 2 星。	卡片和人民币学具	老师 4
第六关　我会数	抽取一张画有组合图形的画，数每种图形的个数，一种图形的个数 1 星，共 5 星。	卡片	家长志愿者
第七关　我会分	根据图片按自己喜欢的标准分类，5 星，每空 1 星，共 5 星。	卡片	老师 5
第八关　我会解①	抽取一张写有解决问题题目的卡片。第 1 小题 3 星，列式 2 星，得数 1 星；第 2 小题 2 星，列式 1 星，得数 1 星，共 5 星。	卡片	家长志愿者
第九关　我会解②	抽取一张写有解决问题题目的卡片。“知道了” 2 星，“解答” 2 星，“口答” 1 星，共 5 星。	卡片	老师 6
第十关　我会解③	抽取一张写有解决问题题目的卡片，列式 3 星，得数 2 星，共 5 星。	卡片	家长志愿者

九、活动流程

（1）游园闯关活动规则介绍，纪律要求及游园活动卡发放。(5 分钟)

（2）游园闯关活动进行中，闯关完毕即可进入休息区，参与“玩转数学乐园之巧拼七巧板”活动。(30 分钟)

（3）游园闯关活动小结。(5 分钟)

十、游园闯关活动题目：

第一关：我会算。

抽取写有3道算式的计算卡片一张，前2题算得数，每题2星，最后1题说算理2星（只需挑一种算理去说），共6星，每题答题时间10秒。

A组：75 − 70 =　　　（1星）　　20 + 5 =　　　（1星）

口算12 − 9时，

（1）　（2星）

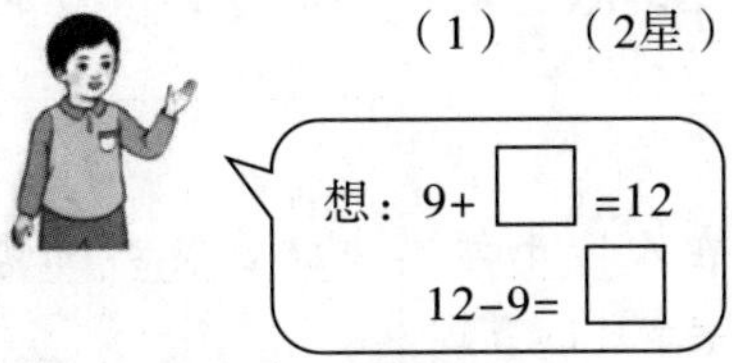

（2）　（2星）

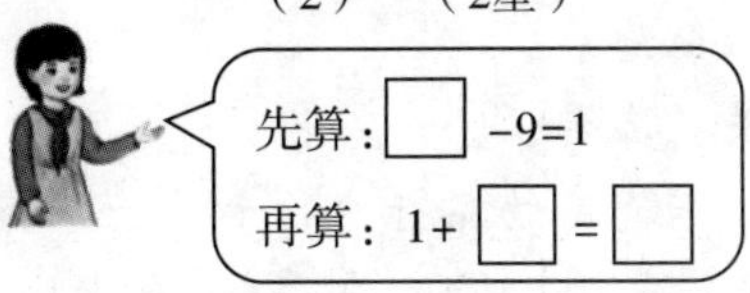

B组：64 − 60 =　　　（1星）　　30 + 4 =　　　（1星）

口算13 − 9时，

（1）　（2星）

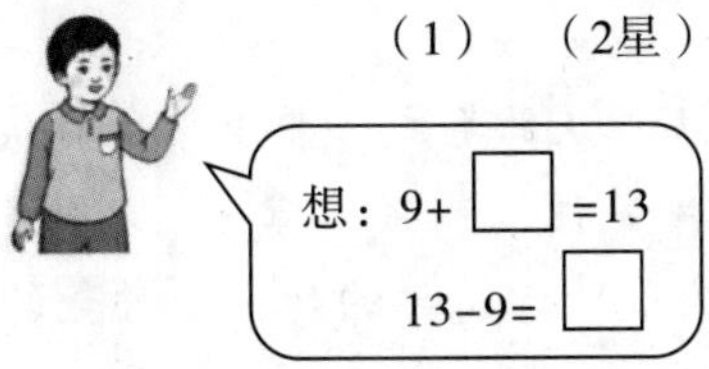

（2）　（2星）

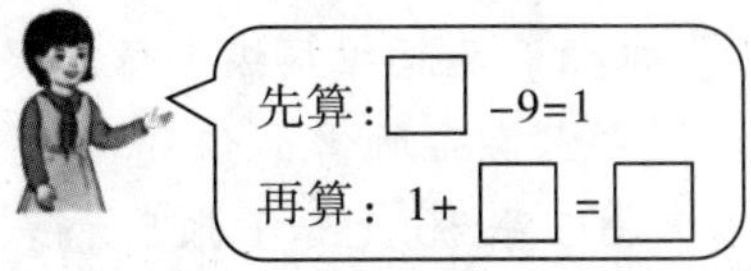

【分析】本题主要涉及思维层级2理解。采用说一说的形式，要求学生能理解20以内退位减法的算法导出过程，能较熟练地运用“破十法”或“想加算减法”进行20以内的退位减法口算，理解20以内退位减法的算理，理解100以内整十数加、减整十数和两位数加、减一位数和整十数的算法的导出过程，并能正确熟练地进行口算，主要考查的核心素养是“会用数学的思维思考现实世界”，核心素养的主要表现为运算能力。

第二关，我会摆①。

抽取一张写有题的卡片，用摆小棒的方式表示这个数，1星，说数的组成，2星，共3星。

A组：用小棒摆23（1星），23是由____个十（1星）和____个一（1星）组成的。

B组：用小棒摆32（1星），32是由____个十（1星）和____个一（1星）组成的。

【分析】本题涉及思维层级2理解。采用摆一摆小棒的形式，要求学生能正确地认读100以内的数，并用小棒摆出指定的数字，知道这些数是由几个十和几个一组成的掌握情况，主要考查的核心素养为“会用数学的眼光观察现实世界”，核心素养的主要表现为数感。

第三关，我会摆②。

抽取一张写有数字的卡片，用摆数字卡片的方式表示这个数，共2星。

21　　24　　27　　30　　____　　____

第四关：我会拨。

抽取一张写有数字的卡片，在计数器上拨珠，2星，从这个数开始，连续数出后面的两个数，每个数1星，共4星。

A组：在计数器上拨45（2星），连续数出45后面的两个数（2星）。

45、____、______。

B组：在计数器上拨54（2星），连续数出54后面的两个数（2星）。

54、____、______。

【分析】本题涉及思维层级1信息提取中的回忆操作。采用拨一拨的形式，要求学生能掌握100以内的数的顺序，给定一个数字，能连续数出后面的数字，考查的核心素养主要表现为数感。

第五关：我会认。

抽取一张写有物品标价的卡片，根据标价，在人民币学具中拿出物品所需面值的人民币，2星。

A组：

55元

B组：

22元

【分析】本题涉及思维层级1信息提取。采用认一认的形式，要求学生能认识各种面值的人民币，拿出物品所需面值的人民币的情况有多种，如可以拿一张50元和1张5元，也可以拿出5张10元和1张5元等，会对人民币进行简单的计算，考查的核心素养主要表现为量感和应用意识。

第六关：我会数。

抽取一张画有组合图形的画，数每种图形的个数，一种图形的个数1星，共5星。

A组：

□（　　）个，△（　　）个，

○（　　）个，▭（　　）个，

▱（　　）个。

B组：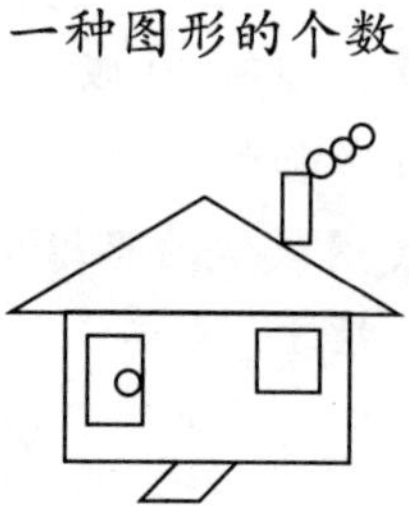

□（　　）个，△（　　）个，

○（　　）个，▭（　　）个，

▱（　　）个。

【分析】本题涉及思维层级3分析。采用说一说的形式，要求学生能够辨认和区分长方形、正方形、三角形、平行四边形和圆，还能正确数出这五种图形的数量，考查的核心素养主要表现为几何直观和空间观念。

第七关：我会分。

根据图片按自己喜欢的标准分类，5星，每空1星。

A组：

我按________分类，_______有______个，_______有______个。

B组：

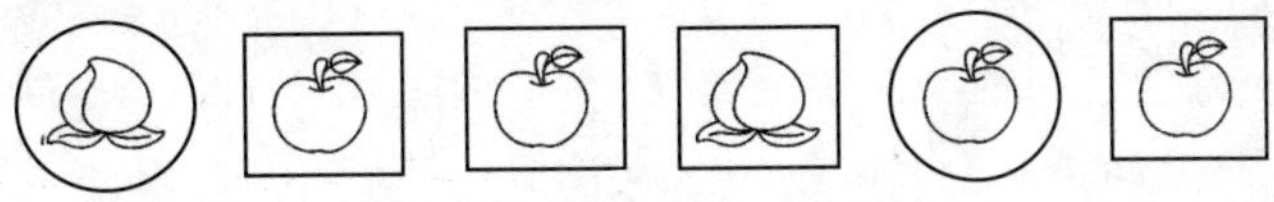

我按________分类，_______有______个，_______有______个。

【分析】本题涉及思维层级3分析。采用分一分的形式，要求学生能够自己选定的标准进行分类，并能够根据要求正确、较为清晰地呈现整理的结果的能力，考查的核心素养主要表现为数据意识。

第八关，我会解①。

抽取一张写有解决问题题目的卡片。第1小题3星，列式2星，得数1星；第2小题2星，列式1星，得数1星，共5星。

A组：

（1）

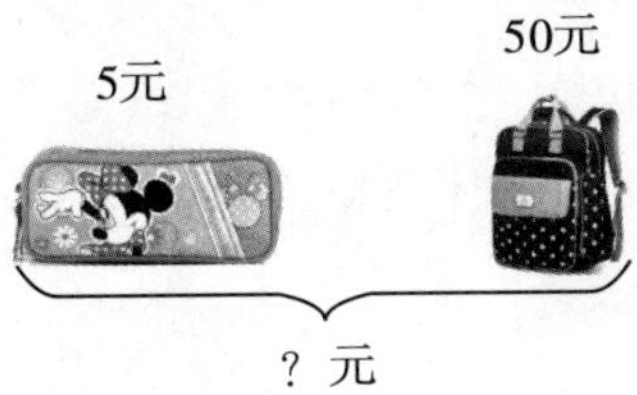

□ ○ □ = □（元）

（2）

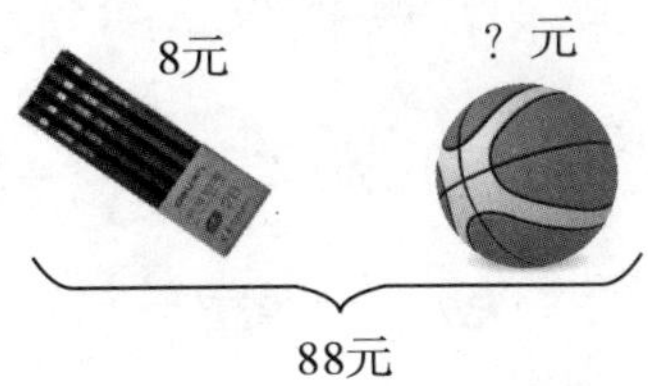

□ ○ □ = □（元）

B组：

（1）

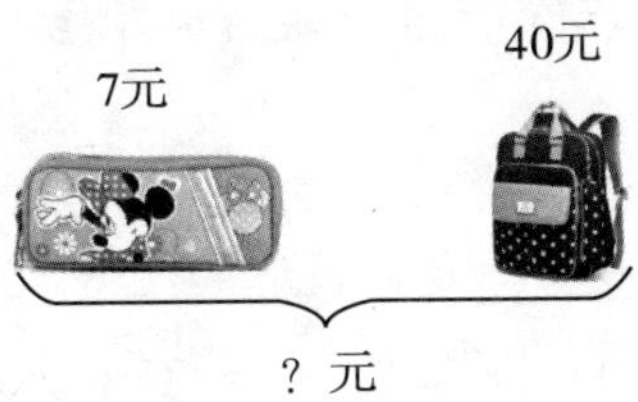

□ ○ □ = □（元）

（2）

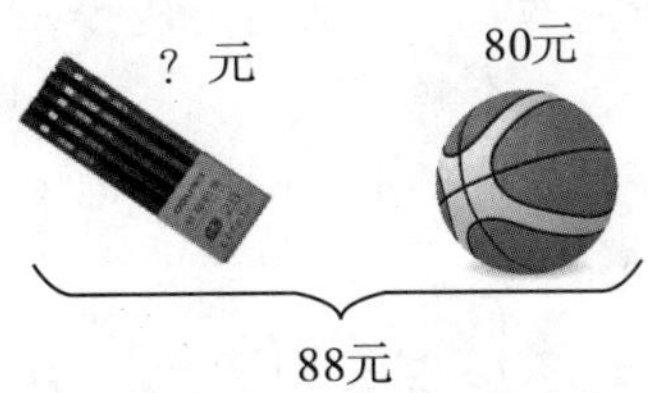

□ ○ □ = □（元）

【分析】本题涉及思维层级4知识应用。要求学生能从题目中找到相关的数学信息和需要解决的问题，用有关100以内的加、减的知识解决简单的实际问题，了解学生分析问题与解决问题的能力，考查的核心素养主要表现为运算能力和应用意识。

第九关，我会解②。

抽取一张写有解决问题题目的卡片。“知道了”2星，“解答”2星，“口答”1星，共5星。

A组：

小红比小方少写了几个字？

知道了：小红写了□个字，小方写了□个字。

解答：小红比小方少写了几个字□ ○ □ = □（个）

口答：小红比小方少写了□个字。

B组：

小红比小方少写了几个字？

知道了：小红写了□个字，小方写了□个字。

解答：小红比小方少写了几个字□ ○ □ = □（个）

口答：小红比小方少写了□个字。

【分析】本题涉及思维层级4知识应用。要求学生能从题目中找到相关的数学信息，需要解决的问题以及解决方法，会用20以内的退位减法解决以图文表述的问题，从而了解学生分析问题与解决问题的能力，考查的核心素养主要表现为运算能力和应用意识。

第十关，我会解③。

抽取一张写有解决问题题目的卡片。列式3星，得数2星，共5星。

A组：

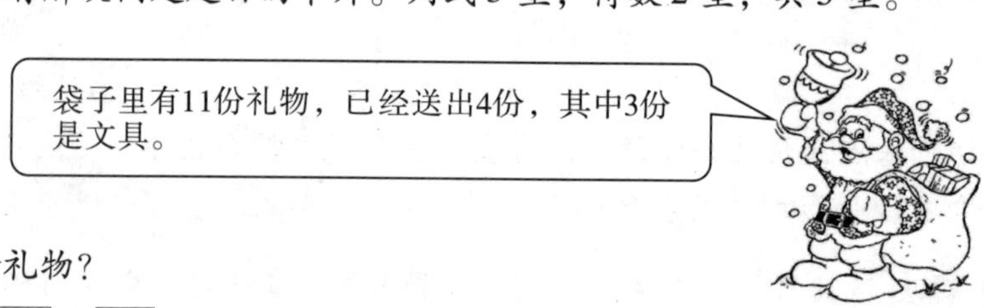

还剩多少份礼物？

□ ○ □ = □（份）

B组：

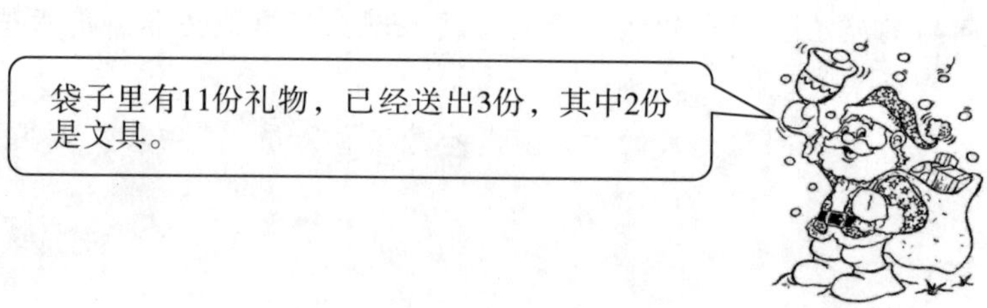

还剩多少份礼物？

□ ○ □ = □ （份）

【分析】本题涉及思维层级4知识应用。要求学生能从题目中找到与解决问题相关的数学信息，需要解决的问题以及解决的方法，会用20以内的退位减法解决图文表述，含多余条件的问题，主要考查的核心素养表现为运算能力和应用意识。

【设计说明】采用游园闯关活动的形式，以学生易于接受的特点和被孩子们所喜欢的游园闯关为切入点，设计了10个闯关活动，了解学生知识系统的数学知识与技能，认知系统的数学语言能力、分析问题与解决问题的能力，元认知系统的数学学科自我监控能力，自我系统的数学学习信念的掌握情况，顺利完成10关的闯关活动，即可获取智慧之星荣誉勋章并可进入“玩转数学乐园之巧拼七巧板”活动，启动了学生的自我系统，使学生愿意投入到数学学习活动中去，让学生感受到数学学习带来的乐趣，激发了学生对数学学习的兴趣，产生数学活动的动力，培养学生数学学习的信念。同时，设计了学生游园闯关活动的评价卡，及时反馈学生的闯关情况，从而了解学生对一年级下册数学学习的情况，教师和学生可对数学学习进行检验、反馈和调节，反映学生对知识掌握的清晰度和准确度的监控，以评促教，以评促学。教师对整个活动进行总结，可以让学生更加明确活动的意义和作用，对学生取得的成绩表示祝贺，及时给予学生相应的激励和表扬，使活动能够带给学生持久的学习动力、学习热情和学习方法，充分体现了以学生为主体，教师为主导的教学理念，激发学生学习兴趣。

【案例2】

人教版小学数学二年级下册期末素养评价

——快乐游园长知识　综合测评助成长

一、指导思想

“双减”政策背景下，小学阶段一、二年级期末不进行纸笔测试，为了助力“双减”政策落地，紧紧围绕二年级数学核心素养评价指标，关注学生数学思维的发展，以多元智能发展为评价基点，聚焦科学评价，考查学生的数学综合素养。

二、评价内容和形式（见表6－12）

表6－12　评价内容和形式

单元	评价目标	核心素养	活动形式	获星分布
数据收集整理	1. 会用调查法来收集数据，并会用给定的统计表呈现和整理数据。 2. 会用“正”字记录数据；并会进行简单的数据分析。 3. 能根据统计表中的数据提出并回答简单的问题。	数据意识	动手操作	2星

（续上表）

单元	评价目标	核心素养	活动形式	获星分布
表内除法（一）	1. 在具体情境中理解平均分及除法运算的含义，能进行平均分，掌握平均分的方法。 2. 会读、写除法算式，知道除法算式中各部分的名称。 3. 会使用画图、语言叙述等方式表征理解问题和分析问题的过程，能运用加法、减法、乘法和除法解决简单的实际问题。 4. 初步理解乘除法之间的关系，能比较熟练地用2～6的乘法口诀求商。	数感、运算能力、应用意识	转盘口算	2星
图形的运动（一）	1. 会辨认轴对称图形。 2. 能正确判断平移和旋转现象；能从诸多的图形中找到一个图形平移后的图形。 3. 能够运用轴对称图形的知识解决简单的实际问题。	几何直观、空间观念	识一识	6星
表内除法（二）	1. 在具体情境中理解除法的含义，能比较熟练地用7、8、9的乘法口诀求商。 2. 会综合运用乘、除法运算解决一些简单的实际问题。	数感、运算能力、应用意识	转盘口算	2星
混合运算	1. 能正确理解和掌握含有两级运算的混合运算的运算顺序，能正确按照运算顺序进行脱式计算。 2. 会用两步计算的方法解决问题；知道小括号的作用，初步学会在解决问题中使用小括号。 3. 会从情境图和文字中收集有关的信息，会初步发现并提出问题，会结合具体情境说出解题思路。	运算能力、应用意识	说算理	4星
有余数的除法	1. 理解余数和有余数的除法的含义。 2. 会书写除法竖式（含表内除法的竖式），理解竖式中每个数所表示的意思。 3. 掌握试商的基本方法，能熟练地进行有余数的除法的口算和笔算。 4. 会用有余数的除法解决生活中的简单问题。	几何直观、运算能力、应用意识	判一判 解一解	4星 10星

(续上表)

单元	评价目标	核心素养	活动形式	获星分布
万以内数的认识	1. 能够正确认、读、写万以内的数（包括读计数器或者算盘所表示的数）。 2. 会用万以内的数表示物体的个数和顺序，掌握这些数的组成、数位顺序和相邻计数单位之间的关系。 3. 会正确地比较万以内数的大小并能用“多一些”等词语描述数之间的大小关系。 4. 会写一个数的近似数，会结合实际进行估计。 5. 能够熟练进行整百、整千数加、减法的口算（包括不进位、不退位、进位、退位）。 6. 能结合具体情境适当选择估算和计算的方法解决实际问题，会用合理的估算方法对结果进行判断（一般地，只是估算“两个数一共是多少”和“两个数相差多少”的问题，取近似数以更接近哪个可以口算的数为宜，而问“够不够”的问题，则不宜取比原数少的近似数，但也不宜估得过大导致判断错误）。	数感、 符号意识、 几何直观、 运算能力、 应用意识	口算 读数 拨数 比大小 解一解	2星 2星 2星 2星 6星
克和千克	1. 能结合具体情境，认识质量单位克和千克，知道1千克=1000克。 2. 能进行简单的单位换算和计算。 3. 初步了解天平及常用的用“千克”作单位的秤。 4. 会估量物体的质量，并能解决简单的实际问题。	量感、 应用意识	估一估	2星

三、评价方法

本次素养评价一共分为三部分，第一部分是通过游园智趣闯关形式完成，共46星。基于学生核心素养培养的目标导向，以《义务教育数学课程标准（2022年版）》和教材内容编排为本，设置了计算小能手、慧眼识图形、动手我最棒、判断小法官、思考小达人共五个关卡。第二部分是平时的课堂表现，共8星，第三部分平时的课堂练习情况，共6星，这两部分由教师课后对学生进行评价，最后结合三部分进行综合评定。共60星，总评得48星以上为A，42~47星为B，36~41星为C，36星以下为D。

四、评价表（见表6－13、表6－14）

表6－13　智趣闯关卡（学生闯关用）

班级		姓名	
素养关卡	活动	评星	
一、计算小能手（共10星）	转盘口算（3星）		
	转盘口算（3星）		
	我会说算理（4星）		
二、慧眼识图形（共6星）	选一选，说一说（6星）		
三、动手我最棒①（共6星）	摆一摆（2星）		
	读数（2星）		
	拨数（2星）		
动手我最棒②（共4星）	比大小（2星）		
	拿一拿，估一估（2星）		
四、判断小法官（共4星）	判断对错（4星）		
五、思考小达人①（共10星）	第1题（4星）		
	第2题（6星）		
思考小达人②（共6星）	第3题（6星）		
合计		（　　）星	

表6－14　综合评价表格（全班数据统计用）

序号	姓名	计算小能手10星	慧眼识图形6星	动手我最棒10星	判断小法官4星	思考小达人16星	课堂表现8星	课堂练习情况6星	合计	等级评价

五、活动准备

（一）教具准备：口算题卡、计数器、口算转盘、西瓜、硬币等。

（二）场地布置：根据学校实际情况尽量选择场地较大、开阔的空间完成。

（三）组长训练：

1. 提前对小组长进行考核。

2. 训练小组长包括：统一活动语言、做好时间限制（教会学生心里默数）、明确评价要求（每一题的答案包括学生可能会出现的答题情况都讲清楚）、小组长进行练习（模拟活动环节，让小组长熟悉操作）。

六、闯关活动题目

（一）计算小能手

1. 转盘口算。

利用转盘进行抽题，每个学生进行两次转盘，共2题，每题3星，共6星。

转盘口算题如下：

$12 \div 3 =$	$48 \div 8 =$	$9 \div 1 =$
$21 \div 6 =$	$4000 + 5000 =$	$2800 - 800 =$

2. 我会说算理。

从下列3组题中抽取一题说一说计算方法，共4星。

题组1：$3 + 8 \div 2 =$

题组2：$20 \div 4 \times 2 =$

题组3：$5 \times (4 + 3) =$

【分析】第1题和第2题涉及思维层级1信息提取中的执行操作。第1题包括表内除法、有余数的除法以及整百、整千的加减法，利用转盘的形式增加趣味性，第2题主要考查学生对混合四则运算的理解，以及算理的理解和表述，考查的核心素养主要表现为运算能力。

（二）慧眼识图形

主要考查图形的平移和旋转以及轴对称图形。学生从3组题中抽取1组，以口答选择题的形式完成，共3题，每题2星，共6星。（以平板展示动态图的形式让学生完成）

题组1：

1. 下面图形中是轴对称图形的是（　　）

A

B

2. 下列现象属于什么运动（　　）

A. 旋转　　B. 平移

3. 下列现象属于什么运动（　　）

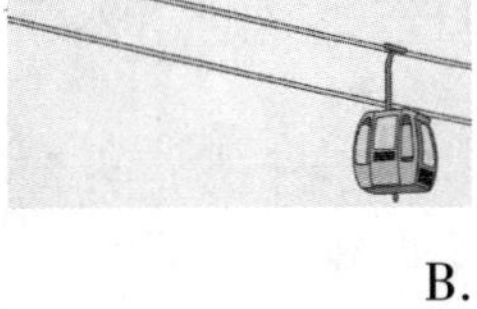

A. 旋转　　B. 平移

题组 2：

1. 拧瓶盖的运动是（　　）

A. 旋转　　　　B. 平移

2. 下面不是轴对称图形的是（　　）

A

B

C

3. 图中小朋友玩滑梯的运动是（　　）

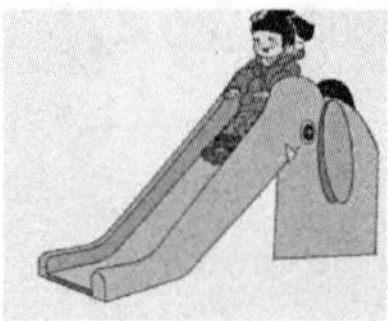

A. 旋转　　　　B. 平移

题组 3：

1. 下面图形中是轴对称图形的是（　　）

A

B

2. 大摆锤的运动是（　　）

A. 旋转　　　　B. 平移

3. 下列物体的运动是（　　）

A. 旋转　　　　B. 平移

【分析】以上的 3 个题组涉及思维层级 2 理解。通过平板的形式展示动态图，更加形象有趣，符合低年级学生以形象思维为主的特点，激发学生的兴趣。要求学生能根据轴对称图形、平移和旋转的特点，辨认哪些图形是轴对称图形，判断哪些现象是平移或旋转，培养学生“会用数学的眼光观察现实世界”，考查的核心素养主要表现为空间观念。

（三）动手我最棒

主要考查数据的收集整理，万以内数的认识以及认识克和千克，共 5 题，以操作和口答的形式考核，每题 2 星，共 10 星。由于本关比较多内容，为了减少学生排队的时间，划分为两个环节，具体划分如下：

环节一：

1. 表 6－15 是二（1）班学生喜欢的图书人数情况。请任选两种图书，用数字卡片摆出喜欢这两种图书的人数。

表 6－15　喜欢不同类型图书人数统计

种类	故事书	科技书	其他
人数	正正正	正	正

2. 读出抽到的数字（学生从以下 3 个数字中随机抽取一个数字完成）。

2050	1214	2230

3. 请在计数器上拨出你抽到的数字并说出下面的数是由几个千、几个百、几个十和几个一组成的。

【分析】第 1 题和第 2 题涉及思维层级 1 信息提取，第 3 题涉及思维层级 2 理解。要求学生能读懂统计表中的数据，会进行简单的数据分析，认读万以内的数并通过拨一拨和说数的组成，让学生理解不同数位上的数表示的意义不同，考查的核心素养主要表现为数感和数据意识。

环节二：

4. 摆一摆，比一比。请将下列数字卡片进行比较大小。

892	921	>

5. 拿一拿，估一估。一枚一元硬币重约 6（　　）

A. 克　　　　B. 千克

【分析】本题涉及思维层级 1 信息提取。要求学生能用符号表示数的大小关系。通过让学生拿一拿、估一估，让学生从实践中体验质量单位，感受数学与生活的联系，考查的核心素养主要表现为符号意识和量感。

（四）判断小法官

主要考查有余数除法的竖式计算，从 3 组题中抽取 1 题，共 4 星。

题组 1：

请你判断下面计算对吗？不对的请说出理由。

25 ÷ 4=5……5

$$\begin{array}{r} 5 \\ 4\overline{)\,25} \\ 20 \\ \hline 5 \end{array}$$

题组 2：

请你判断下面计算对吗？不对的请说出理由。

29 ÷ 4=7……1

$$\begin{array}{r} 7 \\ 4\overline{)\,29} \\ 28 \\ \hline 1 \end{array}$$

题组 3：

请你判断下面计算对吗？不对的请说出理由。

49 ÷ 6=8

$$\begin{array}{r} 7 \\ 6\overline{)\,49} \\ 48 \\ \hline 1 \end{array}$$

【分析】以上3个题组涉及思维层级3分析。通过让学生判断对错并说出理由，主要考查学生对有余数的除法的算理的理解，并锻炼学生的数学表达能力，考查的核心素养主要表现为运算能力。

（五）思考小达人

从下面3组题中随机抽取一组题完成，每组题有2题，第1题4星，第2题6星，共10星。

思考小达人①

题组1：

1. 

7个草莓，平均分给2个小朋友，每人分到（　　）个，还剩（　　）个。

7 ÷ 2 = □（个）……□（个）

2. 每个笔盒6元，30元能买几个笔盒？（6星）

列式：＿＿＿＿＿＿＿＿＿＿（口述）

题组2：

1. 

9支铅笔，平均分给4个小朋友，每人分到（　　）支，还剩（　　）支。

9 ÷ 4 = □（支）……□（支）

2. 每本数学笔记本3元，24元能买几本？

列式：＿＿＿＿＿＿＿＿＿＿（口述）

题组3：

1. 

10个星星，3个为一组圈起来，圈了（　　）组，还剩（　　）个。

10 ÷ 3 = □（组）……□（个）

2. 一盒饼干8元，32元可以买几盒？

列式：＿＿＿＿＿＿＿＿＿＿（口述）

【分析】以上3个题组涉及思维层级4知识应用。这个环节是以题组形式呈现的，每个题组的第1题是以图的形式呈现，学生通过圈画得出计算结果，体会解决问题的道理，解释计算结果的实际意义，体现思考过程，第2题主要目的是让学生合理表达简单的数量关系，解决简单的问题，考查的核心素养主要表现为运算能力和应用意识。

思考小达人②

估一估，说一说。(6 星)

1. 买这两件商品，700 元够吗？(6 星)

412 元

309 元

（口述）可以这样想：超过了 400 元，超过了（　　）元，(2 星)

（　　）+（　　）=（　　）（元)，所以带 700 元（　　）。(4 星)（够、不够）

【分析】该组题主要考查学生是否能结合具体情境适当选择估算和计算的方法解决实际问题，会用合理的估算方法对结果进行判断，考查的核心素养主要表现为运算能力、应用意识。

（六）小游戏：乘胜追击

完成五个闯关游戏的同学可以进行“乘胜追击”游戏，每三个同学为一组进行扑克牌游戏，能快速说出相应口诀的同学胜利，可以把桌面的牌收起来，最后手上的扑克牌多的同学获胜。

【分析】主要是为了让能力比较强的学生在完成闯关活动时既能有效安置他们，又能让学生在轻松愉快的氛围下进行乘法口诀练习，启动学生的自我系统，激发学生的兴趣，培养学生数学学习的信念。

【设计说明】采用游园活动的形式，学生转转盘选择闯关的题目，增加了趣味性，让学生玩出创意、玩出激情、玩出乐趣，让每个孩子进一步体验数学与生活的密切联系，感受到数学的魅力，充分发挥学生学习的自主性，变“要我学”为“我要学”，启动学生的自我系统，让学生积极参与数学学习活动，培养学生数学学习的兴趣。依据评价目标设计相应的闯关题目，从而了解学生对知识与技能的掌握，增强学生发现问题、提出问题、分析问题和解决问题的能力。《义务教育数学课程标准（2022 年版）》的评价建议，提出评价方式要丰富，包括书面测验、口头测验、活动报告、课堂观察、课后访谈、课内外作业、成长记录等，因此本次素养评价分为游园智趣闯关活动，学生平时课堂表现和课堂练习情况评价三个部分，不仅关注学生学习的结果，也要关注学生思维发展的过程，进行过程性评价，考查学生的“四基”“四能”和核心素养的达成，启动了学生的自我系统、元认知系统和认知系统，了解学生对知识的掌握情况、参与数学学习活动的兴趣和态度、学习方式和合作学习的能力表现。另外，设计了智趣闯关评价表和综合评价表，用于记录学生闯关活动的表现和对学生进行一个总体评价，反馈给学生和教师，进而促进学生学习行为和教师教学行为的改进，以评促教，以评促学。

【案例3】

人教版小学数学二年级上册期末非纸笔测试方案

一、指导思想

基于课标的精神以及政策文件的要求，制定本区域小学数学二年级期末评价方案，以评价促进学生的全面发展，引导教师更关注学生的学习过程，关注学习习惯、态度、能力等学习品质的培养。

二、评价对象

二年级学生。

三、评价原则

本次评价，关注学生自我系统的激发，保持学生的学习兴趣和学习的积极性，突出趣味性原则；评价关注学生知识的形成过程，重视过程性评价；坚持多元主体评价原则，综合运用教师评价、学生自我评价、学生相互评价、家长评价等方式，对学生的学习情况和教师的教学情况进行全面的考查。

四、评价内容（见表6－16）

表6－16　评价内容

单元	评价目标	核心素养
长度单位	1. 初步认识长度单位厘米（cm）和米（m），知道长度单位的作用，会选择合适的单位表示物体的长度，知道1米＝100厘米（含简单的换算）。 2. 认识线段，会用刻度尺量线段和物体的长度（限整厘米），会画指定长度的线段。 3. 会估计物体的长度，培养学生运用估测方法解决问题的能力。 4. 会计算简单的相同长度单位的两个数量间的加减法	量感、几何直观、应用意识
100以内的加法和减法（二）	1. 会用竖式计算100以内的两位数加、减两位数，会连加、连减、加减混合式题（包括含有小括号的）竖式计算，能正确理解和表述进位和退位的算理。 2. 会用竖式的简便写法计算100以内的连加、连减、加减混合式题。 3. 能从情境图中收集相关的数学信息，会提出一些简单的数学问题，会用合适的方法解决问题（含求比一个数多几或少几的数的问题及连续两问的解决问题）。	运算能力、应用意识
角的初步认识	1. 会判断角，知道角的各部分名称，会用直尺画角（教材中仅限于小于平角的角，在相关的数角的个数练习中也只算这些角，建议画角、指角时一定要标出所画的和所指的是哪个角，数角的题目可以用“你能数出几个角?”来带出问题，以免与中学的知识发生冲突）。 2. 初步认识直角、锐角和钝角，会用三角尺判断直角、锐角和钝角。 3. 会用三角尺或在方格上画直角、会照样子画出方格上的三角形。 4. 会运用角的知识解决简单的问题。	几何直观、空间观念

（续上表）

单元	评价目标	核心素养
表内乘法（一）	1. 在具体情境中理解乘法运算的意义，知道乘法算式各部分名称，知道乘法和加法的联系与区别，能根据图意分别写出乘法和加法算式。 2. 熟记2～6的乘法口诀，熟练口算有关乘法算式。 3. 掌握乘加、乘减的运算顺序（均按从左到右的运算顺序），并能正确口算。 4. 能运用加法、减法、乘法解决简单的实际问题。	符号意识、运算能力、应用意识
观察物体（一）	1. 知道从不同位置观察物体时看到的图形可能不同，能辨认从不同位置观察简单物体以及几何体时看到的图形。 2. 能辨认从三个方向观察单个的几何体的形状。（1、2 选出一题） 3. 能观察并解决简单的问题（通过观察立体图形的一个面推断出是哪种立体图形）。	空间观念
表内乘法（二）	1. 记熟7～9的乘法口诀，能正确、熟练地计算表内乘法。 2. 会用乘法解决简单的实际问题。	运算能力、应用意识
认识时间	1. 在具体的生活情境中，借助钟面认识时间单位“分”，知道1时＝60分。 2. 知道在钟面上分针走“1小格”是1分钟，初步认识几时几分（5分5分地数），会读写几时几分和几时半。 3. 会运用时间的有关知识解决一些简单的实际问题。	量感、应用意识
数学广角——搭配（一）	1. 通过观察、猜测、实验等活动，了解发现最简单事物的排列数和组合数的基本思路、基本方法，初步培养学生有序、全面地思考问题的意识，初步体会排列与组合的思想方法。 2. 培养学生初步的观察、分析、推理能力，以及恰当地进行数学表达的能力。	推理意识

五、评价方式

二年级学科素养测试分课堂表现、作业情况、口算能力、动手操作、数学表达能力五个板块进行评价。全卷共60星，总评得48星以上为A，42～47星为B，36～41星为C，36星以下为D。

（一）课堂表现评价（8星）

1. 会听：能认真听老师讲课，听同学发言。

2. 会说：能积极发言，声音响亮。

3. 会问：能做到不懂就问，虚心好学。

4. 会合作：会和同学交流，小组合作积极。

评价标准：每项2星，共8星。

（二）作业表现评价（12 星）

1. 按时完成作业。

2. 作业字迹工整，作业本整洁。

3. 作业正确率高或有进步的。

评价标准：每项 4 星，共 12 星。

（三）项目过关评价（40 星）

1. 项目实施形式：趣味数学大闯关（飞行棋闯关游戏）。

飞行棋是孩子们熟悉又喜欢的益智游戏，本次项目过关评价将利用飞行棋让孩子们进行闯关游戏，让学生在玩中完成数学练习，从而了解学生对本学期所学知识点的掌握程度。

2. 活动材料：每小组飞行棋盘（上面标有 1 ~ 54 的题号数字）一个，三种不同颜色的小飞机各三架，骰子一颗。

3. 趣味数学大闯关的游戏规则。

（1）游戏玩法与飞行棋的玩法基本相同，不同点是走入中心区域不后退。

（2）游戏测试以 4 人一组进行，组长负责记录，没有轮到的组员负责监督。

（3）组员按顺序掷骰子，走到数字几就完成相应序号的题组。如果掷出的题号已做要重新再掷一次。

（4）每个组员思考的时间最多是 15 秒，超出 15 秒当错题，时间到组长马上发出口令到下一位。

（5）一架飞机到达终点后再起飞第二架。

4. 整个活动方案设计。

（1）调查摸底，预前培训。

了解本班或本级学生对飞行棋玩法、游戏规则是否熟练，如果不熟练的，要对被测试对象进行培训，让他们掌握飞行棋的游戏规则、玩法，这是本活动方案开展的前提条件。

（2）培训小组长。

筛选出小组长人选。小组长的角色既是测试对象，又是每个小组的监测人，要提前对他们进行闯关游戏规则的培训，并对他们进行闯关游戏的测试，获取小组长的测试结果。

（3）活动形式。

采取 4 人小组协作完成闯关活动的形式，其中一人为小组长，全程由小组长组织，教师负责巡视、指导。闯关时间约为 40 分钟。

（4）开展全班或全级测试的闯关游戏活动。

①小组长组织组员进行闯关活动，发出口令，心数时间，做好记录，纠正不按照游戏规则的做法。

②组员掷骰子，快速答题、汇报。其中一个组员答题，另两个组员负责监督。

（5）游戏结束后教师对学生的答题正确率进行统计，然后再重新发放测试题让学生以 4 人小组来修正自己的答案。

六、评价表（见表 6－17）

表 6－17　飞行棋闯关游戏活动评价表

组员（　　　）							
1		16		31		46	
2		17		32		47	
3		18		33		48	
4		19		34		49	
5		20		35		50	
6		21		36		51	
7		22		37		52	
8		23		38		53	
9		24		39		54	
10		25		40			
11		26		41			
12		27		42			
13		28		43			

（续上表）

组员（　　　）							
14		29		44			
15		30		45			
起飞架数							
正确题数							
答题数							

填表说明：

1. 此表格由组长记录，组员答对的题目在相应的题号下面打“√”，错的打“×”，跳过的题目不做任何记号。

2. 正确率和等级由教师填写和计算，正确率 =（做正确的题目 ÷ 完成题目）×100%，跳过的题目不纳入计算。

3. 正确率 80% ~100% 以上为 A，70% ~79% 的为 B，60% ~69% 为 C，60% 以下的为 D。

七、闯关题目设计

飞行棋游戏闯关题目

1. 说一说：下面哪一组是线段？（说序号）

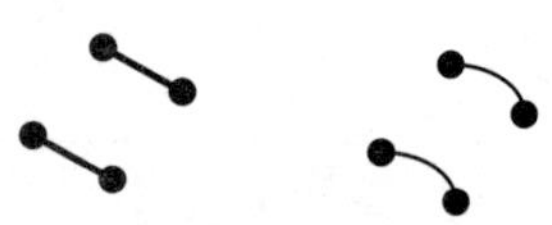

①　　②

2. 口算：50 + 7 =

3. 口算：70 − 20 =

4. 判断对错。

```
   5 2
 + 1 8
 -----
   6 0
```

5. 比大小：53 + 20 ◯ 81

6. 看图说算式。

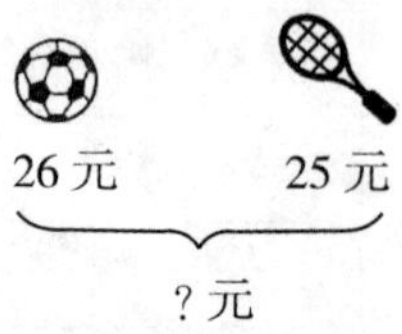

7. 下面的图形中，（　　）是角。

A　　B

8. 口算：2 × 3 =

9. 口算：6 × 3 =

10. 口算：2 × 4 + 5 =

11. 读一读：6 × 5

12. 在 ◯ 里填上“+”“−”或“×”。4 ◯ 4 = 8

13. 选一选：门  高 2（　）。

A. 厘米　　B. 米

14. 口算：37 + 40 =

15. 口算：44 − 2 =

16. 口算：40 + 20 − 10 =

17. 判断对错。

```
   6 3
 - 3 5
 -----
   3 2
```

18. 比大小：46 - 20 ◯ 26

19. 看图说算式。

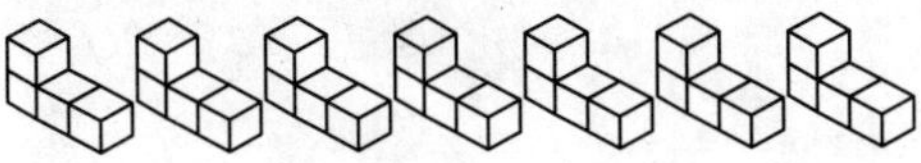

(　　) × (　　) = (　　)

20. 下图的图形中，是直角的是（　　）

A　　　　B

21. 口算：3 × 3 =

22. 口算：4 × 4 =

23. 口算：4 × 6 - 3 =

24. 说一说：把下面的加法算式改成乘法算式。

6 + 6 + 6 + 6 + 6 = （　　）×（　　）

25. 口算：6 + 56 =

26. 口算：60 - 9 =

27. 判断对错。

```
  8 0
- 4 6
-----
  3 4
```

28. 看图说算式。

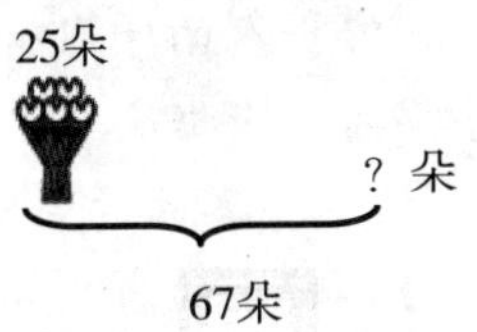

29. 下面的图形中，是锐角的是(　　)

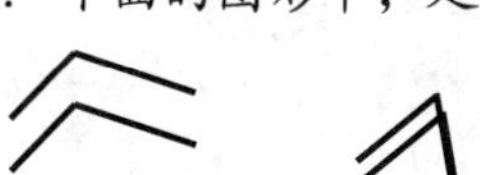

A　　　　B

30. 下面的图形中，是钝角的是（　　）

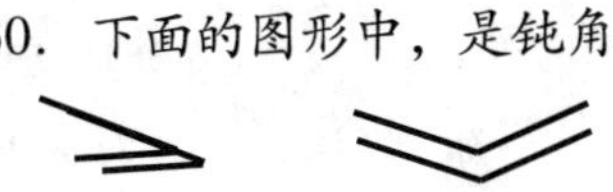

A　　　　B

31. 口算：5 × 4 =

32. 口算：6 × 9 =

33. 口算：5 × 5 + 4 =

34. 比大小：19 + 71 ◯ 90

35. 在 ◯ 里填上“+”“-”或“×”。2 ◯ 6 = 12

36. 读一读：4 × 5

37. 看一看：铅笔长（　　）厘米。

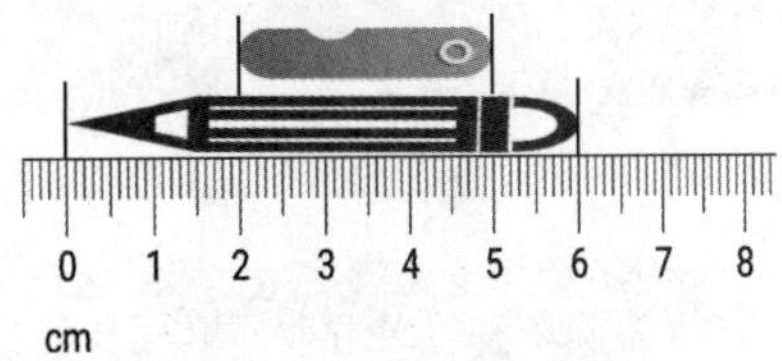

38. 口算：48 + 10 =

39. 口算：84 - 30 =

40. 口算：40 - （13 + 7） =

41. 判断对错。

```
    5
+ 2 4
-----
  7 4
```

42. 比大小：32 + 7 ◯ 40

43. 我会读：（　　）时半。

44. 口算：2 × 5 =

45. 口算：8 × 7 =

46. 口算：6 × 6 + 10 =

47. 说一说：把下面的加法算式改成乘法算式。

4 + 4 + 4 = （　　）×（　　）

48. 我会认时间。

（　　）时（　　）分

49. 估一估：说说手掌宽约（　　）厘米。（中心题）

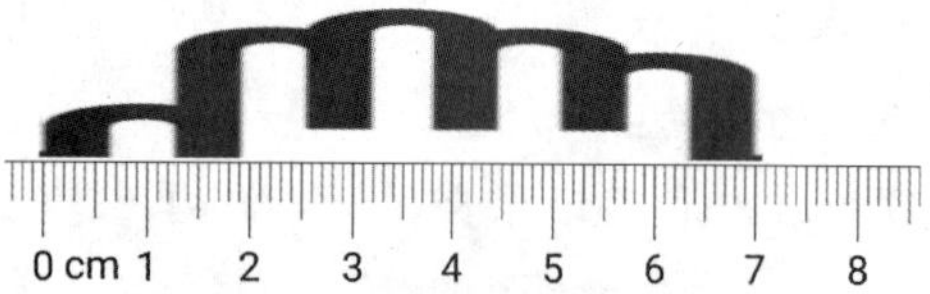

50. 客轮上现在有多少人？

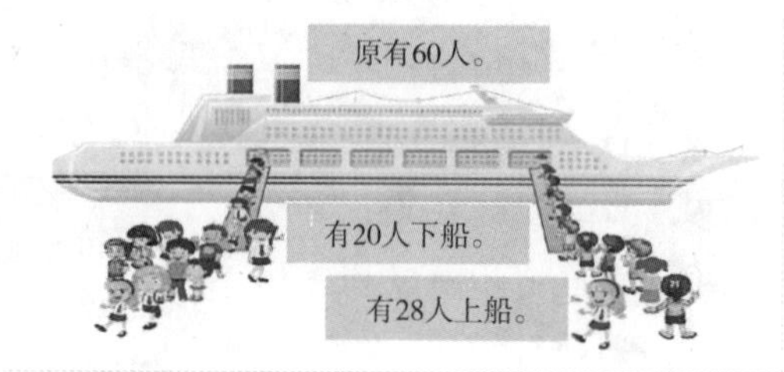

51. 拼一拼：用一副三角尺拼出一个钝角。

52. 根据图片说算式和口诀。

（　　）×（　　）=（　　）

口诀：________

53. 每次只买其中的两种，有（　　）种买法。

54. 看一看：下面哪一幅图是从①号方向看到的图？（　　）

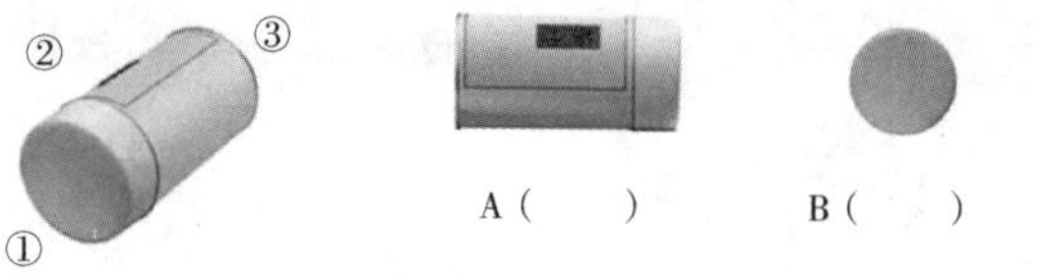

【设计说明】《义务教育数学课程标准（2022年版）》指出："评价方式应包括书面测验、口头测验、活动报告、课堂观察、课后访谈、课内外作业、成长记录等，可以采用线上线下相结合的方式。每种评价方式各有特点，教师应结合学习内容、学生学习特点，选择适当的评价方式。"因此，设计了学生课堂表现评价、作业表现评价和项目过关评价。课堂表现评价可以了解学生学习习惯、交流表达和合作学习的能力，作业表现评价可以了解学生学习习惯和对所学知识的理解和掌握发展变化。依据人的学习行为模式图，当出现一项新任务时，先由自我系统决定是否参与新任务，因此根据小学生的身心发展特点，设计能引起学生兴趣的活动，而飞行棋是孩子们既熟悉又喜欢的益智游戏，以此融入数学知识进行评价，创设飞行棋闯关的游戏活动，启动了学生的自我系统，激发了学生的数学学习兴趣，让学生愿意参与数学学习活动。依据评价内容设计了54道闯关题目，题目涉及信息提取、理解、分析和知识应用水平思维层级，从学生在闯关活动的表现情况来了解学生数学知识与技能的掌握情况、核心素养的发展情况，启动学生的认知系统。由于飞行棋闯关游戏玩法的特点是掷骰子，起飞的点可能不同，通过掷骰子完成相应的闯关题目，具有不确定性和偶然性，有可能出现学生完成了整个闯关活动，而某一知识点没有考查到的情况。因此在设计闯关题目时，不能把考查同一类型的题目集中放在一起，应分散到不同的题目序号中，有些题目涉及的知识点会有重复，是为了更加全面地考查学生所学知识，了解学生对所学知识的掌握情况和核心素养目标的达成情况。此外，设计了评价表记录学生在闯关活动中的答题情况，清晰反馈学生具备了哪些知识与技能，核心素养的发展情况，以此促进教师的教和学生的学。学生在整个活动

过程中，可以对自己所学知识进行清晰度和准确度的监控，从而提高学习数学的能力。

综上所述，根据"双减"政策的要求，小学一、二年级不进行纸笔测试，淡化考试和分数，培养学生数学学习的兴趣和良好的行为习惯，因此，要转变评价的方式，把传统的纸笔考试变革为寓评于乐、寓评于游戏中，以数学学科知识为内容载体，指向小学数学的核心素养，检验学生知识的掌握情况，行为习惯的养成，自主学习和合作交流的意识与能力，表达交流的能力以及学生学习的情感与态度等。加强元认知系统和自我系统思维是发展自我调节能力的核心，心理学家断言这应该是教育的根本目标。[①] 低年级的学生喜欢游戏，激发学生的积极性，小学数学一、二年级的非纸笔测试可以借鉴游戏闯关的理念，将小学数学学科知识内容设置成一个个关卡，把知识、能力和素养的检测融入游戏之中。为培养孩子坚毅的品质，塑造其内驱力，一定要关注孩子的"内心"动作，而非仅仅是表象动作。[②]"当学生能够整合已有的结构化知识和技能，运用学科思维和观念开展严谨的探究活动，灵活地、创造性地解决或应对各种复杂现实任务或情境时，就表现出了高水平的素养。"（杨向东《指向学科核心素养的考试命题》）当然，采用这种非纸笔测试的方式，需要教师更加用心，付出更多的精力，但为了学生的成长，教师多用点心，多付出点精力，这些是应该和值得的。在实践中，很多学校还采用了跨学科的方式开展非纸笔测试，让学生在模拟不同的情境体验中，感受到测评的快乐。

《义务教育课程方案（2022 年版）》改变了以知识点为纲的学业质量观，建立了素养导向的学业质量观，更加关注学生核心素养的培养。因此，在进行学业质量评价时，要转变评价观念，梳理素养导向的学业质量评价观。要摒弃仅仅关注知识方面的评价，强调学生基于高阶思维能力进行知识分析、评价和创造性的整合，重视学生对知识的理解与应用，对学生核心素养的发展状态状况进行综合评价。[③] 评价的目的主要是考查学生的学业质量，通过考查学业质量，从而间接地考查教师的教学质量。通过考查，可以诊断学生学习数学过程中的优势与不足，通过诊断改进学生的学习行为，也意味着相应地改进教师的教学行为，从而促进学生数学核心素养目标的达成，[④] 推动了教学评的有机衔接。

---

① 马扎诺，肯德尔．教育目标的新分类学［M］．高凌飚，吴有昌，苏峻，译．2 版．北京：教育科学出版社，2020：117.

② 梅拾璎．唤醒孩子的内驱力［M］．南京：江苏凤凰科学技术出版社，2020：5.

③ 素养书系编委会．核心素养学科教学专题培训系列：小学数学［M］．南昌：江西教育出版社，2023：63.

④ 王永春．小学数学核心素养测评指南［M］．北京：首都师范大学出版社，2023：22.

第七章　师生研学共同体的构建保障范式的实施

第 1 节　共同体构建的背景及意义

在课程改革的深化教学中，作为教研员，践行的是引领教师，扶助（陪伴）教师。教研员要以专业的引领，陪伴教师的成长，改变教师的教学理念，推动教师的专业发展。在教学中推进教学有效实施，通过由范式的应用，上升到教学的常态，形成一种坚定的教改信念。当然，教研员自身的素质需要提升，需要改变教研的理念，创新教研的模式，增强服务的意识。但是，在实践中，教师的素养差异较大，教师的合作意识薄弱，教师的实践动力不足。做好一件事情，靠一个人的力量是单薄的，但是，靠一群人的力量，共同研究、共同进步，一定会走得更远。因此，在教师层面，构建学习共同体，做好资源的优化，做好区域辐射引领。教师通过共同体的熏陶，把成果落实到课堂上，不仅是落实转化而来的专业成果，更重要的是把在共同体里习得的独立人格和精神文化落实到课堂上，使每个学生都沐浴在共同体的精神光辉里，让每个参与者都为学习负责。因此，在学生层面，打造高效的学习共同体，开展有意义的建构学习，是范式实施的有效保障。

第 2 节　教师研学共同体的构建

为了集中力量做好区域学科课堂教学资源的建设工作，笔者尝试构建了从化区小学数学学科教学研究的学习共同体，通过以教研员为研学工作坊主持人的方式，培育研究梯队。活动中，通过分层培训、资源建设及共享、典型示范、以点带面等措施，有计划、按步骤，扎实推进区域教学研究工作。

一、教师研学共同体的专业视域的形成

从自组织理论的角度看，区域规范性教研共同体通过体系建设，能够形成“在复杂

性条件下，系统及系统中各要素由无序态向有序态自组织转化的内在机制”①，促进共同体专业水平的共同发展，提高共同体专业的权威和说服力。从化区小学数学学科区域学习共同体的执行系统由九个环节构成，从教研员、教育指导中心数学业务干部、学科理事团队、学科指导教师团队、区核心团队、各镇中心备课组、学校科组、校年级备课组到教师个体组成九级推进链，形成不同层面的研学共同体（见图7－1）。

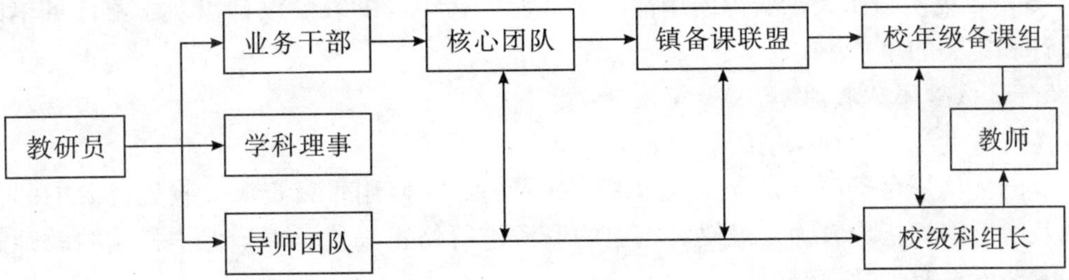

图7－1　研学共同体

共同体更多的是相互合作、相互提升，经过研究以及实践形成一个闭环实施的架构。对不同的梯队，加强教育教学理论、教育教学方法和手段的研究和培养，关注教学中数据指导教学、教与研融合教学理论与方法的研究，落实教师教学实践转化能力的诊断和监管，促进区域整体教研质量提升和教研品牌建设。

二、教师研学共同体的职能

在区域学习共同体的执行系统的九个环节构成中，不同职位、不同教龄、不同学历的教师存在较大的差异，而这些差异正是共同体构成的基础。因此，在各个共同体中，不同的层面呈现不同的职能。

1．教研员

教研员为研学工作坊共同体的总负责人，负责发动组建共同体，设计好培育的理念和框架，做好分工，引领课堂教学改革。

2．教育指导中心数学业务干部

（1）区域任务。负责组织辖区内学科的教研工作，抓好并建设基本教学常规，组建区域的中心备课组，及时解决教师教学过程中的问题和困难，定期开展区域内的教研活动和交流分享会，加强对辖区实验学校实验情况的督导检查。

（2）区核心团队的任务。每位业务负责区一个年级的业务指导。主要是资源包在意识形态方面的把关、精品课例的打磨等。

3．学科理事团队

理事的多从学校副校长或者正校长中选拔，能够为学科各项工作的开展提供场地等保障，更好地支持策划工作。

---

① 袁维新．教师学习共同体的自组织特征与形成机制［J］．教育科学，2010，26（5）：59－63．

4. 学科指导教师团队

（1）主要配合教研员开展学科的调研指导、备课磨课和区级教研活动的组织。到各校进行专题培训和讲座，回答教师遇到的问题，辅助解疑。

（2）做好区年级核心组教师的管理，引领区级核心种子教师专业发展。对接各片对应年级的镇级核心组成员，做好指导和引领工作。

（3）收集实践中关于资源使用情况，负责所有年级的教学设计以及学习任务单的优化设计和定稿的审核。

5. 区核心团队教师

主要负责学科各种课型的磨课、展示。

及时优化平台资源。先行先试，提前一周的进度使用平台资源，收集资源中的存在问题及时反馈到指导教师，以便对相关的资源进行修正和优化，确保学科实验教师上课时的资源不再有科学性错误。

协助年级指导教师，通过课堂实验搜集经验，负责年级的教学设计、微课等资源包的优化设计。

6. 各镇中心备课组

主要负责区域内集体备课活动，组织该片区同年级的教师建立片区年级备课联盟，针对区域生源实际，开展深度的二次备课。并在课堂实施后及时收集资源使用过程中的问题与困惑，与区指导教师团队沟通解决的办法与途径。协助各区域开展研讨、展示等工作。

7. 学校科组以及学校年级备课组

主要是负责学校科组常规教研活动的组织与开展，落实教师资源使用情况的监控。

8. 教师个体

组建学生学习共同体，严抓学生习惯，优化使用资源，做好数据的追踪反馈。

通过以上的分析发现，在共同体的构建中，各个团体有各自明确的分工，而且任务非常细化。

三、小学数学教师研学共同体的培养

在组建各层面的共同体中，根据教师的教学经验以及教学水平进行自愿报名并且由理事会经过筛选而形成。例如，指导中心的业务干部共 6 人，是各镇街专职的业务首领，他们是教育局层面选拔的优秀干部，承担的任务更多。学科教研会理事以及指导教师共 12 人，是学科里面的精英，协调能力以及学科专业技术非常好，而核心组团队每个年级 12 人，是学科里面有三年以上教学经验，并且要求毕业五年以内加入核心组的教师，是有一定信息技术基础的优秀教师，各镇中心组则是各片的教学骨干，在这些团队中形成一个很好的研学关系。

（一）同年级研学共同体的培养

每个年级的指导教师以教材的总课时实施分工，两个不同片区的教师构成一个小组结为师徒，定期开展线上与线下的探讨与研究。师父带动徒弟研读教材、研读目标，徒弟助力师父，提升信息技术素养，提高课堂效率。利用腾讯会议、微信群、钉钉等智能设备线上交流工具定期交流与研讨，实现了零距离的高效沟通。在实践过程中，每学期坚持以年级为单位形成年级研学社，形成研学关系，开展线上主题交流研讨，多次线下互听评课，优化出教科研路径，如图 7－2 所示。

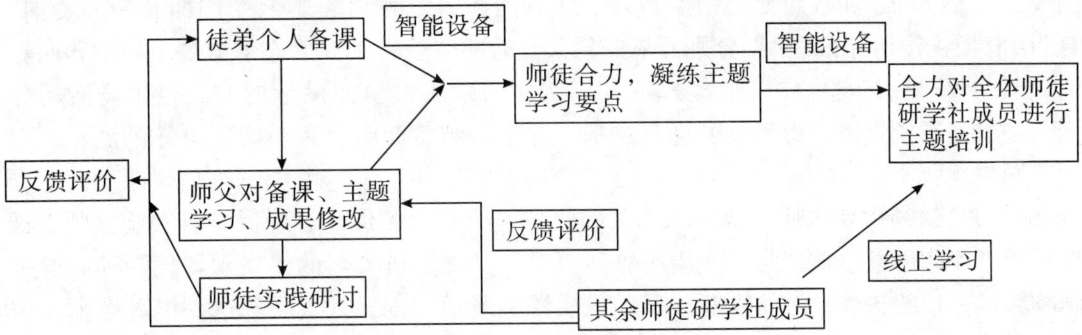

图 7－2 教科研路径

年级研学社借助信息技术的教研模式，实现跨区域教研活动的协作化，教师本人既是组织者，也是参与者、学习者，突破传统教研模式以演讲为主的形态，进而生成一系列以信息技术为媒介的带有互动特征的新教研形式。

（二）混合年级研学共同体的培养

在实践中，教师研学共同体逐渐实现了向交流分享式的转变，这种转变是在教师的创造性和批判性思维构造下生成的，但是在转变过程当中的具体建设还需要教师丰富多彩的碰撞和对话交流和类型多样的实践活动。①

1. 开展共同体的专题化线上线下沙龙活动

为了更好地建设教师学习共同体，让全体教师更好地掌握新课标理念下的课堂教学改革，明晰教学的理念与实验操作方法，形成良好的学术研究氛围，以学术沙龙形式，组织教师开展线上线下的交流研讨，以微格磨课的方式开展跨学科的学术交流，强化跨学科融合创新的意识，能在教学中体现不同学科知识和学科教学法的优化整合，快速提高教师课堂实施水平。

学科沙龙活动分为线上活动：单周的星期四，由学科做好专题学习的规划，分不同年级学习共同体进行线上交流活动。线下活动：双周星期四下午是线下集中活动的时间。围绕一个主题，开展微格磨课展示。展示主题由展示团队围绕同一个问题进行微格磨课展示。

2. 开展核心团队的分年级组磨课、赛课活动

日本佐藤学教授关于学习共同体理论和方法中指出：“21 世纪的教师不但要是‘教

① 胡梁园．教师学习共同体实践研究［D］．喀什：喀什大学，2018.

的专家’，同时也必须成为‘学的专家’。教师间作为专家互相学习、共同成长的连带关系被称为‘同僚性’。教师群体通过课例研究构建出同僚性的那一时刻，也就是‘学习共同体’的学校构建成功的时刻。”在学科的教研活动中，通过组织由学校层面、片和区层等多个层面的磨课，打造“学习共同体”促进学习共同体的发展，提升团队教师水平。自2015学年至2017学年，学科每学期举办一次常态课例的展示活动，从正校长、副校长、教导处、非教导处的中层行政、学校科组长、普通教师六个层面开展了赛课。自2018学年至今，在每学期分别开展一轮共五轮的“爱种子”常态课堂展示活动和四轮的“教学评”一体化课堂教学范式活动。活动均采用大单元设计的方式，每场活动分低、中、高三个年段，每年段围绕范式基本课型打磨后面向全区对应年级教师展示、点评专题讲座引领。

3．开展教师优质课评比展示活动

为了促使小学数学教师专业水平整体提升，开展全员参与的优质课评比活动。通过学校预赛、片的初赛、区的决赛、最后优质课例展示的方式，层层筛选，促进教师素养的提升。为了挖掘共同体的潜能，在决赛的时候，课题的设置根据学校实际的特长，各决赛教师自行选择课题，组团备课。备课中教师可以从单一课时的教案撰写，转向基于学科核心素养的主题或大单元整体性、结构性的教学设计，着力增强教学设计的整体性、系统化，设计突出教学风格的教学案例、教学课件。以赛促研、以赛促训，有效引领了共同体教师的专业发展。

（三）对团队及个人实行量化的多元评价

区域规范性教研共同体可通过多元评价机制提高教师的教学效能感。多元评价系统可以树立起多种多样的榜样群，对共同体中的个体起激发、引领和强化作用，让个体重拾自信，获得撬动教学的支点。① 在实践中，每学期对年级的业务指导团队、指导教师团队和学科核心团队教师实行量化记分式的评价，通过量化评价表，促进业务团队加强对区域的活动的指导和开展，促进指导教师团队引领学科核心团队做好全区对应年级资源的数字化、学习任务单以及实践教师的指导和引领工作。

美国学者莫尔认为，一个团队的发展一般经历如下的阶段：组建，解决接受和责任的问题；磨合，解决相互影响的问题；规范，解决有关工作如何被完成的问题；成就，解决有关自由、控制和自我约束的问题。② 总之，通过教师研学共同体的构建，促进了不同层面教师的成长，通过研学共同体资源的开发与完善实现资源的优质均衡共享。

① 陈宗成．区域规范性教研共同体建设及其实践［M］．南京：江苏凤凰教育出版社，2018：16．

② 迟毓凯．学生管理的心理学智慧［M］．上海：华东师范大学出版社，2016：171．

第 3 节 学生学习共同体的构建

学生的学习应是一个主动的过程，认真听讲、独立思考、动手实践、自主探索、合作交流等是学习数学的重要方式。[①] 合作交流是课堂提质增效的重要学习方式。作为教研员，笔者尝试过很多的方法，组织年级中心组优化资源，组织理事、中心组教师进行蹲点指导；通过调研访谈、问卷调查发现农村学校教师普遍对于让学生真正深度、高效参与课堂重复感到焦虑，学生对于数学课堂学习的兴趣不高；在课堂实践中，发现教学能力比较薄弱的教师由于任务安排不清晰、知识跳跃性过大、时间把控不到位等，造成只是追求单纯的小组互教学习，而不是保障所有学生的挑战性互学，效果并未达到预期。为了切实改变教师课堂教学的现状，让学生真正深度、高效参与课堂，提升学生课堂学习的兴趣，自 2017 年以来，笔者尝试在小学数学学科教学中，以教育目标的新分类学的自我系统的思维活动为依据，实施大单元教学设计的系统化小组合作学习，让学生通过小组沟通交流分享等方式完成学习任务，培养学生的高阶思维能力以及团队协作意识，通过有组织、有目标、有计划和有机制的学习共同体实现有效和高价值的共享。

在教育目标的新分类学的自我系统中，促进个体学习的强烈动机是由以下条件决定的：个体把认为某项任务看得很重要；个体认为自己拥有完成任务的效能；个体对完成任务的情感反应。[②] 教育目标的新分类学中自我系统是人们对执行任务的动机的主要决定者。以教育目标的新分类学体系中自我系统的思维活动发展为指导下的小学数学学习共同体的构建，运用任务驱动的教学策略让学生认识到数学学习的重要性，通过效能检验、分析情感反应，对全部动机的综合判断从而激发学生的学习动力，有效促进新课程背景下教学评的一体化教学范式的实施。

一、设计任务，检验重要性

检验重要性能帮助教师进行学生学习共同体的构建，建立学生内在的学习需要，激发学生学习的内需力，深度改变学生的学习方式，提升学生学习的效能。因此，精心构建学习共同体，设计好学习任务，打造学生主动学习的氛围，有利于完成重要性检查的任务。

任务一：建立学生小组合作的团队——改变课堂环境，营造和谐的情感氛围

---

① 中华人民共和国教育部. 义务教育数学课程标准（2022 年版）［S］. 北京：北京师范大学出版社，2022：2 - 3.

② 马扎诺，肯德尔. 教育目标的新分类学［M］. 高凌飚，吴有昌，苏峻，译. 2 版. 北京：教育科学出版社，2020：104 - 159.

首先，进行合理的分组。学生层面的学习共同体以 4 人小组为单位，可视班级人数适当增加或减少 1 人，为了不影响轮流汇报的时间，组内人数不宜多于 6 人。小组团队构建的人员搭配上除了考虑能力搭配外，男女生组合，兼顾学生性格的搭配，更易于产生碰撞的思维。小组的构成按照“1 +2 +1”原则（每个小组安排一位学优生，一位学困生），要注意小老师（学优生）的培养，让小老师具体负责小组内学困生的辅导，检查小组内同学完成自主学习单的情况，及时向老师反馈小组内同学的学习情况。小组长可以由学生小组内进行选举，负责维持小组内同学的学习纪律，并把小组成员分好号，明确其在纪律的管理、任务的分配、发言顺序、发言记录、汇报代表、把握好发言的节奏，在规定时间内组织组内成员完成任务，严格执行话语权杖的使用原则，做好小组发言的总结和反思。构建好小组后，要明确各自的义务。组员的权利和义务包括全程参与、团结合作，认真倾听小老师和小组长提出的要求，并积极思考，进行自主探究，具有话语权和选择权，能发表自己的观点，不断碰撞，达成共识。

其次，布置课室的环境，为共同体的学习营造和谐的情感氛围。通过一年多的研究和不断完善，自 2018 年开始确定实验学校学生桌子的摆法采用“T”字形（如图 7 –3 所示）的方式，以 4 人小组为例，1 号和 2 号学生是正常的面向讲台坐，3 号和 4 号学生的桌子竖着摆放，但是椅子仍然面向讲台。这种男女混合的做法利于小组合作协同学习，利于学生凑在一起讨论、相互倾听、相互回应，同时也不影响学生面向黑板。

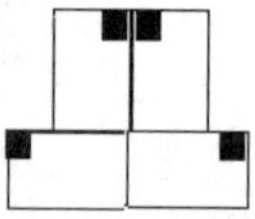

图 7 –3　“T”字形桌子摆法

任务二：打造学生小组学习的文化——建立内驱力，促进共同体落实的坚定信念

文化是指人们共同拥有的知识，是使他们能以相同的方式阐述他们的经验，并依据共同约定的规范来行动的知识。[①] 小组文化的打造通过设定给予共同体学习的规范，能够改变学生的思维模式，让学生有坚定的信念，让学生有端正的态度、足够的自信，大胆地表达，尊重学习过程中的礼仪礼貌，形成个体愿学、乐学。因此，小组文化氛围的打造显得尤为重要。在小组文化的打造中，要求小组内共同完成以下几个环节：首先，完成小组文化的内涵建设，通过组内讨论，确定组名、组徽、组训、口号和组歌等，小组内达成共识，形成平等和谐的文化氛围，明确每位组员的责任。汇报员根据教师设计问题的多少来决定，如果学习单中，够每人一个问题的，轮流回答，如果只有一个或者两个问题的由小组商量指定人员回答。记录员则是负责学习单的记录，把学生讨论的结果逐一记录下来。

① 艾莉．知识的进化［M］．刘民慧，等译．珠海：珠海出版社，1998：309.

表 7－1　小组文化建设表

组名		口号			
组长		汇报员		记录员	
小组公约：					

接着，每个小组制作好自己组的组牌，把本组的“组名”“口号”“公约”“组长”等合理而且美观地展现在组牌中，并在本班进行“最佳小组文化”评选，及时对小组的理念进行修正、完善，形成积极、向上而且具有向心力的小组文化。

最后，规范组内文具的摆放，后排学生学具摆左上角，其他 4 名学生的学具远离中心区域摆放。

重要性检查包括分析一个具体主题或时间对学生来说有多么重要、为什么重要或不重要。① 教师可以教给他们的基本技能是明确自己在任意时刻的行为目的，换句话说，在任何一个时间点上，他们的行为可能导致的结果。通过小组文化的打造，明确学习共同体各层面的分工，小组公约的制定，学生形成了自我约束的规则，学生对共同体的归属感、认同感以及从其他成员身上所得到的尊重感，有利于增强学生对共同体的参与程度，保持他们热爱学习的状态，有了强烈的需要和愿望积极加入学习队伍中来，体验了“思辨”中共同构建知识的过程。

二、实施设计，检验效能

检验效能是指个体对完成任务的可能性大小的一种主观判断。为了利于学习共同体在课堂开展学习，小学数学教学设计通常以“支架式”教学为主，设计利于学生学习共同体活动流程，通过开展自主学习，协作学习来完善学习的架构，规范学生实施的活动。

例如，在教学四年级下册第五单元的“三角形的分类”一课中，设计一个谜语引入，通过四个活动，两次完善个别探究和协作建构的“支架”，让学生开展自主学习和合作学习，突破了重难点。

同学们，你们喜欢猜谜吗？下面有一个谜语，你们能猜出来吗？（打一几何图形）

---

① 马扎诺，肯德尔．教育目标的新分类学［M］．高凌飚，吴有昌，苏峻，译．2 版．北京：教育科学出版社，2020：104－159．

形状似座山，稳定性能坚。

三竿首尾连，学问不简单。

当学生通过猜谜，兴致勃勃地进入课堂的时候，马上利用学习单呈现个别探究（一），在学生经过独立思考并完成后顺势进行共同体合作的两个协作建构的学习。

个别探究学习单（一）

1．如果把图7－4中的三角形进行分类，你会按照什么特征来分类呢？

我会按照____________来分类。

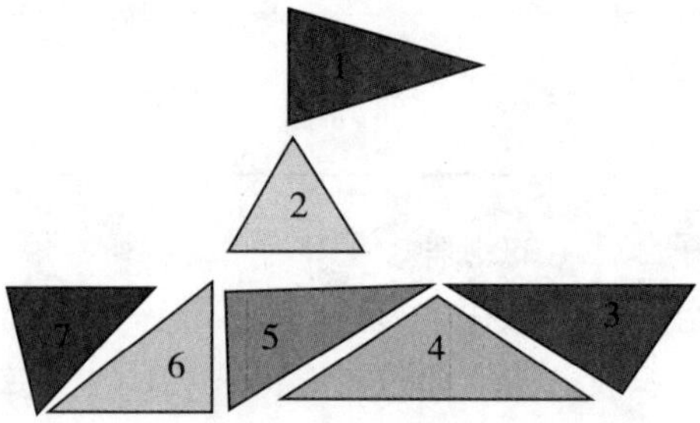

图7－4　三角形分类

表7－2　三角形分类表

图形的编号	1	2	3	4	5	6	7
锐角的个数							
直角的个数							
钝角的个数							

2．请你按照角来分，填写个别探究学习单。

协作建构（一）

同桌两人协作任务：

（1）观察“个别探究学习单”，讨论觉得这些三角形可以分为几类，为什么这样分。

（2）填写合作学习任务单（一），如表7－3所示。

表7－3　协作学习任务单（一）

按角分类	三角形的编号	三角形的类型
有3个锐角		
有1个直角，2个锐角		
有1个钝角，2个锐角		

（3）观察表7－3中三角形的角的种类，填写协作学习任务单（二）（锐角、直角、钝角），如表7－4所示。

表 7－4　协作学习任务单（二）

三角形的分类	最大内角（填钝角、直角或锐角）	另外两个内角（填钝角、直角或锐角）
锐角三角形		
直角三角形		
钝角三角形		

三角形按角的特征可以这样分类：

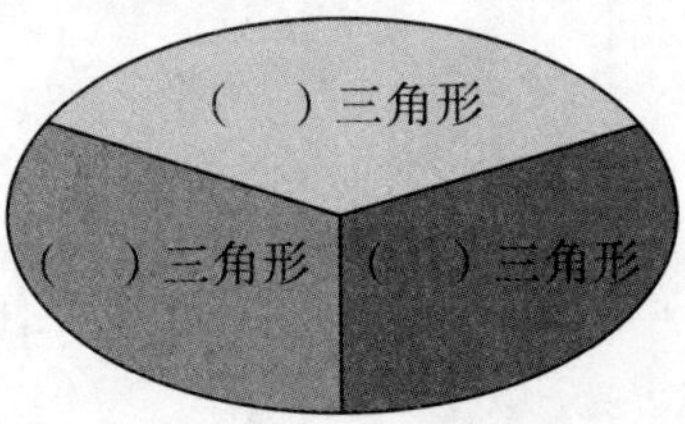

提示：如果你遇到困难，可以打开微课学习哦！

在这个过程中，教师教学的策略如下：

①讨论根据每个人的个别探究学习单把三角形进行分类，记录员负责填写协作学习任务单（一）。

②组长带领组员对协作学习任务单（二）进行探究，并由记录员负责填写协作学习任务单（二）。

这个教学过程中，通过大量的例证，由特殊到一般，认识到三角形通过角分类的特点。紧接着通过个别探究学习单（二）和协作建构（二），引出按边分类。

个别探究学习单（二）按照边的特点，分别量出下面三角形三边的长度，然后填写个别探究学习单。（小组内分配任务，每人量 2 个，尽量每个人量的都是不同的）

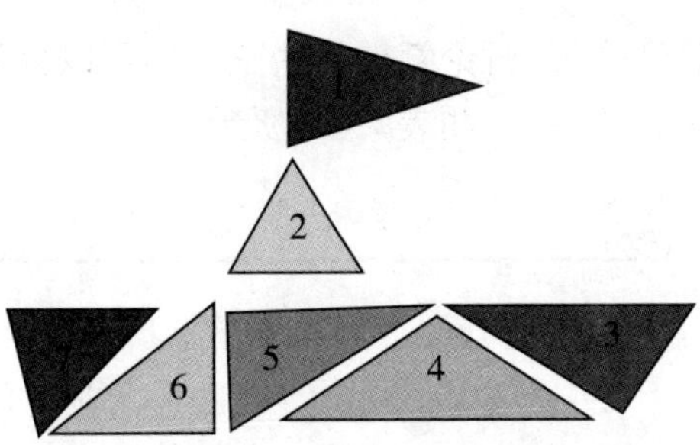

图 7－5　三角形分类

表 7-5　个别探究学习单（二）

图形的编号（填你选出三角形的编号） 边的长度		
第一条边的长度（厘米）		
第二条边的长度（厘米）		
第三条边的长度（厘米）		

此时的课堂组织分两步进行：

①组长分配任务，安排组员每人至少量 2 个三角形的所有边的长度，尽量每个人量的都是不同的。

②每个组员量完后填写自己的独立探究学习单。

协作建构（二）

阅读数学课本第 62 页，然后根据每个人的个别探究学习单合作完成协作学习任务单。

表 7-6　协作学习任务单（三）

按边分类	三角形的编号	三角形的类型
三条边长度都不同		
有两条边长度相同		
三条边长度都相同		

三角形按边的特征可以这样分类：

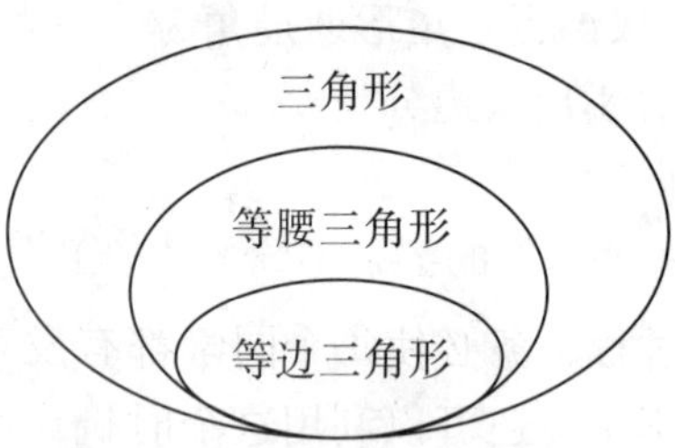

按边分类

同样，通过大量的举例，对按边分类进行概念的推广，我们发现：

（1）等腰三角形有（　　）个角大小相同，这两个角是它的（　　）角。

（2）等边三角形有（　　）个角大小相同，它们都是（　　）。

三角形按边分类可分为普通三角形和等腰三角形，等腰三角形又可以分出等边三角形这个特殊三角形。

协同学习下的小组学习方法，首先是模仿他人的思考。其次是将其他人的思考作为一个“脚手架”，来达到更高的程度。佐藤学指出：协同学习有三个要素，一是符合学科本质的学习，二是构建相互倾听关系，三是设立挑战性课题展开高层次的思考与探究。通过以上案例的分析，不难发现，当学生独立思考后，对完成的任务感到困难的时候，激发他们迫切寻求组员的帮助，从而开展共同体的学习。教师可以围绕将课堂上每一名学生评定为有能力的意义建构者这样一个目标来实施教学行动，从而达成增强以往被较少关注的学生的自我效能感，并向同班同学表明这些学生拥有有价值的数学想法这样更为具体的目的。①

三、培育学习习惯，检验情感反应

每一种情绪都会影响我们的思维和行动方式，教师可以教给学生一些方法来监控情绪对思想和行为的影响以及抑制一些情绪的负面影响。② 学生学习共同体的建设中学生学习习惯的养成能够直接影响学生的思维和行动方式，良好的学习习惯是课堂成败的关键。在学生学习共同体学习习惯的养成中要关注学生的坐姿、学生小组合作学习习惯的养成、学生讨论习惯的养成和汇报展示习惯的养成以达到检验情感反应的目的。

在这个过程中，需要系列合作的规范。首先，明确流程：小组长领取任务→小组内分工细化→组内自主学习或探究→组内讨论、交流→组内整理→小组在班上展示→其他同学对汇报小组进行评价（或补充、提醒）。其次，明确合作要求。在实施中，我们借用了天河区孙颖副校长的“七字诀”要求，并根据本土学生的实际进行细化每个字的含义，形成班级学习共同体学习习惯的教学常规。期间要特别注意培养小组长，小组长可以由学生小组内进行选举，负责维持小组内同学的学习纪律，按照自主合作学习“七字诀”（靠、轮、摆、析、赏、辩、记）组织每次的小组活动，并负责小组成员的分工。

“七字诀”要求如下：

靠——靠拢：小脑袋靠在一起，可以站起来趴在桌子上，便于表达与倾听，营造良好的合作氛围。

轮——轮流：在小组长的组织下小组内每个同学轮着发言，包括可以重复核心的结论，讲述重要的知识点，表达自己得出的结论和思考的过程，务必使每个同学都有发言表达的机会，弥补一位教师面对几十个学生进行教学的不足，还可以利用这个时机让小组内的尖子生辅导学困生，尖子生也在这过程中实现最好的学习（最好的学习就是教会别人学习），达到人人教我、我教人人的目的，也从而提高全体学生与人交往沟通的素养。

摆——摆放：发言时把自己的资料摆放在大家都可以看清楚的位置，便于其他同学边听边看，提高交流的有效性。

析——分析：发言时既要说清楚是什么？怎么样？也要说清楚为什么？关键是鼓励

---

① 蔡金法. 数学教育研究手册 第三册 学生、教师和学习环境［M］. 北京：人民教育出版社，2020：362.

② 马扎诺，肯德尔. 教育目标的新分类学［M］. 高凌飚，吴有昌，苏峻，译. 2 版. 北京：教育科学出版社，2020：104－159.

学生从不同角度去观察事物、思考问题，训练思维的发散性和创新性，促进课堂的生成。

赏——欣赏（评价）：小组内同学发言后进行评价，评价时注意：一是要用欣赏的眼光来评价同学的优势，二是要大胆发表自己不同的看法，三是要对评价的同学致谢，在这个过程中，既学会评价他人，也学会接受别人的评价，在不断地评价、欣赏、反思、接纳中取长补短，培养良好的心理品质。

辩——辩论：对于不同的方法适当进行辩论，在辩论中达成共识，在这个过程中学会妥善解决可能出现的各种矛盾，在合作中探索，在交流中感悟，体验合作的价值，学会交流的技巧，建立融洽、亲密的合作伙伴关系。

记——记录：把小组讨论的结果、自己思考的结论、同学提出的建议记录下来，学会记笔记。

通过教师清晰的活动指令，科学分组、分工，结合“七字诀”加强小组学习指导等基本动作，避免小组合作学习时纪律混乱、合作交流时学生参与度不高、小组汇报的流程不熟悉等问题的发生。在学生小组汇报时教师可以做适当引导，利用追问引导学生解决问题，达成教学目标。

四、开展多元评价，检验总体动机

采用多元的评价主体和多样的评价方式，鼓励学生自我监控学习的过程和结果。[①] 自我系统的组成要素包括检验重要性、检验效能感、检验情感反应以及检验总体动机，前三个要素影响检验总体动机。[②] 因此，在共同体背景下开展教学活动时，需要通过开展多元的评价，做好整个共同体活动开展中学习过程和结果的监控，适时调整教学的策略，以激发学生的学习动力，促进学生高阶思维的发展。

（一）教师对学生层面的评价

在共同体构建的课堂中，教师对学生的评价方式多种多样，可以是静态的评价也可以是课堂动态生成的评价。例如，设置课堂评价量表。评价量表建议分别设计小组的评价表和学生个人的评价表。可以开展积累红花的方式、小组积分的方式等。开展小组积分的方式中，在开展小组评价时，使用尖子生回答问题得 1 分，学困生回答问题得 3 分，其他两位学生回答问题得 2 分的方法，鼓励小组内的同学帮教学困生，让学困生有更多的学习与展示的机会，从而提高其学习的动力和同学互帮互学的积极性。

基于学习共同体的课堂的评价，教师要善于在活动中采集学生的反馈信息，形成客观性评价和综合性评价，在具体化的评价中，指导学生个性学习和智慧学习。例如，利用平台的大数据反馈，用好物联终端设备或者平板电脑进行教学环节或者整节课学生的评价数据进行精准的指导，通过评价，激发学生的兴趣和动力。

① 中华人民共和国教育部．义务教育数学课程标准（2022 年版）［S］．北京：北京师范大学出版社，2022：2－3.

② 黎加厚．新教育目标分类学概论［M］．上海：上海教育出版社，2010：34－36.

（二）学生对学生之间的评价

共同体在互动中要特别注意培养建立在相互欣赏基础上的批判性思维，让相互欣赏、相互学习成为个体必备品质。[①] 学习共同体背景下的学生学习，强调学生的在自我思考后碰到疑难问题的合作，因此，要制定每阶段学习任务和学习目标，学生在达成目标后，组长或者组员给予组间的评价或者组内的评价，通过评价表记录的方式，形成上进氛围，学生同时看到自己的不足，克服困难，继续前进。

（三）学生对自己的评价

利用平台，用好应答器进行教学环节或者整节课的自我评价，或者在学习任务单的设计中，增加每环节学生的自我评价，在完成学习任务单并且反馈后，教师提示学生在每一个环节结束前进行自我评价。教师要鼓励学生自我反馈，开展同学间的互相交流。如："大家对我的分享有补充吗？"通过互相反馈、交流与评价，学生学会评价别人，也更学会评价自己，因为学生在评价别人时，必须自己先做出判断，发现它不合理或者是错在哪里，此时全班的同学学习热情及课堂气氛非常活跃，而且学生的思维火花得到有效的碰撞。

自我系统是任务动机的决定者。[②] 以学生自我系统发展为依据，通过抱团发展的方式，以小组合作为载体，建立小组文化，保障所有学生的学习权，开展大单元教学的系统化小组合作学习，让学生通过学习者以及助学者共同构成的团体沟通、交流，分享学习资源，完成学习任务，培养学生的高阶思维能力以及团队协作意识，体验了在"思辨"中共同构建知识的过程，培育学生的学习习惯与学习自信。正如班杜拉所指出的：教育的根本目标之一是使学生具备自我调节能力以实现自我教育。自我调节不仅有助于正式教学的成功，也有助于促进终身学习。[③]

五、小学数学课堂教学中实施协作建构存在的问题分析

学习共同体是正在形成的学习社群，是活动式、合作式、反思式的，重视互听、互学和互惠关系。建立学生层面的学习共同体是满足学生的自尊和归属需要的重要途径，在学习共同体中，学生感到自己和其他同学同属于一个团体，在进行共同的学习活动，遵守共同的规则，具有一致的价值取向和偏好。学生对共同体的归属感、认同感以及从其他成员身上所得到的尊重感，有利于增强学生对共同体的参与程度，维持他们持续、努力学习的活动。在小学数学课堂中，通过针对核心知识设计"协作建构"环节，是课堂教学中使用共同体学习最多的。"协作建构"环节是学生知识建模，优化解题策略的过程。经历了几年的深化应用，在课堂中出现了部分教师的协作建构非常成功，但是，

---

① 陈宗成．区域规范性教研共同体建设与其实践［M］．南京：江苏凤凰教育出版社，2018：69．

② 黎加厚．新教育目标分类学概论［M］．上海：上海教育出版社，2010：34－36．

③ 马扎诺，肯德尔．教育目标的新分类学［M］．高凌飚，吴有昌，苏峻，译．2 版．北京：教育科学出版社，2020：104－159．

对于共同体建设未到位，特别是对于教材理解不够到位的部分教师，很容易存在走流程的现象，合作的实效未能达到预期。主要表现为：合作技能不足，各小组合作的进度差距过大，延误了课堂教学进度；对协作建构的操作方式不明确，在学习任务出现后，未经过学生独立思考或者思考时间不足，马上进入协作学习；过于依赖微课或者微课播放的时机不对；“学习支架”跨度过大，导致学生无从下手，合作的作用未能凸显。

使学生参与到其他学生的数学思维中，是一个必要的教学目标。在讨论时学生解释他们的思维，理解和批判其他同学的推理。[①] 通过研究并且实践，提出以下几个解决的具体方法。

（一）培养学生合作技能，提升学生的合作能力

教师需要加强组员对小组活动技能的训练：要求每个学生都要学会倾听，个人发言时，其他同学必须认真听且不能随便打断，在听完、听清对方的发言后，再进行补充或发表自己的见解。要求学生学会讨论，发言的时候声音要适中，并且要尊重同学，以理服人。培养学生的表达能力，特别是对于性格内向，或者学困生，帮助他们克服害羞心理，提醒他们在发言时要注意逻辑性和连贯性。加强训练小组长的组织能力，例如，指导小组长如何进行组内分工，如何归纳小组意见，如何进行评价、反思，等等。

（二）研究学生的思维规律，形成良好的思维品质

在学习任务与学生进行协作建构前，要求学生明确解决的问题、合作的要求，必须让学生经历知识的独立思考后，再进行合作。

（三）合理利用智能技术，避免走流程的现象发生

微课作为知识重难点的突破口，为达到课堂教学效果起到很重要的作用。但微课一般是针对一个知识点甚至是整个知识板块的关键知识点完整地制作，教师在操作过程中，需要关注微课播放的适切性。在备课时要对微课有充分的预备。对于整个知识板块的微课，采用分段播放等方式，切忌一点按钮就播放到底，结果把后面没有学习的知识点都播放完再进行探究。

（四）巧设“学习任务单”，提高学生协作学习的实效

合理设计学生学习的“脚手架”，教师根据协作建构的内容，紧扣教学目标，从学生的学习情况潜心钻研教材，确定是否需要并且精心设计“协作学习任务单”。对于基础比较好的班级，探究新知环节不一定需要协作完成，可以给学生充分思考的时间，尝试独立完成新知的学习并汇报、评价，形成知识系统。对于基础中等的班级，可以设计适当难度的协作建构，通过协作的形式，加强学生思维的碰撞，内化形成知识系统。而对于基础比较薄弱的班级，为了学生能有足够的自信，顺利完成知识的构建，可以根据教学目标设计更加清晰、细致的协作学习任务单，从而降低学生协作学习的难度，让协作学习有了具体的内容，使学生在任务单的指引下有序地探讨知识。

---

① 蔡金法. 数学教育研究手册　第四册　数学教育研究热点初探［M］. 北京：人民教育出版社，2020：358.

对于低年级的教学，为了能够让学生燃起学习的自信，可以根据学生学习的需要，搭建好“脚手架”，从而激发学生探究的热情。例如，对于“两位数加两位数（不进位)”学习任务单的设计，某农村薄弱学校的实验老师根据学生的实际情况，学习任务设计如表7－7所示。

表7－7　学习任务设计

<table>
<tr><th>组员</th><th>我是这样计算的：</th></tr>
<tr><td>1</td><td rowspan="4">1. 相同数位要对齐，从（　　）加起；
2.（　　）位加（　　）位，（　　）位加（　　）位；
3. 个位上相加的结果写在得数的（　　）位上；
4. 十位上相加的结果写在得数的（　　）位上。</td></tr>
<tr><td>2</td></tr>
<tr><td>3</td></tr>
<tr><td>4</td></tr>
</table>

这个学习任务单的设计，虽然是把规律分了四个点，如果基础较好的班级，学生可以独立完成了总结，就不需要再合作。但是，对于合作能力比较薄弱，还没有形成较好合作习惯的班级来说，这样的设计要求更明确，而且使每个组员都有任务，从而降低小组合作学习的难度，收到了较好的教学效果。

又如，对于高年级的协作建构，可以通过提纲的形式呈现，用“脚手架”的引领，对比、分析各种信息，促进学生对数学本质的理解，建构模型的思想。

下面以教学五年级上册“用进一法和去尾法解决问题（自主学习)”为例。

1. 谈话：我们要在解决问题的过程中优化我们的解题思路，找到适合这一类问题的解决办法，这才是我们最终想要的结果。好了，现在我们来看看龙宝又面临什么问题？

出示学习要求（如表7－8所示)。

表7－8　小组完成协作学习任务

<table>
<tr><th>组员</th><th>需要解决的问题</th><th>列式解答</th></tr>
<tr><td>1</td><td>做一套儿童服装需用布2.4米，现服装厂运来50.1米布，那这批布最多可以做几套儿童服装？</td><td></td></tr>
<tr><td>2</td><td>煤场有一堆50.1吨重的煤，王伯伯每次最多能运2.4吨，至少要运几次才运完？</td><td></td></tr>
<tr><td>3</td><td>王阿姨买了2.4千克黄豆共用去50.1元钱，每千克黄豆大约多少钱？</td><td></td></tr>
<tr><td>4</td><td colspan="2">我们发现：这几道题虽然列式是一样的，但商是不同的，要根据实际需要来取合理的答案，有时需要算出（　　）数，有时要用（　　）法，有时是（　　）法，有时又要用（　　）法来取商的近似值。</td></tr>
</table>

（1）独立思考。

（2）4 人小组合作交流。

2．学生在小组长组织下开展小组合作活动。

3．全班展示交流。（生生之间的交流）

4．师生小结，优化解题的策略。（师生之间交流）

师小结：看来解决问题时，我们一定要具体问题具体分析。

追问：这样的问题我们生活中也经常遇见，谁来举一个例子。

如进一法：

（1）至少需要多少个盒子？

（2）至少需要多少个箱子？

（3）至少要租多少辆车？（加多一个）

去尾法：

（1）1 瓶药最多够吃几天？

（2）这些钱最多可以买多少本书？

（3）这些面粉最多够做几个蛋糕？

5．组内互评（形成评价与反思意识）。学生利用应答器进行互评，教师利用平台评价系统收集评价数据，发挥评价数据的导向作用。

“协作建构”环节其实是学生知识建模，优化解题策略的过程。“协作建构”环节要明确下面两点：一是教师活动（明确协作要求—问题驱动探究—适时点拨解惑—捕捉课堂信息—组织汇报交流）。二是学生活动（明晰要求—参与探究—听讲释疑—多向交流）。王文兰在《自我意识的自由向度及其实现》中提道：“自我意识的发现过程经历了三个阶段：首先，自我意识走出自身与他人交往，并异化出一个个自己，即他者；最后，自我意识回归自身，反向直观，在他者中认识自己，意识到自己的存在。”① 在沟通交流中，学生可以看到不同的信息，看到理解问题的不同角度，而这又会促使他们进一步反思自己的想法，重新组织自己的理解和思路。因此，要着力养成学生在自主学习、独立探究的基础上进行协作建构的良好学习习惯，提高自我约束、自我完善、同伴互助、倾听表达等新时代必须具备的技能。学习共同体的构建，能促进学生学习方式的转变，助力教师教学行为的转变，有效促进实现教学评的一体化，促进终身学习。

---

① 王文兰. 自我意识的自由向度及其实现：对马克思《博士论文》的解读［D］. 武汉：华中科技大学，2012.

第八章　智能技术的融合助力范式的深度开展

第 1 节　智能技术融合小学数学课堂研究的背景

《教育信息化 2.0 行动计划》指出："持续推动信息技术与教育深度融合，促进两个方面水平提高。促进教育信息化从融合应用向创新发展的高阶演进，信息技术和智能技术深度融入教育全过程，推动改进教学、优化管理、提升绩效""应用信息技术解决教学、学习、生活中问题的能力成为必备的基本素质""构建一体化的'互联网 + 教育'大平台"。①《教育部基础教育司 2022 年工作要点》中在"实施基础教育数字化战略行动"提出：强化需求牵引，深化融合、创新赋能、应用驱动，积极发展"互联网 + 教育"，加快推进教育数字转型和智能升级。② 小学数学作为个人思维框架的基石，历来在基础教育中占有重要的一席之地。但枯燥抽象的学科特点，让众多小学生望而却步，成为阻碍学科自身发展的"拦路石"。随着融合深度的加强，结合学科特性，信息技术的应用特别是近几年人工智能受到广泛的认同，人工智能通过"互联网 + 教育"，以智能导学、智能训练、智能反馈、智能推送、智能监督等方式激活了学生热情并主动参与思考，改善了学生的学习方式，提高了学生参与的效率。因此，智能技术背景下"互联网 + 教育"产生新形态，创新教学的新模式，促使教育的变革，助力教学评一体化范式的深度开展。

智能技术深度融入小学数学课堂的教学将促进教师互联网信息化的教学思维，以人为本，以学生为中心，教师为引导，依托"互联网 +"线上线下"双师"教学，驱动学生学会学习、主动学习、合作与协同学习，提升创新思维能力。在智能技术的促动下，以活用教材，把握知识重难点，关注知识的本质为依据，以培养学生自主学习和合作建构能力为主要的教学方法，依托"互联网 +"信息技术，通过优质资源的共享，在课堂教学中，教师从同一标准向个性分析，从单一的教学方式向"双师"混合教学，从低效

① 中华人民共和国教育部．教育部关于印发《教育信息化 2.0 行动计划》的通知：教技〔2018〕6 号[A/OL]．(2018 - 04 - 08)．www．moe．gov．cn/srcsite/A16/s3342/201804/t20180425_ 334188．html．

② 中华人民共和国教育部．关于印发《教育部基础教育司 2022 年工作要点》的通知：教基司函〔2022〕3 号[A/OL]．(2022 - 02 - 08)．www．moe．gov．cv/s78/A06/tongzhi/202202/t20220209_ 598277．html．

反馈向精准反馈，从单向的输出向交互性强的教育教学新样态，优化课堂教学的效率。基于互联网络平台，利用课堂学习和教学反馈数据驱动教师研学团队以及教师个体进行数据指导教学的研究，指导学生开展精准学习，基于问题精准施教，围绕问题与困惑开展精准教研。驱动教师在课堂革命践行中研究新理论、新方法和新模式，促进教师专业能力发展。在教育目标的新分类视角下信息技术与小学数学教学深度的融合，利用现代教育技术为小学数学课堂教学提供了丰富多彩的资源，可促使学生多种感官参与并发挥作用，有利于学生主动建构对信息的理解，以已有认知结构为基础，对信息进行主动选择、推理、判断，从而建构新知识，促进学生思维发展。总之，智能技术的介入，促使以核心素养培育为目标，创新情境嵌入式的评价为手段，促进多元主体个性评价发展。

第 2 节　物联学习法助力教学评一致性

物联网是新一代信息技术的重要组成部分，IT 行业又叫泛互联，意指物物相连，万物万联。由此，“物联网就是物物相连的互联网”。物联学习法是集成人工智能、通信、传感等先进技术工具，丰富的平台、软件等数字资源，采集信息与存储反馈，让评价成为学与教的桥梁和纽带，实现对学生学习结果的“透明”管理，贯彻教学评一致性理念，构建智慧课堂评价新范式。

一、物联学习法的缘起及理论基础

教育目标的新分类学通过二维模型，以纵向的自我系统、元认知系统和认知系统，从学生接触新知、接受任务开始，学习动机就已经介入了，搭建起学生吸纳新知识的动力进阶，同时利用横向的个体已建立的认知技能去经历认知过程中信息、心智程序以及心理动作程序三个进阶并完成学习任务的过程。马扎诺为我们开展教学评新生态改革提供了重要参考。

物联学习法利用“物物相连，万物万联”的原理，教师根据教学目标为学生创设多样化学习机会并进行深度独立思考和交流的导学案，课堂中通过导学案资源深度融合数字媒体技术，学生以导学案中提取的学习单为学习的“支架”，通过应答器把学习的结果自动采集到系统，实现了学生学习结果的即时数据收集与分析，进而通过教学平台实现信息交换和共享，把学与教融为一个整体教学的整体，开展可靠的课程核心素养评价，为课堂提质增效。

二、物联环境下的课堂教学设计的实施

物联学习法恰好可以深度融合信息技术，通过转变农村学生与教师的学与教的思维、更新学习与教学的方法，开展高效率、高效能、高质量的学习和教学，有效激发农村地域小学生课堂参与的积极性，推进减负提质增效。作为广州北部山区，笔者在“双减”政策和新课程标准理念的促动下，结合课堂深度融合信息技术进行了深度的研究。通过实践，区域师生学与教思维、方法和手段进入了数字转型时代。以教育目标的新分类学为依据，依托课程标准找准教学的目标，挖掘教材梳理逻辑，优化教学的设计，设计有效的学习“支架”，创新作业的设计，运用物联学习法把教学评融为一个不可分割的整体，有效改变农村地域的教师教学方式，激发了学生学习参与的积极性，让学生的核心素养落地。

三、物联学习法在课堂教学中的显著优势及特征

（一）物联学习法促教师教学设计思维的重构

运用物联终端的互联互通特点，创设基于技术赋能的知识情境和有效的教学设计激发学生学习的动能是物联学习法的前提。因此，在教学设计中，需要用元认知的理论、方法设计和演绎学习资源。备课需要有课程意识、学段意识和大单元意识，进行大单元整体的教学设计谋划，通过《义务教育数学课程标准（2022 年版）》和《义务教育数学教师教学用书》找准学段目标、学期教学目标和课时教学目标，挖掘教材梳理逻辑，找出知识与技能知识元、思维和方法知识元和知识应用知识元，设计让学生基于真实问题的精准学习教学设计。

（二）物联学习法促教学方法的重构

《义务教育数学课程标准（2022 年版）》指出：“合理利用信息技术，提供丰富的学习资源，设计生动的教学等，促进数学教学方式方法的变革。”课堂中通过导学案资源深度融合数字媒体技术，有利于创设丰富的个性化的教学情境。运用物联终端的自动识别功能能够即时反映学习情况，暴露学生学习问题。在“双减”政策背景下，能做到即时的大数据搜集并且精准反映学生的学况和存在问题，教师能够基于问题进一步精准施教，基于问题设计作业和分层学习，对于农村教师来说，是一个提高课堂效率、课后减轻作业批改量，真正解放双手，用更多的时间去做好教材教法研究的高效率教学方法。

例如，三年级上册“倍的认识”是单元的起始课，第 1 课时设计的思路如图 8－1 所示。教师通过拍手游戏，运用信息技术展示童话故事画面进入课堂，为了让小组中的每位学生都有事情做，针对情境，设计了自主探究单，让学生独立思考，尝试理解倍的概念。学生在自主完成“独立学习任务单”这个脚手架后，开始小组合作交流，一起讨论完成协作建构单，并归纳、理解倍的概念。在练习设计环节，针对教学目标，通过基础

类、提升类、拓展类三个层次的练习帮助学生将知识内化，多次运用了物联学习的终端——应答器，通过充分利用应答器，收集平台的数据。

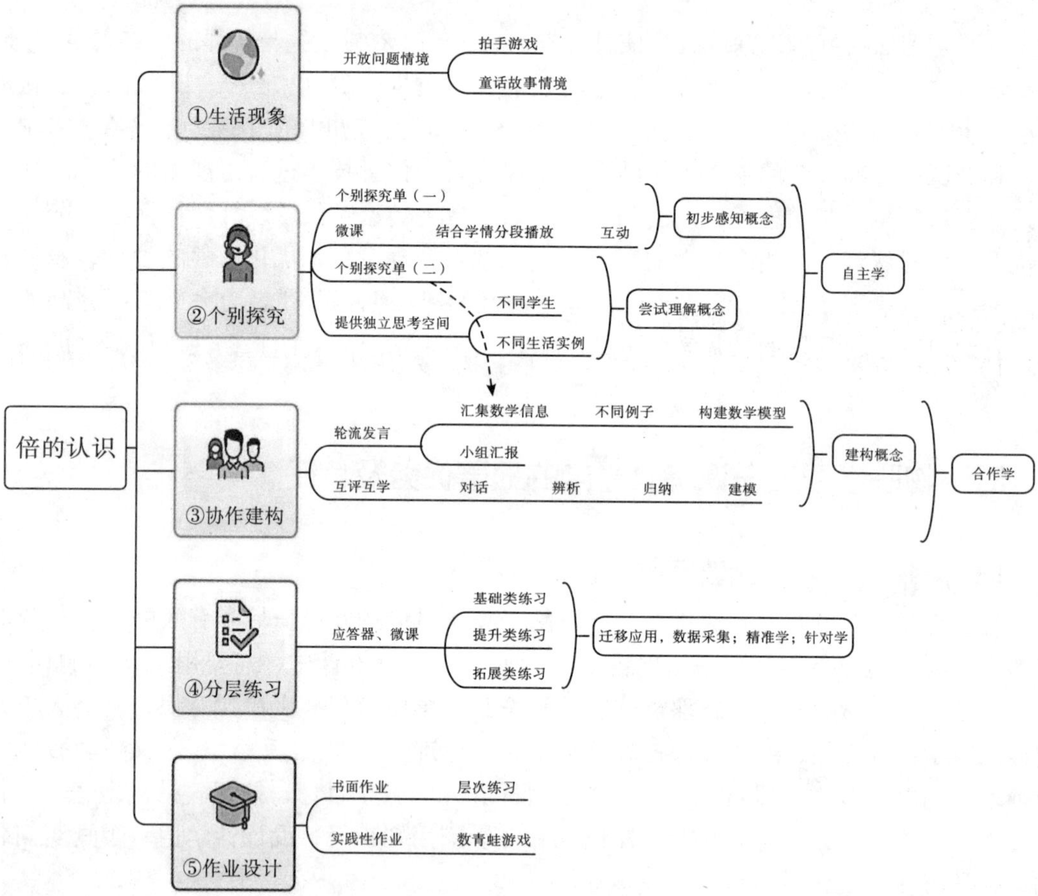

图 8－1　设计思路

首先，通过设计选择题、判断题让学生用应答器采集全体学生的反馈数据，加强与中等生、学困生的互动，了解他们的学习情况，建立他们学习的信心。其次，采集有效数据，通过答题暴露学生学习中对知识点掌握的存在问题，教师及时进行引导，有效进行解困的干预，及时培养学生学习的兴趣和自信，也培养教师数据搜集及分析的素养能力，实现提升课堂学习效果和提升教师反思能力的双重效果。最后，对于预设比较难的题目，学生错误率较高的，教师做好了充分的准备，制作好微课即时调整教学策略。例如，在练习巩固的提升题环节，预设后台收集的数据反馈学生在提升类练习题正确率不高，借助预设错误率高制作的微课，对本题进行了详细的讲解。

总之，整节课教师创设了充分自主学习的空间，学生在教师组织和指导下采用同步导学、同步微课、知识重构、示范案例和效果测评等策略与方法，教师利用习得过程的反馈数据暴露出来的问题引导和驱动学生开展反思式学习，教师开展精准施教和个性化指导，培养学生自主学、反思学和合作学的能力。

（三）物联学习法促学习方式的重构

运用物联终端的自我反馈功能有助于开展深层次的互评互学。在小学数学课堂教学中，从教学内容着手，基于互联网络平台，在课堂作业设计环节针对知识的重难点设计合作性的题目，让学生先独立完善任务单后进行小组讨论，达成共识并及时运用应答器把答案输入平台。学生经历了小组共同体的互评互学形成第一次答案共识，再通过反馈平台中学生输入的不同的思维方法分享和比较形成第二次共识，把做作业的过程转化为有效深度思考的学习过程。

例如，小明爸爸准备购进一台某品牌的手机，官网指导价是5000元。恰逢开学季，各大电商平台促销活动。A平台：全场九五折优惠；B平台：每满100元减10元；C平台：满2000元减300元；实体店：4600元。

（1）你可以帮小明爸爸选一个购买方案吗？把你的想法先独立思考然后经小组合作讨论把你们小组的最优方案输入平台。

（2）结合你的生活经验选择自己喜欢的购物方式，说说你的理由。

这道题目分两个阶段使用应答器采集数据。第一阶段是共同体共识的数据，小组交流完后提交最优惠方案，答案唯一，用来检验学生的知识掌握程度；第二阶段是共同体对照比较的数据，在题目讲解完后学生结合自身生活经验选择自己喜欢的购物方式，运用数据选择学生说说理由，答案不唯一。通过第二阶段应答器的应用，学生进行了生活经验的分享以及价值观的建构。很多学生的生活经验并不丰富，借助应答器的采集功能可以极大程度上收集学生不同的认知，并通过反思与分享交流，拓宽学生的认知面，也为教师根据数据分析开展精准指导提供依据。倡导创建“学习共同体”的佐藤学教授指出：协同学习下的小组学习方法，首先是模仿他人的思考，其次是将其他人的思考作为一个“脚手架”，来达到更高的程度。[①] 这里教师通过设计有效的合作，在学生与学生之间、教材与学生之间，学生经历思维碰撞和已有生活经验之间构建起关联，运用合作展示的方式进行让学生在愉悦的氛围中进行知识的重构能够让合作学习走向真实、走向自信、走向深度和有效，促进学生自主、合作学习和帮助教师教学引导和组织，实现农村学校学生真正自主的课堂。

（四）物联学习法促教学评价的多元化

《义务教育数学课程标准（2022年版）》在评价建议中提出“发挥评价的育人导向作用，坚持以评促学、以评促教”[②]。物联学习法能激发学习动能，开展深层次的互评互学。发挥物联学习法的优势，利用交互信息技术对课堂各环节进行评价，实现了生生、师生的有效互评，实现信息技术与小学数学“教学评价”融合。教师根据数据反馈的情况，及时调整教学，通过指向学习内容的具体化评价和指向学生个体的精准化评价，让每一位学生在学习过程的困惑问题都可以得到解决，特别是有效减少了中等生、学困生

① 马云鹏. 深度学习：走向核心素养. 学科教学指南. 小学数学［M］. 北京：教育科学出版社，2019.

② 中华人民共和国教育部. 义务教育数学课程标准（2022年版）［S］. 北京：北京师范大学出版社，2022.

在学与教的过程中留下的困惑。

《教育部办公厅关于加强义务教育学校考试管理的通知》（教基厅函〔2021〕34 号）提出要求：要注重学生综合素质、学习习惯与学习表现、学习能力与创新精神等方面的评价。[①] 运用物联终端的智能监控功能，助力学生学习档案袋的形成。持续性评价可以促进对学生学习过程进行监控，对预期目标进行检验。

通过平台数据的搜集，对学生每节课、每单元甚至是每学期的情况进行跟踪查询，有利于教师快速掌握学生的学习情况，进行精准培育，为综合素质的评价提供了重要的参考依据。

四、物联学习法促教学评一致性的未来的展望

《教师的挑战：宁静的课堂革命》里指出："教学中教师工作的中心在于'倾听'、'串联'、'反刍'。"[②] "双减"政策背景下，运用物联学习法通过教师精心创设有效的学习与教学的环境，对原始多模态数据进行智能处理与分析，识别和提取能反映课程核心素养的表现特征，促进教师的教学改进和管理者的科学决策，给予学生内驱力和自信心。学生在逐层的知识构建、质疑反思中暴露已有认知知识点的学习问题甚至发现新的知识点学习的问题，教师通过确定数据采集点，形成包含所有学习活动、学生行为表现、对应指标等多级内容的数据采集框架，适时引领学生基于问题学习和反思的深度互动学习，在认知碰撞中辨识、质疑和内化，有效达成了教学评的一致性。

第 3 节 智能技术背景下教学内容"支架"设计

一、指向核心素养的"支架"设计的缘起

教育目标的新分类学中教学内容细化有两个主要步骤：第一，将教学目的按学习类型分类；第二，教学目的分析，确定完成目的的主要步骤。教学内容是为了实现教学目标，要求学习者系统学习的知识、技能等。分析教学内容，就是要确定所教内容，从而决定用什么样的方式和策略来教。教学内容的"支架"设计是指在较难或者是核心知识的建构中，采用知识点难度分解以及"搭桥"铺路的方式设置学生探究的框架，降低知识输出难度，搭建了思维构建的阶梯，促进学生自主学习和合作学习的发生，促进知识

① 中华人民共和国教育部. 教育部办公厅关于加强义务教育学校考试管理的通知：教基厅函〔2021〕34 号）[A].（2021－08－30）.

② 佐藤学. 教师的挑战：宁静的课堂革命［M］. 钟启泉，陈静静，译. 上海：华东师范大学出版社，2012.

生成。在实施中通过情境的媒体化，影响学生思维的媒体化，促进学生思维的碰撞，从而促进学生的感官认识上升到理性认知。从教学内容着手，基于互联网络平台，在课堂教学设计重难点环节设计自主学习任务单和合作学习任务单，提供有效的教学“支架”，以学生完善任务单的方式，促进学生自主、合作学习和帮助教师教学引导和组织，让教师实现自主的课堂。

二、指向核心素养的“支架”设计的策略

（一）深度解读教材，保障“支架”的设计

在传统的教学方式中，教师通常会根据知识的重难点，通过情境引入后采用提问学生回答，甚至有些教师自己讲解，在黑板上板书核心知识的方法。这样的好处是课堂能够节省大量的时间，用于训练练习。但学习过程学生是被动的，只是部分学生学习，难以确保人人参与。根据教育目标新的分类学的思维框架为指导，对教学内容可以采用内容细化的方法，从而有利于根据不同类别确定教学目标。教学目标是教学系统整体的一个组成部分，一般包括课程目标、单元目标和课时目标三个层次。而小学数学教学的内容目标通常情况下都由课程标准、教学参考书和教材来决定。

例如，在数学二年级上册“两位数加两位数（不进位）”自主学习设计中，单元整体各层面的目标分析如表 8－1。

表 8－1　目标分析

学段目标分析	《义务教育数学课程标准（2022 年版）》第 12 页学段目标： （1）能进行简单的整数四则运算，形成初步的数感、符号意识和运算能力。 （2）能在教师指导下，从日常生活中提出简单的数学问题，尝试运用所学的知识和方法解决问题。
内容要求	《义务教育数学课程标准（2022 年版）》第 18 页内容要求： 1. 在具体情境中，了解四则运算的意义，感悟运算之间的关系。 2. 探索加法和减法的算理与算法，会整数加减法。 3. 在解决生活情境问题的过程中，体会数和运算的意义，形成初步的符号意识、数感、运算能力和推理意识。 《义务教育数学课程标准（2022 年版）》第 19 页学业要求： （1）能描述四则运算的含义，知道减法是加法的逆运算。 （2）能口算简单的百以内数的加减法；能计算两位数的加减法。 （3）形成初步的运算能力。 （4）能在熟悉的生活情境中运用数和数的运算，合理表达简单的数量关系，解决简单的问题。
学期教学目标	《义务教育数学教师教学用书》第 2 页“教学目标”： 掌握 100 以内笔算加、减法的计算方法，能正确地进行计算。

续上表

<table>
<tr><td>单元学习目标</td><td>《义务教育数学教师教学用书》第 31 页“教学目标”：
1. 借助小棒、圆片等直观学具的操作，理解 100 以内的两位数加、减两位数的算理，能正确地计算 100 以内的两位数加、减两位数的试题。
2. 掌握连加、连减和加减混合竖式的简便写法，能正确、灵活地计算连加、连减和加减混合式题（包括含有小括号的）。
3. 能够运用所学的 100 以内的加、减法知识解决一些简单的实际问题。
4. 通过数学学习，感受到两位数加、减两位数与两位数加、减一位数和整十数有着密切的联系，体会数学的价值。</td></tr>
<tr><td>课时划分
总课时：
15 课时</td><td>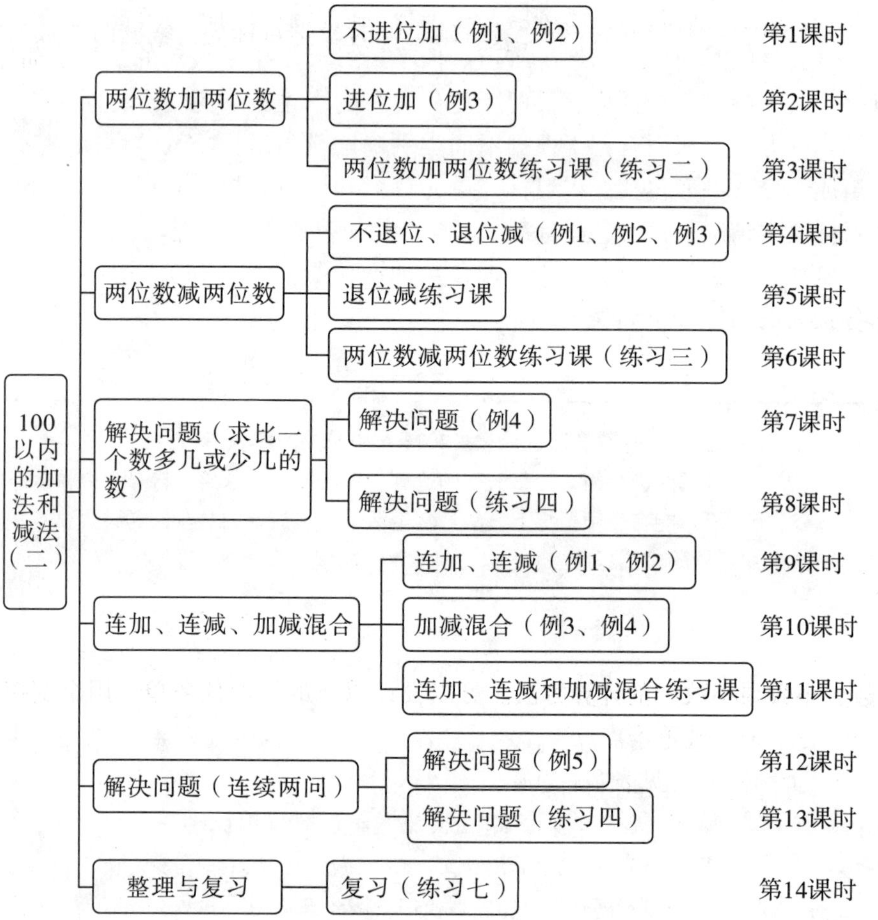
</td></tr>
</table>

通过知识点在教材中呈现，结合学生实际情况分析及教材分析，用思维导图的方式呈现，呈现了例题学习的起点、知识点的结构分析、体现本节课的重难点。通过分析，确定的思维导图如图 8－2 所示。

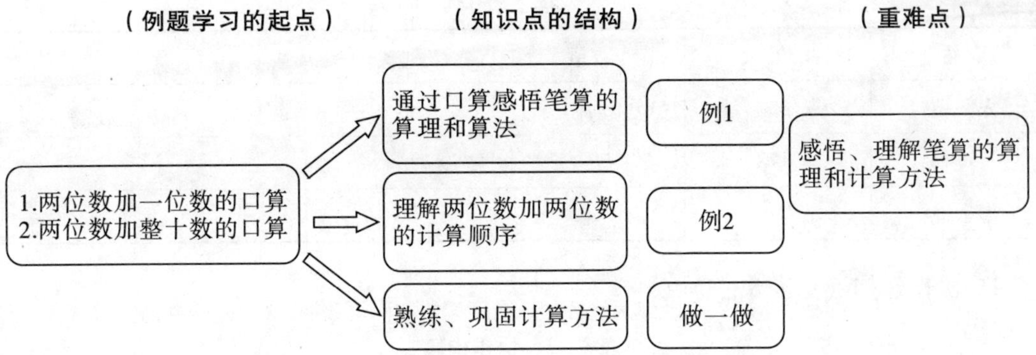

图 8－2　思维导图

通过思维导图详细的分析，最后确定课时教学目标为：掌握两位数加一位数、两位数（不进位加）的计算方法，能熟练地进行竖式计算，提高计算能力和归纳能力；通过观察、操作，自主、合作归纳出笔算加法的法则，培养归纳概括能力；培养主动探索知识的精神和认真计算的良好习惯。

要使总的要求落实到整个教学活动体系的各个部分中去，就必须对实际的教学活动水平做出具体的规定，以便实施贯彻。通过由学段目标、学期教学目标和单元教学目标、课时目标的深度分析，为设计本节课重点环节的自主学习和合作学习的任务单，提供了充分的保障。

（二）紧扣重难点，尝试“支架”的搭建

组织高阶思维的探究活动要从学习任务出发，找出探究活动中的关键问题，围绕学习任务和关键问题组织学生开展深度探究活动。① 在“互联网＋”背景下的课堂教学中，教师把握知识的重难点，设计有针对性的问题“支架”，能有效引导学生深度探究，理解核心内容，从而提升核心素养。核心支架的设计通常使用“个别探究任务单”和“合作建构任务单”两种形式来完成。

例如，在“小数乘法（自主学习）”中主要目标是让学生学会：小数乘法（小数乘整数、小数乘小数）的计算方法。可以设计以下的学习任务单，用个别探究和协作建构两个学习单来突破重难点。

1. 个别探究（见表 8－2）

我要到便民小店买一些物品，让我算一算、填一填。

表 8－2　个别探究

商品	单价/元	数量	列式	笔算
蝴蝶风筝	3.5	3 只		

① 马云鹏．深度学习：走向核心素养·学科教学指南．小学数学［M］．北京：教育科学出版社，2019．

续上表

商品	单价/元	数量	列式	笔算
太阳镜	35	3 副		
鱼饲料	0.72	5 包		
望远镜	72	5 包		

2. 协作建构（见表 8－3）

表 8－3　协作构建

算式	笔算
2.4×0.8	$\begin{array}{r} 2.4 \\ \times\ 0.8 \\ \hline \end{array}$
1.92×0.9	$\begin{array}{r} 1.92 \\ \times\quad 0.9 \\ \hline \end{array}$

同桌对话：独立完成，并和你的同桌说说计算方法。

小组交流：小数乘整数与整数乘整数有什么不同?

3. 小组交流：观察上面各题中因数与积的小数位数，你能发现什么?

（1）先按照整数乘法算出积，再点____________________。

（2）点________时，看__________中一共有几位小数，就从积的________________起数出几位，点上小数点。

在教师设计的任务单的驱动下，学生通过独立完成，合作建构，小组交流提炼出计算方法。通过学习任务单的实践，丰富了关于学生和知识核心内容的深层理解，加深了对数学本质的认识，提高了课堂教学设计实施的效率，增强了合作意识和合作能力，促进了教与学方式的转变。

（三）关注个体差异，灵活修改“支架”促实施

笔者结合区域的实际，组合了区域的核心团队，整理完成了人教版十二册教材的教案资源，并且基于互联网络平台进行了数字化。平台提供了丰富的教学资源包括教学设计资源、微课资源和课件资源。由于平台资源指向的不同区域之间的差异，难以兼顾，学习者的学习基础和学习能力存在着差异，要提高课堂效率，需要根据区域学生个体差异进行再细化的设计。因此，在使用中，笔者鼓励一线教师，特别是比较边远的农村教师对学习任务单根据学生实际情况细化后再使用。

例如，林晓琴老师到良口镇第二小学进行课例展示，由于是异地教学，又是低年级学生，在试教过程中，发现学生由于配合问题、表达问题、识字量问题等，在试教的时

候发现没有办法很好地完成探究任务。通过第一次试教后，磨课团队把二年级上册“两位数减两位数”协作建构学习单进行修改。表 8－4 是原始学习单，表 8－5 是根据本班学生的特点设计的学习单。

表 8－4　原始学习单

组员	不退位减法	退位减法
1		
2		
3		
4		

表 8－5　重新设计的学习单

<table>
<tr><td>组内对话</td><td colspan="3">1. 把你的计算过程说给你的组员听。</td></tr>
<tr><td>1</td><td rowspan="2">2. 将组内成员算式分类。</td><td>不退位减法</td><td>退位减法</td></tr>
<tr><td>2</td><td></td><td></td></tr>
<tr><td>3</td><td rowspan="2" colspan="3">3. 笔算不退位减法和退位减法，都是（　　）数位对齐，从（　）位算起；不退位减法，个位（　　）减；退位减法，个位（　　）减，从（　）退 1 作 10。
4. 竖式计算两位数减两位数应注意什么？</td></tr>
<tr><td>4</td></tr>
</table>

建构主义认为，学生只有在自己原有认知结构的基础上学习和探索新知识，并将新知识与已有知识经验建立联系，才能形成知识结构化。通过修改，发现指向性更加明确，把开放性的学习单，变成了填空形式，降低了答题的难度，学生在小组讨论建构的时候有了更加明确、细化的指引。

（四）借助思维碰撞点，设计个性化的“支架”

皮亚杰认为，学习的过程就是认知结构不断变化和重新组织的过程。在设计教学“支架”时，根据学生的真实起点，把知识点渗透在个别探究单和合作建构单的融合中，设计有效思维的碰撞点。并且注意让学生通过独立思考，产生思维的碰撞点，通过合作交流，把新知纳入认知结构中，内化调整，从而形成有效的构建。例如，在教学五年级上册“位置”时，出示课室图，教师出示龙宝，让学生猜龙宝坐的位置（图 8－3）。

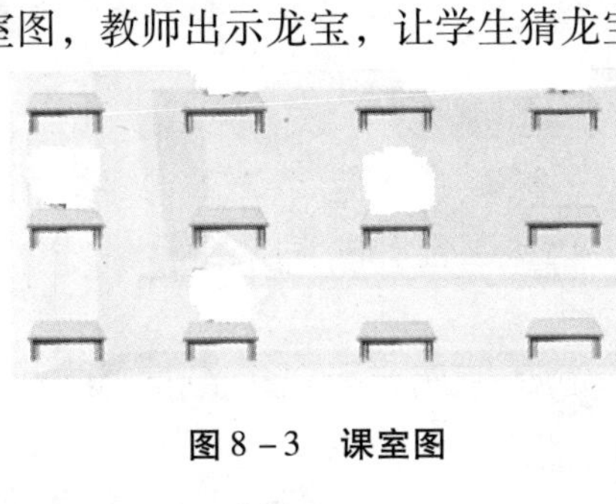

图 8－3　课室图

在描述过程中，学生发现描述有多种的方法，在学生产生思维碰撞的时候，教师小结：在数学上，通常先确定列数，确定第几列一般从左往右数；确定第几行一般从前往后数（图 8－4）。紧接着，呈现个性化的学习单。

请根据画面信息填写表 8－6。

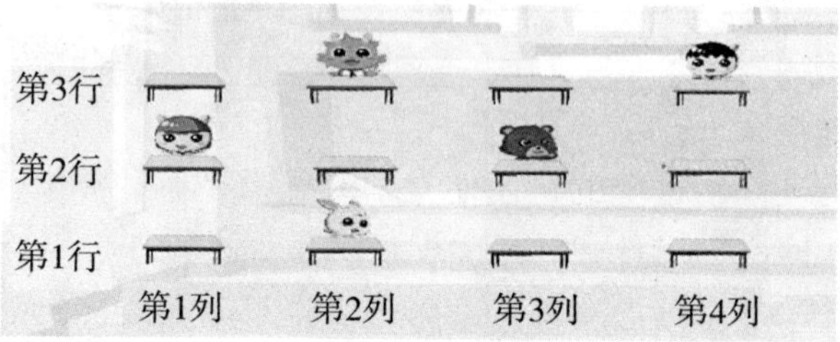

图 8－4　思考策略

表 8－6　学习单

学生姓名	位置描述
龙宝	第（2）列、第（3）行
奇思	第（　）列、第（　）行
妙想	第（　）列、第（　）行
小兔	第（　）列、第（　）行

学生产生思维碰撞点，兴致勃勃地进入探究学习，在填表构建中，有些学生会遇到困难，此时，教师利用信息技术平台，播放微课，用动画的方式引导学生用数对表示龙宝和其他小伙伴的位置，突破了本节课关键点的构建。

为课堂讨论搭建脚手架是满足个体学生的需求和推动小组集体思维前进之间，何时在数学上取得进步和何时建立社会数学规范之间的一种美妙的跳跃。① “支架”设计的策略有利于促进学生进行开放性学习、合作学习和自主学习。通过智能技术与小学数学教学深度融合，以“支架式教学”为主要特征，提供有利于学生理解知识的“支架”，师生借助“支架”使学生更深层次地理解知识的本质。教师适当地指导学生自主学习，关注学生解决问题的思维策略，疏通整理，关注学生思维的异同，进行有意义的建构。

① 蔡金法. 数学教育研究手册　第四册　数学教育研究热点初探［M］. 北京：人民教育出版社，2020：360.

第4节 "全景式"教学评价在自主学习课堂的应用

传统的评价形式在今天已经不能满足学生个性化的学习需求。平板电脑、应答器、智能终端设备、网络互动平台等的运用使得学习分析更加系统化、智能化，极大地丰富了教学评价的手段与时空。另外，利用教学反馈软件进行评价可以兼顾部分学生的羞涩心理，使得评价具备了安全的心理环境，每个学生都能放松积极地参与互动评价。而交互信息技术软件的运用可以有效地调整课堂教学策略。使得教学评价从传统的"片段式"转变为"全景式"，满足学生个性化学习需求。

《义务教育数学课程标准（2022年版）》指出："评价结果的运用应有利于增强学生学习数学的自信心，提高学生学习数学的兴趣，使学生养成良好的学习习惯，促进学生核心素养的发展。"课堂中，发挥互联网智慧平台的作用，利用交互信息技术对课堂各环节进行评价，把数字技术创新情境嵌入式评价实现信息技术与小学数学"教学评价"融合，教师根据数据反馈的情况及时调整教学，让教学方法呈现多样化特点，充分地体现了"以学生为主体、教师为主导、信息技术辅助"的教学理念、充分激发学生的自主学习能力。下面以教育目标新分类学的观点为依据，谈谈基于大数据平台背景下全景式课堂教学评价在自主学习课堂的应用。

一、个别探究"学习支架"使用——学生元认知监控策略的渗透

在自我系统决定要参与一项学习后，自我的元认知系统会系统地建立目标与策略，以至于使得学习有序进行。鉴于此，在课堂学习中充分地、精心地设计"学习支架"作为学生的学习任务单，使得任务单"指引"在课堂学习的每个环节，为学生的学习建立流程，促进学生对学习过程的监控，这便是元认知的开启。

在任务单的设置中，"我"要先提出一个问题，再解决这个问题。对于学习的环节先后过程，学生很容易借助学习的支架得到一个清晰的认知，从而有效调整自己在学习中的方法、策略和状态，以监督自己更好地完成学习。学习单的运用是对学生在学习过程中在元认知层面的好帮手，而通过大数据的评价反馈学生在不知不觉中优化了自身的元认知监控系统。

例如，在数学五年级上册第五单元"用字母表示数"这节课是"数与代数"领域中"式与方程"部分的一个重要内容。《义务教育数学课程标准（2022年版）》指出该内容的教学要求是："在具体情境中会用字母表示数。从具体情境中使学生感知字母表示数的含义，并了解这种表示方法的作用，进而初步体验符号在数学表示中的作用，初步建立符号意识。"用字母表示数摆脱了使用具体数研究问题的局限，提供了揭示数量关系一般

性的可能，有助于探索事物的内在联系，也由此揭开了“代数”的篇章。从“确定的数”过渡到“用字母表示数”是学生认知上的一次飞跃，同时也是进一步学习方程等代数知识的基础。而学生符号意识的建立是点滴积累的结果，它的提高和发展伴随着学生学习数学的全过程。因此，在教学过程中，需要教师积极利用和调动学生原有的生活经验，使学生逐步理解字母符号产生的必要性和实际意义，学会用字母表示数和简单数量关系的一般方法，培养学生初步的抽象思维能力，提升学生的核心素养。为了突破重难点，教师设计了学习单：

生活中处处有数学，请看图 8－5，你找到哪些数学信息？

小红的年龄/岁	爸爸的年龄/岁
1	1+30=31
2	2+30=32
3	3+30=33
……	……

图 8－5　生活中的数学

师：根据以上的信息，请独立完成个别探究的学习任务单。

1．当小红的年龄是 6 岁，爸爸的年龄是（　　）岁。

2．通过观察，我们发现：（　　　　　）不变；（　　　　　）的年龄在变，（　　）的年龄也随着变化。

3．根据爸爸比小红大 30 岁，写出数量关系式：

（　　）＋（　　）＝（　　　　）。

4．小红的岁数 1，2，3……，可以用字母（　　）表示，还可以用其他字母表示吗？

5．当小红 a 岁时，爸爸的年龄用简明的式子表示是（　　　　）。

6．当 $a=11$ 时，爸爸的年龄是多少？　$a+30=$（　　）$+30=$（　　）。

7．当 $a+30=50$ 时，$a=$（　　　　）。

8．想一想，a 可以是哪些数？a 能是 200 吗？

这个环节中，通过由个别到一般的归纳思路，先由列表给出式子，每个式子只能表示个别现象，再由学生探索式子的一般性。学生独立完成“学习任务单”后，教师根据学生的反馈，让学生完成自我评价（如图 8－6 所示），并根据评价，确定是否进行微课等的辅助学习。

图 8－6　学生自我评价

二、微课的导入——学生自我系统的助力器

根据教育目标的新分类学的观点，在学习开启之前，人类会对是否参与学习做出一项评估：若自我系统决定参与，则学习发生；若自我系统决定不参与，则人的主要精力便不是集中在学习上（完成其他事情去了）。笔者认为，最直接影响学生打开自我系统大门的是自身对这节课的“学习兴趣”。学生只要对这个课题兴趣盎然，才有十足的动力去参与学习，于是，自我系统决定参与教师提出的课题，学习自然而然地开启。因此，自我兴趣是使得学生自我系统的大门打开的助力器。在课程伊始，教师应当充分设计情境，激发学生的兴趣。小学生有活泼好动、充满想象力、喜欢故事和对画面非常敏感等特征，有趣的微课恰好符合小学生的这些特征。同时结合信息技术，充分利用学生们喜欢探索新奇事物的特征。教师可以设计符合当堂课程的微课进行导入，激发他们对课程的兴趣。

当学生在自主学习过程中独立思考的时候，部分学生在知识的生长点处往往会遇到一定的困难。因此，让学生自主学习，通过“学习单”引导学生完善知识的构建，突破教学的瓶颈。教师采用通过观看微课自行修正“学习单”，以及通过汇报展示，完善对知识认识，并且通过应答器，让学生反馈，是否已经看明白微课，突破知识的重难点。如图 8－7 所示。

微课的运用能使教学从无意影响进入到有意影响，比如一开始学生认为本节课枯燥无味，但在微课的带动下，或许便能发现本节课的有趣之处，决心好好听一听、学一学。于是自我系统的大门开启，学习之路便也自然地发生。此时，教师及时引导学生利用应答器进行反馈评价。根据学生的评价信息，灵活调整教学流程。对于知识的重难点比较难理解的，教师会采用多次播放微课的方式，来达到突破重难点的目的。该模式将构建以学生发展为本的课堂新生态，通过平台识别并记录学生素养相关的行为数据，并基于数据挖掘、学习分析等技术，对学生课程核心素养进行实时监测与过程评价，注重学生

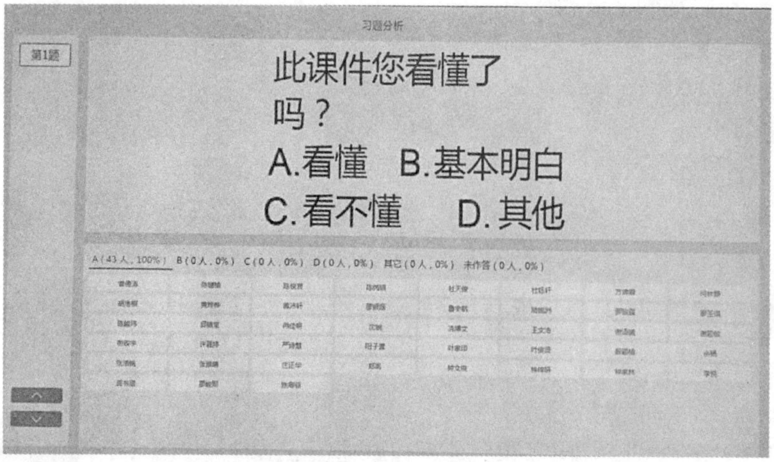

图8－7　学生使用应答器反馈

核心素养培养，强化学习方式变革，建立以学生发展为本的新型教学理念。

三、学习共同体的作用——学生自我系统初步形成

学习共同体的构建，包括学生小组文化的建设、小组话语权杖的使用和小组“七字诀”分工合作模式的落实等基本要求。自主学习的课堂主张在自主建构的基础上，进行有效的合作，采用探究式学习和启发、讨论、体验式教学。而设计合作探究脚手架——协助建构任务单，让学生充分发挥学习共同体的作用，可以让知识进一步内化，通过思维的碰撞，有效构建新知。

例如，在数学二年级上册第三单元“认识角”中，设计了如下同桌学习和4人小组完成协助建构的学习单。

任务一：

请在两个三角尺上各选一个角，比一比，哪个角大？怎么比？

生：（投影）（叠合法）我们选了这两个角，我们发现这个角比较大，我们是这样比出来的（一边操作一边说）。我把两个角的顶点合在一起，其中一条边也合在一起，我们就发现上面角两边张开得更大，所以上面角大。同学们，你们同意吗？谁来评评我？ 师：多有创意的想法啊！你真聪明！像这样顶点对顶点，边对边重叠在一起比较大小的方法叫叠合法。掌声送给他，请回。

师：请同桌合作完成任务一，在三角尺上选一个角，在另一个三角尺上两个三角尺上各选一个角（手势），比一比哪个角大，怎么比。同桌合作。

师：刚刚的任务一大家完成得又快又好，下面请同学们开动脑筋，用信封里面的学具，做一个活动角。讨论下面的问题：1. 把角两边慢慢张开，角有什么变化呢？2. 把角两边慢慢合起来，角又有什么变化呢？3. 角两边张开得越大，角会怎么样呢？把你们

的想法选出来。4人小组合作。

任务二：

1. 把角两边慢慢张开，角（　　）

A. 变大　　　　　　　B. 变小

2. 把角两边慢慢合起来，角（　　）

A. 变大　　　　　　　B. 变小

3. 我们发现：角两边张开得越大，角（　　）

A. 越大　　　　　　　B. 越小

> 大家好，我们是第×小组。我汇报，我倾听。
> 生1：我是1号，我发现把角两边慢慢张开（一边演示一边说），角变大。大家同意吗？有请2号。
> 生2：我是2号，我发现把角两边慢慢合起来（一边演示一边说），角变小。大家同意吗？有请3号。
> 生3：我是3号，我们发现角两边张开得越大，角越大。大家同意吗？有请4号。
> 生4：我们小组汇报完毕，谁来评评我们组？

师：他们小组利用活动角发现了角两边张开得越大，角越大；角两边张开得越小，角越小。角的大小和角两边张开的大小有关。（师活动角示范）（板书：角的两边张开得越大，角越大。）我为你们组的智慧感到骄傲！

在教师的任务分配完成后，在组长的组织下，给学生充分的时间去思考和交流。先小组内轮流发言，组长汇集数学信息。然后小组出来汇报，观察发现，构建数学模型。在交流过程中，学生提出想法，小组成员加以通过分析、比较、对答案进行检验和修正，直至得到正确的结论。同时，教师注重对学生的评价，充分利用平台的评价系统，采集学生反馈信息。评价如图8-8所示。

图8-8　合作学习后的评价

通过学生的合作构建，教师组织学生有序展示，帮助学生深入理解新知，还通过平台的同桌或小组的评价，引导学生反思归纳，评价交流，帮助学生感悟。学习共同体的力量充分发挥以及小组评价、同桌评价的运用，充分地体现了“以学生为主体、教师为主导、信息技术辅助”的教学理念、充分激发学生的自主学习能力。通过生生之间的合作交流，发挥学生的主体性，给学生充分的时间去思考和交流，学生的合作意识和交流能力得到提高，构建以学生发展为本的课堂新生态，学生自我系统初步形成。

四、针对练习巩固的精准评价——学生自我认知系统形成

学生在信息技术的帮助下，对自身的学习状态进行监控，在反思中达到自我监督、自我完善的学习状态，促进了他们自主学习的能力。在教育目标新分类学角度的层面上分析，这样“全景式”的评价事实上使得学生的“自我反思”贯穿整个课堂，这也是元认知系统在监控与调整层面的反映，学生的自我监控能力进一步得到提升，借助于应答器与其中的数据分析，学生很容易做出自己对学习状态的提醒。例如，在一节数学课堂上，当一位同学认为自己一定能答对的题目却答错了，而数据反映大部分都是对的，那他便会去认真反思自己是否没有掌握相应的重难点内容，从而提高自身的专注度，重新回头看一看、学一学重难点知识。通过这样一系列的“反馈—评价—调整”的循环，学生自主学习的能力整体上得到加强。

例如，在“求一个数的百分之几是多少”这节课中，教师设计了题组性的练习，并且采用了应答器，进行数据精准的搜集和即时的评价。学生的答题情况收集如图 8－9 所示。

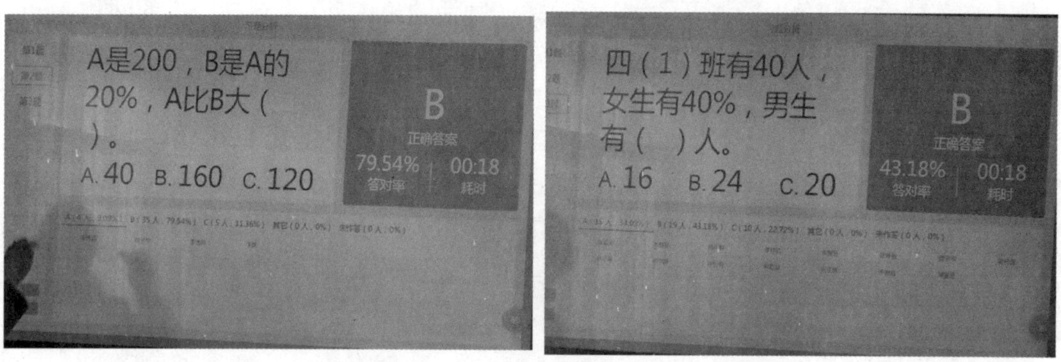

图 8－9　学生练习答题正确率及具体情况

平台显示的数据中，教师会更多关注答错的学生，通过精准数据分析，实行即时反馈，改变学生的惯性思维。不断地进行学情诊断、分析和反馈，确定学生任务的完成度和学习进度的安排。该模式将注重学生核心素养培养，强化学习方式变革，建立以学生发展为本的新型教学关系，建立健全学科课堂教学基本要求，实现“课堂创新”，提高育人质量。

五、针对课堂学习的全景评价——学生自控与调节的水平

针对全课学习的反思总结，从知识层面、合作学习层面和学生学习层面给予全方位的评价。学生在愉悦的课堂氛围中构建了快乐的心境，学生健康的心理和积极的人生态

度得到有效的培养。例如，数学五年级上册“用字母表示数”[①] 课末的评价如图 8 - 10 所示。

评价内容	星星数
我理解（　）表示数的意义。	★
我会用含有（　）表示加减数量关系和一个量、运算定律及计算公式。	★★
我理解字母的（　）范围，会根据字母的取值，求含有字母式子的值。	★★

完成以上任务，我能得（1-5星）　开始评价

图 8 - 10　课末评价

在教学中，教师还会根据学生的评价，循环改进教师的教、学生课后作业的布置和下节课的学习等。教学的全方位反馈，体现了教育目标的新分类学中的自我监控和自我调节的水平。

大数据背景下，“全景式”课堂教学评价在课堂教学中的实施特点是用评价和反馈渗透到整个教学过程。在评价和反馈的过程中，学生要调动元认知能力，对整个学习活动进行监控、反思。在自主学习的几个教学环节：生活现象—个别探究—协作构建—练习检测—总结评价，教师在课堂中全程利用交互信息技术对课堂各环节进行评价，适时的评价是引导学生达到问题解决终点的路标，也是在问题解决过程中激励学生克服困难和干扰努力奋斗的动力。在反馈周期方面，大数据、人工智能、物联网技术等可用于即时动态监测课程学习活动，实时生成大数据，促进教、学、评的有效结合，持续优化教学，这样真正实现了自主、合作、探究式学习和启发、讨论、体验式教学，也达到了依托教育大数据优化、重塑、再造教育、教学过程的目的，有助于学生核心素养的提升。

① 人民教育出版社课程教材研究所小学数学课程教材研究开发中心. 义务教育教科书教师教学用书　数学　五年级上册（2022）[M]. 北京：人民教育出版社，2022.

第 5 节 “互联网 +” 混合教学在小学数学线上教学的应用

线上教学中，笔者组织区域学科教师采取了系列的措施，稳步推进，在教学中，寻找问题、解决问题。通过线上教学，进一步认识“互联网 +”课堂教学改革作用与价值，重塑教学理念，重构资源设计方法，创新设计出符合“互联网 + 混合教学”的虚拟泛在教学、虚拟泛在学习的资源，开展体系化建构学习，加强新理论和新方法学习研究，提升学习和教学资源设计的创新思维，充分利用“互联网 + 教育共享”新教学理念、教学方法和新手段，开展高效教学，关注学生个性化教学研究，促进教师专业能力发展。

一、统一部署，做好“互联网 +”混合教学的准备工作

（一）规范操作，做好学生线上学习的学科指引

根据市教研院学科的指引，结合区发展中心的工作要求，小学数学科根据区域实际，和不同时期的学习需要，分阶段制定了《从化区小学数学科线上学习工作指引》和《从化区小学数学科周练指引》，组织片区业务干部进行视频会议讨论学习，分析不同时期线上学习指引调整及细化的原因，强调观摩直播工作的要点。通过线上学习指引明确学校科组及教师的责任，学生学习习惯要求，学生学会克服困难的毅力等基本课前、课中及课后的要求。教师在学科指引下，能够清晰地布置学生课堂的流程，细化好学习任务和预习任务的布置工作。

（二）搭建资源开发的梯队，做准学科材料的推送

结合市共享课堂电视直播资源，学科成立学校科组团队、区资源审核团队、学科信息化团队和学科名师示范团队，多个阶梯团队，完成线上学习资源的开发和审核推送工作。通过分年级推送市提供的教学资源包，要求流溪小学数学科组对每课时做出学科指引，由雅居乐小学数学科组根据每周播放的线上课程内容制定每周一次的周测，每个年级隔周一次的文字阅读材料，再由区审核团队进行审核后推送到各片区。各片区根据学生生源的实际，结合教材、教参，利用钉钉视频或微信群等方式，深入开展联片线上集体备课。关爱帮扶，做到不遗漏每一个孩子的学习，要求任课教师进教室对每一位学生的情况进行摸查，对没网络的学生及时做好沟通和帮扶，做到线上学习一个不遗漏。

二、层层落实，做好“互联网+”混合教学线上学习的监控工作

（一）规范了线上教育的操作

从线上学习的开始阶段，要求各指导中心明确学校按规定督促教师及时到岗，认真组织教学，加强对教师线上教学常规的督查，对学生线上学习情况进行过程监测。在直播时间里，要求教师全程在线，做好课堂组织、在线指导答疑、课堂练习的布置与批改点评等工作。业务干部深入班级进行线上巡课，要求各学校落级行政每天进行线上巡课，并填写“小学线上巡课表”，落级行政要做好记录，并针对存在问题及时跟教师反馈。

随着线上学习每周经验总结和交流，根据前段时间线上学习的经验以及校本的实际，在不断规范各学科线上操作并探索有效的线上教育方法，突破提升教学质量的瓶颈。例如，小测针对参与人数多，线上学习活跃，但是学生答题正确率不高的情况，教师采用第二天早读前进行评讲、点评，学生参与率达到90%以上，同时，教师推送了回放视频，鼓励没有条件即时参加的学生回看视频。

（二）有效落实师生的互动反馈

根据学科指引，各校科组根据科组实际以及学生的实际，采用不同的互动反馈方式。采用钉钉或者微信群的学校在学生看完直播后，教师把对应这节课的知识点上传到钉钉群或者微信群，让学生练一练、读一读、记一记，然后再把练习题发到钉钉群里。在做题过程中，个别同学有疑问会在群里提出，教师及时线上答疑，下课前5分钟发练习题答案到钉钉群，让同学们根据答案自行修改。

在各学校教师与学生的互动中，后期教师更加关注通过问题引领进行的有效互动，观看完视频用钉钉直播互动，教师随机叫号回答问题或者进行课堂总结的互动，通过作业批改中，教师鼓励性评价语言等的互动。例如，城郊街向阳小学教师采用问题式的引导，培养学生实践的欲望和探索能力；街口街中心小学教师采用随机点名的方式，让学生进行总结，增强互动的有效性；团星小学的教师会在小测或者作业的批改中，与学生有鼓励性语言的互动。

（三）做好线上课堂的自我管理

《义务教育数学课程标准（2022年版）》指出：“评价结果的运用应有利于增强学生学习数学的自信心，提高学生学习数学的兴趣，使学生养成良好的学习习惯，促进学生核心素养的发展。”① 为了能够让学生做好线上课堂每个环节的学习的管理，学科设计了“小学数学线上课堂自主学习质量评价表”（见附件1），让学生对自己的课堂进行自我评价，通过评价来规范学生学习的流程。

（四）做好学习效果的有效反馈

作业的反馈是检验线上学习效果最直接的方式，因此，在每次的总结会中，业务干

① 中华人民共和国教育部．义务教育数学课程标准（2022年版）［S］．北京：北京师范大学出版社，2022：90.

部对作业上交情况进行数据分析。在作业的布置中，很多教师采用“班级小管家”布置和批改作业，并在课堂练习中与学生互动答疑，及时全面了解学生的学习情况，提高了学生作业的批改和统计效率，同时要求学生有错需要订正。流溪小学教师善于用鼓励性的语言激励学生每天按时提交作业，多数班级作业上交率达到100%。新城小学提交率也超过80%，作业打回率为0。在业务视频会议中，要求即时参与率比较低的学校教师多用具体化的评价语言鼓励学生，例如温泉一小教师通过即时批改，评价语言具体化，大大激励了学生学习的动力和积极性，作业的上交率由原来第一周巡课反馈的55%提升到90%。

三、教学相长，做好“互联网+”混合教学线上教研工作

教和学是相长的，在特殊的时期，学科引领骨干团队以及区域业务的方式，分阶段在线上探讨了一系列的问题。例如，在市提供的直播课堂教学设计简案的基础上，根据区域实际，组织流溪小学科组进行如何撰写课时教学指引的培训讲座，并且进行课时教学指引的开发；在区核心团队进行微课脚本书写及制作的培训，要求根据教学知识的难点，以及每周周测数据反馈的学生薄弱点进行微课录制的开发；在区中心组团队进行了备课模板编写的培训以及布置工作；在区名师骨干团队进行单元复习课的编写以及微课脚本开发的培训；组织学科信息技术团队根据周测内容，进行问卷星制作的培训并且分任务进行数字化后推送等。

为了提升团队的技术能力，学科通过多次线上研讨的方式，提升教师的基本技术水平。在分片活动中，要求教育指导中心业务干部组织骨干团队，根据市提供的教学设计简案以及区提供的学科指引，培训研制适合本区域使用的学习任务单并推送。

四、大数据收集，做好“互联网+”混合教学知识点过关的把脉工作

为了能够对各片区学习的效率进行监控，收集好数据做诊断。区学科的信息组把自主练习用问卷星的方式数字化，在测试结束的当天收集数据，提交给指导中心及学校进行数据分析，寻找存在问题和解决的方案。

从参与的48个班现场线上人数来看，在第一次自主练习中，样本年级为二、四年级，能够及时参加达到100%的为0，参与率达在80%以上的一个班，60%以上的六个班。从答题情况来看，单一知识性判断题和没有干扰选项单选题，学生答题的正确率较高，而对于有干扰选项或者是知识应用类的题目，学生答对率普遍较低。通过这次线上练习也反映了学生通过手机进行线上学习的人不多，导致了线上学习中的练习环节，学生互动率不高。通过策略的调整，在第二、第三次的线上练习中，每次抽取一个年级的6所学校，学生及时参与的情况有好转，参与情况中，高年级会比低年级高。

在第二次自主练习中，样本年级为一、三年级，参与情况见表8-7、表8-8。

表 8-7 一年级学生参与情况

学　校	年级	全班人数/人	即时线上答题人数/人	参与率/%
西宁小学	一年级	46	40	86.96
太平镇第二中心小学	一年级	43	36	83.72
温泉镇第二中心小学	一年级	43	36	83.72
吕田镇第二小学	一年级	34	15	44.12
街口街新城小学	一年级	45	42	93.33
鳌头镇中心小学	一年级	44	32	72.73

表 8-8 三年级学生参与情况

学　校	年级	全班人数/人	即时线上答题人数/人	参与率/%
西宁小学	三年级	44	39	88.64
太平镇第二中心小学	三年级	44	36	81.82
鳌头镇中心小学	三年级	45	24	53.33
街口街新城小学	三年级	44	43	97.73
温泉镇第二中心小学	三年级	42	27	64.29
吕田镇第二小学	三年级	46	31	67.39

第三次自主练习的样本年级为四、五年级，参与情况见表 8-9、表 8-10。

表 8-9 四年级学生参与情况

学　校	年级	全班人数/人	即时线上答题人数/人	参与率/%
鳌头镇第三中心小学	四年级	42	24	57.14
江浦街禾仓小学	四年级	41	37	90.24
希贤小学	四年级	46	20	43.48
河滨小学	四年级	44	41	93.18
太平镇信诚木棉小学	四年级	44	38	86.36
良口镇善施学校	四年级	40	28	70.00

表 8－10　五年级学生参与情况

学　　校	年级	全班人数/人	即时线上答题人数/人	参与率/%
鳌头镇第三中心小学	五年级	44	26	59.09
江浦街禾仓小学	五年级	39	39	100.00
希贤小学	五年级	45	36	80.00
河滨小学	五年级	44	42	95.45
太平镇信诚木棉小学	五年级	44	40	90.91
良口镇善施学校	五年级	48	36	75.00

大数据的收集，为复学后做好单元整体板块的教学设计，提供了很好的数据支撑。

五、问题与思考

（一）“互联网＋”混合教学背景下线上教育的优势

1. 视频课例打造的是常态课，所选内容源于当册教材，容量适当，难度不高，非常适合本区域学生的居家学习。线上教学视频与教材同步，有利于学生进行课前预习、课后复习。视频学习时间与线下练习时间分配较好，前 20 分钟观看视频直播教学，剩下用 10～20 分钟完成课堂作业，学生压力不会太大，也有充足的时间去消化新知识。

2. 视频经过团队打磨，精选教师出镜，名师把关，质量高。课堂中注重知识点的分解与归纳，将教学难点拆分开课时来学习，照顾到全体学生的学习，容易理解各知识点。教学中，上课教师语音表达清晰，课堂语音艺术丰富，采用的动手操作活动，调动了学生的学习兴趣。低年段的视频教学直观形象、生动有趣，讲练相结合，能够吸引学生注意力。高年段教师语言精练，教学内容丰富。如五年级视频中“观察物体的知识”，教学视频利用拍摄技术把课本抽象的图形、文字转化为具体、形象直观的动画，让学生易于理解知识点。

3. 学习渠道方式多样，符合不同的家庭情况，让学生们能及时地进行学习。视频可以采用回播的方式，这种方式不要求家长在规定的数学课堂时间进行互动和上交学生作业，家长们可以下班观看聊天记录从而明白当天学生学习的内容，进而辅导学生学习。

4. 大部分学生能养成自我约束的习惯，促进了学生自我管理素养的形成。在农村学校中，因为设备条件的限制，学生能够即时互动的不多，但是，家长能够高度配合，提前告知学生第二天的学习任务，学生通过观摩直播电视后完成相应的练习。在广州北部山区吕田镇、良口镇，很多学校根据部分学生没有电子设备接收教师任务的实际情况，学校提前印制好学习任务单和练习等材料，投放到村委，让每一位学生都有学习的机会。太平镇的业务反馈，太平镇在有多个孩子的家庭，采用了同伴学习的方式，分别到同年级的同学或亲戚家中一起学习，从而解决电子设备限制问题。

（二）“互联网+”混合教学背景下线上教育存在问题及对策

1. 学生意志力的问题。由于是在家在线学习，部分学生缺乏家长的监管，表现得不够自觉，导致学习效果没法检验，这是农村学校线上教学的瓶颈。有部分学校采用作业软件进行布置，通过后台数据跟踪，及时反馈、及时辅导也收到较好的效果。但是，从部分学校教师的批改及回批中发现，作业打回份数过多，学生作业质量欠佳。还有部分班级作业提交的书写习惯等有待加强，学生对作业更正的及时性有待加强。作业是检验学生学习效果的有效手段，需要我们针对不同的实际情况，在学校层面做好分析，为顶层设计做好家校的沟通。

2. 师生互动性的问题。经过调研，城区、直属等校的教师后20分钟会采用直播的方式和学生进行互动，效率非常高。但是如果家长不在身边陪同观看，个别学生会因为不专心看视频而导致没有掌握当天的知识，完成学习任务有困难。经过定时、定点的问卷星周测数据反馈，学生能及时有设备答题的人数不多，也是造成线上课堂互动欠缺的原因。因此，线上互动时建议教师更加关注学生的状态，学生回答问题经过深思熟虑，避免简单地进行复制粘贴。

3. 学习差异问题。学生由于缺乏家长的约束，或者部分教师未能及时鼓励学生，提高学生的积极性，会出现一批学习明显跟不上的学困生。特别是有一些学生没有上交作业的习惯，教师无法监控学习效率。例如，有些班级作业的上交率在60%～80%之间，能够达到100%的不多。

4. 学习需求问题。由于城区和农村整体教师素质、家长配合度和学生表现出的学习差异呈现了多方面的问题。在互动中，个别教师出现学生提出的疑问没有及时给予解答；部分学生已经掌握知识点，但是，存在同样层次反复、低效的训练。教师应多关注每周测试过关情况，用奖状、积分等方式奖励过关好学生，减免已经过关学生的作业量，鼓励学生积极、认真地听课。

5. 师资差异的问题。如果遇到年长的教师会有对信息技术操作欠佳、对平台软件操作存在困难，会导致课堂效果没有及时跟踪等情况出现，需要学校层面加以关注培训。部分教师对家校本等作业批改、回批等的操作不熟练，导致学生学习没有得到有效反馈。

《教育信息化2.0行动计划》中指出：“推动从教育专用资源向教育大资源转变、从提升师生信息技术应用能力向全面提升其信息素养转变、从融合应用向创新发展转变，努力构建‘互联网+’条件下的人才培养新模式、发展基于互联网的教育服务新模式、探索信息时代教育治理新模式。”① 关注在网络学习背景下，充分发挥“互联网+教育共享”做到减少差距，制定有效的方案提升线上、线下发挥好教师的主导作用，进行单元整体的结构化教学，提升学生学习的效能，任重而道远。

---

① 中华人民共和国教育部．教育部关于印发《教育信息化2.0行动计划》的通知：教技〔2018〕6号[A/OL]．(2018-04-08). www.moe.gov.cn/srcsite/A16/s3342/201804/t20180425_334188.html.

附件1：

表8-11　小学数学线上课堂自主学习质量评价表（学生自评和家长评）

时间：　月　日 至　月　日

学校：　　　班级：　　　学生姓名：　　　任课教师：

评价项目	时间									
	周一		周二		周三		周四		周五	
	自评	家长评	自评	家长评	自评	家长评	自评	家长评	自评	家长评
我能根据老师课前预习的要求认真准备好学习材料										
我能带着老师课前预习提出的问题认真观看视频										
我能在观摩视频中认真做好笔记										
我能认真思考并在线上回答老师的问题										
我在回答问题时能够语言准确、清晰、精练，不在学习群中刷屏										
我能积极解答同学提出的疑问，与其他同学交流										
我能认真做课堂的练习并及时纠正错误										
我能对同学的意见发表自己的看法										
我能在学习的每个环节进行自我反思，遇到不懂的问题就请教老师										

（续上表）

评价项目	时间									
	周一		周二		周三		周四		周五	
	自评	家长评	自评	家长评	自评	家长评	自评	家长评	自评	家长评
我能在课后完成自主评价										
合计得☆（填数字）										
评价说明	评价目的：通过评价项目，培养孩子线上课堂自主学习、自主反思、自主管理的能力。 评价方式：每完成一项即可以获得一颗“☆”，如果未完成此项任务，则不能获得“☆”。家长也根据孩子的完成情况给孩子打“☆”。									

第6节　微课在教学评一体化课堂范式的应用

“互联网+”背景下课堂教学改变了教师教与学生学的方式，撬动了教育教学改革的创新。利用信息技术支持平台将在线学习与课堂教学相结合，既能开展线上学习，又能开展线下学习，在某些情况下已经成为需求，并在需求的推动下获得了极大的发展。① 通过调查，笔者发现区域教师存在不稳定性，在多数学校中仍然需要招聘临聘教师、实习教师等以满足学校班级增加的需求。无论是新毕业教师还是临聘教师，存在对教学重难点的表述欠缺的现象。另外，学生缺少学习主动性的很大一部分原因是数学课堂上存在有些重难点通过PPT呈现一闪而过，部分学生对教师所讲的重要知识点没记住，而农村地域的学生课后无从寻找，多数学生放学无人辅导。这部分学生就失去了学习数学的兴趣与主动性，导致了他们自主学习与解决问题的能力均得不到较好的培养。微课能够帮助教师教学中辅助重难点的学习，当学生遇到困难的时候起指导学生的作用。另外，教师将知识的重难点或者练习题中比较难、容易错的问题都录制成微课，通过媒体平台的推送让学生进行观看。

制作好微课，首先要教师对教参进行深度的研读，通过对教参的研读以及脚本的书写，教师思考问题、分析问题与处理问题的能力都有所提高，在微课数据化的过程，对信息技术的运用也更加熟练，能更好地把信息技术与教学资源整合，让信息技术更好地

① 曹一鸣. 新版课程标准解释与教学指导2022年版小学数学［M］. 北京：北京师范大学出版社，2022：114.

为教学服务。在教学“认识几分之一”这节课的时候，为了突破教学的重点，设计了一个微课的脚本。本微课主要是学习分数各部分的意义和分数的读写，通过动画的形式，更直观生动地让学生弄清把一个物体或图形平均分成了几份，分母就是几，表示这样的1份，分子就是1，并且运用闪烁强调，加强学生对分数的认识。还有在微课中运用白雪公主进行讲解，让本来枯燥无味的数学知识点变得有趣，能更好激发学生学习的积极性。

表 8－12　第一课时：认识几分之一（自主学习）

画面	动画	声音	备注
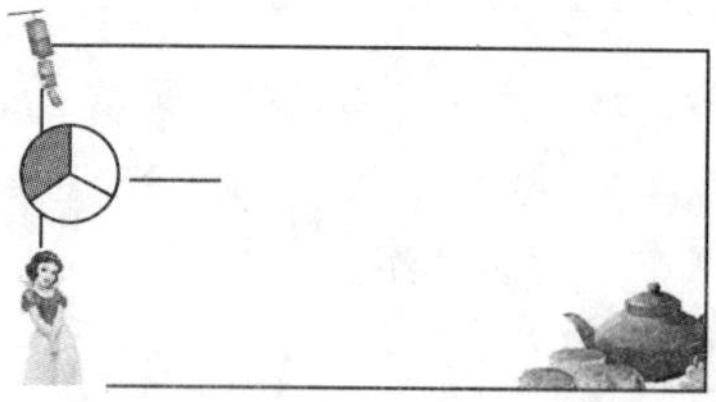	出示分数线	同学们，写分数时，先用尺子画出分数线	白雪公主讲解
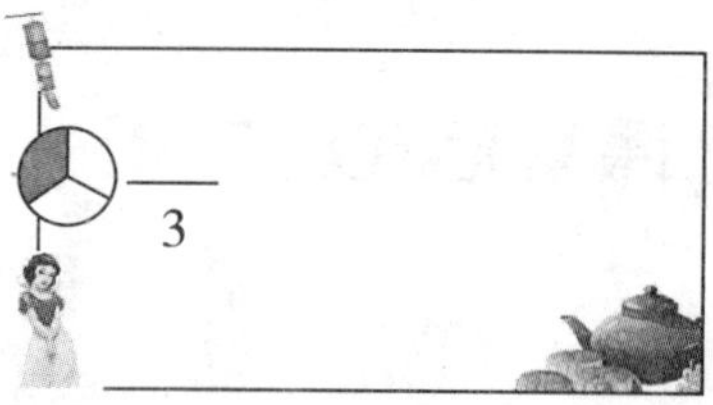	出示 3	再写分母	
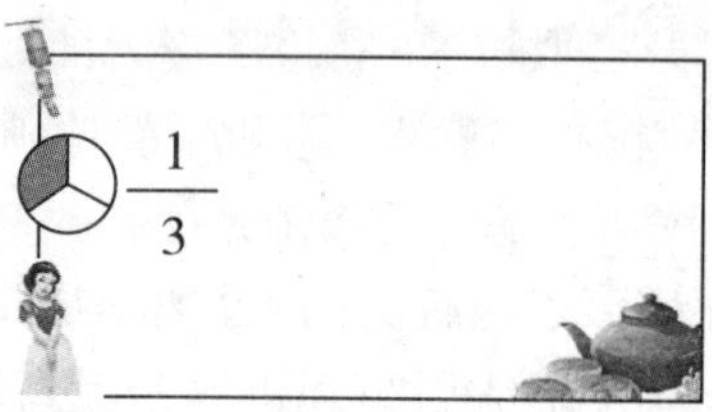	出示 1	最后写分子	
出示：（表示平均分） 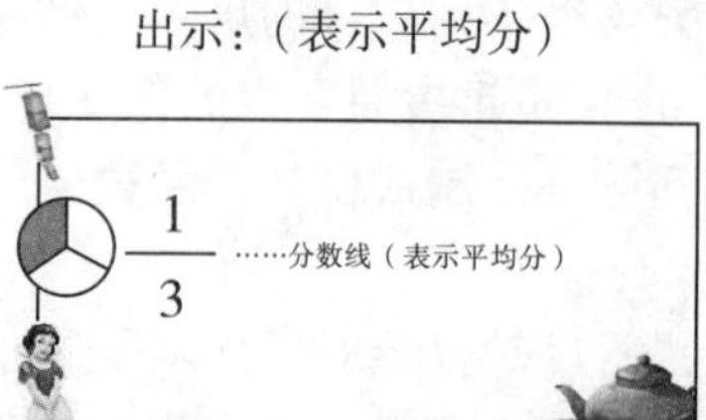	强调分数线	分数线表示平均分	闪烁分数线

（续上表）

画面	动画	声音	备注
出示：（表示平均分成的总份数） 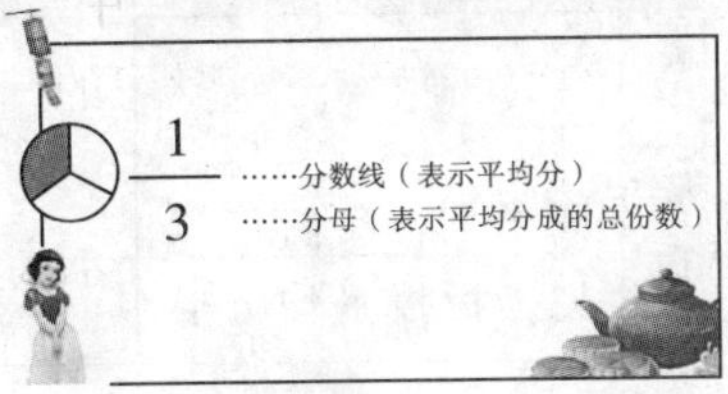	强调分母 3	分母表示把一个物体平均分成的总份数	闪烁 3
出示：（表示其中的一份） 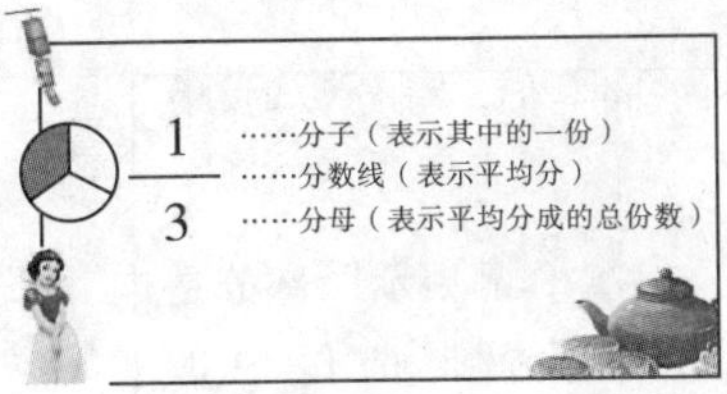	强调分子 1	分子表示其中的一份	闪烁 1
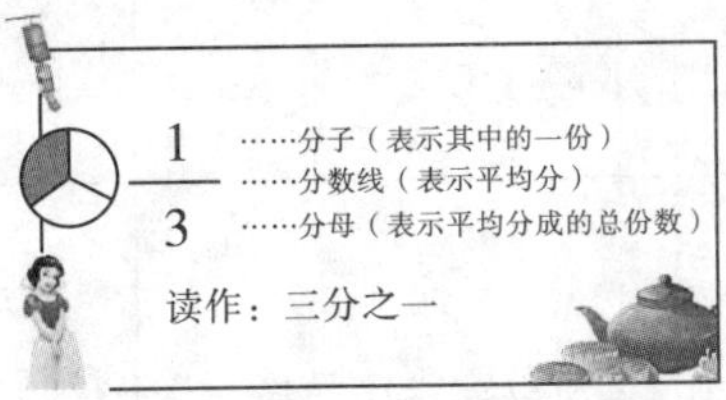	出示读作：三分之一	读作：三分之一	

在学习完“认识几分之一”的课后作业的布置中，呈现了下面一道练习题，各栏目的大小不同，直观看上去黑板不是平均分的，学生容易出现疑问。要帮助学生明确“比较的都是各栏目占黑板报的几分之一，都要将整个黑板报平均分”，因此设计了微课脚本。本微课就通过动画的形式添加辅助线，借助部分、整体的闪烁或涂色帮助学生理解“科学世界”是黑板报四份中的一份，让学生更加直观形象地解决问题，将本题的难点变得容易了，让学生更易于掌握，同时微课的声音运用小矮人百事通讲解，提高练习的趣味性。

图 8－11 是三（1）班的黑板报布局。“作品展示”大约占黑板报的几分之一？“科学世界”呢？哪一部分大？

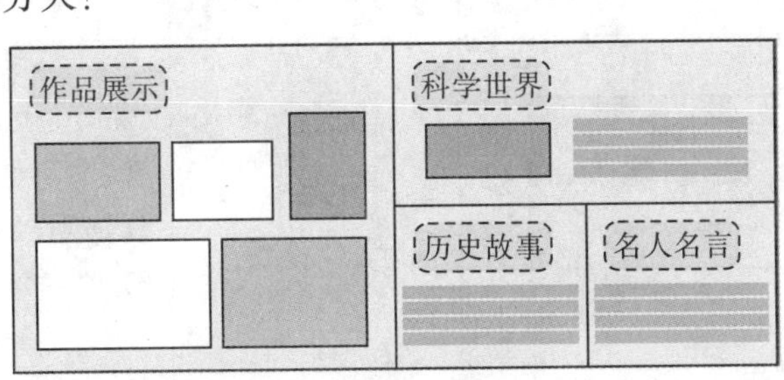

图 8－11　黑板报布局

微课脚本的制作如表 8 - 13 所示。

表 8 - 13　微课脚本

画面	动画	声音	备注
小矮人加练习题图片 	用辅助线把黑板报平均分成2份	同学们，我们可以把黑板报平均分成2份	小矮人百事通讲解
	在“作品展示”部分涂上颜色，右边一半也涂上另一种颜色	“作品展示”部分是黑板报两份中的一份	
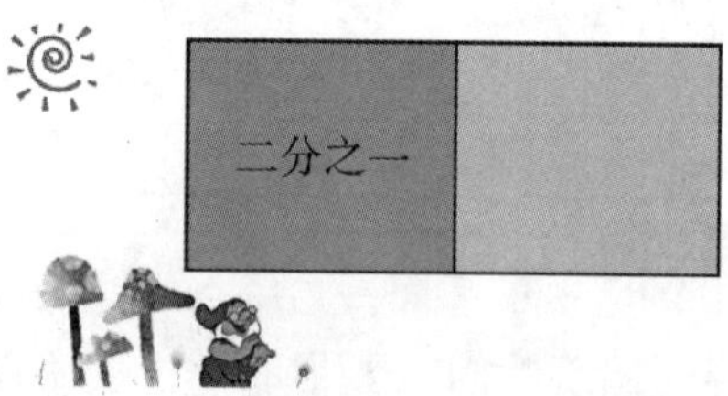	在“作品展示”部分出示二分之一并且闪烁	所以，“作品展示”大约占黑板报的二分之一	
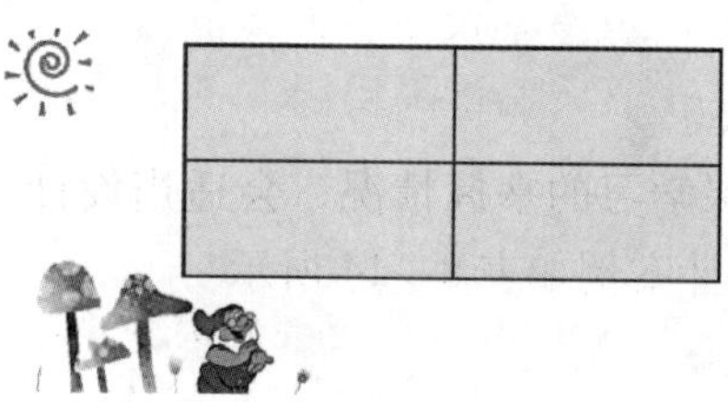	用辅助线把黑板报平均分成4份	我们也可以把黑板报平均分成4份	
	在“科学世界”部分涂上颜色	看，“科学世界”部分是黑板报四份中的一份	

（续上表）

画面	动画	声音	备注
	在“科学世界”部分出示四分之一并且闪烁	所以，“科学世界”大约占黑板报的四分之一	
	在“作品展示”和“科学世界”两部分涂不同颜色并闪烁	明显看出“作品展示”部分比“科学世界”部分大	

在微课的制作过程中，教师需要站在学生的角度去思考问题、分析问题，发现他们的思维逻辑，这样才能帮助学生理解题意，学会解决数学问题的方法。因此，在脚本的制作中，利用小学生活泼好动、充满想象力、喜欢故事和对画面非常敏感等特征，有趣的微课刚好符合小学生的这些特征，通过“画面呈现”“动画”和“声音”等元素，做好预设和书写，充分利用学生们喜欢对新奇事物探索的特征，吸引学生开展学习。

微课助力课外学习的有效载体。对于一题多解的数学问题，往往能够提升学生的思维能力，但是在课堂中难以一一呈现。因此，各种解法教师可以录制成微课，提供给有需要的学生课后学习。另外，针对学生作业的典型错题也可以分类录制成错题微课，汇总为错题微课集，提供给教师在教学时循环使用，也可以提供给学生自行灵活使用。错题微课的合理运用，教师教得更轻松，学生学得更快乐。

当然，在微课制作过程中，为了监控学生对微课学习的掌握情况，会适当设计一些评价环节。例如，“选择合适的统计图”微课脚本设计案例如表 8 – 14 所示。

表 8 – 14　设计案例

画面	动画	声音	备注
选择合适的统计图	出示标题与内容	今天我们学习与扇形统计图有关的知识	

（续上表）

<table>
<tr><th>画面</th><th>动画</th><th>声音</th><th>备注</th></tr>
<tr><td>条形统计图

折线统计图
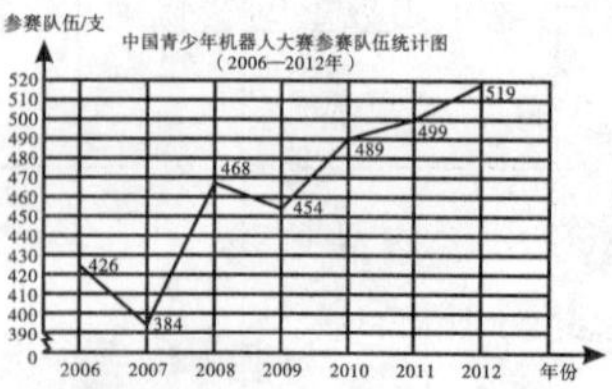

扇形统计图
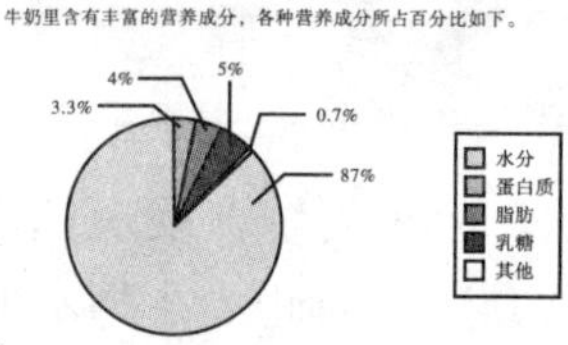
</td><td>随着讲解先后出现三种统计图的名字和图片。</td><td>我们已经学过三类统计图，分别是条形统计图、折线统计图和扇形统计图，它们各有什么特点？</td><td></td></tr>
<tr><td><table><tr><th>名称</th><th>优点</th></tr><tr><td>条形统计图</td><td>能清楚地看出数量的多少</td></tr><tr><td>折线统计图</td><td>不仅可以反映数量的多少，还能反映变化趋势</td></tr><tr><td>扇形统计图</td><td>能清楚地反映出各部分与整体的关系</td></tr></table></td><td>1. 随着讲解先后出现它们的优点。
2. 画面保持出现这个表格。</td><td>1. 读出图中的文字。
2. 这些特点都是帮助我们选择合适统计图的基础，大家是否明白？请拿出你的应答器，做出评价。
3. 我们应该如何选择合适的统计图呢？</td><td></td></tr>
<tr><td>下面几组数据分别选用哪种统计图表示更合适？
（1）绿荫小学2007—2011年校园内树木总量变化情况统计表。
<table><tr><td>年份</td><td>2007</td><td>2008</td><td>2009</td><td>2010</td><td>2011</td></tr><tr><td>总量/棵</td><td>100</td><td>120</td><td>150</td><td>170</td><td>200</td></tr></table>
（2）2011年绿荫小学校园内各种树木所占百分比情况统计表。
<table><tr><td>树种</td><td>杨树</td><td>柳树</td><td>松树</td><td>槐树</td><td>其他</td></tr><tr><td>百分比/%</td><td>25</td><td>20</td><td>15</td><td>15</td><td>25</td></tr></table>
（3）2011年绿荫小学校园内各种树木数量统计表。
<table><tr><td>树种</td><td>杨树</td><td>柳树</td><td>松树</td><td>槐树</td><td>其他</td></tr><tr><td>总量/棵</td><td>50</td><td>40</td><td>30</td><td>30</td><td>50</td></tr></table></td><td>动画出示三个统计表</td><td>请你仔细观察这三个统计表，从中你都知道些什么？</td><td></td></tr>
</table>

（续上表）

<table>
<tr><th>画面</th><th>动画</th><th>声音</th><th>备注</th></tr>
<tr><td>（1）绿荫小学 2007—2011 年校园内树木总量变化情况统计表。
<table><tr><td>年份</td><td>2007</td><td>2008</td><td>2009</td><td>2010</td><td>2011</td></tr><tr><td>总量/棵</td><td>100</td><td>120</td><td>150</td><td>170</td><td>200</td></tr></table></td><td>1. 动画出示第一个统计表。
2. 动画出现条形统计图和折线统计图的按钮。</td><td>1. 第（1）小题给出了 5 年中每年树木的总量。
2. 用条形统计图和折线统计图都可以表示出数量的变化。</td><td></td></tr>
<tr><td>（1）绿荫小学 2007—2011 年校园内树木总量变化情况统计表。
<table><tr><td>年份</td><td>2007</td><td>2008</td><td>2009</td><td>2010</td><td>2011</td></tr><tr><td>总量/棵</td><td>100</td><td>120</td><td>150</td><td>170</td><td>200</td></tr></table>
绿荫小学 2007—2011 年校园内树木总量变化情况统计图</td><td>1. 统计表（1）始终出现在画面里便于观察。
2. 动画出示标题。</td><td>在绘制统计图时要写清楚标题。</td><td>条形统计图按钮对应内容</td></tr>
<tr><td>（1）绿荫小学 2007—2011 年校园内树木总量变化情况统计表。
<table><tr><td>年份</td><td>2007</td><td>2008</td><td>2009</td><td>2010</td><td>2011</td></tr><tr><td>总量/棵</td><td>100</td><td>120</td><td>150</td><td>170</td><td>200</td></tr></table>
绿荫小学 2007—2011 年校园内树木总量变化情况统计图
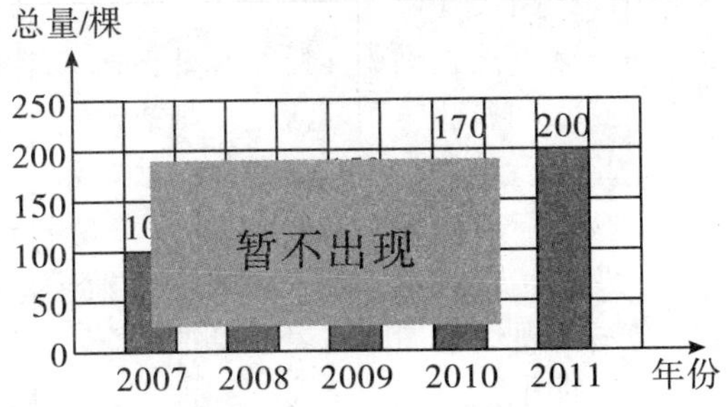</td><td>1. 统计表（1）始终出现在画面中方便观察。
2. 只呈现横、纵坐标的内容及网格，但暂不呈现红色圈住的内容。</td><td>在绘制统计图时要看清楚横轴表示的是年份，纵轴表示的是树木的总量，单位为棵。纵轴 1 格表示 50 棵。</td><td></td></tr>
</table>

（续上表）

<table>
<tr><th>画面</th><th>动画</th><th>声音</th><th>备注</th></tr>
<tr><td>（1）绿荫小学 2007—2011 年校园内树木总量变化情况统计表。
<table><tr><td>年份</td><td>2007</td><td>2008</td><td>2009</td><td>2010</td><td>2011</td></tr><tr><td>总量/棵</td><td>100</td><td>120</td><td>150</td><td>170</td><td>200</td></tr></table>
绿荫小学 2007—2011 年校园内树木总量变化情况统计图
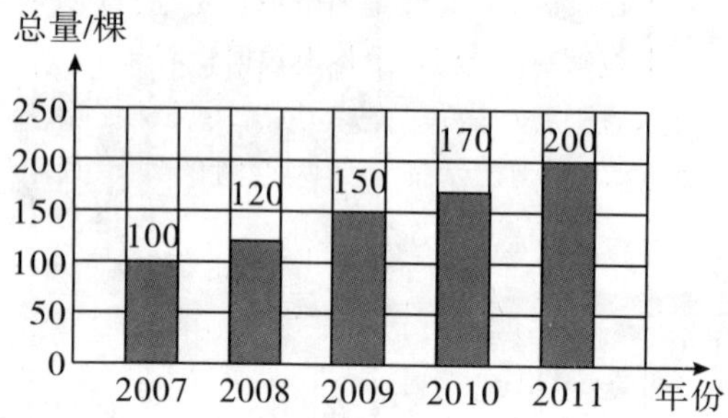
</td><td>动画把每年的数据逐条画出来并标上数据。</td><td>1. 我们可以把统计表中的数据在条形统计图中表示出来。
2. 条形统计图就画好了。</td><td></td></tr>
<tr><td>（1）绿荫小学 2007—2011 年校园内树木总量变化情况统计表。
<table><tr><td>年份</td><td>2007</td><td>2008</td><td>2009</td><td>2010</td><td>2011</td></tr><tr><td>总量/棵</td><td>100</td><td>120</td><td>150</td><td>170</td><td>200</td></tr></table>
绿荫小学 2007—2011 年校园内树木总量变化情况统计图</td><td>1. 统计表（1）始终出现在画面里便于观察。
2. 动画出示标题。</td><td>在绘制统计图时要写清楚标题。</td><td>折线统计图对应按钮内容</td></tr>
<tr><td>（1）绿荫小学 2007—2011 年校园内树木总量变化情况统计表。
<table><tr><td>年份</td><td>2007</td><td>2008</td><td>2009</td><td>2010</td><td>2011</td></tr><tr><td>总量/棵</td><td>100</td><td>120</td><td>150</td><td>170</td><td>200</td></tr></table>
绿荫小学 2007—2011 年校园内树木总量变化情况统计图
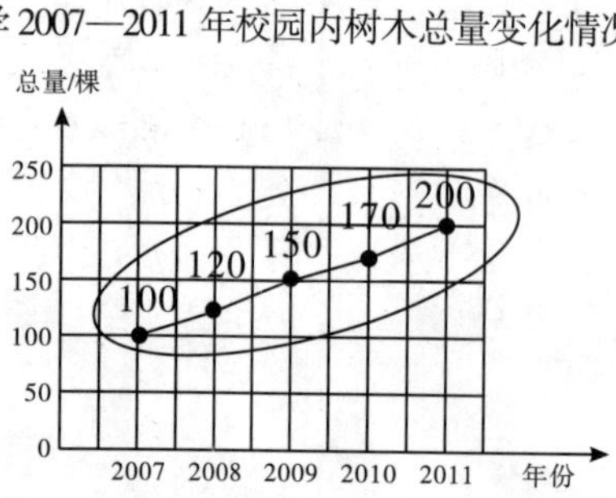
</td><td>1. 统计表（1）始终出现在画面中方便观察。
2. 只呈现横、纵坐标的内容及网格，但暂不呈现红色圈住的内容。</td><td>在绘制统计图时要看清楚横轴表示的是年份，纵轴表示的是树木的总量，单位为棵。纵轴 1 格表示 50 棵。</td><td></td></tr>
</table>

（续上表）

<table>
<tr><th>画面</th><th>动画</th><th>声音</th><th>备注</th></tr>
<tr><td>（1）绿荫小学 2007—2011 年校园内树木总量变化情况统计表。
<table><tr><td>年份</td><td>2007</td><td>2008</td><td>2009</td><td>2010</td><td>2011</td></tr><tr><td>总量/棵</td><td>100</td><td>120</td><td>150</td><td>170</td><td>200</td></tr></table>绿荫小学 2007—2011 年校园内树木总量变化情况统计图
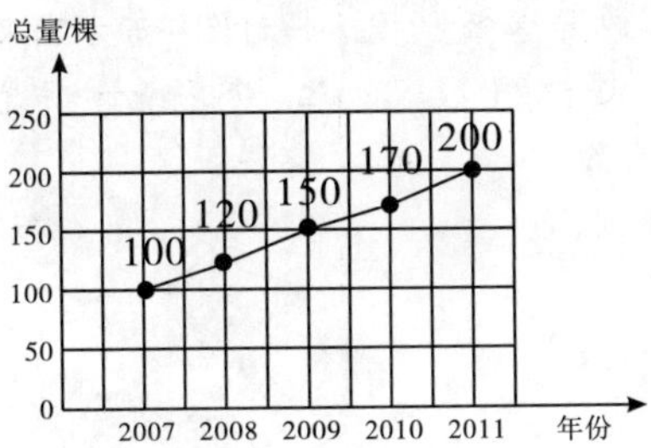</td><td>1. 描一个点对应写一个数据，直到将点描完。
2. 动画出示描线段的过程。</td><td>1. 利用统计表中的数据，我们在统计图中把点先描出来，标上数据。
2. 然后用尺子将相邻两点间的线段画出来。
3. 折线统计图就画好了。</td><td></td></tr>
<tr><td>绿荫小学2007—2011年校园内树木总量变化情况统计图
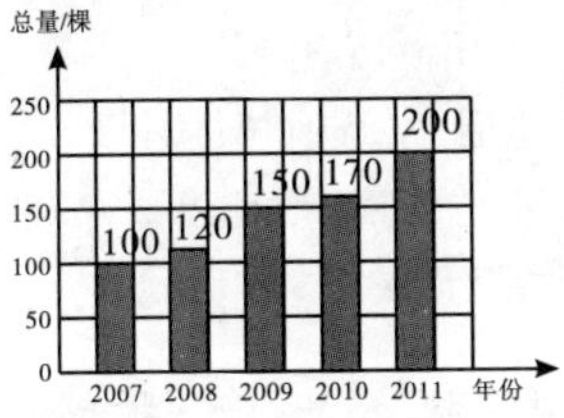
绿荫小学2007—2011年校园内树木总量变化情况统计图
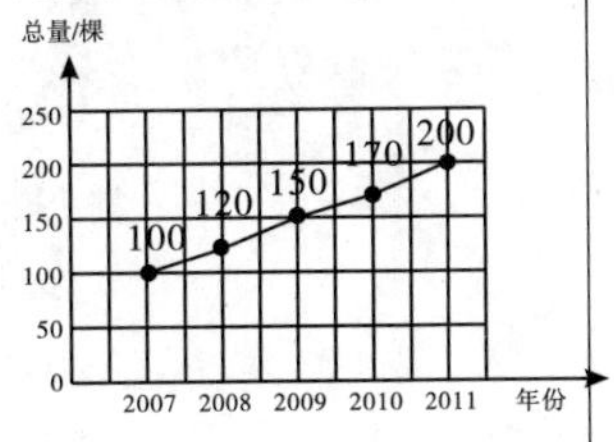</td><td>出示文字并读出来。</td><td>折线统计图更能直观地表示出数量随着时间的变化趋势。这个知识点你学会了吗？请拿出你的应答器，做出评价。</td><td></td></tr>
<tr><td>（2）2011 年绿荫小学校园内各种树木所占百分比情况统计表。
<table><tr><td>树种</td><td>杨树</td><td>柳树</td><td>松树</td><td>槐树</td><td>其他</td></tr><tr><td>百分比/%</td><td>25</td><td>20</td><td>15</td><td>15</td><td>25</td></tr></table></td><td>1. 动画出示第一个统计表。
2. 动画出现条形统计图和折线统计图的按钮。</td><td>1. 第（2）小题给出了各种树木占总量的百分比。
2. 用条形统计图和扇形统计图都可以表示出这些信息。</td><td></td></tr>
</table>

（续上表）

<table>
<tr><th>画面</th><th>动画</th><th>声音</th><th>备注</th></tr>
<tr><td>（2）2011 年绿荫小学校园内各种树木所占百分比情况统计表。
<table><tr><td>树种</td><td>杨树</td><td>柳树</td><td>松树</td><td>槐树</td><td>其他</td></tr><tr><td>百分比/%</td><td>25</td><td>20</td><td>15</td><td>15</td><td>25</td></tr></table>
2011 年绿荫小学校园内各种树木所占百分比情况统计图
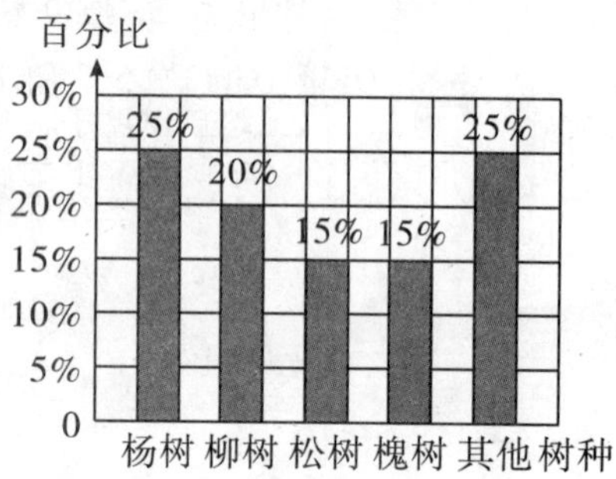
</td><td>动画直接出示画好的条形统计图。</td><td>1. 在绘制统计图时要看清楚横轴表示的是树种，纵轴表示的是百分比。纵轴 1 格表示 5%。
2. 条形统计图能直观地呈现各种树木数量占总数的百分之几。</td><td></td></tr>
<tr><td>（2）2011 年绿荫小学校园内各种树木所占百分比情况统计表。
<table><tr><td>树种</td><td>杨树</td><td>柳树</td><td>松树</td><td>槐树</td><td>其他</td></tr><tr><td>百分比/%</td><td>25</td><td>20</td><td>15</td><td>15</td><td>25</td></tr></table>
2011 年绿荫小学校园内各种树木所占百分比情况统计图
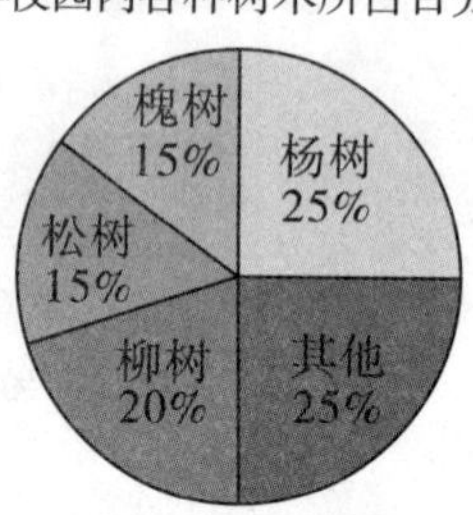
</td><td>动画直接出示画好的扇形统计图。</td><td>扇形统计图不仅能直观地呈现各种树木数量占总数的百分之几，还能更直观地看出每种树木数量与所有树木数量之间的关系。</td><td></td></tr>
<tr><td>（3）2011 年绿荫小学校园内各种树木总量统计表。
<table><tr><td>树种</td><td>杨树</td><td>柳树</td><td>松树</td><td>槐树</td><td>其他</td></tr><tr><td>总量/棵</td><td>50</td><td>40</td><td>30</td><td>30</td><td>50</td></tr></table>
2011 年绿荫小学校内各种树木总量统计图
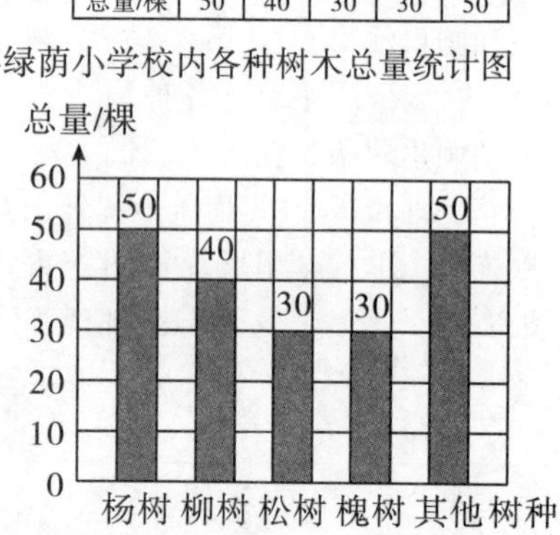
</td><td></td><td>第（3）小题给出了各种树木的总量，只能用条形统计图来表示。
这个知识点你学会了吗？请拿出你的应答器，做出评价。</td><td></td></tr>
</table>

在这个微课中，通过三次评价实现了学生对整个知识点中学生学习过程的元认知监控。同时，通过平台数据开展了精准收集。当然，微课在播放中，教师要采用分段播放的方式，以达到使用的最大效果。

总之，微课的适当使用，能够激发学生的学习兴趣，有效启动学生的自我系统，同时，通过环节性的评价，学生对每个知识环节进行反思，充分彰显微课的魅力，让学生对数学课堂回味无穷。

智能技术具有体验性、智能性和发展性等特点，数字化环境下的课程和教学改革，是互联网思维下教学转型的新样态，也是互联网科技推动下的课堂形态演进。以人工智能（AI）、区块链（Blockchain）、云计算（Cloud）、大数据（Big Data）、5G 和 Internet（物联网、互联网及移动互联网）为代表的数字技术越来越深入广泛应用于发掘学生潜质、激发学生兴趣、提高学习效率、促进教育公平。[①] 根据教育目标的新分类学，理解教育原理与认知机制，融合大数据和人工智能等技术，通过使用录像、微课、智能虚拟场景的演示、模拟等技术实现“互联网+”与学科教学的深度融合，设计优质化、体系化、多维化的学习与教学资源，以思维训练为核心，借助智能技术激发学生的思维能力，促进学生的自我系统形成，实现多彩的教学内容，多元的教学手段、丰富的教学方式，“全景式”的教学评价，满足学生情感方面的需要，发展学生素养，创新教师的教学思路与学生学习方式，形成数智赋能基础教育质量发展的倍增效应，实现乡村学校、薄弱学校共享优质教育资源（见图 8－12）。

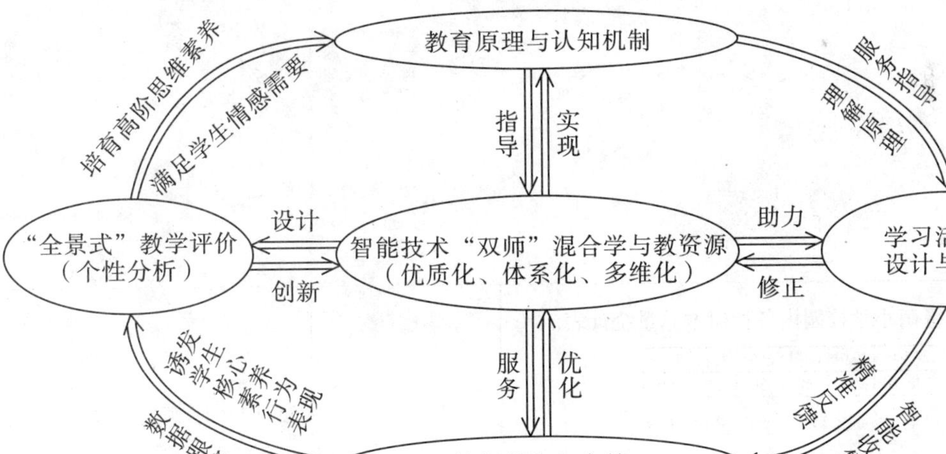

图 8－12　教育目标的新分类学视域下“双师”混合学与教的新样态

教育数字化是我国开辟教育发展的新赛道，塑造教育发展新优势的重要突破口。智能技术工具的运用能够让学生在有限的时间内体验更多，对知识点的理解更透彻，促进

① 雒军刚，尹晓军．数字技术赋能中小学教育实践探索［J］．人民教育，2024（3－4）．

学生系统掌握知识，构建完整的知识体系。智能教辅系统、动态化的评估、精准的数据驱动诱发学生课程核心素养相关行为表现，实现评价与课内外的融合，启动了学生的元认知系统，构建了动态循环体系，探索出一条数字化赋能区域教学改革实施新路径，促进教学评一体化。